Introduction générale au Droit camerounais

Collection « Études africaines »

dirigée par Denis Pryen et son équipe

Forte de plus de mille titres publiés à ce jour, la collection « Études africaines » fait peau neuve. Elle présentera toujours les essais généraux qui ont fait son succès, mais se déclinera désormais également par séries thématiques : droit, économie, politique, sociologie, etc.

Dernières parutions

Edwige KOUADIO, *Du fosterage à l'adoption plénière. L'adoption des enfants de la pouponnière d'Adjamé (Abidjan, Côte d'Ivoire)*, 2017.

Patrice MOUNDZA, *Le quotidien des artères urbaines du Congo*, 2017.

Jean-Emery ETOUGHE-EFE, *Les bars populaires de Libreville. Des construits de sociabilités*, 2017.

Guy MVELLE et Laurent ZANG (Dir.), *L'Union africaine quinze ans après, Tome 2*, 2017.

Guy MVELLE et Laurent ZANG (Dir.), *L'Union africaine quinze ans après, Tome 1*, 2017.

Joachim Emmanuel GOMA-THETHET, Marcel IPARI, Raymond Timothée MACKITHA, *Introduction à l'histoire et aux civilisations des peuples de la Lékoumou (Congo)*, 2017.

Alhousseini MOULOUL, *L'intégration économique et juridique en Afrique*, 2017.

Martial JEUGUE DOUNGUE, *La garantie des droits fondamentaux au Cameroun*, 2017.

Mamadou Billo BARRY, *Gouvernance et coopération internationale en éducation, Le cas de la Guinée*, 2017.

Christine THÉODORE, *Objets d'initiation. Rencontre avec un chasseur dozo. Échanges d'objets d'initiation et modifications des interactions*, 2017.

Pierre GIGUÈRE, *L'accès à l'habitat dans l'Afrique des villes. Un toit pour l'Afrique*, 2017.

Daniel MULENDA LOMENA EMAMBA, *La gestion de l'intégration des entreprises par la préservation des écosystèmes naturels*, 2017.

Christelle BELPORO, *La responsabilité des entreprises multina-tionales pour les violations des droits de l'homme en Afrique*, 2017.

Jean-François NGANDU KAMUNGA, *Les baluba d'hier et d'aujourd'hui, permanences, ruptures, transformations et extinctions des traditions africaines*, 2017.

Firmin AHOUA, Benjamin OHI ELUGBE, *Typologie et documentation des langues en Afrique de l'Ouest*, 2017.

Alphonse MAKENGO NKUTU, *Les partis politiques de la République démocratique du Congo. Analyse faite à partir de différents textes légaux portant organisation et fonctionnement des partis politiques (1990 à nos jours)*, 2017.

Jean-Marie TCHAKOUA

Introduction générale au Droit camerounais

L'Harmattan

5-7, rue de l'École-Polytechnique, 75005 Paris

http://www.editions-harmattan.fr

ISBN : 978-2-343-12522-0
EAN : 9782343125220

NOTE AU LECTEUR

Cet ouvrage répond à une urgence ressentie par rapport à deux sujets : l'enseignement et la recherche. Il n'est un secret pour personne que l'enseignement ne peut pas se passer de support. Le besoin de support est particulièrement accentué en introduction au droit, où le risque d'égarement est très grand pour l'étudiant en quête de premières armes. La première tentation pour lui, c'est de se jeter sur le premier ouvrage d'introduction au droit qui lui tombe sous la main. Il y a de fortes chances qu'il s'agisse d'un ouvrage sur le droit français. L'étudiant pourrait y trouver des réponses satisfaisantes à quelques questions. Très souvent, cependant, il y trouvera des réponses qui sont valables en France, mais pas au Cameroun. S'il part sur cette fausse piste, il y a peu de chance qu'il arrive à bon port.

Le droit camerounais est riche en particularités : il est un mélange des systèmes romano-germanique et anglo-saxon ; un mélange de droit écrit, dit moderne, et de droit coutumier. Il importe que dès la base, l'étudiant soit alerté sur ces particularités. Or, jusqu'ici, aucun ouvrage n'avait tenté de répondre à cette interpellation. Les étudiants devaient, sur de questions fondamentales, se contenter des cours magistraux, parfois sans travaux dirigés. Ces cours deviennent pratiquement insoutenables, compte tenu des effectifs dans nos universités : la capacité d'accueil des salles de cours est en général très largement dépassée, ce qui oblige les étudiants à prendre les notes debout ou mal assis.

Sur le terrain de la recherche, l'urgence s'est révélée à l'occasion de la consultation des écrits des collègues et surtout de jeunes chercheurs. Sur bien des sujets traités, nos chercheurs citent presque systématiquement des décisions de justice et auteurs étrangers, dans des ouvrages et revues publiés à l'étranger. Une telle situation s'explique par la connaissance très limitée des travaux faits par nos compatriotes ou publiés dans nos rares revues et, plus encore, des décisions rendues par nos juridictions. Dans le souci d'aider à la connaissance de ce qui est fait sur place, nous avons voulu, autant que possible, citer des décisions camerounaises. Nous avons aussi joint une bibliographie que nous souhaitions exhaustive. Il s'agit d'un grand chantier que nous n'avons pu que commencer, notre propre connaissance des travaux étant forcément limitée. Le lecteur pourrait donc être déçu de ne pas retrouver dans l'ouvrage tel ou tel écrit important. Qu'il veuille bien, dans ce cas, porter la référence à notre attention. Nous avons bon espoir que dans les prochaines éditions de cet ouvrage, la liste de travaux s'allonge avec l'apport des uns et des autres.

Qu'il nous soit permis de remercier des amis qui ont lu très attentivement ce travail et contribué fortement à l'améliorer. Il s'agit de M. le professeur Sylvain Sorel Kuaté Tameghe de l'Université de Yaoundé II, Pulchérie Amougui Galaoua, Dr en droit et Chargée de cours à l'Université Catholique d'Afrique Centrale, Marie Duvale Kodjo Gnintedem, Dr. en droit ; de MM. Henri Tchantchou, David Wesiheba et Emile Ngaleu, tous magistrats. Nous voudrions aussi remercier par anticipation tous ceux qui, de Mbanga, Bertoua, Bamenda, Bafang, Yoko, Yagoua, Lolodorf, Djoum et autres villes du Cameroun profond, voudront faire remonter les décisions de justice pour une meilleure connaissance du droit camerounais dans le vécu quotidien.

PRINCIPALES ABRÉVIATIONS

Al. :	Alinéa
Art. :	Article
Ass.pl. :	Assemblée plénière
Bull. :	Bulletin des arrêts de la Cour de cassation française
Bull. CS :	Bulletin des arrêts de la Cour suprême du Cameroun
CA :	Chambre administrative
CC :	Chambre civile
CE :	Conseil d'État
CEMAC :	Communauté économique et monétaire de l'Afrique centrale
CCJA :	Cour commune de justice et d'arbitrage
CFJ :	Cour fédérale de justice
Civ. :	Chambre civile de la Cour de cassation française
CIRDI :	Centre international pour le règlement des différends relatifs aux investissements
Com. :	Chambre commerciale de la Cour de cassation française
CS :	Cour suprême
CSCA :	Chambre administrative de la Cour suprême
CS-COR :	Cour suprême du Cameroun oriental
D. :	Dalloz
D.P :	Dalloz Périodique
D. affaires :	Dalloz affaires
FSJP :	Faculté des sciences juridiques et politiques
Gaz. Pal. :	Gazette du palais
JCP :	Juris-Classeur Périodique, Semaine juridique

LGDJ :	Librairie Générale de droit et de jurisprudence
Litec :	Librairies techniques
OHADA :	Organisation pour l'harmonisation en Afrique du droit des affaires
P. :	Page ou pages
PUA :	Presses universitaires d'Afrique
RADIC :	Revue africaine de droit international et comparé
RASJ :	Revue africaine des sciences juridiques
RCD :	Revue camerounaise de droit
RCJCS :	Répertoire chronologique de la jurisprudence de la Cour suprême
RD pub. :	Revue de droit public
Rec. :	Recueil Lebon
Rev. dr. adm :	Revue de droit administratif
RJA :	Revue juridique africaine
RJCCJA :	Recueil de jurisprudence de la Cour commune de justice et d'arbitrage
RTD civ :	Revue trimestrielle de droit civil
RTD com. :	Revue trimestrielle de droit commercial
RUDH :	Revue universelle des droits de l'homme
S. :	Sirey
UCAC :	Université Catholique d'Afrique Centrale
Vol. :	Volume

SOMMAIRE

PROLÉGOMÈNES

Ces prolégomènes ne sont pas faits simplement pour se conformer à la tradition universitaire d'introduire les ouvrages ; il nous a semblé important, au-delà du souci habituel de tracer le cadre du sujet par quelques définitions utiles, de donner, dès les premières lignes, quelques éléments pouvant permettre de bien comprendre le droit en général et le droit camerounais en particulier.

I. Définition du droit

1. Le mot droit a deux sens. Dans une première acception, le droit est l'ensemble des règles de conduite qui gouvernent les rapports des hommes vivant en société, et dont le respect est assuré par l'autorité publique : c'est le droit objectif. On parle de « droit objectif », justement parce que dans cette acception on s'attache à l'objet du droit, qui est d'élaborer un corps de règles pour régir les rapports sociaux. Le droit objectif peut être envisagé dans sa totalité, et ainsi on visera le droit camerounais, le droit tchadien, le droit français, etc. Le droit objectif peut aussi être envisagé dans l'une seulement de ses branches, et ainsi on aura affaire au droit civil, au droit du travail, au droit pénal, au droit administratif, au droit constitutionnel, etc.

2. De nouvelles branches du droit apparaissent au fur et à mesure que l'activité humaine se développe et se diversifie. Ont ainsi vu le jour, pour ne citer que quelques exemples, le droit de l'environnement, le droit de l'emploi, le droit de l'immobilier, le droit du sport, branches qui n'existaient pas distinctement il y a peu. Mais, l'apparition de nouvelles branches du droit obéit à deux formules différentes. Dans une première formule, le droit peut se développer comme un arbre qui grandit et voit apparaître de nouvelles branches reliées au tronc. Dans cette approche, le nouveau droit n'est qu'un élément de l'ensemble : le droit pénal des affaires n'est ainsi qu'un aspect du droit pénal ; le droit administratif des biens n'est qu'un aspect du droit administratif. La nouvelle branche du droit peut alors déroger au droit commun par telle ou telle solution ; mais elle ne le renie pas complètement.

Dans une seconde formule d'apparition, la nouvelle branche du droit affiche sa prétention à se démarquer complètement des solutions existantes ; elle sécrète dans ce cas des solutions pour répondre à ses problèmes qu'elle considère comme différents de ceux que résout l'ensemble dont elle veut se démarquer. La nouvelle branche se constitue alors en un droit autonome ; c'est le cas aujourd'hui avec le droit administratif et le droit du travail, qui se sont démarqués du droit civil.

C'est toujours un reproche majeur aux solutions existantes qui est le moteur de la construction d'un droit autonome. Le droit administratif, par exemple, a revendiqué son autonomie en reprochant au droit civil de ne pas prendre en compte le fait que l'Administration doit, pour accomplir ses missions, bénéficier nécessairement des prérogatives de puissance publique[1]. Le droit du travail, quant à lui, a boudé le droit civil parce qu'il le trouve incapable de gérer une situation contractuelle dans laquelle l'une des parties est entièrement soumise à l'autorité de l'autre[2]. Le droit civil n'est-il pas construit sur le dogme de l'égalité des parties au contrat ?

Mais il faudrait dire qu'il y a, à la vérité, des degrés dans l'autonomie. Ainsi le droit du travail, malgré sa prétention à l'autonomie, ne s'est pas complètement détaché du droit civil ni sur le plan formel ni sur le plan substantiel. De plus, les principes généraux du droit restent un fonds commun et donc transversal. Personne ne peut aujourd'hui contester l'applicabilité au droit administratif ou au droit du travail du principe de bonne foi. Et, de façon générale, les principes généraux du droit civil s'appliquent encore au droit du travail, à côté des principes généraux du droit du travail[3]. La même solution doit se vérifier avec toutes les autres branches du droit qui affichent une prétention à l'autonomie.

3. Dans sa seconde acception, le mot droit signifie le pouvoir accordé à une personne d'user d'une chose ou d'exiger d'une autre personne l'exécution d'une prestation[4]. Autrement dit, le droit est une prérogative

---

[1] Pour un écho de cette idée, lire A. Bockel, *Droit administratif*, Nouvelles éditions africaines, 1978, p. 16.

[2] A Supiot, « Pourquoi un droit du travail ? », *Droit social* 1990, p. 485.

[3] G. Lyon-Caen, « Les principes généraux du droit du travail » *in Tendances du droit du travail français contemporain, Etudes offertes à G.H. Camerlynck*, Paris, Dalloz, 1978, p.35

[4] On pourrait aussi dire que le droit est le pouvoir accordé à une personne sur une autre personne ou sur une chose. La formule est un formidable raccourci qui peut permettre de vite expliquer. Elle présente cependant l'inconvénient de ne pas faire apparaître très

individuelle qui permet à son titulaire de faire, d'exiger ou d'interdire quelque chose dans son propre intérêt ou, parfois, dans l'intérêt d'autrui : c'est le « droit subjectif »[5]. Ici, on s'attache non pas à l'objet comme dans la première acception, mais au sujet du droit. Le qualificatif « subjectif » employé évoque ce sujet. Dans cette seconde acception, on n'évoque pas le droit en général, mais un droit ou des droits. Le droit de propriété sur une voiture, par exemple, est un droit subjectif : il confère à son titulaire un pouvoir sur ladite voiture ; le droit au salaire est aussi un droit subjectif : il confère au salarié le pouvoir d'exiger de l'employeur le versement d'une somme d'argent.

4. La reconnaissance de cette double acception du terme « droit » ne doit cependant pas masquer l'unité de la matière. Le droit ne peut être appréhendé dans son ensemble en se référant exclusivement soit à son objet soit à son sujet. Il y a en effet une relation étroite de dépendance entre le droit objectif et le droit subjectif. On sait que les prérogatives individuelles (droit subjectif) ont leur source dans la réglementation impersonnelle des rapports sociaux (droit objectif). Si le travailleur peut exiger de l'employeur le versement du salaire, c'est parce que le droit du travail prévoit que le salarié qui a travaillé doit être payé. Il est aussi certain que les modifications intervenant dans le droit objectif retentissent sur l'existence ou la consistance des droits subjectifs. Si les règles de calcul du salaire changent, le montant du salaire changera nécessairement.

II. Éléments pour la compréhension du droit en général et du droit camerounais en particulier

5. Faire le droit n'est pas procéder à un assemblage de formules ou d'articles de lois à réciter ; c'est, au contraire, essayer de comprendre les règles du droit. Celles-ci peuvent varier d'un système juridique à un autre ou d'un pays à un autre, en fonction des facteurs qui les ont marquées. Une chose est cependant sûre : le droit s'impose comme nécessité dans toutes les sociétés humaines. Il est aussi sûr que la règle de droit est celle reconnue comme telle dans la société, même s'il n'est pas inutile d'évoquer les discussions qui existent entre les partisans du droit naturel

---

nettement l'évolution ayant conduit à tenir le débiteur plus par un pouvoir sur son patrimoine que par un pouvoir sur sa personne même.

[5] Très souvent, le mot droit s'écrit avec le « d » minuscule lorsqu'il est question de droit subjectif et avec le « D » majuscule lorsqu'il s'agit du droit objectif. Ces emplois ne sont cependant pas rigoureusement suivis.

et ceux du positivisme juridique en ce qui concerne la reconnaissance de la règle de droit. Tout compte fait, nous devons admettre que nous sommes dans une société qui a consacré le positivisme juridique, ce qui oblige à accorder une attention particulière à l'édiction de la règle de droit.

A. La nécessité du droit dans toute société humaine

6. Aristote a affirmé, très justement, que l'Homme est un animal politique, c'est-à-dire fondamentalement social ; il ne peut vivre seul : par instinct ou par raison, il cherche la compagnie de ses semblables pour une vie en société. Les membres de la société ainsi formée doivent observer une certaine discipline : il n'y a pas de société viable si chacun entend agir à sa guise, sans se soucier des répercussions que ses actions peuvent avoir sur les autres membres de la communauté ou sur la communauté elle-même. Il s'en déduit que toute société suppose une organisation, elle implique une discipline. Autrement dit, les membres de la société doivent obéir à certaines règles de conduite, règles qui indiquent ce qui est défendu (par exemple voler) et ce qui est permis (par exemple s'enfermer chez soi). L'observation de ces règles de conduite est nécessaire à l'existence même de la société et, par conséquent, de chacun de ses membres.

Mais si la nécessité d'observer les règles peut paraître évidente pour tous, en revanche, nous ne sommes pas tous enclins à obéir à la loi. Il faut donc, pour la société, assurer l'observation des règles prescrites, au besoin par la contrainte. La règle de conduite serait en effet illusoire si elle n'était pas accompagnée de cette idée de contrainte. C'est pourquoi celui qui enfreint la règle édictée par la société doit savoir qu'il s'expose à la sanction correspondante, elle-même prévue par la société.

7. Pour l'efficacité du système, il est nécessaire que la règle soit connue de tous. Plus concrètement, il doit être possible de savoir quelles sont les règles en vigueur dans la société. À cet égard, les approches diffèrent selon qu'on considère la doctrine du droit naturel ou le positivisme juridique.

B. La doctrine du droit naturel et le positivisme juridique

Le positivisme juridique s'étant imposé face à la doctrine du droit naturel, il semble judicieux de commencer par exposer cette dernière.

1. La doctrine du droit naturel

8. Selon la doctrine du droit naturel, il existe des règles non écrites, immanentes et immuables, qui ne demandent qu'à être découvertes par la raison, et n'ont nullement besoin d'une reconnaissance de la part des autorités, puisqu'elles s'imposent à celles-ci. Dans cette perspective, le législateur est tenu de se soumettre au droit naturel, faute de quoi les lois seront injustes et les individus pourront s'y soustraire. Cette conception est illustrée dans la mythologie grecque par Antigone, lorsqu'elle refuse d'obéir à une règle qui lui interdisait d'enterrer son frère rebelle ; elle s'adresse ainsi à Créon : il est des lois « *qui sont supérieures aux tiennes, qui ne sont peut-être pas écrites, mais que rien ne peut ébranler…* ».

La doctrine du droit naturel a eu son heure de gloire avec les philosophes grecs et romains, puis, en France, sous l'Ancien régime. Elle va par la suite s'éclipser, même si on assiste aujourd'hui à son relatif réveil.

2. Le positivisme juridique

9. Le positivisme juridique consiste en l'affirmation que le droit n'existe que lorsqu'il est formellement consacré par l'autorité établie, chargée aussi d'en assurer le respect. Il est caractérisé par la nette distinction entre droit réel et droit idéal. Les positivistes refusent de se référer à un soi-disant droit naturel et ne se préoccupent que du droit existant dans la société. Le droit est ce qu'il est et non ce qu'il devrait être. Les plus célèbres positivistes sont Carré de Malberg et Hans Kelsen.

Le positivisme juridique représente aujourd'hui la pensée dominante, ce qui était bien préfiguré par le dénouement de la résistance d'Antigone à la loi en vigueur. Elle avait certes bravé l'interdiction ; mais elle n'a pas échappé à la sanction, puisqu'elle a été condamnée par Créon à être enterrée vivante. C'est parce que le positivisme représente la pensée dominante qu'il faut souligner l'importance des opérations d'édiction et de publication de la règle de droit.

C. L'édiction de la règle de droit et le besoin de coordination ou d'unification des solutions

10. La règle de droit est édictée par la société, puisque la loi est, en vertu de la théorie du contrat social, l'expression de la volonté générale. Mais concrètement, la règle de droit est élaborée par des personnes ou organes habilités (Parlement, Président de la République, Ministre, Maire, etc.). Le peuple ne garde la maîtrise du processus d'élaboration de la règle de droit que parce que, en amont, il intervient dans la désignation des personnes investies du pouvoir d'élaborer les normes (essentiellement les Députés, le Président de la République, les Maires). Il importe donc que dans une société, soit bien organisé le processus de désignation des personnes devant exercer le pouvoir normatif.

En principe, chaque État se donne souverainement des règles de droit conformes à ses aspirations. On devrait ainsi assister à une sorte de balkanisation du droit, parce que la règle prévue dans l'État A est différente de celle prévue dans les États B, C, D, etc. La diversité des solutions qui en résulte est potentiellement dangereuse pour la vie des hommes, parce que ceux-ci se déplacent à travers le monde et entretiennent différents rapports avec les habitants de divers pays (relations de famille, relations d'affaires, etc.). Mais depuis de longue date, un effort est fait pour coordonner l'application des règles de droit à l'échelle internationale. C'est l'objet des disciplines comme le droit international privé, le droit du commerce international.

11. Allant plus loin que la coordination, on cherche à unifier, à l'échelle internationale, un certain nombre de règles. Plusieurs conventions internationales portant unification des règles applicables à telle ou telle matière ont ainsi été conclues (ex. La Convention de Vienne du 11 avril 1980 sur les contrats de vente internationale de marchandises).

Est aussi remarquable le mouvement de construction d'espaces juridiques ou communautaires. Citons, entre autres, l'Organisation pour l'harmonisation en Afrique du droit des affaires (OHADA), la Conférence interafricaine des marchés d'assurances (CIMA), l'Organisation africaine de la propriété intellectuelle (OAPI), la Communauté économique et monétaire de l'Afrique centrale (CEMAC). Ces espaces bénéficient d'un important transfert de compétences normatives[6], par ponction sur les pouvoirs des autorités nationales. C'est que, pour des raisons essentiellement économiques, le monde est de plus en plus intégré et l'unification des normes se doit d'accompagner ce mouvement d'intégration économique, avec ou sans construction d'une communauté politique.

[6] J. M. Tchakoua, « Pouvoir normatif, régionalisation et mondialisation en Afrique », *L'Afrique politique*, Karthala, 2002.

Ce mouvement d'uniformisation des solutions s'est construit à l'origine sur des raisons utilitaires. Par la suite, sont venues s'ajouter des raisons philosophiques : on avance que l'Homme est le même où qu'il se trouve, et son statut doit être garanti partout par un minimum de règles que personne ne peut remettre en cause. C'est le discours sur l'universalité des droits de l'Homme, dont on voit la traduction aujourd'hui en termes de limitation de la souveraineté des États dans l'élaboration des normes[7].

D. Les systèmes de droit

12. La diversité des règles ci-dessus évoquée est préoccupante ; mais on sait qu'il existe des constantes d'un droit national à un autre, grâce auxquelles des regroupements sont possibles. Le droit comparé a en effet mis en lumière l'existence de grands systèmes de droit, qui ont en commun l'originalité de leur philosophie, de leurs sources et de leur teneur substantielle. Les systèmes de droit ne présentent cependant pas tous la même stabilité. On pourrait aujourd'hui mettre d'un côté les systèmes juridiques ayant une grande stabilité et de l'autre les systèmes peu stables.

1. Les systèmes juridiques présentant une grande stabilité

Trois systèmes juridiques peuvent être considérés aujourd'hui comme présentant une grande vitalité, en dépit des évolutions internes qu'ils connaissent : le système anglo-saxon, le système romano-germanique et le système de droit religieux.

a). Le système anglo-saxon

13. Le système juridique anglo-saxon regroupe l'Angleterre, les États-Unis, l'Australie, la Nouvelle-Zélande, le Canada (à l'exclusion du Québec) et tous les pays de l'empire colonial anglais, Dans ce système, le droit n'a pas, en principe, à être recherché dans un corps de règles préétablies d'expression législative : le droit est plutôt jurisprudentiel. Il s'est construit au fil des décisions rendues par les juridictions (en langue anglaise on parle de « *Judge-made-law* »). Celui qui cherche dans le droit

---

[7] Cette limitation emprunte plusieurs voies, dont celle de la conditionnalité de l'aide au développement (Lire les actes du colloque de Yaoundé (20-22 juillet 2004) sur la conditionnalité dans la coopération, CEDIC, 2004). Une voie plus subtile est empruntée par les conventions fondamentales de l'OIT, dont on contrôle le respect même en cas de non ratification par les Etats membres de l'Organisation (voir La Déclaration de l'OIT du 18 juin 1998 sur les principes et droits fondamentaux au travail).

anglais, par exemple, le correspondant du célèbre article 1165 du Code civil sur l'effet relatif des contrats se verra proposer non pas un article d'un texte, mais la décision dans l'affaire *Dunlop Pneumatic Tyre Co. Ldt v Selfridge and Co. Ldt*[8]. On pourrait trouver d'autres célèbres décisions de justice dans les pays de *Common law*, qui répondent bien aux articles des codes ou autres lois édictées dans d'autres systèmes.

Le système anglo-saxon a aussi de fondamental le fait que le droit y est construit sur des décisions prises pour résoudre des cas particuliers soumis au juge ; ces décisions n'affichent aucune prétention à l'abstraction et à la généralisation.

14. On pourrait craindre que, construit sur des décisions de justice, ce système crée de l'insécurité juridique, parce que la solution à un problème peut changer d'un juge à un autre. Pour éviter cette issue, le système anglo-saxon est fondé sur la règle dite du précédent. Il y a nécessité, pour le juge, de s'en tenir aux règles posées par ses prédécesseurs, à propos de cas analogues (*stare decisis*). Cela dit, le précédent qui lie ne peut provenir que d'une cour d'un certain degré dans la hiérarchie judiciaire. En Angleterre, le précédent à respecter vient de la Chambre des Lords, de la *Court of Appeal*, et même de la *High Court*. Au Cameroun, il s'agirait de la Cour suprême et, à tout le moins, de la Cour d'appel.

Dans ces conditions, il est tentant de conclure à la rigidité du système anglo-saxon. Mais ce n'est pas le cas, parce que l'obligation de suivre le précédent n'exclut pas la prise en considération de circonstances particulières des diverses espèces, ce qui permet, par la mise en lumière de ces particularités, d'infléchir la solution précédemment adoptée. Concrètement, le juge ne remet pas en cause le précédent, il le contourne.

15. Le système ne peut bien fonctionner que si les décisions de justice sont publiées et accessibles. Aussi d'importants efforts sont-ils faits pour mettre les décisions de justice à la disposition du public, notamment dans le cadre de recueils de décisions. L'histoire de ces recueils en Angleterre est divisée en trois périodes[9] : la période de la « *Year Books* » qui va à peu près de 1272 à 1535, la période des recueils privés qui commence en

---

[8] (1915) A.C. 847.

[9] C. Anyangwe, *Introduction to law and legal systems*, cours polycopié, Université de Yaoundé, 1983, p. 279 et s.

1535 et prend fin en 1865, la période moderne avec un système de publication semi-officielle qui part de 1865 à nos jours.

Les « *Year Books* » sont des compilations de notes d'étudiants et avocats stagiaires qu'on utilisait comme guide pour les procédures. Elles ne sont pas en principe destinées à être utilisées comme précédents judiciaires. Avec l'invention de l'imprimerie, ces compilations prennent de plus en plus d'importance et sont éditées.

Lorsque ces compilations ont cessé aux environs de 1535, les recueils privés ont pris le relais. Les références aux précédents publiés étaient de plus en plus courantes, d'autant plus que ces recueils visaient à l'exhaustivité.

Depuis 1865, ces recueils privés ont cédé la place à un système de publication presque officiel. Les recueils sont faits par des personnes qui disposent de compétences techniques certaines, les avocats, et parfois corrigés par les juges. Dans le même temps, les mêmes décisions peuvent être publiées par des éditeurs privés.

16. L'importance du droit jurisprudentiel (respect du précédent) ne doit pas faire oublier la seconde source du droit dans les pays du système anglo-saxon : la loi proprement dite qu'on appelle ici *statute*[10]. Certains auteurs[11] pensent même qu'elle est en passe de devenir la source principale du droit dans les pays de *common law*, et notamment en Angleterre. Ce jugement est d'autant plus pertinent que l'Angleterre a signé des conventions internationales ayant pour objet de régir un certain nombre de matières. Même si les règles à la base de ces conventions sont fortement inspirées des solutions jurisprudentielles dans les pays du système juridique anglo-saxon, leur fixation dans les conventions internationales leur fait perdre leur nature de précédents judiciaires.

La grande division dans la famille de droit anglo-saxonne se fait entre la *Common law* et l'*Equity*[12]. Ce dernier est un corps de règles, comme la *Common law*, et ne doit donc pas être confondu avec l'équité qui est une valeur. On pourrait simplement souligner que l'*Equity* est innervé par l'équité.

---

[10] Il s'agit de lois adoptées par le parlement ou d'autres textes pris par des personnes compétentes.

[11] C. Anyangwe, *Introduction to law and legal systems*, cours polycopié, op. cit, p. 90.

[12] On y reviendra infra.

17. Le dernier trait caractéristique des droits anglo-saxons est l'importance accordée aux règles d'administration de la justice. Plus précisément, les règles de preuve et de procédure ont autant sinon plus d'importance que les règles substantielles.

Les grands traits du système anglo-saxon étant ainsi tracés, il faut dire que de l'Angleterre, son pays d'origine, à son expansion planétaire, ce système a parfois évolué pour s'adapter au temps ou au contexte local.

b). Le système romano-germanique

18. Le système romano-germanique est issu du droit romain auquel s'est superposé l'apport des coutumes germaniques. Il est très éparpillé à travers le monde : pays d'Europe, d'Afrique, du Proche-Orient et d'Amérique latine. Dans ce système, et contrairement au système anglo-saxon, la loi est la source principale du droit. Les textes applicables à telle ou telle matière font très souvent l'objet de codes accessibles aux citoyens : code civil, code pénal, code du travail, code général des impôts, code de la route, etc. Ce phénomène de codification marque l'avènement du règne de la loi, qui est désormais la source officielle du droit.

À côté des codes sont édictées d'autres lois dont le très grand nombre a parfois été dénoncé. On assiste en effet à une sorte d'inflation législative, qui complexifie le droit et le rend parfois indigeste ou, à tout le moins, difficile à connaître.

Dans le système romano-germanique, la grande division est faite entre le droit privé et le droit public, chacun de ces domaines étant divisé en plusieurs branches. Pour le droit privé, on a le droit civil, le droit pénal, le droit du travail, etc. ; pour le droit public, on a le droit administratif, le droit constitutionnel, etc. Mais loin d'être étanches, ces divisions sont, au contraire, circonstancielles et parfois arbitraires.

c). Le système de droit religieux

19. À tout considérer, on admettra que tous les droits sont influencés par la religion. Celle-ci prend cependant une place très importante dans les droits dits religieux, lesquels prennent leur source dans une religion. Le droit est donc ici indissociable de la religion.

Dans le groupe des droits religieux, on peut citer le droit musulman applicable dans la plupart des États islamiques et le droit israélien. Mais dans ces pays, certaines matières du droit peuvent ne pas être basées sur la religion. Ainsi, dans les États islamiques, la *Chari'a*, loi canonique de l'Islam, n'occupe pas forcément tout le droit positif[13] ; la part qu'elle occupe varie d'un pays à un autre. De même, en Israël, la *Thora*, loi mosaïque juive, ne s'applique pas à toutes les matières du droit.

2. Les systèmes juridiques peu stables

20. Deux systèmes de droit peuvent être rangés dans la rubrique des systèmes peu stables : le système socialiste pratiquement en décadence et le système de droit des pays africains anciennement colonisés, en constante mutation.

a). Le système socialiste de droit

Le système socialiste de droit a pour fondement la doctrine marxiste-léniniste dont on connaît l'hostilité à l'égard de la propriété privée et même de l'État. C'est un système de droit profondément marqué par l'idéologie communiste. Il a eu pour cœur l'ancienne Union des Républiques Socialistes Soviétiques (URSS) et s'est répandu dans les pays satellites de l'URSS (la Bulgarie, la Roumanie, la Tchécoslovaquie, etc.). Il s'est ainsi établi dans ce qu'on a appelé le bloc de l'Est.

Le communisme s'est effondré et l'URSS s'est disloquée en 1991. La Fédération de Russie s'est mise en place et se montre favorable à la propriété privée. Elle a aujourd'hui adopté plusieurs textes importants inspirés des droits romano-germaniques, notamment du droit allemand. Dans le même temps, quelques pays appartenant à l'ancien bloc de l'Est ont intégré l'Union européenne, organisation internationale marquée par le système romano-germanique. C'est pour toutes ces raisons que le système socialiste du droit a progressivement perdu du terrain au profit du système romano-germanique.

b). Le système de droit des pays africains anciennement colonisés

21. Les pays africains qui ont subi la colonisation, en particulier au cours du siècle dernier, ont enregistré un phénomène qui a durablement marqué leur droit : la forte pénétration du droit du colonisateur dans des sociétés qui n'étaient régies jusque là que par les règles coutumières[14]

---

[13] Voir P. Gannagé, « Observations sur la laïcisation partielle d'un système juridique. L'exemple des droits proche-orientaux », *Mélanges Malinvaud*, Litec 2007, p.227.

[14] Il nous a été difficile de faire un choix entre le mot « *coutume* » et l'expression « *droit traditionnel* ». Dans le langage juridique, les deux s'utilisent souvent indifféremment, même si l'on perçoit une certaine condescendance chez certains auteurs lorsqu'ils

locales. Le projet du colonisateur, plus ou moins marqué selon les pays, était la substitution de son droit[15] aux coutumes locales. Mais bien souvent, les coutumes locales ont résisté, ce qui a conduit à une coexistence, plus ou moins harmonieuse, de deux corps de règles : les règles d'origine étrangère et les coutumes locales ayant la prétention de se présenter non pas comme source secondaire, mais comme source unique du droit. Dans les pays d'Afrique noire, ces coutumes sont basées sur l'idée que le monde a deux dimensions inséparables : une dimension visible et une dimension invisible[16]. Cette double dimension imprègne le droit dans tous ses aspects, notamment les règles de preuve et la sanction des écarts de conduite. C'est ainsi que la preuve d'un fait pourrait être administrée par un procédé visible, comme le témoignage, mais aussi par la divination, voire l'invocation de l'au-delà (invocation des ancêtres ou autre divinité). De même, la sanction d'un acte répréhensible pourrait être assurée par les hommes, mais aussi, parfois, par les forces invisibles.

L'accession à l'indépendance des pays colonisés n'a pas fait cesser ce pluralisme juridique. Au contraire, celui-ci s'est enrichi d'une troisième composante, les règles adoptées par les autorités des États indépendants. Cette nouvelle composante prend de plus en plus de l'importance au détriment de la coutume et du droit issu de la colonisation. Suivant divers mécanismes d'influence, elle accentue la prégnance tantôt du système romano-germanique, tantôt du système anglo-saxon et a inscrit dans son projet la disparition de la coutume comme source directe du droit.

E. Les particularités du droit camerounais

22. L'histoire des institutions[17] et des faits sociaux au Cameroun explique mieux les particularités du droit camerounais. Ce dernier est écartelé entre les systèmes de droit anglo-saxon et romano-germanique et

---

utilisent l'expression « *droit traditionnel* ». On pense naturellement à son pendant, le « *droit moderne* ».

[15] Selon les pays, le droit qu'on veut imposer relève du système anglo-saxon ou du système romano-germanique, ou des deux (cas du Cameroun).

[16] Voir Dakouri GADOU, *La sorcellerie, une réalité vivante en Afrique*, Les éditions du CERAP, Abidjan 2001, p. 104 et s.

[17] L.P. Ngongo, *Histoire des institutions et des faits sociaux du Cameroun*, Tome 1 (1884-1945), Mondes en devenir-XVI ; E. Mveng, *Histoire du Cameroun*, tomes 1 et 2, CEPER Yaoundé, 1984 ; E. Mbarga, *Cours d'histoire des institutions du Cameroun*, Presses du Centre d'Edition et de Production des Manuels et d'Auxiliaires de l'Enseignement, Yaoundé, 1976 ; F. Mbomé, *Histoire des institutions et des faits sociaux,* Yaoundé, Fasst Editions, 2000.

a construit une règle originale d'articulation entre les coutumes, les textes nationaux et ceux des ex-puissances colonisatrices.

1. L'écartèlement du droit camerounais entre les systèmes juridiques anglo-saxon et romano-germanique

Lorsqu'il se construit comme entité territoriale, le Cameroun est sous protectorat allemand : le traité de protectorat est signé le 12 juillet 1884. Le pays est dans cette situation jusqu'à la fin de la Première guerre mondiale. L'Allemagne ayant perdu la guerre, ses possessions en Afrique passent aux mains des vainqueurs ; le Cameroun est ainsi partagé entre l'Angleterre et la France le 6 mars 1916. Ce partage sera avalisé plus tard par le traité de Londres, conclu dans le cadre de la Société des Nations en 1922.

Les nouveaux maîtres du Cameroun vont s'employer à effacer toutes les traces de la présence allemande. La présence anglo-française, relativement plus longue que celle allemande, va durablement marquer le Cameroun et son droit.

Parce qu'il a subi une double influence anglaise et française, le Cameroun est écartelé entre les systèmes juridiques anglo-saxon et romano-germanique. Le premier système s'applique à l'ex-Cameroun occidental anciennement administré par la Grande-Bretagne, tandis que le second s'applique à l'ex-Cameroun oriental anciennement administré par la France. On peut cependant remarquer, dès les indépendances et surtout depuis l'unification de l'État en 1972, un vaste mouvement d'unification législative qui doit normalement faire perdre du terrain à la règle du précédent en usage dans l'ex-Cameroun occidental. Il serait en effet impertinent de recourir à la règle du précédent dans les matières comme le doit du travail, le droit foncier, le droit de l'environnement, etc., qui font l'objet de textes applicables à l'ensemble du territoire national.

23. De même, le vaste mouvement d'intégration juridique dans lequel notre pays est impliqué perturbe le mode anglo-saxon de découverte de la règle de droit. Le droit commercial, le droit des sociétés, le droit des assurances et bien d'autres branches du droit font aujourd'hui l'objet de textes à l'échelle régionale, et il n'est plus pertinent, pour le juriste de culture anglo-saxonne, de rechercher les solutions applicables dans les précédents judiciaires.

2. La place des coutumes, des textes nationaux et étrangers

24. La multiplication des textes applicables à l'échelle nationale, communautaire et internationale a fortement rongé la place des coutumes camerounaises. Il s'agit là des avancées dans un projet de mise à mort des coutumes, conçu depuis l'époque coloniale. Mais celles-ci ont résisté, obligeant les colonisateurs à louvoyer. L'accession du Cameroun à la souveraineté internationale a changé la donne. Mais il n'était pas question de restaurer le règne des coutumes[18] ni de laisser s'appliquer indéfiniment le droit colonial. Un droit nouveau devrait être progressivement élaboré. En attendant, les coutumes et le droit colonial sont maintenus à titre transitoire. Même provisoire, le maintien de la coutume en tant que corps de règles ayant vocation à régir presque les mêmes matières que le droit écrit, crée une concurrence entre les deux.

a). La résistance des coutumes à l'effacement et le louvoiement du colonisateur

25. La société traditionnelle camerounaise était régie exclusivement par les coutumes. Le déclin des coutumes commence avec la pénétration et la domination étrangères. Les puissances colonisatrices[19] avaient pour ambition de remplacer les coutumes par leur droit, étendu au Cameroun dans sa consistance d'origine ou moyennant quelques adaptations. Le point de départ de cette ambition est souvent situé dans la Constitution coloniale allemande de 1886 prévoyant que la législation allemande s'appliquera à l'ensemble des possessions de ce pays. Même comme le Cameroun n'était formellement que sous protectorat allemand, cela ne devait rien changer. Au demeurant, le traité de protectorat conclu le 12 juillet 1884, soit deux ans avant la Constitution coloniale allemande, disposait très clairement que la partie camerounaise abandonnait totalement à la partie allemande ses droits concernant la législation et l'administration. Mais l'Allemagne ne donne nullement l'impression de vouloir abolir les coutumes locales, notamment dans les rapports entre indigènes.

---

[18] Celles-ci étaient nombreuses et variables d'une tribu à une autre.

[19] Le Cameroun n'a jamais été formellement une colonie. Il est passé tour à tour, du régime du protectorat à ceux du mandat et de la tutelle, avant son indépendance. Mais, concrètement, il a été géré comme une colonie. Autant par commodité de langage que pour tenir compte de la réalité des faits, nous utiliserons souvent l'adjectif « colonial » ou le substantif « colonie ».

26. L'organisation judiciaire[20] mise en place par l'Allemagne semblait conçue pour ménager les coutumes, puisque les tribunaux coutumiers ont été créés pour les indigènes en 1892. Mais le recours contre les jugements de ces tribunaux était exercé devant un tribunal présidé par un administrateur colonial. L'Ordonnance du 25 décembre 1900, qui va restructurer l'organisation judiciaire, ne changera rien à la pénétration du droit allemand.

Au lendemain de la Première guerre mondiale, l'Allemagne vaincue est contrainte de céder le Cameroun à la France et à la Grande-Bretagne, qui vont occuper respectivement la partie orientale et la partie occidentale. L'entreprise d'imposition du droit étranger va se poursuivre, aussi bien avec les Français[21] qu'avec les Anglais[22]. Elle va cependant échouer, surtout en droit foncier et en droit de la famille où les populations ont montré une résistance farouche. Au juste, durant toute cette période, les coutumes locales ont, autant que faire se peut, résisté[23] à la pression du droit d'origine étrangère, notamment dans les rapports entre indigènes. Comme le prédécesseur allemand, les Anglais et Français vont louvoyer jusqu'à l'accession du Cameroun à l'indépendance.

---

[20] Sur la question, lire R. Sockeng, *Les institutions judiciaires au Cameroun*, 4ème édition (2005), Macacos, Douala, p. 4 et s.

[21] Lire à cet égard les décrets du 16 avril 1924 fixant le mode de promulgation et de publication des textes réglementaires au Togo et au Cameroun, et du 22 mai 1924 rendant exécutoire dans les territoires du Cameroun placés sous le mandat de la France les lois et décrets promulgués en Afrique équatoriale française antérieurement au 1er janvier 1924, modifié par le décret du 5 mai 1926. Est aussi à lire la Circulaire du Ministre des colonies du 10 septembre 1931 relative à la promulgation et à la publication aux colonies de certains textes législatifs et réglementaires.

[22] Lire à cet effet le « *Southern Cameroons High Court Laws 1955* », qui encadre l'application du droit local. Son article 27(1) dispose : « *The high Court shall observe, and enforce the observance of every native law and custom witch is not repugnant to natural justice, equity and good conscience, nor incompatible either directly or by implication with any law for the time being in force, and nothing in this law shall deprive any person to the benefit for any such native law and custom*". Et la Cour suprême a jugé que la coutume qui écarte la fille de la succession est contraire à la Constitution et « *repugnant to natural justice* » (CS n° 14/L du 14 février 1993, *affaire Zancho Florence Lum C/ Chibikom Peter Fru and Others, Juridis*-Info n° 21 (1995) p. 29, note Ewang.

[23] S. Méloné, « Le Code civil contre la coutume : fin d'une suprématie (A propos des effets patrimoniaux du mariage », *RCD*, n° 1 (1972), p. 12.

b). Le maintien à titre provisoire des textes coloniaux

27. Au lendemain de l'indépendance, on pouvait espérer que les autorités du jeune État abrogent toutes les dispositions des droits étrangers introduits pendant la colonisation. Cela n'était possible que si étaient prêts des corps de règles pouvant être adoptées en remplacement du droit colonial. Ces corps de règles n'existaient pas, les coutumes qu'on trouvait çà et là étant liées à des tribus et non applicables à l'échelle nationale (coutume bamiléké, coutume *bassa*, coutume *béti*, coutume *duala*, etc.). Par réalisme, la Constitution du 4 mars 1960[24] a posé que le droit antérieur (le droit colonial) restera en vigueur jusqu'à son abrogation et son remplacement par de nouvelles dispositions. Cette solution a été reprise par l'article 68 de la Constitution actuellement en vigueur, et la Cour suprême veille à son respect[25]. C'est pour cette raison que dans l'ex-Cameroun oriental, les textes comme le Code civil français de 1804 restent en vigueur. La solution doit être bien comprise : la version du Code civil qui intéresse notre propos est celle en vigueur au Cameroun au 1er janvier 1960. Depuis lors, en France, plusieurs modifications ont été apportées au Code civil, mais ne nous concernent pas. Au Cameroun, certaines dispositions du Code civil ont été modifiées et remplacées par le législateur (textes nationaux ou d'origine internationale). Il en est ainsi de plusieurs dispositions du Code civil en matière de mariage, remplacées par celles de l'Ordonnance n° 81/02 du 29 juin 1981 portant organisation de l'état civil et diverses dispositions relatives à l'état des personnes physiques, des dispositions sur les sûretés, remplacées par l'Acte uniforme portant organisation des sûretés.

28. De même, dans l'ex-Cameroun occidental, la *Common law* et certains *statutes* anglais sont toujours en vigueur[26]. Certes, dans cette partie du territoire, la situation est relativement plus complexe. Au départ, il y a un texte de l'époque coloniale, le *Southern Cameroons High Court Laws* de 1955. En son article 11, il prévoit l'application, à la partie du territoire camerounais administrée par la Grande-Bretagne de :

---

[24] Voir article 51 de la Constitution du 4 mars 1960.

[25] CS, arrêt n° 58 du 12 avril 1978, *affaire A. Georges C/ K... Ernest, RCD.* n° 9, 1976, p. 63.

[26] Pour ces textes anglais entrés par l'intermédiaire du Nigeria, voir C. Anyangwe, Cours polycopié op.cit., p. 315 et E.N. Ngwafor, *Family law in Anglophone Cameroon, University Regina Computer services, Regina-Saskatchewan, Canada,* 1993, *Introduction.*

- la *common law*

- l'*Equity*

- les textes d'application générale (*statutes of general application*) en vigueur en Angleterre au 1er janvier 1900.

Unc doctrine autorisée soutient qu'il est raisonnable de penser que *la Common law* applicable dans l'ex-Cameroun occidental est celle applicable en Angleterre aujourd'hui[27]. En revanche, a été sérieusement discutée la question de savoir si les textes anglais pris postérieurement à 1900, et parfois après l'indépendance du Cameroun, sont applicables chez nous. Pour y répondre, on a raisonné en deux temps. D'abord à partir de la notion de « *texte d'application générale* » : selon le *Southern Cameroons High Court Laws*, seuls les textes d'application générale antérieurs au 1er janvier 1900 sont applicables dans l'ex-Cameroun occidental ; un exemple est fourni par le *Fatal Accidents Act 1846-1864*[28] ; *a contrario*, soutient-on, les textes qui ne sont pas d'application générale, comme le *Matrimonial causes Act* de 1857, ne sont pas applicables dans l'ex-Cameroun occidental. Dans un second temps, on a invoqué l'article 15 du *Southern Cameroons Hihg Court Laws,* qui dispose que la *High Court* juge, en matière de testament, de divorce, de questions relatives au mariage, conformément aux règles et pratiques en vigueur à ce moment-là en Angleterre. En Conséquence, en ce qui concerne les matières énumérées, le droit applicable dans l'ex-Cameroun occidental changerait aussitôt qu'il y a changement en Angleterre. C'est le cas avec le *Matrimonial Causes Act* anglais de 1973, que les juges[29] appliquent dans l'ex-Cameroun occidental.

29. On doit cependant se demander s'il est judicieux de convoquer ainsi le droit colonial pour dire dans quelle mesure nous devons faire recours aux textes coloniaux. Ces textes, pris à l'initiative de

[27] E.N. Ngwafor, *Family Law in Anglophone Cameroon* op. cit., p. 2

[28] Dans l'affaire *Solomon Mukete and 7 others v Joseph Tarh and 2 ohers*, le juge a refusé la qualité d'ayant droit aux frères d'une victime d'accident de la circulation en se fondant sur le Fatal Accident Act de 1846 qui exclut les frères du cercle des ayants droit. Les amendements ultérieurs de ce texte, en 1976, qui reconnaissent les frères et sœurs, oncles et tantes comme ayants droit ont été repoussés (Appeal case n° CASWP/49/80, inédit).

[29] Voir l'affaire *Enongenekang V Enongenekang*, Suit n° HCSW/28MC/82 inédit (avec une éloquente justification de l'application du texte anglais)

l'Angleterre, s'inscrivaient dans la logique du mandat[30] que cette dernière avait reçu de la Société des Nations pour administrer le Cameroun occidental comme partie de son territoire. L'accession du Cameroun à la souveraineté internationale a bouleversé la donne, justement parce que le Cameroun a désormais l'entière responsabilité de ses choix législatifs. Dans l'exercice de sa souveraineté, le peuple camerounais a, dans le cadre de la Constitution, prévu, à titre transitoire, le maintien des textes antérieurs. Ces textes sont forcément et exclusivement ceux antérieurs à la date de la Constitution, ainsi qu'il est indiqué à l'article 68[31] de la Constitution actuellement en vigueur.

Il ne s'agit pas de dire qu'on ne doit plus recourir à la *Southern Cameroons High Court Laws*, ou à un autre texte de l'époque coloniale. Le propos est plutôt qu'on ne peut aujourd'hui lire et interpréter les textes coloniaux que sous réserve du respect de la souveraineté internationale du Cameroun.

L'attitude des juges de l'ex-Cameroun occidental, consistant à suivre les changements intervenus en Angleterre, est une sorte d'abdication judiciaire de la souveraineté[32], en même temps qu'un dangereux blanc-seing donné au Parlement anglais. L'attitude est d'autant plus curieuse qu'elle vient des juges de culture anglo-saxonne, supposés professionnellement préparés à la création des règles du droit. Tout se passe finalement comme si sans le secours des *statutes* (les textes), on ne peut pas trancher les différends. Or, dans le système anglo-saxon, les *statutes* sont considérés comme des règles dérogatoires, la solution de principe étant fournie par la *Common law*.

---

[30] Ce mandat a, par la suite, été transformé en tutelle.

[31] « La législation résultant des lois et règlements applicables dans l'Etat fédéral du Cameroun et dans les Etats fédérés à la date de prise d'effet de la présente Constitution reste en vigueur dans ses dispositions qui ne sont pas contraires aux stipulations de celle-ci, tant qu'elle n'aura pas été modifiée par voie législative ou réglementaire ».

[32] Cette abdication contrarie le préambule de la Constitution de la République, qui affirme que le Peuple camerounais est « Jaloux de l'indépendance de la Patrie camerounaise chèrement acquise et résolu à préserver cette indépendance ». Toute disposition antérieure, notamment de droit colonial, qui remettrait en cause cette indépendance est contraire à la Constitution et, conformément à l'article 68 de la Constitution, n'est pas concernée par le maintien du droit antérieur.

c). Le maintien à titre provisoire de la concurrence entre le droit écrit et les coutumes

30. Comme en ce qui concerne les textes coloniaux, c'est par réalisme que fut maintenue la solution de la concurrence entre le droit écrit, dit moderne, et les droits coutumiers. Et pour donner un sens à cette concurrence, la Cour suprême a affirmé que l'option de juridiction emporte l'option de législation[33]. Mais ici aussi, les autorités ont fait savoir que le maintien des droits coutumiers était provisoire. La solution résultait implicitement du maintien à titre provisoire des juridictions chargées d'appliquer le droit coutumier[34] et d'une importante décision de la Cour suprême, rendue en 1962, qui a affirmé que dans toutes les matières où il a été légiféré, cette législation doit l'emporter sur la coutume[35]. Certes, dans cet arrêt, les textes qui s'imposaient devant la coutume n'étaient pas des textes pris par le législateur national après l'indépendance ; il s'agissait plutôt de textes datant de l'époque coloniale (décrets des 13 novembre 1945 et 14 septembre 1951) et, sans doute, porteurs du vieux projet colonial de remplacement intégral des coutumes locales par la législation venue de la métropole. Mais ce n'est pas dans le respect de ce projet colonial que la Cour suprême a élaboré sa solution. La Haute juridiction a simplement posé la règle de l'effacement de la coutume devant les textes pris spécialement dans le cadre camerounais

---

[33] CS, arrêt n°28/CC du 10 décembre 1981, *affaire Angoa Parfait c/ Dame Angoa née Biyidi Pauline, RCD*, n° 21/22, p. 301 ; n° 120/CC du 15 septembre 1982, *affaire Asso'o Benoît c/ Moutikoue Jacqueline* ; n° 35/CC du 25 mai 1982, *affaire Bihina Gabriel c/ Ngamba Jacqueline* ; n° 144/CC du 17 mai 1983, *affaire Nguele Nsia F. Biloa et autres, RCD*, n° 29, p. 196. Mais la règle va connaître une grave mésaventure dans plusieurs arrêts de la Cour suprême, n°86/CC du 18 juillet 1985, *affaire Kemajou née Makugam Jeanne c/ Kemajou François* et n° 64/CC du 16 avril 1987, *in Tendances jurisprudentielles et doctrinales du droit des personnes et de la famille de l'ex-Cameroun oriental*, par F. Anoukaha, L. Elomo-Ntonga, S. Ombiono, Polycopié, Université de Yaoundé, p. 97, commentaire F. Anoukaha ; voir aussi CS, n° 24/CC du 14 octobre 1992, *Juridis-Info*, n° 20 (1994) page 72, note Tchakoua.

[34] L'Ordonnance n° 72/04 du 26 août 1972, en son article premier, ne citait pas les juridictions de droit traditionnel parmi les juridictions chargées de rendre la justice, mais indiquait, dans les dispositions transitoires, que l'organisation et la procédure des juridictions traditionnelles sont maintenues provisoirement. Ces juridictions ont connu un léger retour en grâce avec la loi n°2006/015 du 29 décembre 2006 portant organisation judiciaire. Celle-ci cite les juridictions traditionnelles parmi les juridictions chargées de rendre la justice (article 3), même si elle souligne aussi que leur maintien est provisoire (article 31).

[35] CS cor, arrêt n° 445 du 3 avril 1962, *affaire Bessala Awona c/ Bidzogo Geneviève, Penant* 1963, p. 230, note Lampué. Voir aussi CS cor, 5 mars 1963, Bull. n° 8, p. 541.

pour régir une situation. Dans le contexte actuel, il s'agit essentiellement des textes pris par les autorités du Cameroun indépendant, ce qu'on peut appeler, avec une certaine approximation, « *loi nationale* ».

31. Les juridictions du fond ne comprennent pas toujours la règle posée par la Haute juridiction. Ainsi, saisie d'une demande d'expulsion d'un terrain immatriculé, la Cour d'appel du Sud, statuant en matière de droit local, a affirmé : « *Considérant que l'expulsion sollicitée est fondée sur un titre foncier relevant du droit écrit et non sur une quelconque coutume des parties ; que dès lors la Cour statuant en matière de droit traditionnel, ainsi que le premier juge sont incompétents à connaître d'un tel litige, l'option de juridiction emportant l'option de législation* »[36]. Sur cette motivation, la Cour a annulé la décision du premier juge qui avait ordonné l'expulsion[37]. Il s'agit là d'une compréhension erronée de la jurisprudence de la Cour suprême sur les conséquences à tirer de l'option de juridiction, le texte en cause, l'ordonnance n° 74/01 du 6 juillet 1974 fixant le régime foncier, étant de ceux qui s'imposent devant toutes les juridictions[38].

À l'opposé, la Cour d'appel du Centre a fait montre d'une très bonne compréhension de la jurisprudence de la Cour suprême, dans un arrêt rendu le 12 octobre 1989[39]. Un jugement du Tribunal du premier degré de Yaoundé avait admis la reconnaissance d'un enfant adultérin conformément à la coutume. Le ministère public avait relevé appel du jugement en se fondant sur la violation de l'article 335 du Code civil qui prohibe ce type de reconnaissance. Pour y répondre, la Cour d'appel, qui avait constaté que la question était traitée par l'article 43 de l'ordonnance n° 2 du 29 juin 1981 portant organisation de l'état civil et diverses dispositions relatives à l'état des personnes physiques, a renvoyé dos à dos le ministère public et le Tribunal du premier degré en soulignant qu' « *il s'agit d'une matière qui n'est soumise ni à la coutume, ni au Code civil, puisque légiférée par l'ordonnance n° 81-02 du 29 juin 1981* ».

---

[36] CA du Sud, n° 05/LO du 17 février 2006, *affaire Ondoua J. Collins c/ ASSIANE Richard*, inédit.

[37] TPI d'Ebolowa, n° 171/PD du 6 août 2003 (en réalité TPD d'Ebolowa), inédit.

[38] De surcroît, il n'était pas demandé au juge de reconnaître un droit en appliquant ce texte, mais seulement de tirer des conséquences d'un droit déjà établi.

[39] CA du Centre, 12 octobre 1989 *affaire MP c/ Amougou François et Mballa Victorine*, *Juridis-Info* n° 5 (1991), p. 62, obs. Youégo.

La solution est justifiée par le fait qu'une législation nationale est forcément l'expression du génie législatif national et donc la résultante de toutes les coutumes camerounaises[40]. Dans l'optique de l'unité nationale, une telle législation doit s'imposer face aux coutumes particulières à telle ou telle tribu.

Logiquement, il faudrait aussi penser qu'une règle d'origine internationale s'applique devant toutes les juridictions et sur toute l'étendue du territoire national et évince donc toute coutume qui prétendrait s'appliquer.

32. C'est pour toutes ces raisons que le droit coutumier ne s'exprime plus abondamment qu'en droit de la famille[41], où n'existe pas encore une législation uniforme et où les conventions internationales ne sont pas souvent d'application directe en droit interne. Il faudrait aussi dire, à la vérité, que la concurrence entre le droit écrit et le droit coutumier a toujours été une lutte entre inégaux, les autorités ayant pris le parti du droit écrit[42]. Des dispositifs subtils sont mis en place pour réduire l'influence du droit coutumier au profit du droit écrit. Au plan national, et conscient du fait que certains éléments de la coutume peuvent être inacceptables, le constituant a affirmé que « *La République... reconnaît et protège les valeurs traditionnelles conformes aux principes démocratiques, aux droits de l'homme et à la loi* »[43]. Bien avant l'introduction de cette solution dans la constitution, la Cour suprême avait affirmé que « Le juge doit écarter la coutume lorsqu'elle est contraire à l'ordre public et aux bonnes mœurs ou encore lorsque la solution à laquelle son application aboutit est moins bonne que celle du droit écrit »[44]. Dans son principe, la règle posée par la constitution ou par la Cour suprême est judicieuse. Mais dans sa formulation, elle expose à une confusion sur la « *loi* » ou le « *droit écrit* » qui doit prévaloir sur la coutume. Or, dans la logique de l'analyse ci-dessus faite de l'arrêt

---

[40] Dans ce sens S. Ombiono, « Etude générale des sources du droit des personnes et de la famille », *in Tendances jurisprudentielles et doctrinales du droit des personnes et de la famille de l'ex-Cameroun oriental*, op. cit, p. 7.

[41] Le contentieux devant les juridictions de droit traditionnel tourne autour de deux sujets majeurs : le divorce et la succession.

[42] Sur la question, lire B. Banamba, « Regard nouveau sur un texte déjà trentenaire : le cas du décret du 19 décembre 1969 portant organisation et fonctionnement des juridictions traditionnelles de l'ex-Cameroun oriental », *RASJ,* 2000, vol.1, n° 2, p. 102.

[43] Constitution du 2 juin 1972 telle que modifiée par la loi du 18 juin 1996, article premier, alinéa 2.

[44] CS n°70 du 08 juillet 1976, affaire Ateba Victor contre dame Ateba.

Bessala Awono, c'est la loi nationale qui doit pouvoir s'imposer sans la moindre discussion face à la coutume.

33. Dans l'ex-Cameroun oriental, le règne des coutumes est menacé, en premier lieu, par la règle de l'article 3 du décret n° 69/DF/544 du 19 décembre 1969 fixant l'organisation judiciaire et la procédure devant les juridictions traditionnelles du Cameroun oriental, qui prévoit qu'en cas de conflit de coutumes pour les questions concernant le mariage, le divorce, la puissance paternelle et la garde des enfants, il est statué d'après la coutume sous le régime de laquelle le mariage avait été contracté ou, dans l'incertitude, d'après les principes généraux du droit moderne. Il est arrivé qu'on comprenne cette règle comme signifiant que la coutume ne doit s'appliquer que si son contenu ne contrarie pas celui du Code civil. La Cour d'appel du Sud[45] statuant en matière de droit local sur un différend relatif au partage a ainsi jugé que « *les règles régissant ledit domaine par la loi et la coutume étant en conflit, il convient d'appliquer ici les règles du Code civil* ».

Le règne des coutumes est menacé, en deuxième lieu, par l'organisation judiciaire qui ne permet l'expression du droit coutumier qu'au niveau des juridictions du premier degré, de sorte qu'au second degré et à la Cour suprême on n'a véritablement affaire qu'au droit écrit. On sait bien qu'il n'y a d'assesseur[46] ni à la Cour d'appel ni à la Cour suprême. À ceux qui se méprendraient sur cette réalité au niveau de la Cour d'appel, la Haute juridiction[47] a fait savoir que les assesseurs n'entrent pas dans la composition de la Cour d'appel, même lorsque celle-ci statue sur les appels des jugements des juridictions de droit traditionnel[48]. Certes, on pourrait douter de cette solution lorsque la Cour d'appel examine les jugements rendus par les *Customary Courts* et les *Alkali Courts* de l'ex-Cameroun occidental. En effet, la loi n° 79/04 du 29 juin 1979 rattachant ces juridictions au ministère de la justice indique,

---

[45] CA du Sud, n° 12/L du 21 avril 2006, *affaire Mbazoa Bernadette c/ Nkotto Menguele Michel*, inédit.

[46] Les assesseurs sont des personnes qui entrent dans la composition des juridictions de droit traditionnel, avec pour rôle de permettre la connaissance, et donc la bonne application, de la coutume (Voir infra, la 3ème partie de l'ouvrage sur l'organisation judiciaire)

[47] CS, 28 février 1974, *RCD* n° 13 et 14, *p. 166 ;* n° 14/L du 21 novembre 2002*, affaire Oloa Michel c/ Olao Balla et autres, Juridis-Périodique* n° 64 (2005), p. 46

[48] La notion de juridiction traditionnelle est consacrée dans nos textes et renvoie, bien sûr, à celle de juridiction de droit traditionnel. Nous l'utiliserons malgré les réserves qui peuvent être faites sur la pertinence de l'expression.

en son article 3 alinéa 2 b) et c), que « *b) La Cour d'appel statuant sur les jugements des Customary Courts et des Alkali Courts, est complétée par deux assesseurs ayant voix consultative et représentant la coutume des parties.*

c) Les assesseurs sont choisis parmi ceux des Customary Courts et Alkali Courts n'ayant pas connu de l'affaire en première instance ».

Intervenue après l'Ordonnance n° 72/04 du 26 août 1972 portant organisation judiciaire qui ne prévoyait pas l'intervention des assesseurs en appel, la loi de 1979 établissait une solution dérogatoire qui a pu coexister avec la règle générale posée par l'Ordonnance citée. On devrait tenir le même raisonnement en ce qui concerne les rapports entre cette loi de 1979 et la nouvelle loi portant organisation judiciaire[49], même s'il ne semble pas déraisonnable de penser que c'est par inadvertance que cette dernière n'a pas explicitement abrogé cette dérogation que rien ne semble justifier.

À l'absence d'assesseurs en appel et devant la Cour suprême, il faudrait ajouter le fait que la composition des juridictions du premier degré d'instance statuant en matière traditionnelle les prédispose très peu à appliquer véritablement les coutumes. Ces juridictions sont dominées par des personnes dont on peut raisonnablement penser qu'elles ne connaissent pas le contenu de la coutume à appliquer[50].

En troisième lieu, et dans la logique de ce qui précède sur la composition des juridictions de droit traditionnel, les juges ont souvent maquillé les règles du Code civil qu'ils présentent tantôt comme le contenu originel de la coutume, tantôt comme le résultat de l'évolution de celle-ci[51]. On peut y ajouter le fait d'appliquer régulièrement le Code civil, sous le prétexte que la coutume est silencieuse sur telle ou telle question[52]. Il est aussi arrivé que le juge applique le Code civil sans la moindre explication, sans doute parce qu'il trouve son application

[49] Loi n° 2006/015 du 29 décembre 2006.

[50] Le Tribunal du premier degré est présidé par un fonctionnaire en service dans le ressort du tribunal et, en cas d'empêchement, par le Sous-Préfet de l'arrondissement du siège ou par un adjoint d'arrondissement.

[51] CS, arrêt 30 du 12 janvier 1971, *affaire Dayas Tokoto Loth c/ Dayas Christine, in Tendances jurisprudentielles et doctrinales du droit* des personnes et de la famille de l'ex-Cameroun oriental op. cit., p. 92.

[52] CS, arrêt n° 68/L du 28 juillet 1985, *affaire Chimi Moïse c/ Mme Chimi née Tchouanqué Jacqueline, Juridis-Info* n° 0, p. 30, note Anoukaha.

naturelle. Le Tribunal du premier degré de Bafoussam a ainsi appliqué, en matière de sortie d'indivision, l'article 828 du Code civil sur la forme notariée des actes de partage[53] et, en matière de divorce, l'article 232 du même code sur l'abandon de foyer conjugal[54].

En quatrième lieu, l'option de juridiction ne s'applique pas de la même façon selon qu'on choisit une juridiction de droit moderne ou une juridiction de droit traditionnel. Dans le premier cas, lorsque le demandeur saisit le juge, l'instance est définitivement engagée devant cette juridiction. En revanche, lorsqu'il opte pour une juridiction de droit traditionnel, l'instance ne peut être définitivement liée que pour autant que le défendeur, *in limine litis*, ne s'y oppose pas. Si le défendeur formule un déclinatoire de compétence, le tribunal se déclare incompétent et le demandeur peut saisir la juridiction compétente de droit dit moderne[55].

34. Dans l'ex-Cameroun occidental, et jusqu'à ce que la loi n° 79/04 du 29 juillet 1979 ne rattache les *Customary Courts* et les *Alkali Courts* au ministère de la justice, le système des voies de recours prévues contre les jugements de ces juridictions donnait aux autorités administratives (le Sous-Préfet, le Préfet et le Premier ministre de l'État fédéré, pendant la République fédérale), le doit de réviser les jugements. La loi de 1979 prévoit désormais que ces décisions peuvent faire l'objet d'un appel devant la Cour d'appel. Mais là encore, ce sont les magistrats professionnels, dont on peut douter de la connaissance de la coutume, qui statuent sur l'appel. Par ailleurs, le Préfet conserve le droit d'ordonner le transfert de toute affaire, du *Customary Court* à la juridiction de droit moderne.

Le dispositif le plus puissant dans l'entreprise de réduction de l'emprise de la coutume dans l'ex-Cameroun occidental est, cependant, la règle de l'article 27 de la *Southern Cameroons High Court Laws 1955*, qui n'admet l'application de la coutume qu'autant que celle-ci n'est pas « *repugnant to natural justice, equity and good conscience* ». Les données de référence du contrôle sont floues, ce qui ne peut que donner plus de pouvoirs à celui qui contrôle la « *validité* » de la coutume. Le

---

[53] TPD de Bafoussam, jugement n° 329/C du 6 juillet 2006, *affaire Fonkoua Maurice*, inédit.

[54] TPD de Bafoussam, jugement n° 289/C du 1er juin 2006, *affaire Takam Jean-Marie c/ Takam née Malla Elodie*, inédit.

[55] Voir article 2 de la loi n° 69/DF/544 du 19 décembre 1969 op. cit.

contrôle se fera en tout cas à partir d'une référence extérieure à la coutume.

35. Dans les parties du territoire national dominées par l'Islam, ce sont parfois les principes de cette religion qui se sont substitués aux coutumes locales[56]. Pourtant, dans un jugement remarquable, le Tribunal du premier degré de Yokadouma explique : « ... *le principe constitutionnel de laïcité de l'État interdit l'érection de prescriptions religieuses en règles de droit applicables dans le règlement des différends* », et conclut qu' « *un partage successoral effectué selon la coutume islamique manque de base légale* »[57]. Le tribunal s'inscrit ainsi dans la jurisprudence de la Cour suprême, qui s'était déjà élevée contre la substitution des prescriptions religieuses à la coutume en soulignant que « *La coutume est la manifestation du génie national camerounais dans sa diversité, en dehors de toutes influences religieuse ou étrangère* »[58]. On voudrait bien suivre la Haute juridiction dans cet arrêt rendu sur un rapport très argumenté[59], qui fait le point sur la pénétration et les influences étrangères au Cameroun, ce qui lui permet d'apporter les précisions nécessaires. Mais on peut parier que les assesseurs chargés de dire le contenu de la coutume ne sont pas toujours aussi discursifs et rigoureux. En fait, notre droit dit traditionnel tel que présenté devant les juridictions n'est plus aujourd'hui qu'un amalgame de règles d'origines diverses[60]. Et l'existence des *Alkali Courts,* juridictions de droit traditionnel pour musulmans de l'ex-Cameroun occidental, est une preuve que le phénomène religieux n'est pas complètement tenu à l'écart de la recherche de la règle de droit applicable. L'adoption prochaine du code des personnes et de la famille sera une autre étape dans l'évolution des sources du droit, et sans doute les coutumes disparaîtront en tant que sources directes du droit, pour ne laisser place qu'au droit écrit. Il n'y a

---

[56] CA de Garoua, arrêt n° 42/L du 13 mai 1882 inédit.

[57] TPD de Yokadouma, jugement n° 33 du 16 février 2004, inédit.

[58] CS, n° 2/L du 10 octobre 1985, *RCD* n° 30, p. 427 ; *Juridis-Info* n° 8, p. 53, note F. Anouhaha.

[59] Le rapport est du Conseiller Maurice Njeudji.

[60] Dans ce sens, C. Anyangwe, *Cours polycopié* op. cit. p. 254 ; R. Danpullo Hamisu, « Interaction, conflict and concord between Islamic Dower and customary bride-price : the case of Cameroon », *Juridis-Périodique* n° 43 (2000) p. 105 ; E. N. Ngwafor, *Family law in Anglophone Cameroon* op. cit, p. 1

aujourd'hui que la matière environnementale qui s'inscrit à contre-courant de l'effacement des coutumes[61].

36. Il faudrait retenir de ces prolégomènes que le droit camerounais est plural et complexe. Il montre une première imbrication entre les systèmes juridiques anglo-saxon et romano-germanique, et une seconde imbrication entre le droit dit moderne et le droit dit traditionnel, sans qu'à chaque fois on puisse tracer infailliblement la ligne de démarcation entre une composante et l'autre.

Comme on peut s'y attendre, toutes ces subtilités ou complexités dans le droit objectif influencent le contenu des droits subjectifs.

Cet ouvrage aurait pu se développer suivant une présentation classique que donne la définition du droit : le droit objectif (première partie) et les droits subjectifs (deuxième partie). Mais l'importance de l'appareil judiciaire dans la vie du droit, et surtout les mutations qui l'affectent sans cesse justifient qu'on s'intéresse aussi à l'organisation judiciaire (troisième partie).

---

[61] La loi n° 96/12 du 05 août 1996 portant loi-cadre relative à la gestion de l'environnement montre une remontée de la coutume qui, en l'absence de droit écrit, est applicable (article 9). Il faudrait penser que la salution vaut aussi bien devant les juridictions de droit traditionnel que devant celles de droit moderne La coutume est *a fortiori* applicable devant les autorités traditionnelles que la loi charge de régler certains différends en matière de ressources naturelles (article 93)..

PREMIÈRE PARTIE :

LE DROIT OBJECTIF

37. Résoudre un problème de droit c'est, avant tout, identifier et comprendre la règle applicable à l'espèce. Ce n'est pas un exercice toujours facile, ce qui explique beaucoup de batailles juridiques dans les prétoires ou ailleurs. Au quotidien, la difficulté se présente dans des aspects variables ; elle peut concerner le champ d'application, la hiérarchie, l'interprétation des règles, etc.

La solution de la difficulté peut dépendre de plusieurs éléments, dont la nature et le contenu du texte en cause, la position de son auteur dans l'ordonnancement juridique. Il existe des méthodes bien éprouvées pouvant permettre d'arriver à un résultat satisfaisant. L'erreur serait, cependant, de prendre la science juridique pour une science exacte ; le droit subit fatalement les contrecoups des appréciations de ceux qui sont chargés de le mettre en œuvre. L'éternel effort consiste à soustraire autant que possible la vie du droit de l'arbitraire ou des caprices des hommes. Ce qui est espéré, dans cette voie, c'est la prévisibilité des solutions. Le droit cherche aussi à être accessible à tous. Il n'acquiert ce caractère qu'au prix d'un grand réalisme, qui l'éloigne considérablement des règles sociales environnantes, comme celles de la morale. Il est cependant bon, pour faire comprendre le droit, de le situer dans son environnement. Il faudrait aussi s'arrêter sur ses sources avant de l'envisager dans son existence.

CHAPITRE I :

LE DROIT DANS SON ENVIRONNEMENT

38. Il est important de situer le droit dans son environnement, parce que les règles de droit ne sont pas les seules qui gouvernent les rapports entre les hommes dans une société. Elles se distinguent cependant des autres règles par des caractères spécifiques qu'il faudrait souligner. À l'examen, on va se rendre compte que le trait le plus marquant de la règle de droit tient à la place qu'elle accorde à la contrainte étatique. Cela justifie qu'on en traite dans une section à part. Suivra un dernier point sur les finalités du droit.

SECTION I : LES SPÉCIFICITÉS DE LA RÈGLE DE DROIT

39. Pour faire apparaître les spécificités de la règle de droit, il convient de la rapprocher des règles non juridiques, mais ayant elles aussi pour but d'assurer le fonctionnement harmonieux des relations humaines. Dans cet ensemble à utiliser pour la comparaison, il faudrait faire une place à part à la morale, parce que celle-ci entretient avec le droit des rapports que ne partagent pas forcément les autres règles de conduite sociale.

Ces rapprochements doivent être complétés par ceux entre le droit et deux valeurs : la justice et l'équité.

§ 1 : Le droit et la morale

40. Dans les sociétés primitives, droit et morale formaient une seule notion. L'idée d'une distinction entre les deux notions est apparue à Rome où le jurisconsulte Paul a affirmé que « *Tout ce qui est licite n'est pas pour autant honnête* » (*non omne quod licet honestum est*)[62]. La distinction est par la suite développée par Emmanuel Kant avant d'être contestée par plusieurs auteurs dont Georges Ripert et Josserand, qui ont souligné l'interdépendance entre le droit et la morale. Ces deux auteurs

[62] V. H Roland et L. Boyer, *Les adages du droit français*, 4ème édition, Paris, Litec, p. 542

ont démontré que même dans ses aspects les plus techniques, le droit est vivifié par la morale. On retrouverait ainsi, sur le plan juridique, des règles de conduite dictées par la conscience : ne pas nuire au prochain, ne pas s'enrichir injustement aux dépens d'autrui, agir de bonne foi. Une autre illustration est tirée de la théorie de l'obligation naturelle qui aboutit à transformer de simples devoirs de conscience en obligations juridiques. Il n'existe pas d'obligation alimentaire entre collatéraux (les personnes issues d'un même auteur). Mais, si par devoir de conscience un frère verse à l'autre des aliments, on ne peut considérer son geste comme une libéralité. Tout s'analysera comme si celui qui a donné des aliments était juridiquement obligé de le faire.

41. La thèse de la séparation entre le droit et la morale est cependant dominante. Plusieurs règles de droit sont en effet sans signification particulière d'un point de vue moral. Ainsi en est-il des règles de la circulation routière, de la fixation des délais pour l'exercice de certains droits. Ici, il s'agit simplement de règles destinées à organiser la vie en société, sans aucune idée de valeur. Parfois d'ailleurs, la règle de droit légitime une situation immorale : ainsi en est-il de la possibilité, pour le géniteur d'un enfant adultérin, de le reconnaître[63], du droit pour la concubine de demander réparation à celui qui a tué son concubin[64]. Dans

[63] S'agissant de l'enfant adultérin *a matre,* la reconnaissance ne peut avoir lieu qu'après le désaveu du mari de la mère. Voir article 43, alinéa 2 de l'ordonnance n° 81/02 du 29 juin 1981 portant organisation de l'état civil et diverses dispositions relatives à l'état des personnes.

[64] La jurisprudence française a clairement reconnu ce droit (Ch mixte, 27 février 1970, *D.* 1970, p. 201). Dans notre contexte, la question est encore discutée, en particulier dans le droit des accidents de la circulation. Pour l'affirmation que le droit à réparation de la concubine a été reconnu, F. Teppi Kolloko, « La concubine peut-elle prétendre à la réparation des préjudices subis du fait du décès accidentel de son concubin ? », *Lex Lata* n° 27/28, 1996, p.12. Pour la position contraire, F. Anoukaha, -« Commentaire du Code des assurances des Etats membres de la Cima : Livre II : Les assurances obligatoires» *Juridis-Périodique* n°30 (1997), p. 67.

La Cour suprême a cassé un arrêt de la Cour d'appel de Garoua qui avait réparé le préjudice d'une concubine en se fondant sur l'arrêt français ci-dessus évoqué. Mais l'arrêt est cassé pour défaut de motifs, le juge ayant eu recours à une jurisprudence étrangère dont il n'a pas précisé si elle est en vigueur au Cameroun (Cs, arrêt n° 198/ P du 21 mars 2002, in F. Anoukaha, *Les grandes décisions de la jurisprudence civile camerounaise*, Dschang, 2008, p. 316). Avant l'adoption du Code CIMA actuellement en vigueur, un jugement du Tribunal correctionnel d'Edéa, rendu le 2 février 1971 (*affaire MP et Ngo Yas Elise contre Owoundi Jean-Louis, inédit*), avait répondu favorablement à la demande en réparation du préjudice d'une concubine résultant du

le premier cas, la règle est posée malgré le caractère immoral de l'adultère, dont l'auteur récolte le fruit. Dans le second cas, la loi protège la concubine que la morale religieuse condamne pour fornication.

En réalité, plusieurs niveaux de distinction sont à relever. Le premier est celui des sources : le droit prend sa source dans le commandement de l'autorité publique régulièrement habilitée ; la morale prend la sienne dans l'éthique sociale, les prescriptions religieuses, la conscience individuelle.

Le deuxième niveau est celui des finalités : le droit vise le bien de la société et l'épanouissement des relations interindividuelles ; la morale vise le perfectionnement de l'individu.

Le troisième niveau de distinction est celui du contenu : le droit contient des droits et des devoirs pour les sujets ; la morale ne connaît que des devoirs.

Le quatrième niveau de distinction est celui de la sanction : le non-respect de la règle de droit appelle une contrainte organisée par le corps social ; le non-respect de la règle morale n'appelle qu'une sanction intérieure au sujet.

§ 2 : Le droit et les autres règles de conduite

42. Le droit doit être distingué d'autres règles sociales plus ou moins contraignantes, celles que l'on est tenu d'observer en société, sans pour autant qu'elles présentent un caractère juridique. Ainsi en est-il des rapports d'amitié, des convenances, des règles de politesse, des règles religieuses. Ces règles auraient pu être juridiques, mais elles ne le sont pas parce qu'elles ne font appel à aucune autorité officielle, elles ne font pas recours à la contrainte de l'État.

Certes, la violation de ces règles peut être sanctionnée ; mais cette sanction se trouve ailleurs que dans l'appareil étatique. On imagine bien qu'un jeune homme puisse être réprimandé par son père, parce que dans un bus de transport public il n'a pas cédé sa place à une personne âgée ou à une femme enceinte ; mais personne ne peut sérieusement penser qu'il faut traîner le jeune homme devant le juge. On conçoit aussi aisément qu'une association sanctionne un de ses membres qui s'est présenté à un enterrement sans tenue appropriée (le noir, le blanc, le violet ou une autre

---

décès de son concubin par accident de la circulation. Lire aussi, suite à ce jugement, CS-CA, n° 28 septembre 1978, *Owoundi Jean-Louis C/ Etat du Cameroun,* inédit.

couleur prévue par le règlement de l'association) ; mais on voit mal que le juge soit sollicité pour une telle sanction.

La séparation entre le droit et la religion est cependant en peine dans les contextes où le droit affiche clairement son attachement à la religion. C'est le cas avec le droit canonique et les droits musulmans. Les prescriptions juridiques sont ici édictées par l'autorité religieuse qui peut être différente de l'autorité étatique. Il reste que même dans ces conditions, la confusion n'est pas toujours totale. Ainsi, les membres de l'Église catholique soumis au droit canonique contenu dans le *Codex juris canonici* promulgué par le pape Jean-Paul II en 1983 sont tenus au respect du droit étatique dans les pays où ils se trouvent. Par ailleurs, l'autorité compétente assure effectivement le respect des règles de droit en cas de violation. Il ne s'agit donc pas de s'en remettre à Dieu.

§ 3 : Le droit et la justice

43. Il faudrait distinguer clairement la justice en tant qu'institution de la justice en tant que valeur. C'est dans cette seconde acception qu'on peut comprendre son rapprochement avec le droit. La justice est certainement un idéal que le droit veut atteindre. La difficulté, dans la poursuite de cet idéal, provient de la variété des conceptions de la justice : celle-ci peut être commutative ou distributive.

La justice commutative est celle qui préside aux échanges dans les relations d'individu à individu ; elle est fondée sur la réciprocité et l'égalité arithmétique. Dans les échanges, il faut établir une égalité de proportion entre ce que l'on reçoit et ce que l'on donne (celui qui a vendu un bien doit recevoir l'exacte valeur de son bien). La monnaie a été inventée à cette fin. En matière de responsabilité civile, la justice commutative conduit à la conclusion que celui qui a souffert d'un préjudice doit recevoir l'exacte réparation de son préjudice. En matière pénale, le coupable d'une infraction doit subir une peine proportionnelle à la gravité de l'infraction, sans aucun égard pour sa personnalité.

À l'opposé, la justice distributive a pour objet la meilleure répartition des richesses et des charges de la cité entre ses différents membres. Elle met en présence non plus des personnes privées dans leurs rapports interindividuels, mais la collectivité et les citoyens. Elle est une justice hiérarchique, non plus horizontale.

Le critère de répartition des richesses et charges varie selon qu'on adopte une conception libérale ou une conception sociale. Dans le premier cas, la proportion à attribuer à chacun repose sur le mérite, ce qui veut dire que des personnes ayant des mérites différents n'auront pas la même chose : il faut traiter inégalement ce qui est inégal. Dans le second cas, la répartition doit être rigoureusement égalitaire, peu importent les mérites des uns et des autres.

Les conceptions de la justice étant opposées, le droit ne peut poursuivre l'une sans délaisser l'autre ou, à tout le moins, s'en éloigner. Il est dans tous les cas toujours à mi-chemin de la justice, dans ce sens qu'il n'y aura jamais de coïncidence parfaite entre droit et justice. Le droit s'efforce toujours d'atteindre la justice.

44. La question a cependant été posée de savoir si on peut résister au droit sous prétexte qu'il ne poursuit pas l'idéal de justice. Une réponse affirmative à cette question a été avancée dans quelques pays, dont la France où la Déclaration des droits de l'homme et du citoyen de 1789 cite parmi les droits naturels et imprescriptibles de l'homme, la résistance à l'oppression. Notre droit n'a pas consacré une telle solution. Au contraire, le code pénal, en son article 157, réprime la rébellion, qui est le fait d'inciter à résister à l'application des lois, règlements ou ordres légitimes de l'autorité publique. En son article 114, le même code réprime la révolution, qui est le fait de tenter, par la violence, soit de modifier les lois constitutionnelles, soit de renverser les autorités politiques instituées par lesdites lois ou de les mettre dans l'impossibilité d'exercer leurs pouvoirs. Les auteurs de ces infractions seront punis, même si le mobile de leur comportement est le caractère injuste des lois en cause.

§ 4 : Le droit et l'équité

45. Pour bien comprendre les rapports entre le droit et l'équité, il faudrait partir de l'adage *Dura lex sed lex*[65] (La loi est dure, mais c'est la loi). La loi peut en effet être trop dure pour une espèce, parce que conçue de façon trop générale, elle ne convient pas à ladite espèce. Dans ce cas, on peut avoir deux attitudes : appliquer la loi telle quelle, au risque de mal servir l'idéal de justice, ou corriger le droit en faisant recours à l'équité, plus souple et plus douce. Dans cette seconde alternative, il s'agit d'individualiser la solution du droit, en réintroduisant l'espèce tout entière dans l'analyse du juge.

---

[65] H Roland et L. Boyer, *Adages du droit français* op. cit., p. 186

Dans tous les systèmes reposant sur les prescriptions légales, la conscience individuelle attend du droit la consécration des solutions les plus équitables ; et c'est au juge qu'il revient d'utiliser à cet effet la marge de manœuvre que lui laisse la loi. Dans notre système en particulier, et malgré l'importance reconnue à la loi, le juge est souvent explicitement ou implicitement autorisé à recourir à l'équité. Il faut à cet égard citer l'article 565 du Code civil qui dispose que « *Le droit d'accession, quand il a pour objet deux choses mobilières appartenant à deux maîtres différents, est entièrement subordonné aux principes d'équité naturelle* ». En matière contractuelle, l'article 1135 du même code dispose que « *Les conventions obligent non seulement à ce qui est exprimé, mais encore à toutes les suites que l'équité, l'usage ou la loi donnent à l'obligation d'après sa nature* ».

De façon implicite, le juge est autorisé à recourir à l'équité lorsque le législateur lui permet de modérer une condamnation en fonction des circonstances, ou d'accorder dans les mêmes conditions une mesure (exemple, l'article 1244 sur le délai de grâce).

46. Parfois, ce sont les parties à un différend qui autorisent le juge à recourir à l'équité pour les départager. Une telle solution est très usitée en droit de l'arbitrage où l'arbitre peut être autorisé à statuer comme amiable compositeur, c'est-à-dire en droit et en équité.

Il faudrait cependant reconnaître qu'en dehors de ces hypothèses où la loi ou les parties à un contrat permettent explicitement ou implicitement le recours à l'équité, il est très difficile de savoir comment combiner la loi et l'équité. Il est arrivé parfois que le juge vise l'équité pour violer ouvertement une prescription légale[66]. Une telle liberté expose naturellement la décision du juge à la cassation. Mieux vaudrait jouer sur les circonstances de fait, le pouvoir d'appréciation, et donc utiliser à fond toute la marge de manœuvre que donne la loi.

SECTION II : LA CONTRAINTE ÉTATIQUE COMME CRITÈRE DÉTERMINANT DE LA RÈGLE DE DROIT

47. Les développements qui précèdent concourent à désigner la contrainte étatique comme le critère déterminant de la règle de droit. Plus

[66] V. Ordonnance de référé n° 557 du 8 avril 1999, du Président du TPI de Yaoundé, affaire *Dame Tagny née Kamdom Fotso c/ Ngnitendem Bawoua Joseph, Juridis-Périodique* n° 39 (1999), p. 68, note Tchakoua.

concrètement, il n'y a règle de droit qu'autant que sa violation soit passible d'une sanction émanant de l'autorité étatique. Cette sanction est appliquée suivant une procédure sur laquelle il importe de s'arrêter.

§ 1 : Le principe de la sanction étatique

48. La sanction étatique est celle organisée par la société, et mise en œuvre par des agents habilités : police, huissiers, juges, etc.

Pour l'essentiel, les sanctions sont répressives, réparatrices ou alors consistent en une mesure d'exécution. Dans le premier cas, la sanction est recherchée soit par la société, soit par une victime particulière et se traduit par l'application d'une peine en rétribution des infractions commises par des délinquants (la peine est, par exemple, l'emprisonnement ou une amende)

La sanction réparatrice est recherchée par celui qui est lésé dans ses droits, et se traduit par une indemnisation ou une restitution.

Les sanctions consistant en une mesure d'exécution sont, par exemple, des saisies sur les biens du débiteur (celui qui doit quelque chose).

§ 2 : La procédure de la sanction étatique

49. Il faut placer au centre de la procédure de sanction la maxime « *Nul ne se fait justice à soi-même* ». Elle signifie que la mise à exécution d'un droit implique l'intervention de la justice de l'État. Le recours à l'appareil étatique est nécessaire non seulement lorsqu'il faut faire constater que ses droits sont violés, mais aussi, ceux-ci ayant été reconnus, lorsqu'il faut exécuter la décision de condamnation de celui qui avait méconnu ces droits.

Il faudrait cependant relever quelques survivances de justice privée en droit positif. Au plan international, et compte tenu du fait qu'il n'existe pas une justice bien structurée dans les rapports entre Etats, ceux-ci peuvent avoir recours à des mécanismes comme le boycott ou la rétorsion, qui sont des formes de justice privée.

Au plan interne, le droit des sûretés organise l'exercice du droit de rétention : j'ai réparé votre voiture, je suis fondé à la retenir tant que vous n'avez pas payé les frais de réparation. Le droit des contrats, lui aussi, s'ouvre un peu à la justice privée : un contractant peut suspendre l'exécution de ses prestations pour faire pression sur l'autre contractant afin qu'il exécute les siennes. De même, dans le contrat, les parties peuvent elles-mêmes fixer le montant des dommages-intérêts que doit payer la partie qui n'exécute pas ses prestations (c'est la clause pénale)[67].

À chaque fois, cependant, en matière contractuelle ou hors de cette matière, le droit encadre bien l'espace d'expression laissé à la justice privée.

SECTION III : LES FINALITÉS DE LA RÈGLE DE DROIT

50. Le droit vise essentiellement l'objectif d'organisation et de bon fonctionnement de la société. Il régit les services publics, répartit les charges entre citoyens, fixe les règles de circulation routière, d'urbanisme, de maintien de l'ordre, etc. Mais ces buts d'utilité sociale ne doivent pas faire oublier que le droit a aussi une finalité morale et spirituelle. C'est pourquoi lorsqu'une règle morale est particulièrement impérieuse, il est rare qu'elle ne soit pas consacrée en droit. Par exemple, le commandement « *Tu ne tueras point* » est repris en droit avec l'infraction d'homicide ; le Code pénal punit en effet celui qui tue. De même, en matière contractuelle, l'article 6 du Code civil déclare nulles toutes les conventions qui portent atteinte aux bonnes mœurs. Celles-ci sont encore la conduite de référence dans l'infraction d'outrage aux mœurs (article 264 du Code pénal). Les bonnes mœurs sont, en vérité, celles que dicte la morale dans un objectif de perfectionnement spirituel.

Pour aller plus loin dans la présentation des finalités du droit, on peut distinguer celles qui ont une dominante individuelle de celles qui ont une dominante collective.

§ 1 : Les finalités à dominante individuelle

Deux objectifs majeurs sont concernés par cette rubrique : la sécurité et la stabilité.

A. La sécurité

La sécurité que vise la règle de droit s'applique tant aux personnes qu'aux biens.

1. La sécurité des personnes

51. Appliquée à la personne, la sécurité est recherchée sous deux angles. Sous un premier angle, les personnes sont protégées en tant qu'êtres humains : on recourt ici à la notion d'inviolabilité de la

---

[67] V. article 1152 du Code civil.

personne. Le droit pénal protège l'intégrité physique à travers diverses infractions : assassinat, coups mortels, coups et blessures, etc. ; le droit civil la protège par l'obligation de réparer toute atteinte qui lui est portée.

Le droit protège également l'intégrité morale des personnes à travers des infractions comme la diffamation, la violation de domicile, la violation de correspondance, etc. Les atteintes à l'intégrité morale peuvent aussi donner lieu à condamnation à des dommages-intérêts au profit des victimes.

Sous le second angle, les personnes peuvent être protégées en tant que catégories ou groupes : travailleurs, femmes, jeunes, etc. Alors, ces catégories ou groupes bénéficient d'une protection particulière en raison de leur situation.

2. La sécurité des biens

52. Le droit civil et le droit pénal veillent à la protection tant des biens privés que des biens communs. L'atteinte aux biens d'autrui peut être d'ordre juridique ; alors ce qui est violé, c'est le droit de propriété. La revendication est l'action en justice ouverte au propriétaire pour faire reconnaître son titre.

Au plan pénal, les atteintes à la propriété renvoient au vol, à l'escroquerie, à l'abus de confiance, etc.

L'atteinte aux biens privés peut aussi être d'ordre matériel : sans remettre en cause la propriété, on l'altère, on la détruit ou on empêche le propriétaire d'en tirer toute l'utilité. Diverses actions en justice peuvent permettre de défendre le bien dans ces cas. Les actions en restitution ou en délivrance permettront au propriétaire de rentrer en possession d'un bien mobilier détenu par le défendeur[68]. L'action en expulsion lui permettra de faire partir de son immeuble celui qui l'occupe sans titre, par exemple un locataire dont le bail a expiré.

Contre les atteintes matérielles, le droit protège même les personnes qui ne sont pas propriétaires des biens en cause. On peut ainsi se plaindre d'un trouble de jouissance alors même qu'on n'est pas propriétaire (article 239 du Code pénal).

---

[68] Sur l'injonction de délivrer ou de restituer, voir les articles 26 et suivants de l'Acte uniforme Ohada organisant les procédures simplifiées de recouvrement et des voies d'exécution.

Dans les faits, la distinction entre atteinte d'ordre juridique et atteinte d'ordre matériel, très souvent, est sans grande importance, notamment lorsqu'on détient sur le bien en cause un titre de propriété. Cette observation se vérifie particulièrement en matière foncière, où la question de la propriété est presque toujours posée ou au moins sous-jacente dans tous les procès en matière d'atteinte aux biens. Le législateur a prévu plusieurs dispositions destinées à assurer la sécurité des biens. La plus invoquée est sans nul doute celle de la loi n°80/22 du 14 juillet 1980 portant répression des atteintes à la propriété foncière. L'article 2 de ce texte rend passibles d'une amende de 50.000 à 200.000 francs et d'un emprisonnement de 2 mois à 3 ans ou de l'une de ces deux peines seulement :

a) ceux qui exploitent ou se maintiennent sur un terrain sans autorisation préalable du propriétaire ;

b) les agents de l'État convaincus de complicité dans les transactions foncières de nature à favoriser l'occupation irrégulière de la propriété d'autrui.

Les peines ci-dessus prévues sont applicables aux personnes qui, en violation de la législation en vigueur, exploitent ou se maintiennent sur une parcelle du domaine privé de l'Etat ou sur une dépendance du domaine public ou du domaine national.

Le législateur prévoit que dans les cas visés à l'article 2 (a) ci-dessus, la juridiction compétente ordonne le déguerpissement immédiat de l'occupant à ses frais. Contenu dans un texte répressif, le déguerpissement est compris comme une peine accessoire aux peines principales que sont l'amende ou l'emprisonnement. C'est pour cette raison qu'on soutient qu'il ne peut être prononcé que par le juge répressif. Cette argumentation embarrasse les juges civils régulièrement saisis de demandes de déguerpissement. Ils la retiennent parfois au prix d'énormes hardiesses. Le Tribunal de grande instance de Yaoundé statuant en matière civile et commerciale a ainsi ordonné le déguerpissement en affirmant que son incompétence préalablement soulevée par le défendeur avait été couverte par la demande reconventionnelle en indemnité d'éviction[69]. Le Tribunal de première

[69] TGI de Yaoundé Centre administratif, jugement n° 317 du 15 février 2006, *affaire Mvogo Sébastien c/ Essouma Donatien et Mme Lapierre née Ngo Mingous Rose*, inédit.

instance[70] de la même localité a quant à lui abouti au même résultat en affirmant que « *bien qu'intitulé « assignation en déguerpissement », l'acte de saisine vise l'article 555 du Code civil relatif à la suppression d'ouvrages et des constructions érigés par un tiers sur un immeuble qui ne lui appartient pas* ». En conséquence de quoi le juge a rejeté l'exception d'incompétence soulevée par le défendeur et ordonné la suppression des ouvrages et constructions.

Le législateur pourrait éviter aux juges toutes ces gymnastiques intellectuelles en utilisant une seule et même notion, aussi bien devant le juge civil que devant le juge répressif, quitte à ce que dans ce second cas la mesure reste une peine accessoire. Après tout, au fond des notions de déguerpissement et de suppression d'ouvrages et de constructions, il y a une même idée : permettre au propriétaire d'exercer ses droits.

53. Les biens communs que le droit protège sont, entre autres, l'eau, la forêt, etc. Le droit organise un régime d'exploitation propre à garantir la pérennité de ces biens, et mobilise un arsenal répressif contre ceux qui violent les règles d'exploitation ainsi édictées.

B. La stabilité

54. La stabilité ici poursuivie comme objectif est, non pas celle des personnes, mais celle des situations juridiques, encore que l'homme en soit finalement le bénéficiaire. Il ne fait pas de doute que rien de sérieux ne peut se construire si les situations juridiques sont instables. Aussi le droit s'efforce-t-il de promouvoir la stabilité. Le premier moyen pour y parvenir est le principe de la non-rétroactivité des lois, qui garantit que si le droit actuel met une personne dans une situation, le droit postérieur ne remettra pas en cause cette situation en rétroagissant. Cela signifie aussi que le droit actuel ne peut pas remettre en cause ce que j'ai fait conformément au droit antérieur.

Le second moyen de promotion de la stabilité est le principe de l'autorité de la chose jugée exprimé dans l'adage *Res judicata pro veritate accipitur* (la chose jugée est tenue pour la vérité). La solution arrêtée par le juge est considérée comme la vérité définitive si la décision ne peut plus être attaquée par une voie de recours.

---

[70] TGI de Yaoundé Centre administratif, jugement n° 155/C du 27 janvier 2006, *affaire Dontio Honorine C/ Mme Veuve Onana*, inédit.

Le droit promeut aussi la stabilité à travers les règles de publicité ; celles-ci permettent que ce qui aurait pu rester dans les rapports de quelques personnes soit porté à l'attention de tous, afin que plus tard personne ne s'y méprenne. Lorsque je deviens propriétaire d'un fonds de terre, les règles de la publicité foncière obligent à en porter mention au Livre foncier, que chacun peut consulter.

55. Le droit est tellement attaché à l'objectif de stabilité des situations juridiques qu'il lui arrive de consolider des droits acquis sur l'apparence. Je vends un bien dont je suis de toute apparence propriétaire ; l'acheteur de bonne foi ne peut se voir arracher ce bien par son véritable propriétaire. C'est que dans bien des situations, il est difficile d'accéder à la vérité ; on fait alors confiance à l'apparence (un enfant de 16 ans qui est barbu peut facilement être pris pour un homme majeur par tous ceux qui ne connaissent pas son vrai âge).

§ 2 : Les finalités à dominante collective

56. Le droit a pour fonction de traduire les choix de la société. Une société libérale a nécessairement un droit qui exprime ce libéralisme : elle encourage par exemple la propriété individuelle au détriment de la propriété collective ; elle encourage la liberté contractuelle au détriment du grand interventionnisme des pouvoirs publics. Une société non libérale ferait exactement le contraire.

Sur le plan politique, les rapports entre gouvernants et gouvernés ont leur traduction dans le droit. Cela est vrai si l'on considère la Constitution qui a justement pour objet de tels rapports ; cela l'est aussi s'agissant d'autres textes qui, *a priori,* n'ont rien à voir avec ce sujet. Un texte sur la vie privée ou sur la procédure pénale, par exemple, peut bien traduire la nature des rapports entre gouvernants et gouvernés.

Il revient aussi au droit de traduire en normes la politique de la famille, de la population, de la santé, la politique sociale, économique … de l'État. À cet égard, il convient de remarquer que notre droit est dans une large mesure préoccupé par la lutte pour le développement. L'illustration la plus récente est la mise en place de l'espace OHADA, avec pour objectif clairement affiché la création d'un pôle de développement en Afrique[71]. Cette nouvelle pièce vient s'intégrer dans une entreprise commencée depuis très longtemps, sur les plans aussi bien pénal que civil. Au plan pénal, l'incrimination de la pratique de la

[71] Le préambule du Traité Ohada insiste sur cet objectif.

sorcellerie[72], de la mendicité[73] et du vagabondage[74], par exemple, vise entre autres, à éloigner les populations des comportements nuisibles au développement. Il faudrait ajouter à ces infractions toutes celles qui répriment les délits économiques et qu'on retrouve dans le Code pénal[75] ou dans des textes particuliers. Au plan civil, il est arrivé que l'Etat mobilise de force la main d'œuvre à des fins de développement, notamment dans le cadre du Service civique national de participation au développement[76]. Il semble cependant important de bien réfléchir aux solutions du droit inspirées par l'objectif du développement, afin de ne pas leur faire perdre toute crédibilité. Certaines dispositions de nos textes paraissent en tout cas trop peu adaptées au contexte social pour être respectées par le corps social. Ainsi en est-il de la trop courte durée de la permission d'absence dont peut bénéficier un travailleur en cas de décès d'un membre de sa famille[77]. Dans bien des cas, le délai s'épuise avant que le travailleur n'ait pu arriver au lieu des obsèques.

En montrant les spécificités de la règle de droit, ce premier chapitre n'a pas manqué d'effleurer ses sources. Il souligne notamment que la règle de droit émane de l'autorité étatique, ce que va conforter le chapitre suivant consacré aux sources du droit. Son intitulé insiste à dessein sur le Cameroun, parce qu'il met en lumière quelques données propres à notre contexte.

---

[72] V. Article 251 du Code pénal.

[73] V. Articles 245 et 246 du Code pénal.

[74] V. Article 247 du Code pénal.

[75] Voir notamment les articles 252 et suivants du Code pénal consacrés aux atteintes à l'économie.

[76] V. Loi n° 73-4 du 9 juillet 1973 instituant le service civique national de participation au développement. Cette loi est aujourd'hui abrogée et remplacée par la loi n° 2007/003 du 13 juillet 2007 du même objet. Le nouveau texte ne mobilise plus de force la main d'œuvre, mais insiste sur le volontariat (voir les articles 7 et suivants).

[77] Dans la plupart des cas, cette durée ne dépasse guère trois jours, pour le décès, du père, de la mère, du conjoint ou de l'enfant.

CHAPITRE II :

LES SOURCES DU DROIT CAMEROUNAIS

57. L'étude des sources du droit peut être abordée de deux façons différentes. Tout d'abord, on peut réfléchir sur ce qui est à l'origine de telle solution du droit, ce qui l'a inspirée ; alors, la source n'est pas immédiate puisqu'elle se situe à l'arrière-plan et inspire la solution consacrée. Ensuite, on peut s'intéresser au support immédiat de la solution du droit ; alors il faut parler de source immédiate. Ces deux approches doivent se compléter si l'on veut bien comprendre les solutions du droit, particulièrement dans un contexte comme celui du Cameroun, marqué par une pluralité d'influences. C'est au demeurant parce que les solutions positives ne peuvent se comprendre sans les données qui les ont inspirées qu'il nous a paru judicieux de présenter les sources d'inspiration avant les sources immédiates du droit camerounais.

SECTION I : LES SOURCES D'INSPIRATION DU DROIT CAMEROUNAIS

58. Dans cette rubrique, la réflexion porte sur les influences subies par notre droit. C'est pourquoi un bref détour dans l'histoire s'impose. Ici, on distinguera l'histoire du droit français ayant influencé le droit de l'ex-Cameroun oriental de celle du droit anglais ayant influencé le droit de l'ex-Cameroun occidental. Suivra l'évocation des influences plus récentes sur notre droit.

§ 1 : Le fonds historique français

59. La France, qui nous a légué un grand héritage juridique, a, elle aussi, été influencée par le droit romain[78]. Au plan interne sont venues la Révolution française, la période du droit intermédiaire et les codifications napoléoniennes.

---

[78] Gérard, *Manuel de droit romain*, 1929 ; R. Monnier, *Manuel élémentaire de droit romain,* 2 vol. 1947 ; J. Gaudemet, *Institutions de l'Antiquité*, 1ère édition, 1967.

A. L'influence du droit romain

60. Il est important de souligner qu'avant la constitution de l'Empire romain, le droit est constitué de coutumes locales. La constitution de l'Empire ne fait pas disparaître ces coutumes, qui restent l'une des sources du droit. Mais les coutumes locales ne peuvent s'appliquer qu'autant qu'elles ne sont pas incompatibles avec l'ordre juridique romain.

L'Edit de Caracalla de 212 concède la citoyenneté romaine à tous les habitants libres de l'Empire romain. Tous peuvent désormais se prévaloir du droit romain, droit dont la supériorité technique ne fait pas de doute. Les coutumes locales vont perdre du terrain au profit du droit romain, mais ne disparaîtront pas.

Entre-temps, le droit romain qui, lui-même, était constitué de coutumes s'est formellement transformé avec l'avènement de la République. La technique de la loi est apparue ; la loi est initiée par ceux qu'on appelait alors des « *magistrats supérieurs* » (Consul, Préteur, Tribun) et adoptée par l'assemblée du peuple. Plus tard, les assemblées du peuple, appelées *Comices,* se réunissent plus rarement ; le pouvoir de légiférer passe pour un temps au Sénat, puis à l'Empereur.

Les « *magistrats* » ont cependant gardé une certaine influence sur le droit. Le « *Préteur* », en particulier, avait le pouvoir d'organiser les procès. Il le faisait en application des lois ou des coutumes. Par la suite sont apparus des cas de silence de ces sources. Dans ce cas, le « Préteur » élaborait lui-même une règle pour résoudre la difficulté qui se présentait. D'où viendra l'expression « *solution prétorienne* » (ou « *règle prétorienne* ») en usage aujourd'hui. On l'utilise en effet pour dire que la solution n'a pas son assise dans un texte.

Les jurisconsultes, personnages savants et connaissant le droit, avaient également une influence sur le droit. En effet, en cas de doute, Rome sollicitait leur avis qui, sous certaines conditions, s'imposait au juge.

B. L'Ancien droit

61. L'Ancien droit est le droit français antérieur à la Révolution. Il est caractérisé par une forte hétérogénéité. La France a subi l'influence romaine comme ci-dessus décrite. Mais cette influence est inégalement répartie sur les deux parties du territoire dessinées à partir d'une ligne qui part de Genève à l'embouchure de la Charente.

La partie nord est dite pays de coutumes, parce que l'influence de celles-ci y est grande. Ces coutumes, d'origine germanique, n'ont pas un même ressort territorial. Dans tous les cas, on applique le droit romain lorsque la coutume n'offre aucune solution.

La partie sud, le Midi, est sous forte influence romaine, même si formellement le droit romain n'est pas accepté par les seigneurs et le Roi de la France.

Parallèlement aux coutumes locales et au droit romain, le droit canonique s'applique, notamment dans les matières comme le mariage, les contrats avec serment.

Devenu plus fort, le pouvoir royal entreprend de remplacer les coutumes locales par des règles uniformes à l'échelle du Royaume. Cela s'opère par le truchement des Ordonnances et des Edits que rend le Roi.

C. Le droit intermédiaire

62. Le droit intermédiaire va de la Révolution à la codification, et est construit suivant un idéal : bâtir un État fort. On a pensé qu'il était important de faire disparaître la diversité qui résultait de la multiplicité des coutumes et des pouvoirs des Parlements. Pour cela, il fallait donner à la loi une place éminente en tant que source du droit. Dans la philosophie politique, la loi est l'expression de la volonté générale et ne peut qu'avoir un grand prestige auprès du peuple. On refuse même aux juges le pouvoir d'interpréter la loi : ils doivent se contenter de l'appliquer.

D. La codification

63. Napoléon a entrepris d'insérer dans des codes le droit applicable à presque toutes les matières. Le chef d'œuvre de cette vaste construction est sans doute le Code civil promulgué en 1804 ; vinrent ensuite le Code de procédure civile en 1806, le Code de commerce en 1807, le Code pénal en 1810, et le Code d'instruction criminelle en 1812.

Les Codes entendaient consigner les conquêtes révolutionnaires, marquant ainsi la rupture avec l'ordre ancien. Ce ne fut fait qu'en partie, car sur le plan technique beaucoup de solutions retenues sont inspirées de l'Ancien droit.

La plupart des codes promulgués alors ont résisté au temps ; tous ont traversé les mers pour se diffuser dans l'empire colonial français où certains sont encore en vigueur aujourd'hui. C'est le cas du Code civil au Cameroun.

§ 2 : Le fonds historique anglais

64. Contrairement au droit français, le droit anglais n'a pas subi l'influence du droit romain, malgré la longue domination romaine sur l'Angleterre. Ici, le point de départ doit être situé dans l'existence des coutumes locales, forcément diverses puisqu'elles varient d'une localité à une autre. Vint, en 1066, la conquête normande conduite par William 1er qui va partir de la Normandie et se faire couronner Roi d'Angleterre. Les Normands montrent deux grands traits : un réel mépris des coutumes et habitudes locales et une grande organisation territoriale qui centralise tout, entre les mains de la Couronne. Les seigneurs qui ont accompagné William 1er dans sa conquête sont certes récompensés par ce dernier, mais les pouvoirs qu'il leur concède sont suffisamment réduits, de sorte qu'aucune velléité de contestation du pouvoir central n'est envisageable. Ces seigneurs, eux-mêmes, ressentent la nécessité de se regrouper autour de la Couronne pour mieux asseoir leur domination sur les autochtones. William 1er met aussi en place une organisation judiciaire uniforme. Toute cette organisation administrative et judiciaire, jointe au mépris des coutumes locales, prépare le terrain à des solutions uniformes que vont se charger d'imposer les cours royales de Westminster, du nom du lieu où elles siègent alors. Ce droit uniforme à toute l'Angleterre est appelé *Common Law*. Certes, à côté de ces cours royales on a d'autres juridictions, en particulier les « *Communal Courts* » appliquant les coutumes locales, les « *Seignorial Courts* » tenues par les seigneurs de la terre sur des parcelles qui leur sont concédées par la Couronne, les cours ecclésiastiques qui s'occupent de la discipline du clergé, des questions matrimoniales et testamentaires, les juridictions commerciales formellement créées à la place des tribunaux nés de la pratique commerciale dans la communauté des marchands.

Les juridictions les plus importantes restent cependant celles de la *Common law*. Le principe fondamental ici est que le droit n'est reconnu que s'il existe un mécanisme juridique pour le défendre (*ubi remedium ibi ius*). En conséquence, le droit substantiel dépend étroitement de sa procédure de mise en œuvre. La procédure civile passe globalement par trois étapes : la délivrance d'un « *Writ* », sorte de titre pour agir, l'argumentation et le jugement.

65. À partir du 14e siècle, l'*Equity* naît des insuffisances de la *Common Law*. Le système de la *Common law* s'est sclérosé et ne répond plus efficacement aux préoccupations de la société. En particulier, la condition d'existence préalable d'un *Writ* pour la reconnaissance d'un droit est très mal acceptée. De plus en plus les parties insatisfaites vont s'adresser au Roi pour qu'il agisse en leur faveur. Depuis le 13e siècle déjà, tous les appels contre les décisions des cours royales sont adressés directement au Roi, considéré comme « *la fontaine de la justice* ». Dans un premier temps, il traite lui-même ces requêtes ; mais leur nombre sans cesse croissant va l'obliger à déléguer ce pouvoir à l'un de ses ministres, le *Lord Chancellor*. Celui-ci tranche les litiges sur la base de la morale et du droit naturel.

Le principal attrait de l'*Equity* tient au fait d'être moins formel et plus souple que la *Common law*. Par exemple, Il donne suite aux demandes que la *Common law* aurait pu rejeter pour inexistence d'un *Writ*. Le grand inconvénient de l'*Equity* est son extrême variabilité : à partir du moment où on ne se fonde pas sur une règle rigide, les solutions peuvent changer très sensiblement d'un *Chancellor* à un autre, ce qui accroît le sentiment d'arbitraire.

Mais dans l'ensemble l'*Equity* gagne en popularité et les juridictions d'*Equity* vont entrer dans une rude concurrence avec celles de la *Common law*. Sur les mêmes problèmes, ces juridictions rendent de plus en plus des décisions contradictoires. Cela va amener la Couronne à décider qu'en cas de divergence entre les deux ordres de juridictions, la prévalence doit être reconnue à l'*Equity*. Les juridictions de *Common law* ont cependant continué la résistance jusqu'à ce que les administrations des deux ordres de juridictions soient fusionnées par le *Judicature Acts* de 1873-75. Désormais, l'organisation judiciaire est unifiée, et toutes les juridictions anglaises sont compétentes pour appliquer les règles de la *Common law* ou de l'*Equity*. La solution de la prévalence des règles de l'*Equity* en cas de conflit est encore rappelée.

Pour assurer complètement l'uniformité, et répondre au passage à la critique de l'extrême variabilité, Lord Nottingham entreprend de lutter contre le caractère vague de l'*Equity*. Ce travail va être poursuivi par ses successeurs au point que depuis le 19e siècle l'*Equity* est devenu aussi rigide et formel que la *Common law*. Les principales règles de l'*Equity* sont actuellement condensées dans des maximes. On notera, à titre purement indicatif, les maximes suivantes : l'*Equity* ne peut tolérer un tort sans solution, l'*Equity* suit le droit, celui qui recherche l'*Equity* doit avoir les mains propres, l'*Equity* n'aide que les vigilants.

66. Les deux principales sources du droit anglais que sont la *Common law* et *l'Equity* ont longtemps régi à elles seules le droit anglais. Mais aujourd'hui on assiste de plus en plus à l'émergence de la loi proprement dite (*statute*), d'origine parlementaire. Depuis 1965, une commission a même été nommée pour réfléchir sur la codification de certaines matières. On[79] s'accorde cependant à dire que la loi reste une source secondaire, parce qu'elle ne peut apporter que des correctifs au corps principal du droit anglais qui reste jurisprudentiel.

Les coutumes, quant à elles, tiennent une place très résiduelle en droit anglais.

§ 3 : Les influences plus récentes

67. Notre droit subit aujourd'hui l'influence d'un mouvement international d'une ampleur sans précédent : les préoccupations du monde entier pour le respect des droits de l'homme. Ces préoccupations se sont manifestées au lendemain de la Seconde guerre mondiale, et se sont traduites dans plusieurs instruments internationaux tels la Déclaration universelle des droits de l'homme, le Pacte international relatif aux droits civils et politiques, le Pacte international relatif aux droits économiques, sociaux et culturels, la Convention pour la prévention et la répression du crime de génocide, la Convention internationale sur l'élimination de toutes formes de discrimination raciale, la Convention sur l'élimination de toute forme de discrimination à l'égard des femmes, la Convention contre la torture et autres peines ou traitements cruels et inhumains, la Convention relative aux droits de l'enfant, etc. Depuis lors, la pression des organisations internationales et autres acteurs n'a fait qu'augmenter, amenant beaucoup d'États, dont le Cameroun, à ratifier les instruments pertinents en matière de droits de l'homme, et à y donner suite.

Au plan culturel, et notamment par l'intermédiaire des médias, le Cameroun est sous très forte influence du monde extérieur[80], notamment occidental, ce qui déteint sur le contenu de son droit.

[79] R. David, *Le droit anglais*, Que sais-je ?, 4ème édition, 1982, p. 20 ; M. Parquet, *Introduction générale au droit*, édit. Bréal, 2001, p. 43.
[80] Lire, *La mondialisation : quel humanisme*, Cahier de l'UCAC n°6, 2001.

De même, la mondialisation de l'économie s'est accompagnée d'une sorte de mondialisation des normes, qui prend des figures plus ou moins voilées[81]. Sur bien des pans, notre droit reprend purement et simplement des solutions élaborées ailleurs, notamment en France ou dans le cadre de conventions internationales multilatérales (notre droit commercial général est fixé par un Acte uniforme Ohada, mais est dans une large mesure tiré de la convention de Vienne de 1980 sur la vente internationale des marchandises).

SECTION II : LES SOURCES IMMÉDIATES DU DROIT CAMEROUNAIS

68. Les sources immédiates sont, à vrai dire, celles dont on parle le plus dans la vie du droit ; on les invoque quotidiennement au soutien d'une solution ou d'une argumentation. Elles seront présentées dans l'ordre décroissant de leur importance : la loi, la jurisprudence, la coutume.

§ 1. La loi

69. Le mot loi peut être compris dans deux sens distincts. Au sens restreint, la loi est un texte adopté par l'Assemblée nationale et promulgué par le Président de la République. Au sens large, la loi est une déclaration de volonté émanant d'un organe de l'Etat, et formulée de façon générale et impersonnelle. Dans ce second sens, qui est le nôtre ici, la loi englobe outre la Constitution et la loi au sens strict, les actes du pouvoir exécutif.

Il faudrait faire ressortir les caractères de la loi puis la hiérarchie formelle existant entre les différents textes.

A. Les caractères de la loi

On définit la loi comme une règle générale, impersonnelle et obligatoire.

1. Le caractère général et impersonnel

70. La loi a un caractère général parce qu'elle est destinée à régir non un cas particulier, mais une série de cas semblables susceptibles de se présenter. Elle s'applique à tous ceux qui, au moment de son entrée en

---

[81] J. M. Tchakoua, « Pouvoir normatif, régionalisation et mondialisation en Afrique », *L'Afrique politique*, Karthala, 2002

vigueur, se trouvent dans la situation qu'elle régit ou s'y trouveront à l'avenir.

La loi demeure générale et impersonnelle même si elle ne vise qu'un petit nombre de personnes, voire qu'une seule personne. Le texte qui définit les pouvoirs du Président de la République est général parce qu'il est applicable à quiconque est Président de la République aujourd'hui, et à quiconque le sera demain.

2. Le caractère obligatoire

71. Le caractère obligatoire de la loi implique que celle-ci peut être imposée, au besoin, par la contrainte. Ce caractère a été examiné au détour de la question de la sanction du droit[82]. Nous n'y revenons que pour apporter une importante précision, qui résulte de la différence entre les lois impératives et les lois dites supplétives.

La loi impérative est celle dont on ne peut en aucun cas écarter l'application. La loi dite supplétive, en revanche, ne s'impose aux individus que si ceux-ci n'ont pas écarté son application dans leurs rapports juridiques réciproques.

Un même texte peut cependant comporter des dispositions impératives et des dispositions supplétives. Par exemple, le Code civil prévoit que le mariage doit obligatoirement être célébré par l'officier d'état civil : c'est une disposition impérative. En matière de régimes matrimoniaux, il prévoit le régime de communauté de meubles et acquêts, qui ne s'applique qu'aux époux qui n'ont pas, au moment du mariage, choisi un régime différent : les dispositions sur le régime de la communauté des meubles et acquêts sont supplétives.

B. La hiérarchie formelle entre les textes

72. En dépit des discussions nées de l'apparition des textes internationaux qu'on voudrait placer au-dessus de la Constitution, la pensée dominante situe encore celle-ci au sommet de la hiérarchie des normes. La Constitution est souvent appelée loi fondamentale en ce sens que c'est d'elle que dérivent toutes les autres normes.

Directement en dessous de la Constitution on retrouve les traités et accords internationaux (on les appelle aussi conventions internationales) régulièrement ratifiés. Ceux-ci ont, d'après l'article 45 de la Constitution, un rang supérieur à celui de la loi au sens strict.

---

[82] Voir supra, n° 47 et s.

Après les conventions internationales vient, dans l'ordre décroissant, la loi au sens strict.

Au plus bas niveau de l'échelle, on retrouve les règlements, c'est-à-dire les textes émanant du pouvoir réglementaire (Décrets et arrêtés). La plupart de ces textes sont pris pour appliquer la loi au sens strict ; mais certains interviennent directement dans le cadre de ce qu'on appelle le pouvoir réglementaire autonome (art.27 de la Constitution).

73. Il faudrait intégrer dans cette hiérarchie les ordonnances, textes pris par le Président de la République dans le domaine de compétence du Parlement, sur autorisation de ce dernier. L'ordonnance doit être ratifiée par le Parlement. Avant cette ratification, elle a un caractère réglementaire (article 28 de la Constitution).

74. Au sein des actes du pouvoir réglementaire, il y a nécessairement une hiérarchie entre les textes. Chaque autorité administrative se doit, dans l'exercice de son pouvoir réglementaire, de respecter les règlements pris par son supérieur : le Préfet du département, par exemple, ne peut violer un texte pris par le Gouverneur de province.

La question se complique un peu lorsqu'on prend en compte l'élément matériel, en se référant à la nature de l'acte. Ici, on distingue les actes réglementaires, actes de portée générale, des actes individuels, ayant une portée circonscrite à la personne intéressée. On conçoit facilement que lorsqu'un acte réglementaire est en conflit avec un acte individuel pris par la même autorité, c'est le premier qui l'emporte. La Cour suprême l'a clairement affirmé dans l'affaire *Ndjock Paul contre l'État du Cameroun*[83]. La même solution de la prévalence du texte réglementaire sur l'acte individuel doit sans doute valoir même lorsque l'auteur du texte réglementaire est hiérarchiquement inférieur à celui de l'acte individuel. C'est en tout cas ce qui résulte d'un arrêt du Conseil d'État français du 3 juillet 1931[84].

75. La cohérence de l'ordre juridique est assurée par l'idée que le texte supérieur s'impose aux textes inférieurs, et des mécanismes juridictionnels et non juridictionnels existent pour garantir cette cohérence. C'est le contrôle de juridicité, qui englobe notamment le contrôle de la constitutionnalité des lois et celui de la légalité des actes administratifs. Les textes n'en parlent pas, mais il faudrait songer à

[83] Arrêt n° 678/CCA du 27 décembre 1957, inédit.
[84] CE, 3 juillet 1931, Ville de Clamart, S. 1932, 31, note Bonnard.

organiser formellement un contrôle de la conventionalité, sans quoi la supériorité des conventions internationales sur la loi serait un leurre.

§ 2 : La jurisprudence

76. Le mot jurisprudence peut être compris dans des sens complètement différents selon qu'on se rattache à la famille anglo-saxonne ou à la famille romano-germanique de droit. Dans la première famille, ce mot désigne une discipline, la philosophie du droit, ou la doctrine ; ce sens est plus proche de l'étymologie du mot (*jurisprudentia*), qui renvoie à la science du droit, à l'activité des jurisconsultes.

Dans la famille romano-germanique, le mot a deux sens très proches. Au sens large, la jurisprudence est l'ensemble des décisions des tribunaux appelés à statuer sur des litiges soulevés par l'application de la loi. En ce sens, on parle de recueil de jurisprudence.

Au sens restreint, la jurisprudence est l'ensemble des décisions rendues par telle juridiction, sur telle question d'ordre juridique. En ce sens, on parlera par exemple de la jurisprudence de la Cour suprême sur la faute lourde. Cette dernière acception doit être adoptée pour la compréhension de ce paragraphe.

Il faudrait montrer le rôle de la jurisprudence et discuter de sa place dans le système des sources du droit. Une telle discussion a un intérêt tout particulier dans le contexte camerounais.

A. Le rôle de la jurisprudence

77. Si les lois pouvaient être parfaites, se comprendre aisément et s'appliquer sans difficulté à tous les cas soumis aux juges, la jurisprudence n'aurait aucun rôle à jouer. Or, les lois sont loin d'être parfaites, et il revient à la jurisprudence d'interpréter les dispositions obscures ou ambiguës.

Par ailleurs, il arrive que la loi ne prévoie pas toutes les hypothèses ; dans ce cas, il appartient à la jurisprudence de la compléter.

Dans bien des cas aussi, la loi est dépassée par le contexte social ou économique, et ne permet pas de faire face aux besoins nouveaux ; alors, il revient aux juges de l'adapter. L'illustration la plus marquante reste la découverte, par la jurisprudence, d'un principe général de responsabilité du fait des choses (article 1384 al. 1 du Code civil) à côté de la responsabilité pour faute de l'article 1382 du Code civil. Ce dernier texte dispose que « *Tout fait quelconque de l'homme, qui cause à autrui un dommage, oblige celui par la faute duquel il est arrivé, à le réparer* ». Il s'agit simplement de dire que si par votre faute un dommage est causé à autrui, vous devez le réparer. En indiquant plus loin, à l'article 1384 alinéa 1 du même Code, qu'« *On est responsable non seulement du dommage que l'on cause par son propre fait, mais encore de celui qui est causé par le fait des personnes dont on doit répondre, ou des choses que l'on a sous sa garde* », les rédacteurs du texte n'avaient voulu faire que des précisions pour la compréhension du principe posé plus haut et, surtout, annoncer des applications particulières dans les dispositions qui devaient suivre.

Or, le développement du machinisme a fait apparaître des dommages qu'on pouvait difficilement rattacher à la faute humaine. Il fallait pourtant réparer ces dommages, pour ne pas laisser les victimes sans recours. La jurisprudence n'a pu le faire qu'en découvrant, dans l'article 1384 alinéa 1 du Code civil, un principe de responsabilité du fait des choses, auquel personne n'avait manifestement pensé lors de la rédaction du Code civil en 1804.

78. Dans le cas particulier du Cameroun, il est revenu aux cours et tribunaux d'adapter les règles du Code civil, qui ne connaît que la monogamie, à notre contexte où le législateur reconnaît aussi la polygamie, sans en fixer complètement le régime[85]. Dans le même ordre d'idées, la notion de souche qui, dans le Code civil, renvoie aux successibles d'un même ordre, a été comprise dans la succession d'un polygame comme renvoyant aux enfants d'une même femme[86].

79. La jurisprudence a aussi eu, parfois, à atténuer la rigueur de la loi lorsque celle-ci est manifestement incompatible avec le contexte social. C'est dans ce sens qu'en dépit de la règle de l'égalité successorale qui n'est pas sérieusement contestable[87], elle a parfois admis l'idée d'un

[85] J. Nguebou Toukam, « Notion et originalité du partage rémunération dans la construction du droit camerounais des régimes matrimoniaux », *Juridis-Périodique*, 1997, p. 37 ; E. Ngaleu, *La problématique des rapports juridiques entre époux dans un mariage monogamique : analyse des tendances jurisprudentielles*, Mémoire ENAM, 1994 ; P. Nkou Mvondo et E. Ngaleu, « Les rapports juridiques entre époux dans un mariage monogamique », *Revue de droit africain* n° 13, 2000, p. 3.

[86] Cour d'appel de l'Ouest, arrêt n° 19/Cout du 26 janvier 1995, *Juridis-Périodique*, n° 40 (1999), p. 51, note M. Timtchueng

[87] La règle est prévue par l'article 745 du Code civil et sans doute admise par de nombreuses coutumes.

héritier principal[88] pour tenir compte du fait que certaines sociétés camerounaises organisent la continuation de la personne du *de cujus* dans des cercles mystiques par une personne considérée comme seule héritière. La Cour d'appel de l'Ouest a défini l'héritier principal comme étant « *cet enfant qui est jugé apte à poursuivre l'œuvre du père, hérite de la concession familiale, de la garde des crânes des ancêtres et des avantages y attachés et surtout du respect que toute la famille et l'entourage reconnaissaient au de cujus* »[89]. La qualité d'héritier principal ne doit pas être confondue avec celle d'administrateur des biens de la succession. En effet, si l'héritier principal est le plus souvent désigné administrateur des biens de la succession, il n'en est pas forcément ainsi. Dans un jugement du 02 mars 2006, le Tribunal du premier degré de Bafoussam[90] a désigné un héritier principal coadministrateur[91] des biens d'une succession, avec un autre héritier. Quelque temps plus tôt, la même juridiction avait désigné un des héritiers administrateur des biens « *jusqu'à la majorité de l'héritier principal* »[92]. La qualité d'administrateur des biens de la succession est essentiellement précaire, parce qu'elle ne dure au mieux que le temps de l'indivision successorale. Il est souvent arrivé qu'une partie intéressée demande et obtienne le remplacement de l'administrateur des biens régulièrement désigné[93], ce qui paraît improbable en ce qui concerne l'héritier principal.

---

[88] Voir CS, arrêt n° 24/L du 25 janvier 1973, *RCD*, n° 9, p. 82 ; n° 42 du 18 janvier 1979 Bull. n° 6069 ; CA de l'Ouest, n° 29/Cout, du 22 juillet 1993, inédit ; TGI du Haut-Nkam, jugement n° 06/Civ/TGI/2000-2001 du 18 avril 2001, inédit.

[89] CA de l'Ouest, arrêt du 22 juillet 1993 précité. Sur la question, voir FIPA Jacques, *La vocation successorale ab intestat devant les tribunaux de Dschang et la Cour d'appel de l'Ouest*, Mémoire de Maîtrise, Université de Dschang, 1997-1998.

[90] TPD de Bafoussam, jugement n° 178/C du 02 mars 2006, *affaire Succession Fotso Emmanuel*, inédit.

[91] La Co-administration cache presque toujours d'importants conflits d'intérêts et est parfois une réponse à la mauvaise gestion d'un premier administrateur unique ou à une tentative de fraude. La Cour d'appel du Sud a ainsi annulé une décision du Tribunal de premier degré de Mvengue qui avait ignoré certains enfants et une veuve dans un jugement d'hérédité, évoqué et désigné ladite veuve co-administratrice des biens après avoir déclaré tous les enfants héritiers (Arrêt n° 10/LO du 17 mars 2006, *affaire MP c/ Bindji Essomba Felix Christian*, annulant TPD de Mvengue du 28 janvier 2005).

[92] TPD de Bafoussam, jugement n° 14/C du 20 octobre 2005, *affaire Ngassu Noume Yves*, indédit.

[93] TPD de Yaoundé, jugement n° 574 /DCL du 15 janvier 2007, *affaire Yogo Marthe et autres C/ Yogo Paul* ; n° 527/DCL du 04 janvier 2007, *affaire Amah Nga Atangana Cathérine et autres* ; n° 530/DCL du 04 janvier 2007, *affaire Massock Thérèse et autres*, inédits.

La jurisprudence a parfois contribué à rendre intelligible l'ordre juridique. On se souvient que dans un souci de cohérence, la Cour suprême a posé la règle selon laquelle l'option de juridiction emporte l'option de législation. Dans le même souci, elle a jugé que la polygamie est le système matrimonial de droit commun des Camerounais[94]. Cela signifie que les futurs époux qui optent pour la monogamie doivent le spécifier clairement au moment de la célébration du mariage[95], le silence de ceux-ci devant conduire à dire que le mariage est polygamique. Sans une telle précision, on serait bien embarrassé dans de nombreux cas où la question de la forme du mariage n'est pas posée aux futurs époux lors de la célébration du mariage, ou alors la question étant posée, ceux-ci n'y ont pas répondu[96].

B. La place de la jurisprudence dans le système des sources du droit

80. Dans le système des sources du droit, et précisément dans la famille romano-germanique de droit, on discute beaucoup en doctrine[97] de la place de la jurisprudence. La question est de savoir si le juge peut créer le droit ou s'il doit se contenter de l'appliquer.

---

[94] CS, arrêt n° 47/L du 16 mars 1971, *RCD* n° 1, p. 62.

[95] La formule très évocatrice utilisée à ce sujet est celle d' « engagement de monogamie ».

[96] Il faudrait cependant reconnaître que la jurisprudence de la Cour suprême sur le caractère de droit commun de la polygamie est un peu mise à mal par l'article 49 de l'Ordonnance n° 81/02 du 29 juin 1981 portant organisation de l'état civil et diverses dispositions relatives à l'état des personnes physiques. Le texte précise que l'acte de mariage doit contenir la mention de la forme de mariage choisie : polygamie ou monogamie. Le législateur n'est plus tout à fait dans l'idée, assez répandue, que l'absence de mention de la forme de mariage doit conduire à conclure automatiquement que celui-ci est polygamique. L'Officier d'état civil peut bien avoir omis d'indiquer la réponse des futurs époux à cette question qu'il est obligé de leur poser. Il est sûr, en revanche, que si les protagonistes choisissent d'éluder la question, leur silence devrait être interprétée dans le sens voulu par la Cour suprême.
Avant l'Ordonnance de 1981, rien ne semblait obliger l'Officier d'état civil à poser la question de la forme du mariage. Il revenait aux futurs époux, le cas échéant, de renoncer à la forme de droit commun si telle était leur volonté.

[97] V. O. Dupeyroux, « La doctrine française et le problème de la jurisprudence source du droit », *Mélanges Marty*, 1978, p. 464 ; F. Zenati, *La jurisprudence*, 1991 ; *Nature et rôle de la jurisprudence dans les systèmes juridiques, RRJ,* 1993-4, p. 1053 ; J.L. Aubert, M. Bandrac, A. Breton, J. Carbonnier, G. Cornu, M. Gobert, F. Terre, A. Tunc, F. Zenati, *La jurisprudence aujourd'hui, libres propos sur une institution controversée, RTD civ.*, 1992, 337.

Un premier argument, contre le pouvoir créateur de la jurisprudence, résulte de la règle de l'article 1351 du Code civil sur l'autorité de la chose jugée[98] : « *L'autorité de la chose jugée n'a lieu qu'à l'égard de ce qui a fait l'objet du jugement. Il faut que la chose demandée soit la même, que la demande soit fondée sur la même cause, que la demande soit entre les mêmes parties, et formée par elles et contre elles en la même qualité* ». Dans ce style qui apparaît aujourd'hui très complexe, le législateur énonce une règle fondamentale : la décision de justice n'a d'autorité qu'entre les parties, les tiers n'étant pas concernés. Cette solution montre la différence fondamentale entre la décision de justice et la norme qui, elle, a un effet *erga omnes*, c'est-à-dire qu'elle s'impose à tous.

81. Le second argument de ceux[99] qui dénient tout pouvoir créateur à la jurisprudence est tiré de l'article 5 du Code civil, qui interdit au juge de rendre des arrêts de règlement[100] (on appelle ainsi les décisions de justice qui sont rendues sous une formulation générale comme la loi). Le juge devrait se borner à appliquer la loi, et donc ne pas en créer ; il est lié par la loi[101]. C'est dire qu'il appartient au seul législateur de créer la loi.

En cas de pourvoi contre les décisions des juridictions inférieures, l'article 53, alinéa 2, de la loi n° 2006/016 du 29 décembre 2006 fixant l'organisation et le fonctionnement de la Cour suprême prévoit que le mémoire ampliatif doit être articulé. Le législateur reprend là une règle contenue dans le texte antérieur, et que la Cour suprême[102] comprend comme signifiant que le demandeur au pourvoi doit indiquer précisément le texte violé par la décision contre laquelle il se pourvoit en cassation. Certes, en même temps, le législateur fait savoir qu'on peut exercer un pourvoi pour violation d'un principe général du droit[103]. Mais la solution

---

[98] Sur l'autorité de la chose jugée, voir CS, arrêt n° 46/CC du 26 février 1998, *affaire Niba's Automobile Comany Limited et Albert Che Niba c/ Standard chartered Bank Cameroon SA, Juridis-Périodique* n° 48, p. 53, note J. Gatsi

[99] Parmi ces auteurs on peut citer J. Carbonnier, *Droit civil*, t.1, n° 144 ; G. Cornu, *Droit civil, Introduction, les personnes, les biens*, Paris, Montchrestien, 11ème édition, n° 440 ; J.L. Aubert, *Introduction au droit*, n° 163.

[100] V. Deteix, *Les arrêts de règlement*, Th. Paris, 130 ; H. Sinay, « La résurgence des arrêts de règlement », *D.* 1958, chr. 85 ; A. Audinet, « Faut-il ressusciter les arrêts de règlement ? », *Mélanges Brethe de la Gressaye*, 1967, p. 99.

[101] G. Cornu, *Droit civil, Introduction, les personnes, les biens*, op. cit, p. 181.

[102] CS, n° 99/P du 22 février 1973, *RCD* n° 5, p. 41, obs. Mouralis ; arrêt du 22 septembre 1977, *affaire ministère public c/ Pramotton René, RCD*, n° 13 et 14, p. 135.

[103] Voir article 35 de la loi 2006/015 portant organisation judiciaire.

doit s'expliquer par l'idée que le principe général est construit à partir de plusieurs règles formulées par le législateur.

Dans le cadre de l'OHADA, la Cour commune de justice et d'arbitrage (CCJA)[104] interprète également l'article 28.1 alinéa 2 de son Règlement de procédure[105] comme exigeant que les demandeurs en cassation indiquent clairement le texte violé.

Ces données montrent que dans la conception romano-germanique du droit, qui est manifestement celle adoptée par notre système du pourvoi en cassation, on ne pourrait pas, avec certitude, se fonder sur une jurisprudence, même constante. Cette analyse reste vraie, même s'il s'agit d'une jurisprudence de la Cour suprême.

82. Il faudrait toutefois souligner que l'article 35 de la loi fixant l'organisation et le fonctionnement de la Cour suprême prévoit qu'un pourvoi peut être fait contre les décisions des juridictions inférieures qui n'ont pas respecté la jurisprudence de la Cour suprême ayant statué en sections réunies d'une chambre ou en chambres réunies. La solution élève certainement les arrêts rendus par ces formations de la Haute juridiction au rang de source plus sûre du droit. On ne peut cependant les mettre au même niveau de certitude ou de fiabilité que la loi, parce que rien n'interdit à cette juridiction, elle-même, de revenir sur une position précédemment adoptée. En définitive, il n'y a que la loi qui s'impose avec force au juge.

Hors cette hypothèse exceptionnelle où le législateur a voulu donner un poids considérable à certains arrêts de la Cour suprême, les juges du fond ne sont pas, tout au moins sur le plan théorique, obligés de suivre les solutions précédemment adoptées par la Cour suprême. Au demeurant, les revirements dans la jurisprudence de la Cour s'expliquent parfois par le refus des juridictions inférieures de suivre le sens souhaité par elle.

---

[104] Arrêt n° 022 du 26 décembre 2002. Certes, il faut dire que la rédaction de l'arrêt permet de penser qu'on peut pallier l'absence d'indication du texte précis violé par d'autres précisions dans la présentation du moyen.

[105] Article 28. 1 alinéa 2 du Règlement de procédure de la CCJA : « Le recours indique les Actes uniformes ou les Règlements prévus par le Traité dont l'application dans l'affaire justifie la saisine de la Cour ».

83. La majorité des auteurs[106], cependant, reconnaissent à la jurisprudence la faculté de créer le droit, tout au moins sur les points où la loi est obscure ou silencieuse. On pourrait dire que *de jure* ce pouvoir de création contredit l'article 5 du Code civil ; mais de *facto* il est inévitable et a jusqu'ici rendu beaucoup de services à la construction de l'ordre juridique. En fait, sur les points où la jurisprudence est établie, elle est invoquée au même titre que la loi. Notre droit administratif, par exemple, est dans une large mesure jurisprudentiel.

On peut déplorer, dans notre contexte, le fait que les décisions de justice soient très rarement publiées. Il y a longtemps, la Cour suprême publiait ses arrêts dans un bulletin ; mais celui-ci a cessé de paraître. Dans ces conditions, il est difficile de connaître la jurisprudence sur telle ou telle question de droit. Au sein d'une même juridiction, l'interprétation d'une même disposition varie souvent d'une espèce à une autre, ce qui est de nature à affaiblir le crédit qu'on peut accorder à la jurisprudence comme source du droit.

Cette situation est plus préoccupante chez les juristes de culture anglo-saxonne puisque la jurisprudence représente pour eux, tout au moins dans les principes, la première source du droit.

L'Organisation pour l'harmonisation en Afrique du droit des affaires (OHADA), dans un objectif bien affirmé d'unification du droit, met l'accent sur la publication aussi bien des décisions contentieuses que des avis que rend la Cour commune de justice et d'arbitrage (CCJA) ou son Président. À cet égard, l'article 42 du Règlement de procédure de la CCJA prévoit qu'un recueil de jurisprudence de la Cour est publié par les soins du Greffier en chef sous le contrôle du Président ou du juge qu'il délègue à cet effet. Ce recueil est effectivement publié.

La Cour de justice de la CEMAC a entrepris et poursuit un effort comparable de publication de sa jurisprudence.

C. L'intérêt de la discussion sur la place de la jurisprudence dans le contexte camerounais

84. L'arrimage du droit camerounais aux droits étrangers donne une résonance particulière à la discussion sur la place de la jurisprudence

[106] Parmi ces auteurs on peut citer G. Marty et P. Raynaud, *Introduction générale au droit,* n° 119 ; Mazeaud et F. Chabas, t. 1, vol.1, n° 105 ; J. Boulanger, « Notions sur le pouvoir créateur de la jurisprudence », *RTDciv.* 1961, 417.

dans le système des sources. Il faudrait bien avoir en mémoire la règle constitutionnelle[107] du maintien provisoire des dispositions héritées de la colonisation. Si l'on part de l'hypothèse que la jurisprudence n'a aucun pouvoir créateur du droit, on doit comprendre restrictivement la règle constitutionnelle du maintien provisoire des règles coloniales : les dispositions maintenues provisoirement en vigueur sont alors les seules dispositions des lois au sens large. Dans ces conditions, on doit soutenir que la jurisprudence n'a jamais fait partie du corpus normatif légué. Certes, on peut l'invoquer au soutien d'une argumentation ; mais ce serait alors comme un guide d'interprétation, au même titre que les écrits des auteurs. Une telle position permettrait de soutenir que la jurisprudence qu'on peut invoquer serait toute jurisprudence, des juridictions camerounaises ou étrangères, à condition qu'il s'agisse d'interpréter les mêmes textes. Il devient alors très compréhensible d'invoquer la jurisprudence étrangère, même la plus récente, au soutien d'une argumentation juridique, le caractère récent pouvant même apparaître comme un gage de plus de pertinence[108].

85. En revanche, si l'on part de l'hypothèse que les juges ont un pouvoir de création du droit, il semble juste de comprendre largement la formule constitutionnelle des « *dispositions antérieures* ». Il s'agirait alors, non pas seulement de la loi au sens large, mais aussi de la jurisprudence. Cette jurisprudence devrait forcément être, pour l'ex-Cameroun oriental, celle en vigueur au 1er janvier 1960, la formule du texte ne pouvant concerner la jurisprudence étrangère postérieure à cette date. La jurisprudence en vigueur au 1er janvier 1960 pourrait alors être remise en cause par une jurisprudence camerounaise postérieure, mais pas par une jurisprudence étrangère postérieure. Dans ces conditions, il n'est pas pertinent d'opposer à une jurisprudence antérieure au 1er janvier 1960 une jurisprudence étrangère plus récente.

La plupart des enseignements, dans nos universités, semblent être fondés sur l'idée que la jurisprudence pertinente est la plus récente, qu'elle soit d'origine camerounaise ou étrangère. Mais la question mérite d'être bien discutée, d'autant plus que la Cour suprême a eu à casser un arrêt de la Cour d'appel de Garoua pour manque de base légale, parce

---

[107] D'abord formulée par l'article 51 de la constitution du 04 mars 1960, cette règle est reprise par l'article 68 de la Constitution actuellement en vigueur.

[108] On peut penser que si le juge abandonne une interprétation pour une nouvelle, c'est parce que l'ancienne interprétation a montré ses limites. Reste certes la question du contexte qui peut ne pas être le même au Cameroun et à l'étranger.

que fondé sur une jurisprudence étrangère (française) dont il ne précise pas si elle est en vigueur au Cameroun[109].

Dans l'ex-Cameroun occidental, on soutient que la *Common law* (droit jurisprudentiel) en vigueur est celle actuellement en vigueur en Angleterre[110]. Mais à notre avis, rien n'impose cette solution, nos juges pouvant aussi construire des solutions ou les faire évoluer.

§ 3 : La coutume

86. La notion de coutume ne doit pas être confondue avec celle d'usage. La première est une règle qui n'est pas édictée en forme de commandement par les pouvoirs publics, mais qui est issue d'un usage général et prolongé et de la croyance en l'existence d'une sanction à son inobservation. L'usage, quant à lui, nécessite certes une répétition de la pratique ; mais la durée d'application n'a pas à être aussi longue que celle qui justifierait le passage à la qualification de coutume.

Il nous faut faire ressortir les éléments qui permettent d'identifier la coutume, puis la situer en tant que source du droit.

A. Les éléments d'identification de la coutume

La coutume se reconnaît à deux éléments : un élément matériel et un élément psychologique

1. L'élément matériel

87. L'élément matériel de la coutume se résume à ce que le Doyen Carbonnier a appelé « une certaine épaisseur dans l'espace et dans le temps »[111]. Dans notre contexte, on parle prosaïquement de coutume ancestrale, pour signifier que les choses se passent ainsi depuis l'époque des ancêtres. Plus précisément, l'élément matériel de la coutume consiste en un usage général et prolongé. L'usage doit être général et non circonscrit à quelques personnes ; mais il n'est pas nécessaire que toute la population d'un pays le suive. Il pourra même être limité à un espace territorial ou à une profession. Il y a ainsi, dans notre pays, la coutume

[109] CS, arrêt n° 198/P du 21 mars 2002, in F. Anoukaha (dir), *Les grandes décisions de la jurisprudence civile camerounaise,* Dschang, 2008, p. 316, note Tchou Bayo.
[110] E. N Gwafor, Family law in Anglophone Cameroon, op. cit., p.2.
[111] J. Carbonnier, op. cit., p. 25.

bamiléké, bassa, béti, etc., chacune étant limitée à l'aire géographique de la tribu qui la pratique[112].

L'usage doit se prolonger dans le temps, car la coutume renvoie aux pratiques anciennes. Certes, on ne peut dire exactement quelle en est la durée minimale ; mais à défaut d'accéder au rang de coutume, une pratique constante doit être appelée usage.

2. L'élément psychologique

88. Cet élément est la croyance au caractère obligatoire de la pratique qu'on suit. On s'est traditionnellement fondé sur lui pour distinguer la coutume de l'usage. La coutume serait obligatoire et l'usage facultatif[113]. Encore faut-il souligner que dans les rapports contractuels, lorsque les parties se sont soumises à des usages, expressément ou implicitement, elles sont tenues par ceux-ci.

B. La place de la coutume comme source de droit

89. Pour comprendre la place de la coutume comme source de droit au Cameroun, il faudrait rappeler que des contingences historiques ont fait du Cameroun un pays de dualisme juridique. Le dualisme auquel il est fait allusion ici n'est pas un dualisme système romano-germanique/système anglo-saxon, mais un dualisme droit dit moderne basé sur l'écrit/droit dit traditionnel basé sur la coutume. Le législateur l'a consacré, donnant à chaque droit vocation à s'exprimer dans l'ordre juridique.

Il en résulte que théoriquement, la coutume ne peut pas être reléguée au rang de source secondaire de droit comme dans d'autres pays, notamment la France. Elle a vocation principale à s'appliquer dans l'espace qui lui est concédé par le législateur, c'est-à-dire devant les juridictions de droit traditionnel.

90. Certes, on n'oubliera pas la solution de l'arrêt Bessala citée à l'introduction, dans lequel la Cour suprême pose que dans toutes les matières où il est intervenu le législateur national, la loi l'emporte sur la

[112]Cela n'empêche pas que ceux qui sont partis d'une aire géographique pour une autre revendiquent leur appartenance à la coutume de leur tribu d'origine. L'origine est ici, en vérité, celle des parents, puisque parfois les personnes concernées n'ont jamais été dans l'aire géographique de rattachement de la coutume.

[113] M. Pédamon, « Y a-t-il lieu de distinguer les usages et les coutumes en doit commercial ? », *RTD. com.* 1959, p. 335 et ; F. Leymarie, *Les usages en droit commercial*, Thèse Bordeaux, 1970.

coutume. Une telle législation est considérée comme la résultante de toutes nos coutumes, ce qui lui permet de s'imposer devant toutes les coutumes particulières.

Par ailleurs, par divers mécanismes formels ou informels, l'espace d'expression de la coutume est envahi par le droit dit moderne. On peut pronostiquer qu'à terme la coutume sera formellement reléguée au rang de source secondaire comme en France. Dans ce cas, elle ne tiendra plus que la place qu'elle tient actuellement devant les juridictions dites de droit moderne. Ici, elle ne s'exprime en principe qu'autant que la loi le permet, notamment à travers des expressions comme « bonnes mœurs », « bon père de famille », qui renvoient à des attitudes éprouvées et généralement admises.

Le lecteur se rendra compte que la doctrine n'a pas été citée parmi les sources du droit. Ce silence est, dans une large mesure, une prise de position dans le débat sur la question de savoir si la doctrine est une source de droit. Il ne semble pas juste de penser que la doctrine est une source de droit au même titre que la loi ou la coutume. Il est possible de lui trouver les mêmes handicaps qu'on a relevés en ce qui concerne la jurisprudence : l'absence d'unité de solution et de hiérarchie interne. Ces défauts sont cependant particulièrement accentués en ce qui concerne la doctrine. L'explication est simple : un auteur qui reprend un autre est jugé peu sérieux, et ceux qui marquent la vie scientifique le font en se démarquant nettement des opinions qui, jusque là, font autorité. Ce sont donc l'instabilité et l'extrême diversité, inscrites dans l'essence même de la doctrine, qui empêchent qu'on reconnaisse à celle-ci une place comparable à celle de la loi ou de la coutume. Mais le travail d'explication et de proposition fait par les auteurs éclaire nécessairement tous les autres acteurs, à savoir, les juges, le législateur et même les « usagers » du droit. À cet égard, il n'est pas rare que dans le cadre d'un procès, une des parties soutienne son point de vue par une position doctrinale. La même attitude se vérifie dans les rapports et conclusions des Conseillers et les représentants du ministère public au niveau de la Cour suprême, notamment lorsque la loi n'est pas claire ou qu'un revirement est proposé. Il ne fait donc pas de doute qu'à des degrés variables, le travail d'explication et de proposition fait par les auteurs influence les autres acteurs de la vie du droit. On s'en convainc en pensant, par exemple, aux maximes juridiques qui seront examinées dans le chapitre suivant consacré à l'existence du droit.

CHAPITRE III :

L'EXISTENCE DU DROIT

91. Beaucoup de débats entre juristes tournent autour des problèmes d'existence du droit. Certes, il est un peu rare qu'un protagoniste à la discussion invoque une norme qui n'est jamais entrée dans l'ordre juridique. Plus souvent, sont en cause les questions d'abrogation, de champ d'application et d'interprétation de la loi. Il n'y aurait pas de difficulté si le législateur pouvait toujours, au moment de l'édiction d'une loi, dire quelle conséquence celle-ci entraîne, relativement aux normes déjà existantes. Il le fait parfois, notamment en indiquant les textes abrogés. L'expérience montre cependant que le législateur oublie très souvent de citer un ou plusieurs dans la liste de textes abrogés, ce qui peut être source de longues batailles juridiques. Les problèmes d'abrogation, de champ d'application et d'interprétation de la loi sont compliqués par la multiplicité et la diversité des sources des normes. Ils le sont singulièrement, ces dernières années, avec l'arrivée massive des normes d'origine internationale.

Le très grand foisonnement des règles, d'origine interne ou internationale, impose au moins qu'on trace pour chacune le champ d'application dans l'espace et dans le temps. À cela s'ajoutent les problèmes d'application et d'interprétation des textes. Ce chapitre se développera en conséquence sur deux sections consacrées respectivement à la question de la naissance et de la disparition de la loi, et à celle de son application et de son interprétation

SECTION I : LA NAISSANCE ET LA DISPARITION DE LA LOI

92. Les problèmes d'élaboration de la norme sont importants, puisqu'ils permettent de voir la nature des rapports entre les gouvernants et les gouvernés. Mais nous n'en traiterons pas dans le cadre de cette section. Plus importants encore sont les problèmes d'entrée en vigueur et d'abrogation de la loi auxquels les lignes qui suivent sont consacrées.

§ 1 : L'entrée en vigueur de la loi

93. L'entrée en vigueur de la loi est subordonnée à deux exigences : que celui qui en a compétence déclare officiellement l'existence de la loi et que son destinataire, le sujet de droit, la connaisse. Mais pour des raisons pratiques, on présume la connaissance de la loi à partir de l'opération de publication[114]. Les normes internationales ont un régime particulier sur lequel on dira quelques mots pour compléter les deux premiers points.

A. La déclaration officielle d'existence de la loi

94. Lorsqu'on a affaire à la loi au sens strict, la déclaration officielle d'existence est ce qu'on appelle promulgation. À cet égard, l'article premier du Code civil dispose que les lois sont exécutoires dans tout le territoire camerounais en vertu de la promulgation qui en est faite par le Président de la République.

La promulgation intervient dans un délai de quinze jours à compter de la transmission au Président de la République du texte adopté par le Parlement[115]. Le Président de la République peut, avant l'expiration de ce délai, demander au Parlement une seconde lecture du texte, ou saisir le Conseil constitutionnel pour un contrôle de constitutionnalité[116]. À l'expiration de ce délai, le Président de l'Assemblée nationale peut, après avoir constaté la carence du Président de la République, promulguer la loi.

Les textes réglementaires n'ont pas besoin de promulgation[117]. Ils existent officiellement à partir du moment où ils sont signés par leur auteur.

---

[114] Pour une application implicite, voir CS/CA, arrêt du 28 avril 1983, *RCD* n° 25, 1983, p. 108.

[115] V. article 31 de la Constitution.

[116] V. articles 24, 31 et 47 de la Constitution.

[117] Il faut noter que dans le passé, ils en avaient aussi besoin (Lire à cet égard les décrets du 16 avril 1924 fixant le mode de promulgation et de publication des textes réglementaires au Togo et au Cameroun, et du 22 mai 1924 rendant exécutoires dans les territoires du Cameroun placés sous le mandat de la France les lois et décrets promulgués en Afrique équatoriale française antérieurement au 1er janvier 1924, modifié par le décret du 5 mai 1926).

B. La publication

95. Selon le niveau du texte dans la hiérarchie des normes, la publication est assurée par le Président de la République ou les autorités subordonnées. Il est important de préciser les modalités de cette publication, avant de dire quelques mots sur la fonction de l'opération.

1. Les modalités de publication

La publication des textes obéit à une solution de principe à laquelle on a apporté quelques aménagements.

a. La solution de principe

96. La publication des lois promulguées ainsi que les décrets et arrêtés réglementaires émanant des autorités centrales est assurée, à la diligence du Président de la République, par leur insertion matérielle au Journal officiel. Le texte est publié en anglais et en français, et peut indiquer quelle est la version qui fait foi[118].

Les textes publiés au Journal officiel sont exécutoires à Yaoundé le jour même de leur publication. Dans les autres circonscriptions administratives, ils sont exécutoires le lendemain du jour de l'arrivée du Journal officiel concerné, le jour de l'arrivée étant constaté par le chef de la circonscription administrative.

b. Les aménagements de la solution

97. Pour plusieurs raisons, dont l'impossibilité d'assurer la parution quotidienne et régulière du Journal officiel, la solution ci-dessus décrite ne peut pas toujours être suivie ; le texte est alors, sur décision du Président de la République, publié suivant la procédure d'urgence. Concrètement, il est porté à la connaissance de la population par tous moyens, notamment par radio. Il est néanmoins publié par la suite au Journal officiel[119].

Dans les faits, c'est la publication par procédure d'urgence qui est devenue la pratique habituelle. Il est en effet devenu récurrent que les textes se terminent par la formule suivante : « La présente loi…sera enregistrée et publiée suivant la procédure d'urgence, puis insérée au Journal officiel ».

---

[118] Voir Ordonnance n°72/11 du 26 août 1972 relative à la publication des lois, ordonnances, décrets et actes réglementaires, article 2.

[119] V. article 4 de l'ordonnance du 26 août 1972 supra.

98. Il faudrait aussi signaler que pour des raisons de difficulté de centralisation, la publication des actes réglementaires des autorités subordonnées est effectuée à la diligence de celles-ci par tous moyens de publicité appropriés tels qu'affichage, annonce publique, notification, insertion dans la presse, lecture à la radio, etc.

Dans toutes ces hypothèses (publication par procédure d'urgence des textes qui devaient normalement être insérés au Journal officiel, publication par tous les moyens des textes des autorités subordonnées), les textes sont exécutoires dès leur publication.

2. La fonction de la publication

99. La publication vise à porter le texte à la connaissance de ses destinataires, les sujets de droit. Il est important que le mode de publication soit approprié à cet objectif. Le Journal officiel ou d'autres journaux de secours doivent être largement diffusés ; la lecture à la radio doit se faire aux heures de grande écoute ou dans des émissions spécialisées.

La publication étant faite, par n'importe quel procédé, on présume que tout le monde a pris connaissance du texte. Par suite, il n'est pas besoin de vérifier que telle personne en a effectivement pris connaissance ; le citoyen ne peut pas plaider le fait qu'il n'a pas eu le temps de lire, que dans sa localité n'arrivent ni les ondes de la radio ni les journaux. C'est le sens de l'adage « *Nul n'est censé ignorer la loi* ».

C. Le cas particulier des normes internationales

100. En attendant qu'il soit unanimement admis que certaines normes s'imposent en raison de leur objet (normes sur les droits de l'homme), les normes internationales doivent être ratifiées ou approuvées[120] par les organes compétents de l'État pour entrer dans notre ordre juridique. Le texte de ratification ou d'approbation obéit au régime ci-dessus indiqué (déclaration d'existence, publication).

Dans bien des cas, les citoyens ne peuvent tirer profit de la norme internationale que si les autorités camerounaises ajustent en conséquence

---

[120] La notion d' « approbation » ici utilisée est tirée de la Constitution et est un peu troublante. Normalement les traités sont ratifiés par le Président de la République. Si les traités interviennent dans le domaine de la loi, la ratification doit être autorisée en la forme législative par le Parlement (article 43 de la Constitution).

le droit interne[121]. Mais depuis un certain temps, s'est développée la technique de l'application directe[122] des normes internationales, consistant en ce que celles-ci entrent en application sans passer par l'opération d'incorporation par les autorités nationales. À cet égard, et parmi plusieurs autres formules comparables dans d'autres traités, l'article 10 du Traité créant l'Organisation pour l'harmonisation en Afrique du droit des affaires dispose clairement que « Les Actes uniformes sont directement applicables et obligatoires dans les États Parties nonobstant toute disposition contraire de droit interne, antérieure ou postérieure ». Dans le même temps sont apparus des textes internationaux pris en la forme simplifiée et entrant dans l'ordre juridique interne sans besoin de ratification par les autorités de l'État. Concrètement, un traité international prévoit l'intervention de textes subséquents (droit dérivé) adoptés par des organes qu'il met en place et devant s'appliquer directement dans les États parties : c'est le cas des traités créant l'OHADA[123], la CEMAC[124], etc.

101. Le traité qui met en place un tel mécanisme organise aussi les modalités d'entrée en vigueur des textes. Le traité OHADA, par exemple, en son article 9 prévoit que les Actes uniformes entrent en vigueur quatre-vingt-dix jours après leur adoption, sauf modalités particulières d'entrée en vigueur prévues par l'Acte uniforme lui-même. Ils sont opposables trente jours francs après leur publication au Journal officiel de l'OHADA.

Ces Actes uniformes sont également publiés au Journal officiel des États parties ou par tout autre support approprié. Mais ce n'est pas cette

---

[121] Cela ne signifie pas qu'on ne peut pas invoquer le texte international devant le juge interne. Le juge administratif a clairement indiqué que la violation d'une convention internationale peut être invoquée devant lui (Arrêt n° 163/CFJ/CA du 8 juin 1971, *Compagnie commerciale et immobilière africaine des chargeurs réunis c/ Etat du Cameroun*, inédit). De façon générale, le juge interne peut appliquer une convention internationale. Il n'y a de difficulté à tirer profit des conventions que parce que très souvent elles n'imposent des obligations qu'aux Etats, et sont parfois vagues. Sur ces questions, lire le numéro spécial de *Juridis-Périodique* (63), sur « Le droit international devant le juge camerounais : bilan et perspectives ».

[122] Pour un exemple concret, voir CA du Littoral, arrêt n° 76/C du 21 février 2003, *affaire Onobiono James, Thomas Tobbo Eyoum, Aristide Okindi c/ Marcel Dobill*, *Juridis-Périodique* n° 64 (2005), p. 31, note R. Njeufack Temgwa

[123] Voir les articles 6 et 10 du Traité

[124] Voir les articles 20 et 21 de l'Additif au Traité de la CEMAC relatif au système institutionnel et juridique de la communauté.

seconde publication qui détermine l'entrée en vigueur de ces Actes. On peut aussi penser, s'agissant des textes pris dans le cadre de la CEMAC, que la publication au Bulletin officiel de la Communauté n'est pas forcément destinée à mettre le texte en vigueur. Les Actes additionnels, les Règlements et les Règlements-cadres entrent en vigueur à la date qu'ils fixent ou, à défaut, le vingtième jour suivant leur publication. Les Directives et les décisions, quant à elles, prennent effet [125]le lendemain de leur notification.

§ 2 : L'abrogation de la loi

102. Il est important d'indiquer que l'abrogation est le mode habituel d'extinction de la loi. À côté d'elle, on ne peut retenir que l'hypothèse de l'expiration du délai d'application d'un texte qui en aurait prévu un. L'idée d'une extinction par désuétude, c'est-à-dire par non-application prolongée, n'a en revanche pas été retenue[126].

L'acte d'abrogation de la loi est celui qui met fin à son existence. Il est souhaitable que l'abrogation soit explicite ; mais elle est parfois implicite.

A. L'abrogation explicite

103. L'abrogation explicite résulte de l'indication, par un texte, que tel autre texte ne peut plus s'appliquer. Lorsqu'une telle déclaration respecte la hiérarchie des normes, le texte ancien sort indiscutablement de l'ordre juridique.

L'ennui, c'est que de plus en plus se développent, dans la pratique législative et réglementaire, des formules d'abrogation qui posent des difficultés, parce qu'elles sont à mi-distance entre l'abrogation explicite et l'abrogation implicite. En effet, beaucoup de textes se contentent d'indiquer qu'ils abrogent toutes les dispositions antérieures contraires. Devant une telle formule, l'idée peut être avancée que l'abrogation est explicite, mais on ne peut facilement désigner les textes abrogés. C'est pourquoi il est permis de dire qu'ici on n'est pas loin de l'abrogation implicite.

---

[125] V. Article 23 de l'Addifif au Traité CEMAC relatif au système institutionnel et juridique de la Communauté.

[126] Crim, 4 février 1898, D. 98, 1, 369 ; Ch. Réunies, 31 janvier 1901, D. 1901, 1, 169 ; Montpellier, 23 février 1949, som. 41.

B. L'abrogation implicite

104. Il y a abrogation implicite chaque fois que les dispositions de la loi ancienne sont incompatibles avec celles de la loi nouvelle : *lex posterior derogat priori*. L'explication de cette solution est simple : si le législateur vient d'adopter une solution nouvelle différente, c'est qu'il ne veut plus de l'ancienne.

La solution n'est cependant facilement utilisable que lorsque les deux textes ont rigoureusement le même champ. Lorsqu'au contraire ils n'ont pas le même champ, il faut faire appel à une autre règle : *specialia generalibus derogant* (le spécial déroge au général).

Plus concrètement, lorsqu'une loi est générale, une loi spéciale peut y déroger dans son domaine particulier, la loi générale restant applicable hors de ce domaine particulier. Par exemple, l'article 1832 du Code civil dispose que le contrat de société est conclu entre deux ou plusieurs personnes qui conviennent d'affecter à une entreprise commune des biens ou des industries en vue de partager le bénéfice qui pourra en résulter. En disposant que la société commerciale peut être créée par une seule personne, l'article 5 de l'Acte uniforme OHADA relatif au droit des sociétés commerciales et du groupement d'intérêt économique déroge à la règle générale posée par le Code civil (elle est reprise par l'article 4 de l'Acte uniforme relatif au droit des sociétés commerciales et du groupement d'intérêt économique ; mais même en l'absence de cette reprise le texte serait sous-entendu).

105. Un même texte peut cependant contenir des dispositions générales et des dispositions particulières qui dérogent aux premières. Par exemple, l'article 23 du Code du travail prévoit que le contrat de travail est conclu librement, c'est-à-dire suivant la forme qu'il convient aux parties d'adopter. Cela signifie que suivant la volonté des parties, le contrat peut être écrit ou verbal. Plus loin, le même code prévoit, en son article 27, que tout contrat de travail stipulant une durée déterminée supérieure à trois mois ou nécessitant l'installation d'un travailleur hors de sa résidence habituelle doit être constaté par écrit. Il y a ici dérogation à la règle selon laquelle le contrat doit prendre la forme qu'il convient aux parties d'adopter : le législateur a en effet imposé la forme écrite.

La règle *specialia generalibus derogant* ne pose aucune difficulté lorsque le texte particulier est plus récent : la solution qu'elle met en œuvre se confond même avec celle de l'application de la loi postérieure.

Certains ont hésité à accepter l'application de la règle *specialia generalibus derogant* dans l'hypothèse où la loi générale est postérieure à la loi spéciale. Mais il est clair que même dans ces conditions, la loi spéciale est applicable. Cela signifie qu'une loi générale ne peut abroger une loi spéciale qu'en la visant expressément.

La règle *specialia generalibus derogant* est tellement forte qu'elle permet à un texte de rang inférieur de déroger à un texte de rang supérieur. Ainsi, certaines dispositions du décret n° 78/484 du 9 novembre 1978 fixant les dispositions communes applicables aux agents de l'État relevant du Code du travail, modifié par le décret n° 82/100 du 3 mars 1982, dérogent à la loi n° 92/007 du 14 août portant Code du travail.

SECTION II : LE CHAMP D'APPLICATION DE LA LOI

106. Une loi est faite pour déployer ses effets sur un territoire donné et pendant un temps en principe indéterminé puisque la loi a vocation à être permanente. N'empêche que le temps est une donnée importante pour le droit. C'est pourquoi il faut s'intéresser non seulement au champ d'application spatial, mais aussi au champ d'application temporel de la loi.

§ 1 : Le champ d'application spatial

107. Chaque texte définit normalement son champ d'application dans l'espace. En l'absence d'une telle détermination, le champ spatial est connu en partant de la nature du texte. Dans un État unitaire comme le nôtre, une loi ou un décret s'applique en principe sur toute l'étendue du territoire. En revanche, un arrêté préfectoral s'applique dans les limites du département où il est pris ; un arrêté municipal s'applique dans les limites territoriales de la commune.

À l'échelle internationale se posent des conflits de lois qui sont résolus, selon la matière, par le droit international privé ou le droit pénal international. Ces règles de conflit pourraient permettre que, sans porter atteinte à la souveraineté de l'État étranger, ses juges appliquent notre loi pour trancher un litige, ou vice-versa. La Cour d'appel de Bamenda a ainsi appliqué la loi française dans une *affaire BICIC contre Jean-Pierre*[127].

[127] Bamenda, (1997) 1 CCLR 20, *Juridis-Périodique* n° 37 (1999) p. 11, note Manasseh Ebi Mungu.

108. On remarque cependant que nos juges, sans doute parce que très peu formés aux problèmes du droit international, appliquent purement et simplement la loi camerounaise même dans les cas où on pouvait raisonnablement se demander si celle-ci est applicable. Le Tribunal de grande instance de Yaoundé a ainsi, sans la moindre explication, appliqué la loi camerounaise au divorce des époux étrangers de même nationalité résidant au Cameroun[128]. Les cours d'appel du Centre[129] et du Littoral[130] n'ont pas mieux fait dans divers cas qui leur ont été soumis et qui posaient des problèmes de détermination de la loi applicable. Même la Cour suprême[131] ne donne pas l'impression de toujours percevoir les problèmes de droit international privé qui se posent dans les affaires qui lui sont soumises.

§ 2 : Le champ d'application temporel

109. Le principe de base, en matière de champ d'application temporel de la loi, est celui que pose le préambule de la Constitution : la loi ne peut avoir d'effet rétroactif. Bien avant, la solution était affirmée et explicitée à la fois par le Code civil[132] et par le Code pénal.

Le principe de la non-rétroactivité des lois n'est cependant pas de compréhension facile. Il faudrait indiquer, en la matière, les points de certitude et les points de discussion.

A. Les points de certitude

110. Le principe de non-rétroactivité des lois concerne à la fois le domaine répressif et le domaine non répressif[133]. En matière répressive, il est souligné par le Code pénal[134] et prend référence sur la date de commission des faits constitutifs des infractions. Ne sont pas soumis à la

---

[128] TGI de Yaoundé, jugement civil n°446 du 19 juin 1991, *affaire des époux Tondut, Juridis-Périodique* n° 28 (1996), p. 31, note Ngassa Batonga.

[129] Yaoundé, arrêt n° 269/Civ du 20 juillet 1994, *affaire des époux Kriticos*, inédit ; n° 260/Civ du 3 juin 1999, *affaire Dame Baillon Yoveva Kornella Nikolaeva c/ Baillon, Juridis-Périodique* n° 57, p. 33, note B. Chatue.

[130] Douala, arrêt n° 14/CC du 16 octobre 1987, *affaire des époux Descars, inédit.*

[131] CS, arrêt n° 56/CC du 25 janvier 1995, *affaire des époux Kriticos, Juridis-Périodique* n° 26, p. 40, note F. Anoukaha.

[132] Article 2 du Code civil : « La loi ne dispose que pour l'avenir ; elle n'a point d'effet rétroactif ».

[133] Il faudrait comprendre dans ce domaine la matière administrative. Pour la non rétroactivité des actes administratifs, voir CS/CA, arrêt du 28 avril 1983, *RCD* n° 25, 1983, p. 108.

[134] V. article 3, 4 et 5 du Code pénal.

loi pénale les faits commis antérieurement à son entrée en vigueur. Par exemple, si le 10 mars 2007 le législateur décide de punir de la peine de mort celui qui pratique l'avortement, cette sanction ne sera pas appliquée à celui qui l'a pratiqué le 09 mars 2007.

111. Le législateur pénal réserve cependant le cas des lois pénales plus douces : celles-ci s'appliquent aux infractions non définitivement jugées au jour de leur entrée en vigueur[135]. Par exemple, on sait que de nos jours, la pratique de l'homosexualité constitue une infraction pénale. Si demain il est décidé que l'homosexualité n'est plus pénalement punissable, échapperont à la condamnation tous ceux qui se sont livrés à cette pratique avant le texte de dépénalisation, à condition de ne pas être encore définitivement jugés au jour de l'entrée en vigueur de la loi nouvelle. Dans le même sens, le législateur permet que les mesures de sûreté s'appliquent à des faits commis avant leur entrée en vigueur si ceux-ci ne sont pas définitivement jugés. Les mesures de sûreté sont des sanctions à caractère préventif, dépourvues de but rétributif et de caractère afflictif et infamant, fondées sur la constatation d'un état dangereux (exemple, l'internement dans une maison de santé, l'interdiction de profession, la confiscation, la surveillance post-pénale, etc.).

Pour comprendre la solution, on peut se représenter un cas où quelqu'un a tué parce qu'il était sous l'empire d'une maladie mentale. Actuellement, l'article 43 du Code pénal prévoit qu'en cas d'acquittement pour démence de l'auteur d'un crime ou d'un délit passible d'une peine d'emprisonnement de deux ans au moins, et lorsque la liberté de l'inculpé est reconnue dangereuse pour l'ordre public par la juridiction saisie, celle-ci ordonne son internement dans une maison de santé. Si demain, en plus de l'internement, le législateur prévoit une autre mesure ou même indique simplement que l'internement a une durée minimale de 6 mois, ces nouvelles mesures s'appliqueront aux malades mentaux ayant tué avant la date d'entrée en vigueur du texte. Pourquoi pouvait-il en être autrement dès lors que de telles mesures sont prises pour prévenir d'autres actes répréhensibles ?

112. En matière civile également, on a des points de certitude : un contrat de vente est conclu le 10 janvier 2000 ; une loi régissant la vente qui intervient le 11 janvier de la même année est sans conséquence sur le

[135] CS, 6 janvier 1970, *RCD*, n° 9, p. 54.

contrat conclu la veille. Autrement dit, ce texte ne peut rétroagir et donc s'appliquer à cette vente qui a déjà déployé ses effets : la propriété du bien vendu a déjà été transférée, contre argent.

On devrait avoir la même analyse d'un texte qui modifie les conditions d'inscription à l'Université : les étudiants inscrits sous l'empire d'un texte conservent le bénéfice de leur inscription, si un texte postérieur durcit les conditions d'inscription. Plus concrètement, si demain un texte limite à 22 ans l'âge d'inscription en première année d'université, les étudiants âgés de plus de 22 ans, mais inscrits avant le nouveau texte conserveront le bénéfice de leur inscription.

Des difficultés surgissent cependant lorsque la loi entend régir des situations qui se prolongent dans le temps.

B. Les points de discussion

113. Un texte intervient le 10 février 2007 et fixe à 50.000 F (cinquante mille francs) le montant du loyer dans les logements de la Société immobilière du Cameroun. On peut se demander si ce texte ne doit s'appliquer qu'aux baux conclus à partir de son entrée en vigueur ou s'il va s'appliquer aux baux en cours. Il faudrait également se demander si les époux ne peuvent divorcer que suivant le texte en vigueur au moment de leur mariage.

Il faudrait exposer les théories en conflit avant de voir la solution du droit positif.

1. Les théories en conflit

Deux théories s'affrontent en matière de conflit de lois dans le temps : la théorie des droits acquis et celle de l'effet immédiat.

a. La théorie des droits acquis

114. La théorie des droits acquis s'attache au respect du passé et ne permet à la loi nouvelle de régir que les situations qui ne heurtent pas le passé. Dans l'exemple ci-dessus exposé, il faudrait laisser que les baux en cours se poursuivent sous l'empire du texte ancien. L'explication en est que les parties au bail se sont engagées en sachant ce qu'elles doivent en attendre ; il ne faudrait donc pas déjouer leurs prévisions.

Dans ces conditions, la loi nouvelle ne régit que les situations qui prennent corps à partir de son entrée en vigueur. La seule concession qui lui est faite c'est de régir les « *expectatives* », c'est-à-dire les situations en suspens, celles qui ne sont pas acquises au moment de l'entrée en vigueur, mais sont éventuelles ou dans l'espérance. Par exemple, une loi qui modifie l'ordre successoral s'applique aux héritiers présomptifs, aux simples successibles qui ne peuvent devenir successeurs que lorsque la succession sera ouverte, c'est-à-dire à la mort du *de cujus* (celui dont la succession est ouverte).

D'un point de vue pratique, la théorie des droits acquis retarde les changements. Elle est particulièrement inadaptée aux situations qui ne sont pas contractuelles. Par exemple, si un jour, le législateur camerounais prévoit le divorce par consentement mutuel des époux, il ne sera pas juste de soustraire à l'application de ce texte les époux mariés avant cette date, sous le prétexte qu'au moment de la célébration de leur mariage on ne pouvait divorcer que pour faute.

b. La théorie de l'effet immédiat

115. Comme son nom l'indique, la théorie de l'effet immédiat[136] part de l'idée que la loi nouvelle a vocation de principe à saisir, du jour où elle entre en vigueur, toutes les situations juridiques déjà établies. Elle ne remet donc pas en question les conséquences juridiques que les situations considérées avaient valablement produites avant son entrée en vigueur. Dans le régime de la tutelle, par exemple, la loi nouvelle peut restreindre pour l'avenir les pouvoirs du tuteur ; mais les actes juridiques accomplis sous l'empire de l'ancienne loi qui les permettait demeurent valables.

La théorie de l'effet immédiat fait, en matière contractuelle, une concession à la théorie des droits acquis. Autrement dit, la première limite son application aux matières non contractuelles. Dans le domaine contractuel, il faudrait appliquer en principe la théorie des droits acquis.

2. La solution du droit positif

116. L'existence, dans la plupart des textes, des dispositions spéciales de droit transitoire[137], restreint l'intérêt pratique de la question du conflit de lois dans le temps. Ainsi, une loi qui modifie les conditions d'exercice d'une activité peut accorder un délai à ceux qui l'exercent déjà, pour se conformer à la nouvelle situation. À défaut de dispositions spéciales de la

---

[136] Roubier, *Les conflits de lois dans le temps*, 1ère édition 1929-1933.

[137] Roubier, *Le droit transitoire*, 2ème édition, 1960 ; F. Dekeuwer-Défossez, *Les dispositions transitoires dans la législation civile contemporaine,* LGDJ, Bibl. dr. Privé, T. 151.

loi, il appartient au juge de trancher suivant la compréhension qu'il a des règles de droit en matière de conflit de lois dans le temps.

Dans l'ensemble, on distingue suivant les matières. En matière contractuelle, le principe est de s'en tenir à la loi en vigueur au jour de la conclusion du contrat, aussi bien pour sa validité que pour ses effets[138]. Mais l'ordre public commande de faire exception à cette règle. Une loi d'ordre public s'applique même aux contrats en cours au jour de son entrée en vigueur[139].

En matière non contractuelle, le principe est que la loi s'applique immédiatement aux situations juridiques établies lors de son entrée en vigueur. Mais elle ne remet pas en cause les effets juridiques passés de ces situations établies lorsque ceux-ci procèdent régulièrement de la loi antérieure[140].

C'est, en quelque sorte, la consécration de la théorie de l'effet immédiat avec la concession que celle-ci fait, en matière contractuelle, à la théorie des droits acquis.

SECTION III : L'INTERPRÉTATION DE LA LOI

117. La question de l'interprétation de la loi est dans une certaine mesure liée à celle de son application. Mais compte tenu de son importance, elle mérite un traitement à part. Il s'agit de s'interroger sur les méthodes et techniques d'interprétation de la loi. Un premier point sur le cadre pourrait cependant éclairer les analyses sur les méthodes et techniques d'interprétation.

§ 1 : Le cadre de l'interprétation

Ce paragraphe entend répondre à deux interrogations majeures : quel est le domaine de l'interprétation ? Qui interprète la loi ?

A. Le domaine de l'interprétation

118. Il est tentant d'affirmer qu'un texte ne peut être appliqué que s'il est lu et compris, donc interprété par celui qui l'applique. Mais en

---

[138] Civ. 7 juin 1901, *D. P.* 1902, I, 105.

[139] Civ. 22 avril 1929, S. 1932, I, 129 ; *D.H.* 1929, 281.

[140] Civ. 20 févier 1917, *D.P.* 1917, I, 81. Pour des applications du principe de la non rétroactivité des lois voir CS, arrêt n° 87/CC du 23 juillet 1998, *affaire El hadj Yaroro Mohaman c/ SR,C Juridis-Périodique,* n° 47, p. 36 ; CS, arrêt n° 133/S du 25 mai 2000, *affaire Hotel Ibis c/ Pinyom Jean Séraphin, Juridis-Périodique* n° 48, p. 50

général, on n'a pas une compréhension aussi large de la notion d'interprétation. On retient plutôt qu'on ne recourt à l'interprétation que si celle-ci est nécessaire, parce que le texte en cause n'est pas clair. D'où la maxime *interpretatio cessat in claris* (l'interprétation cesse lorsqu'un texte est clair)[141].

La solution est une réplique au penchant des juges et autres personnes chargées d'appliquer la loi, à substituer leur volonté à celle du législateur par le détour de l'exercice du pouvoir d'interprétation.

119. Mais l'énoncé de la règle montre en même temps ses limites ; il est en effet difficile de dire quand un texte est clair. Le langage juridique n'est pas le langage commun, et certains mots ou formules clairs en eux-mêmes cessent de l'être dans un texte de droit. Pour ne prendre que quelques exemples, les termes « *objet* » et « *cause* » sont très simples dans le langage courant ; mais en droit, il ont suscité beaucoup de controverses.

Un premier point ne fait pas de doute : le texte n'est pas clair lorsqu'il est susceptible de plus d'un sens. Il est aussi sûr que le texte n'est pas clair lorsqu'il est vague. C'est malheureusement le cas de beaucoup de textes aujourd'hui : résultant parfois d'un consensus obtenu difficilement, ils contiennent des formules souples qui laissent à l'interprète une bonne marge de manœuvre. On pense en particulier à la disposition du préambule de la Constitution selon laquelle « *L'État assure la protection des minorités…* ». Pour appliquer ce texte, il faudrait savoir ce qu'est une minorité. Est-elle quantitative ? qualitative ?, ethnique ?, religieuse ?, etc.

120. Les autorités chargées de l'application des textes sont parfois confrontées à des situations où l'application d'un texte très clair ne peut conduire qu'à l'absurdité. On leur reconnaît alors le pouvoir, sous le couvert de l'interprétation, de rechercher une solution convenable. Il arrive aussi que celui qui est chargé d'appliquer un texte s'en écarte parce que celui-ci est dépassé par l'évolution des choses. L'évolution pourrait aussi rendre un texte inutilisable, en tout ou partie. On ne voit pas comment on comprendrait, autrement qu'en considérant que certaines de ses dispositions sont non écrites, un texte qui fait référence à une institution qui n'existe plus. Certes, si l'institution a été remplacée par une autre, il faudrait lire le texte *mutatis mutandis servatis servandis*

[141] Riom, 21 octobre 1946, *D.* 1947, 90, note Carbonnier ; Req, 21 novembre 1898, S. 1899, 1, 193, note A. Wahl.

(c'est-à-dire en changeant ce qui doit être changé, en conservant ce qui doit être conservé).

B. L'auteur de l'interprétation

121. Il paraît logique de penser qu'il faut réserver à l'auteur d'un texte le pouvoir de l'interpréter. Cette solution est cependant très peu pratique, parce qu'elle est susceptible d'encourager l'encombrement les instances d'élaboration des normes, qui seraient appelées constamment à les interpréter. Elle a certes été appliquée dans l'histoire du droit, mais elle ne survivrait aujourd'hui qu'à travers la technique des lois interprétatives que le Parlement peut bien adopter, et sans doute encore à travers les circulaires explicatives qui émanent des autorités ayant pris le texte expliqué.

Plus certainement, notre droit donne au juge le pouvoir d'interpréter les textes. Ce pouvoir est d'autant plus certain que l'article 4 du Code civil menace le juge de poursuite pour déni de justice s'il refuse de juger, sous prétexte du silence, de l'obscurité ou de l'insuffisance de la loi.

Le juge chargé d'interpréter la loi est tout juge, c'est-à-dire, le juge judiciaire, le juge administratif et le juge constitutionnel si est en cause la Constitution.

122. Pendant longtemps, et par souci de ne pas laisser le juge s'immiscer dans la conduite des affaires diplomatiques, on a réservé au Ministère chargé des relations extérieures le pouvoir d'interpréter les traités internationaux. Cette solution s'appliquait surtout lorsque la question d'interprétation était posée au juge administratif[142]. Mais lorsque le problème s'est posé au juge judiciaire, il s'est montré plus audacieux. D'abord, il a interprété les traités lorsque leur sens ou leur portée ne présentent pas d'ambiguïté[143] : c'est la théorie dite de l' « *acte clair* ». L'alibi est ici remarquable puisque, par principe, on n'interprète qu'un texte qui n'est pas clair. Ensuite, le juge judiciaire s'est reconnu le pouvoir d'interpréter les traités toutes les fois que les contestations qui donnent lieu à l'interprétation ont pour objet des intérêts privés[144]. Ces solutions, cependant, laissaient toujours ouverte la possibilité de renvoyer

---

[142] CE, 23 juillet 1823 *Rec.* p. 544 ; 27 mars 1968, *Rec.* p. 205 ; 14 janvier 1987, *Rec.* p. 4. Lire aussi M. Virally, « Le Conseil d'Etat et les traités internationaux », *JCP* 1953, 1, 1098.

[143] Crim., 26 juillet 1867, *S.* 1867, 1, 409.

[144] Cass. 24 juin 1839, S. 1839, 1, 577.

au ministère en charge des relations extérieures la question de l'interprétation, en particulier lorsque les critères d'intervention du juge judiciaire n'étaient pas réunis. Un pas remarquable fut franchi par la Cour de cassation française dans l'affaire *Banque africaine de développement* : la Cour y a affirmé qu'« *il est de l'office du juge d'interpréter les traités internationaux évoqués, sans qu'il soit nécessaire de solliciter l'avis d'une autorité non juridictionnelle* »[145]. Dans le même temps, le juge administratif français s'est départi de sa timidité. S'il n'exclut pas la possibilité de solliciter l'avis du ministère en charge des affaires extérieures, il a fait savoir que dans ce cas il n'est pas lié par l'interprétation de celui-ci[146]. Le principe est clair, le juge administratif français se reconnaît désormais le pouvoir d'interpréter les traités. Il faut espérer que le juge camerounais emprunte la même voie.

123. Il est clair que lorsqu'une organisation internationale, comme l'OHADA ou la CEMAC, prévoit l'adoption en la forme simplifiée de textes directement applicables dans les États parties, la question du pouvoir judiciaire d'interprétation se pose dans des termes relativement plus favorables à une réponse affirmative. Ce pouvoir judiciaire d'interprétation a pris une dimension nouvelle dans notre contexte, avec le traité OHADA, qui a confié à la Cour commune de justice et d'arbitrage, outre le pouvoir de contrôler l'application du Traité, de ses Règlements d'application et des Actes uniformes dans le cadre de sa fonction contentieuse, celui d'interpréter ces mêmes textes par des avis qu'elle rend dans le cadre de sa fonction consultative[147].

Si l'interprétation par le juge est aujourd'hui la situation dominante, on ne négligera cependant pas le pouvoir de ceux qui interprètent les textes parce qu'ils sont chargés de les appliquer, et notamment ceux qui animent les administrations. Les chefs des administrations recourent aussi, et très souvent, à des circulaires interprétant des textes émanant d'autres autorités. Même si ces circulaires n'ont pas une grande portée juridique, elles exercent une grande influence sur les comportements des sujets de droit.

---

[145] Civ. 1ère, 10 décembre 1995, *Bull.* p. 327 ; voir aussi Soc. 29 avril 1993, *G.P.*11-12 mars 1994, p. 13.
[146] CE. Ass. pl., 29 juin 1990, Rec. p.171 ; 21 décembre 1994, *Rec.* p. 569.
[147] Voir article 14, alinéa 2, du Traité OHADA.

§ 2 : La méthode d'interprétation

124. Des débats nourris se sont élevés au sujet de la méthode d'interprétation de la loi. En passant sous silence les nuances, on peut regrouper les conceptions autour de deux courants : le courant qui estime que l'interprète ne dispose que du texte pour rechercher la bonne solution et celui qui soutient que la solution peut être recherchée par-delà le texte. Le premier courant est celui de la méthode exégétique[148] ; le second est celui de la méthode sociologique.

A. La méthode exégétique

125. La méthode exégétique se caractérise par une grande foi à la loi. L'idée générale est que la loi contient toutes les réponses à nos interrogations ; et même si elle ne donne pas expressément une réponse, on peut découvrir cette réponse en raisonnant. Dès lors, devant un texte obscur, la question qui se pose est celle de savoir par quel procédé il faut trouver la volonté du législateur.

Une première piste de solution est celle des travaux préparatoires du texte à interpréter. Mais cette piste n'est pas toujours disponible, parce qu'il y a des textes qui n'ont pas de travaux préparatoires. Et quand bien même on disposerait des travaux préparatoires, par exemple les discussions parlementaires, ils sont parfois confus et vont dans tous les sens.

La deuxième piste est celle de l'histoire : ici, on s'attache aux précédents historiques lorsque la loi à interpréter apparaît comme ayant été inspirée par des textes anciens.

La troisième piste est celle des procédés logiques de raisonnement (argument *a pari*, argument *a contrario*, argument *a fortiori,* etc.). On se sert surtout de l'induction et de la déduction : des solutions particulières données dans un certain nombre de cas, l'on déduira le principe général et du principe ainsi dégagé, on déduira de nouvelles applications particulières qui n'ont pas été formellement prévues par le législateur.

Dans tous les cas, on s'attache à l'esprit général de la législation qu'il est possible de découvrir dans l'exposé des motifs du texte ou d'extraire

---

148 Bonnecase, *L'Ecole de l'exégèse en droit civil*, 2ème édition, 1924 ; E. Gaudemet, L'interprétation du Code civil en France depuis 1804, 1935 ; P. Remy, « Le rôle de l'exégèse dans l'enseignement du droit au XIX è siècle », *Ann. d'hist. Des Fac de droit*, 1985, p. 91.

des rapprochements entre ses articles. On accède également à l'esprit général des textes en observant les conséquences produites par chacune des interprétations techniques possibles ; il faudrait alors retenir celle qui débouche sur le résultat le plus satisfaisant.

126. Il est reproché à la méthode exégétique de faire une confiance aveugle au législateur, qui a pu parfois oublier une question. Il lui est aussi reproché son excès d'abstraction : la méthode procède par raisonnement abstrait, et le droit devient ainsi une sorte de mathématique, ce qui l'éloigne des besoins les plus concrets de la vie sociale. Que vaut en effet une solution si elle ne s'appuie que sur des formules dogmatiques et ignore les considérations économiques, sociales et politiques ? On n'a pas pallié ces insuffisances, même en soutenant que la volonté du législateur, que la méthode exégétique demande de rechercher, est celle que ce dernier aurait eue s'il avait à légiférer présentement.

B. La méthode sociologique

127. Cette méthode fut développée par François Gény dans un célèbre ouvrage intitulé : Méthodes d'interprétation et sources du droit positif[149]. Mais la méthode de la libre recherche scientifique prônée par cet auteur a eu moins de retentissement que celle de l'interprétation métatextuelle proposée par Saleilles.

1. La libre recherche scientifique

128. Cette méthode part de l'observation que, quelle que soit la perfection de la loi, on n'y trouvera jamais toutes les réponses aux problèmes de la société. C'est pourquoi lorsqu'il ne trouve pas la solution clairement formulée dans la loi, l'interprète doit s'en remettre à lui-même, et créer directement la règle de droit en dehors des textes. Mais la règle qui est ici créée n'est destinée qu'à résoudre le cas qui lui est soumis ; il ne s'agit donc pas de se substituer au législateur. Et parce qu'il s'agit de résoudre un cas concret, la règle à appliquer devra prêter beaucoup attention aux circonstances de fait qui l'entourent. En même temps, le juge devra s'efforcer de ne pas trahir sa mission, notamment en prenant en compte ses intérêts personnels. Il devra faire prévaloir l'intérêt

---

149 1ère édition en 1899 et 2ème édition en 1919. Lire aussi L. Husson, « Examen critique des assises doctrinales de la méthode de l'exégèse », *RTD civ.*, 1976, 431 ; C. Perelman, *Logique juridique*, Nouvelle rhétorique, 1976, p. 19 et s.

général, l'égalité juridique, toutes choses qui confortent le sentiment de justice.

Cette méthode a au moins le mérite de permettre de sortir des pratiques qui consistent à tirer des textes ce qu'ils ne contiennent manifestement pas. Elle expose cependant au risque d'arbitraire.

2. L'interprétation métatextuelle

129. Cette méthode se présente comme la voie médiane entre la méthode de la recherche libre et l'exégèse. Elle reconnaît le rôle éminent des juges dans l'adoption des solutions propres à satisfaire les besoins sociaux, mais en même temps, exige d'eux de se fonder sur la loi. C'est la position de notre droit positif. L'article 7 de la loi n° 2006/015 du 29 décembre 2006 portant organisation judiciaire prévoit en effet que les décisions de justice doivent être motivées en fait et en droit. Plus concrètement, les décisions de justice ne se contentent pas de relever les faits ; elles invoquent aussi, à l'appui de la solution retenue, les règles ou les principes issus des textes.

Dans la pratique, la solution du droit positif n'échappe pas au reproche d'encourager le forçage du texte lorsque, manifestement, on résout un problème qui ne se posait pas au moment de la rédaction du texte. L'exemple le plus patent est l'interprétation qui est aujourd'hui donnée de l'article 1384, alinéa 1, du Code civil[150]. On aura le même sentiment lorsqu'on résout les problèmes de l'informatique à l'aune des textes qui ont deux siècles d'âge.

Malgré tout, il faudrait garder foi dans la solution du droit positif, pour au moins deux raisons : elle permet de lutter contre le sentimentalisme judiciaire. Elle permet aussi, grâce à la technique du contrôle de l'application de la loi par les juridictions de cassation, d'assurer l'uniformité d'interprétation des textes, ce qui renforce le sentiment de justice dans la société.

§ 3 : Les techniques d'interprétation

130. On ne peut comprendre les techniques d'interprétation que si l'on admet que la loi est cohérente et raisonnable. Concrètement, on opère en recourant à des arguments d'interprétation ou à des maximes éprouvées.

---

[150] Voir supra, sur la jurisprudence comme source du droit.

A. Les arguments d'interprétation

Les arguments les plus utilisés sont l'argument *a pari*, l'argument *a contrario,* l'argument *a fortiori* et l'argument *ab eodem.*

1. L'argument a pari ou argument par analogie

131. Cet argument repose sur l'idée d'égalité juridique en vertu de laquelle les mêmes situations de fait doivent conduire au même traitement en droit. C'est pourquoi une règle applicable à un cas pourrait être étendue aux cas analogues. À titre d'exemple, l'article 313 du Code civil permet au mari de désavouer un enfant de sa femme lorsque la naissance de l'enfant lui a été cachée. Par analogie, on applique ce texte au cas de dissimulation de la grossesse. Les raisons qui fondent les deux solutions sont en effet les mêmes. Dissimuler la grossesse est, comme dissimuler la naissance, un aveu d'adultère.

Mais l'argument par analogie a des limites pratiques, parce qu'il est parfois difficile de s'entendre sur l'existence de l'analogie dans deux situations. Pour se situer dans l'exemple cité ci-dessus, certains pourraient bien douter du fait que dissimuler la grossesse procède de la même raison que dissimuler la naissance. Il se peut en effet qu'une femme fidèle dissimule une grossesse, au moins pour un temps, simplement parce qu'elle redoute la réaction de son mari. Même pour le mari qui ne veut pas ou plus d'enfant, la décision de recourir à l'avortement peut ne plus être réaliste si la grossesse est avancée…

De plus, l'argument *a pari* est refusé dans certaines matières comme le droit pénal, en raison du principe de la légalité criminelle qui commande une interprétation stricte des textes. Cette solution a été donnée par le Tribunal de première instance de Douala dans une célèbre affaire, *Ministère public et Président de la République contre Célestin Monga, Puis Njawe N. et le Messager*. Les prévenus étaient poursuivis pour outrage au Président de la République, infraction prévue par l'article 153 du Code pénal. Mais la peine de détention prévue par cet article avait été supprimée par l'article 2 de la loi n° 90/061 du 19 décembre 1990 modifiant certaines dispositions du Code pénal. Le Ministère public et la partie civile soutenaient que la peine de détention avait été, de façon générale, remplacée par celle d'emprisonnement, ce qui expliquait la substitution de la seconde peine à la première dans plusieurs dispositions énumérées par la loi n° 90/061. Ils invitaient ainsi le tribunal à remplacer, dans l'article 153 du Code pénal, la peine de détention par celle d'emprisonnement. C'est ce raisonnement que le juge a refusé de suivre, parce qu'il « *ne saurait se substituer au législateur et adjoindre à une loi qui a omis de prévoir elle-même la sanction attachée à l'inobservation de la norme qu'elle édicte* ».[151]

L'argument *a pari*, enfin, expose à un risque de contresens qu'on verra dans ses rapports avec l'argument *a contrario*.

2. L'argument a contrario ou argument par le contraire

132. Dans ce raisonnement, on part d'une affirmation relative à une espèce pour arriver à l'idée que le contraire doit être vrai dans une espèce différente. À titre d'exemple, l'article 6 du Code civil, qui dispose qu'on ne peut déroger par des conventions particulières aux lois qui intéressent l'ordre public ou les bonnes mœurs, est interprété, *a contrario*, comme autorisant les contractants à déroger aux lois qui n'intéressent pas l'ordre public ou les bonnes mœurs.

L'argument par le contraire est cependant dangereux, car dans certains cas, on peut ne pas savoir si l'énonciation de la loi est donnée à titre d'exemple ou pas ; dans la première hypothèse, l'énonciation mérite d'être généralisée et non interprétée *a contrario*. Or, lorsque le cas prévu par le législateur est généralisé, on entre plutôt dans le cadre de l'interprétation *a pari*. On comprend que devant une disposition, on peut hésiter entre l'interprétation *a contrario* et l'interprétation *a pari*. Et lorsqu'on interprète *a contrario* alors qu'il fallait le faire *a pari*, ou vice-versa, on fait un contresens.

3. L'argument a fortiori ou argument à plus forte raison

133. Cet argument consiste à étendre une loi à une hypothèse qu'elle ne prévoit pas, parce que l'on y rencontre, à un degré plus grand, le motif de la loi. Le Code civil accorde aux enfants adultérins et incestueux le droit de réclamer une pension alimentaire à la succession de leur père et mère. On a soutenu que si ces enfants peuvent ainsi réclamer la pension alimentaire aux héritiers, *a fortiori*, ils le peuvent au *de cujus* de son vivant. De même, celui qui a le droit de vendre un bien (ce qui constitue un acte d'aliénation) a, *a fortiori*, le droit de le donner en location (ce qui est un acte d'administration), parce qu'un acte d'administration est moins

[151] TPI de Douala, jugement n° 1665/Cor du 18 janvier 1991 reproduit et commenté par, P. P. Tchindji, *in Encadrement juridique et exercice de la liberté de la communication sociale au Cameroun*, Dossier d'habilitation à diriger des recherches, Université Panthéon-Assas Paris II, 2002, p. 168.

grave de conséquences qu'un acte d'aliénation. Une maison mise en location reste en effet dans le patrimoine du propriétaire ; or, si on la vend, elle change de patrimoine.

4. L'argument ab eodem ou argument par équipollent

134. L'argument *ab oedem* est utilisé pour sauver de la nullité un acte juridique qui n'a pas respecté les formes prescrites par le législateur. Lorsque la forme prescrite n'est pas respectée, la violation est couverte si une formalité équivalente a été adoptée. Le droit tiendra les formalités pour équivalentes si elles permettent d'atteindre le même but.

Cet argument est davantage utilisé dans le domaine des libéralités, où on pense notamment que la formalité de passage par-devant notaire, prescrite par le code civil, peut être remplacée par le geste de main à main. Le passage par-devant notaire vise à attirer l'attention du donateur sur la gravité de l'acte afin qu'il ne le regrette pas plus tard ; on pense que s'il donne de sa propre main, c'est qu'il veut vraiment le faire : il n'a pu donner de sa propre main sans y réfléchir. On pense également que l'attention du donateur est attirée sur la gravité de l'acte lorsque la donation est dissimulée dans une fausse vente : l'effort qu'il fournit pour dissimuler la donation est une preuve qu'il a réfléchi à l'acte qu'il pose.

B. Les maximes d'interprétation

135. Les maximes d'interprétation sont des règles d'interprétation formulées en raccourci. Certaines visent à enfermer le texte dans les limites prévues par le législateur ; d'autres visent, sinon à étendre le champ du texte, du moins à épuiser toute sa substance.

1. Les maximes d'interprétation restrictive

136. Dans cette rubrique, il faut citer la maxime *exceptio est strictissimae interpretationis* (l'exception est d'interprétation stricte). La maxime signifie que tout texte écartant le droit commun ou la solution générale doit être interprété strictement. Concrètement, il faudrait, lorsqu'on interprète un texte qui prévoit une exception, exclure l'argument d'analogie.

Dans un enchaînement cohérent au sein d'un même texte, l'exception est souvent introduite par l'adverbe « *toutefois* » ou « *cependant* » utilisé immédiatement après l'énonciation de la règle générale.

Mais très souvent, la règle générale et l'exception ne sont pas voisines. Il faudrait alors, pour bien interpréter, considérer tout le texte et même tout l'ordre juridique. Par exemple, où qu'elle se trouve, une disposition qui dispense de réparation l'auteur d'un dommage serait une exception au principe général de la responsabilité civile posé par l'article 1382 du Code civil[152].

137. On citera aussi, dans cette rubrique des maximes d'interprétation restrictive, la maxime selon laquelle les « *peines sont d'interprétation stricte* » (*poenalia sunt restringenda*), celle selon laquelle il « *n'y a pas de privilège sans texte », et celle selon laquelle « la raison d'être de la loi cessant, cesse la loi elle-même* » (*Cessante ratione legis, cessat ipsa dispositio*).

La première maxime gouverne la répression et apparaît comme une conséquence inéluctable du principe de la légalité des délits et des peines. Le juge ne peut, sous prétexte d'interpréter, rien ajouter à la loi, incriminer et frapper d'une peine des actes que le législateur n'a pas pris en considération. La plus certaine des conséquences qu'on peut tirer de cette maxime est l'exclusion de la méthode d'interprétation par analogie en matière de répression. De façon générale, lorsque la loi n'est pas claire et évidente pour le cas soumis au juge, l'interprétation doit se faire d'une manière favorable à la personne poursuivie. En l'état actuel de nos textes, celui qui est poursuivi devant la Cour de sûreté de l'Etat pourrait tenter d'invoquer la maxime *paenalia sunt restringenda*. En effet, la loi n°2006/015 du 29 décembre 2006 portant organisation judiciaire ne cite plus la Cour de sûreté de l'État parmi les juridictions qui rendent la justice au nom du peuple camerounais, mais n'a attribué à aucune autre juridiction les compétences de cette Cour, à savoir la connaissance des poursuites pour crimes et délits contre la sûreté intérieure et extérieure de l'État. Une telle ambiguïté pourrait profiter aux personnes poursuivies pour crimes ou délits contre la sûreté intérieure et extérieure de l'État[153]. Plus sûrement, le Tribunal de première instance de Douala a souligné dans l'affaire *Ministère public et Président de la République contre Célestin Monga, Puis Njawe N. et le Messager* précitée que

[152] Très souvent le texte dérogatoire ne sera pas aussi radical, et se contentera d'aménager la réparation. C'est le cas avec le Code du travail de 1992 qui fixe un plancher et un plafond de dommages et intérêts en cas de licenciement abusif (article 39 al.4)

[153] Voir infra, troisième partie.

l'interprétation par *analogie in malam partem* était interdite au juge pénal[154].

La seconde maxime doit être comprise en prenant le mot privilège, non pas seulement dans un sens restreint que lui donne le droit des sûretés, mais dans un sens large où il renvoie à toute faveur, toute prérogative ignorée du droit commun. Le sentiment de justice ne peut être partagé que lorsque les sujets de droit sont traités à égalité. C'est pourquoi il faudrait admettre que les traitements de faveur ne peuvent être qu'exceptionnels. Ils doivent, pour cela, être contenus dans les strictes limites des textes qui les prévoient (ex. le privilège de juridiction, les immunités[155])

La dernière maxime signifie que lorsqu'on est en présence d'une disposition très large, il faut rechercher ce qui la justifie pour exclure son application là où cette justification n'existe plus. La sagesse populaire enseigne qu'il n'y a point d'effet sans cause. À partir de là, il faut penser que si la cause disparaît, l'effet doit aussi cesser. On a l'illustration de la règle en droit judiciaire : si la situation donnant lieu à une fin de non-recevoir est susceptible d'être régularisée, l'irrecevabilité (sanction de la fin de non-recevoir) sera écartée si sa cause a disparu au moment où le juge statue. En droit des personnes, on sait que l'aliéné privé, à cause de son état mental, de la faculté de consentir aux actes juridiques recouvre le libre exercice de ses droits chaque fois qu'il se trouve dans un intervalle lucide. En droit des obligations, on sait que les pouvoirs du mandataire reposent sur la volonté du mandant ; il suffit donc au mandant de retirer les pouvoirs de représentation pour que cesse le mandat.

Tous les exemples cités renvoient à la cause efficiente, d'où procèdent la naissance et le maintien du rapport juridique. D'autres exemples existent qui renvoient à la cause en tant que finalité, c'est-à-dire ce pour quoi une règle existe. Dans le droit des libéralités, par exemple, on peut citer la révocation des donations pour cause de survenance d'enfant : on présume que le disposant, privé de descendance au moment de l'acte, se

---

[154] On peut remarquer que dans ce cas précis, le juge s'est appuyé, ce qui est rare dans le style judiciaire, sur la doctrine (Merle et Vitu, Droit pénal général, p. 241) et sur une décision de justice (Crim. 26 mai 1836, S. 1837, 489).

[155] S. Bilong, « Le déclin de l'état de droit au Cameroun : à propos du développement des immunités juridictionnelles, *Juridis-périodique* n° 62 (2005), p. 52 ; M. Soh, « Insaisissabilité et immunité d'exécution dans la législation Ohada ou le passe-droit de ne pas payer ses dettes », *Juridis-Périodique* n° 51 (2002), p. 89.

serait abstenu s'il avait prévu en avoir à l'avenir : l'événement se produisant, la donation est logiquement anéantie. L'absence d'enfant (condition de la libéralité) venant à défaillir, la libéralité qui en était la suite est frappée de caducité.

2. Les maximes d'interprétation donnant toute sa consistance au texte

138. Dans cette rubrique, on doit citer la maxime qui interdit de distinguer là où la loi ne fait pas de distinction (*ubi lex non distinguit, nec nos distinguere debenus*). Cela signifie qu'en présence d'une loi conçue en termes généraux, disposant sans restriction ni condition, l'interprète ne doit ni réduire la substance de la loi en introduisant des exigences qui ne sont pas prévues, ni éluder son application sous prétexte qu'un cas est exceptionnel ou qu'il y aurait inopportunité à l'appliquer à l'espèce. À titre d'exemple, l'article 502 du Code civil qui dispose, s'agissant du majeur incapable, que tous les actes passés postérieurement au jugement d'ouverture de la tutelle sont nuls de droit, ne distingue pas en fonction de l'importance économique de ces actes. Il doit donc être appliqué à tous les actes, même les plus insignifiants sur le plan de leur incidence financière. Violerait la volonté du législateur celui qui refuse de juger nul un acte sous le prétexte que cet acte est d'un intérêt économique négligeable.

Le même texte ne distingue pas en fonction de la nature de l'acte. Violerait donc la volonté du législateur celui qui fait échapper à la nullité un acte sous prétexte qu'il s'agit d'un acte de caractère conservatoire absolument indispensable.

139. La seconde maxime à considérer, dans cette rubrique, est celle selon laquelle « *il ne convient pas de juger sans considérer la loi dans son entier* » (*incivile est nisi tota lege perspecta judicare).* Cette maxime est un avertissement à celui qui serait tenté de donner un sens à un bout de texte, en le détachant de l'ensemble dans lequel il est contenu. Les textes de loi sont, en effet, des ensembles cohérents : les dispositions se tiennent les unes les autres et ne peuvent se comprendre que les unes par rapport aux autres.

Comme d'autres maximes, celle-ci vaut pour l'interprétation des lois, mais aussi des autres textes juridiques, à l'instar des conventions. À ce sujet, l'article 1161 du Code civil indique au juge que « *Toutes les clauses des conventions s'interprètent les unes par rapport aux autres en donnant à chacune le sens qui résulte de l'entier acte* ».

140. La dernière maxime, sous cette rubrique, est celle selon laquelle « *ce qui est surabondant ne nuit pas* » (*quod abundat non vitiat*). Elle peut paraître curieuse pour le droit, parce qu'on sait que le langage juridique se veut concis. Mais c'est parfois le contexte social qui justifie la surabondance qu'on accepte. On sait, par exemple, que malgré la règle de droit qui permet aux futurs époux majeurs de se marier sans le consentement de leur père et mère, beaucoup de personnes majeures tiennent à faire signer leur père ou mère sur leur acte de mariage. Ces signatures sont des mentions surabondantes, puisqu'elles n'ont aucune incidence sur la validité du mariage. En droit administratif, on retrouve aussi, dans les visas des textes, l'énumération d'une longue liste de textes antérieurs dont certains n'ont aucun rapport avec le texte en cause. Ces références, sans rapport avec le texte en cause, sont des mentions surabondantes, mais elles ne gênent en rien. On pourrait également considérer comme surabondante cette formule reprise presque systématiquement dans des actes, et notamment les procurations : « *En foi de quoi le présent (...) lui est délivré pour servir et valoir ce que de droit* ».

Cette première partie de l'ouvrage a montré le droit dans ce qu'il a de plus abstrait. Pris dans ses sources, son existence ou ses rapports avec son environnement, le droit donne l'image d'un corps de règles abstraites et sans vie. Or, il n'est, à vrai dire, ni désincarné ni réifié ; on verra dans la partie qui va suivre qu'il est fait de rapports interpersonnels et des rapports de personnes aux choses.

DEUXIÈME PARTIE :

LES DROITS SUBJECTIFS

141. Le droit subjectif est une prérogative reconnue à une personne par le droit objectif. La notion est construite sur deux éléments essentiels : la prérogative, c'est-à-dire le pouvoir, et le sujet qui en est le bénéficiaire. Une telle construction justifie que quelques développements soient consacrés au sujet du droit, et plus précisément à la personnalité juridique.

Les droits subjectifs frappent l'attention par leur très grande diversité ; c'est pourquoi il est important de les classer. Mais le régime de ces droits n'apparaît complètement que si l'on indique leurs sources et les règles de preuve qu'ils appellent.

CHAPITRE PRÉLIMINAIRE :

LA PERSONNALITÉ JURIDIQUE

142. La personnalité juridique se définit comme l'aptitude à être titulaire de droits subjectifs et débiteur d'obligations. De façon plus résumée, c'est l'aptitude à être sujet de droit, à être acteur dans la vie juridique (elle permet de conclure un contrat, reconnaître un enfant, se marier, devoir quelque chose, etc.).

Tous les êtres humains ont la personnalité juridique. Mais cette solution est le résultat d'une évolution très laborieuse, car très récemment encore dans les sociétés esclavagistes, les esclaves étaient considérés comme la propriété de leurs maîtres et, comme tels, dépourvus de personnalité juridique. Aujourd'hui, l'esclavage est aboli partout et, à la suite de la Déclaration universelle des droits de l'homme, le Pacte international relatif aux droits civils et politiques de 1966 proclame, à l'article 16, que « *Chacun a droit à la reconnaissance en tous lieux de sa personnalité juridique* ».

143. En plus des êtres humains (pris individuellement), le droit a reconnu la personnalité juridique aux groupements d'êtres humains pris comme groupements et même à des masses de biens. Ces nouvelles personnes reconnues par le droit sont appelées des personnes morales, par opposition aux personnes physiques que sont les êtres humains.

Comme les personnes physiques, les personnes morales sont des sujets de droit, c'est-à-dire qu'elles peuvent être titulaires de droits et débiteurs d'obligations. Mais des différences notables existent entre les deux catégories de personnes, ce qui justifie qu'elles soient présentées séparément. Allant du plus simple au plus complexe, nous présenterons les personnes physiques avant les personnes morales.

SECTION I : LES PERSONNES PHYSIQUES

144. Reconnaître la personnalité juridique à tous les êtres humains participe de la recherche de l'égalité entre les hommes. Mais il n'est pas nécessaire de faire un effort pour constater que tous les hommes n'ont pas les mêmes droits et, surtout, que tous ne peuvent pas mettre en œuvre leurs droits (avant un certain âge, on ne peut participer aux élections politiques, on ne peut valablement conclure un contrat…). C'est là le signe qu'il y a des degrés dans l'aptitude à être titulaire de droits et donc, pourrait-on dire, dans la personnalité juridique. Mais avant d'aborder ces questions, il convient de consacrer quelques développements à l'existence de la personnalité chez les personnes physiques.

§ 1. L'existence de la personnalité juridique

145. C'est le seul fait de la vie des personnes physiques, indépendamment de leur état ou de leur conscience, qui fonde la reconnaissance de la personnalité juridique. Ainsi le tout petit enfant complètement immature, le malade mental ou celui qui est plongé dans un état végétatif ont la personnalité juridique. Ils perdront la personnalité juridique lorsqu'ils ne vivront plus. On comprend que la personnalité juridique débute avec la vie et cesse avec elle.

A. Le début de la personnalité juridique

Sur le plan scientifique et même religieux, la vie d'un être humain commence dès sa conception. Ce n'est pas la solution de principe qu'a consacrée le droit pour le début de la personnalité juridique ; il situe celui-ci à la naissance. Mais dans certains cas, il le fait remonter à la conception.

1. La naissance

La naissance est, pour un être humain, le moment où il vient au monde et est reconnaissable. C'est le moment où son corps se détache de celui de sa mère (ce qui se traduit bien par la coupure du cordon ombilical) et où il peut commencer une existence autonome. Le droit n'a cependant pas voulu s'en tenir à la seule naissance pour attribuer la personnalité juridique : pour avoir celle-ci, l'enfant doit naître vivant et viable (article 725 du Code civil).

L'exigence que l'enfant naisse vivant conduit à ne pas accorder la personnalité juridique au mort-né, que celui-ci soit mort dans le ventre de la mère ou pendant l'accouchement. L'enfant est vivant à la naissance lorsqu'il respire. Mais le déterminer peut poser quelques difficultés, notamment lorsque l'enfant est mort immédiatement après sa naissance. En France, l'autopsie pratiquée sur un enfant mort après la naissance a conclu que la présence d'air dans ses poumons est la preuve qu'il a respiré avant de mourir[156].

La seconde condition, à savoir, être viable, renvoie à l'exigence que l'enfant soit pourvu de tous les organes nécessaires à la vie et que ceux-ci soient développés pour lui donner la capacité naturelle de vivre[157]. Dans certains cas, en effet, l'enfant respire, mais sur le plan médical, on sait que sa mort est très proche et inéluctable ; c'est pourquoi la personnalité juridique ne lui est pas accordée.

Mais lorsque l'enfant naît vivant, on présume qu'il est viable. Il appartient donc à celui qui prétend qu'il n'est pas viable de le démontrer.

Étant le point de départ de la personnalité juridique, la naissance est un événement important en droit. Des dispositions sont prévues par le législateur pour la faire déclarer aux services compétents (services de l'état civil) pour son enregistrement. Lorsque l'enfant né vivant et viable décède quelque temps après la naissance, on devrait déclarer à la fois la naissance et le décès, car il a acquis avant de perdre la personnalité juridique.

2. La conception

146. L'idée de faire remonter à la conception le début de la personnalité juridique est singulière et ne s'explique que par une faveur pour le bénéficiaire. Le législateur a prévu cette solution exceptionnelle pour permettre aux enfants simplement conçus de bénéficier des donations ou des legs : pour bénéficier d'une donation ou d'un legs, il suffit d'être conçu au moment de la donation ou du décès du testateur[158].

Mais ce bénéfice ne se réalisera pas si l'enfant conçu ne naît pas vivant et viable. Autrement dit, c'est lorsque l'enfant naît vivant et viable qu'on peut faire remonter sa personnalité juridique à la date de sa conception afin de lui permettre de recevoir ce qu'il n'aurait pu recevoir (faute de personnalité juridique) si on avait fixé au jour de sa naissance le commencement de sa personnalité juridique.

Cette solution exceptionnelle prévue par le législateur a été étendue par la jurisprudence : chaque fois qu'il y va de son intérêt, on doit faire

---

[156] Metz, 3 septembre 1998, *JCP* 2000, II, 10.231, note G. Fauré.

[157] Voir P. Salvage, La viabilité de l'enfant nouveau-né, *RTD civ.* 1976, p.725 ; C. Philippe, La viabilité de l'enfant nouveau-né, D. 1996, chron. p. 29.

[158] Voir articles 725 et 906 du Code civil.

remonter la personnalité juridique de l'enfant à la date de sa conception lorsqu'il naît vivant et viable[159].

La solution oblige à rechercher la date de conception de l'enfant, ce qui n'est pas aisé. En effet, contrairement à la naissance, circonstance extérieure, qui peut facilement être située dans le temps, la conception est quelque chose d'intérieur qui n'attire même pas l'attention de la femme qui a conçu l'enfant. Le législateur procède par présomption : il pose que la grossesse la plus courte dure 180 jours et que la plus longue dure 300 jours. À partir de là, la date de la naissance étant connue, est déterminée la période au cours de laquelle la conception a pu avoir lieu : c'est la période entre le 300e et le 180e jours précédant la naissance (voir article 312, alinéa 2, du Code civil). Dans cette période légale de conception, chaque enfant fixe lui-même, en fonction de ses intérêts, sa date de conception.

B. La fin de la personnalité juridique

147. La personnalité juridique des personnes physiques prend fin avec la mort. Il s'agit de la mort naturelle, qui se caractérise par l'arrêt de la respiration et de la circulation. Est révolue l'époque où, en droit français notamment, existait la mort civile qui frappait les condamnés à mort, aux travaux forcés à perpétuité, à la déportation.

La règle de la cessation de la personnalité juridique avec la mort ne souffre pas d'exception en dépit de quelques solutions qui peuvent autoriser quelques doutes, notamment lorsqu'un vivant règle les conséquences de mort ou lorsque la dépouille ou la mémoire d'un mort est protégée. Tout d'abord, celui qui fait un testament règle le sort de ses biens lorsqu'il sera décédé. Chacun pourrait même, de son vivant, organiser sa sépulture ou ses funérailles. La volonté de celui qui pose de tels actes se manifeste encore après son décès, ce qui pourrait faire penser que sa personnalité juridique lui a survécu. Mais il s'agit simplement de donner effet à une volonté exprimée avant le décès. Ensuite, le droit protège, la dépouille humaine, la mémoire des morts et met à la disposition des proches du défunt des actions pour assurer cette protection. Mais là aussi, ce n'est pas la personnalité qui survit, et cette protection est assurée non véritablement dans l'intérêt du défunt, mais

[159] La solution reçoit une autre présentation chez ceux qui estiment qu'à la conception, l'enfant a une personnalité juridique conditionnelle qui va être confirmée par la naissance.

dans celui de ses proches voire de l'ordre social. Enfin, on a souvent dit que les héritiers continuent la personne de leur auteur. Cela ne doit cependant pas conduire à dire que la personnalité du défunt survit, car non seulement la succession ne concerne que les biens (tout au moins dans la vision du droit dit moderne), mais ensuite personne ne peut soutenir que l'héritier a, en plus de sa personnalité, celle de son auteur.

Comme la naissance, le décès est une circonstance autour de laquelle gravitent beaucoup d'intérêts. C'est pourquoi il est important de savoir quand il s'est produit et surtout de l'inscrire dans des registres prévus à cet effet. Des dispositions sont prévues par le législateur pour assurer la déclaration et l'enregistrement des décès.

148. Il arrive parfois qu'un doute, plus ou moins grand, se fasse sur l'existence d'une personne. Tout d'abord, sans qu'aucune circonstance particulière n'éclaire le défaut de nouvelles, on peut n'avoir aucune nouvelle d'une personne depuis un long moment. C'est ce que le droit appelle « *absence* » (article 112 du Code civil). Ensuite, on peut n'avoir pas retrouvé le corps de quelqu'un qui était exposé à un péril la dernière fois où on l'a vu (voir article 88 du Code civil). L'existence de cette circonstance périlleuse fait penser que l'intéressé est mort, mais il n'y a pas de certitude puisqu'on n'a pas vu son corps (cas de naufrage) : c'est ce que le droit appelle « *disparition* ».

En cas de disparition, comme en cas d'absence, on finit par présumer que l'intéressé est mort, bien qu'il n'y ait toujours pas de certitude sur le décès. À cet effet, une décision de justice est rendue à la demande des personnes intéressées ou du ministère public. Cette solution peut faire douter que la mort soit la seule circonstance qui met fin à la personnalité juridique ; mais le doute disparaît si l'on considère que l'absent ou le disparu continue d'exister tant qu'on n'a pas présumé qu'il est mort et qu'il est supposé ne plus exister après cette présomption. Bien entendu, s'il réapparaît après cette mort présumée, tout sera remis en ordre en faisant disparaître tout ce qui a été fait en se fondant sur son décès.

§ 2. Les degrés de la personnalité juridique

149. La personnalité juridique, on l'a ou on ne l'a pas ! C'est pour dire que l'intitulé de ce paragraphe ne doit pas tromper, et notamment faire croire que la personnalité juridique pourrait être suffisante ou insuffisante. En revanche, l'aptitude à être titulaire ou à exercer tel ou tel droit peut varier en fonction des individus. On comprend donc que ce qui est en cause c'est, avant tout, l'aptitude juridique. À cet égard, toutes les personnes physiques ont la pleine capacité juridique ; exceptionnellement, certaines ne l'ont pas : ce sont les incapables.

A. Le principe de la pleine capacité juridique pour les personnes physiques

L'égalité humaine postule que tous les hommes aient la pleine capacité juridique, qu'il s'agisse de la capacité de jouissance ou de la capacité d'exercice.

La capacité de jouissance est l'aptitude à être titulaire de droit. Elle est la manifestation la plus forte de l'égalité humaine dans un monde où on ne veut plus dénier des droits aux personnes en raison de leur sexe, de leur race, de leur origine, etc.

La capacité d'exercice est l'aptitude à mettre en œuvre par soi-même les droits dont on est titulaire. Elle ne doit pas être confondue avec la personnalité juridique (en tant qu'aptitude à être titulaire de droits subjectifs et débiteur d'obligations) ; elle en est le prolongement nécessaire, car avoir les droits et ne pouvoir pas les exercer est gênant.

150. C'est au regard de l'ampleur des limites qui sont parfois apportées à la capacité d'exercice de certaines personnes qu'on a parfois le sentiment, à tort, que certains n'auraient pas la pleine personnalité juridique. Ce sentiment s'accentue lorsque les limites sont apportées à la capacité de jouissance. Il faudrait en effet reconnaître que malgré l'égalité humaine, les individus sont dans différents statuts qui influencent leur capacité de jouissance. Ils sont Camerounais ou étrangers, résidents ou non résidents, mariés ou célibataires, enfants naturels ou enfants légitimes, etc.

Il suffit de comparer l'étranger au Camerounais pour voir qu'au regard des droits civiques, leur capacité de jouissance n'est pas la même. Les étrangers ne peuvent en effet participer aux élections politiques ; ils ne peuvent accéder à un emploi public que de façon exceptionnelle. Cette solution est vraie, à des degrés variables, dans tous les pays du monde. Les résidents, quant à eux, bénéficient des droits qui sont refusés aux non-résidents ; les enfants légitimes ont, dans la succession de leur auteur, des droits plus étendus que ceux des enfants naturels, etc.

B. Les incapacités juridiques pour certaines personnes

151. Les incapacités qui nous intéressent ici sont celles de droit civil. Elles sont inspirées essentiellement par l'idée de protection des personnes jugées incapables : les mineurs et les majeurs dont les facultés mentales sont altérées (majeurs incapables).

Le droit protège les mineurs parce que, en raison de l'insuffisant développement de leur capacité de discernement, ils pourraient poser des actes juridiques qui leur sont préjudiciables. Cette protection réduit aussi bien leur capacité de jouissance que leur capacité d'exercice. Ainsi, le mineur ne peut, lui-même, accepter une donation ; le mineur de seize ans ne peut, en principe, disposer par testament.

Lorsqu'il s'agit d'une incapacité d'exercice, le droit du mineur peut, malgré tout, être exercé. Mais, selon les cas, le mineur agira par son représentant légal ou sera assisté pour l'accomplissement de l'acte juridique nécessaire à l'exercice de son droit.

Le droit protège aussi le majeur dont l'altération des facultés personnelles est telle qu'il ne peut pourvoir tout seul à ses intérêts, ou celui dont la prodigalité, l'intempérance, l'oisiveté sont telles qu'il est exposé à tomber dans le besoin ou à ne pouvoir plus accomplir ses obligations familiales. Comme le mineur, le majeur incapable pourra exercer ses droits, selon les cas, par l'intermédiaire de son représentant légal ou en étant assisté. La représentation se présente ainsi comme une technique qui permet à une personne d'exercer ses droits alors qu'elle ne peut agir elle-même. Elle est même la seule solution chez les personnes morales.

SECTION II : LES PERSONNES MORALES

152. La création de la personnalité morale répond à d'importants besoins pratiques. Tout d'abord, plusieurs personnes physiques peuvent souhaiter entreprendre en commun une activité ; si elles sont obligées de la gérer toutes ensemble, il en résultera de nombreuses difficultés pratiques. La solution consiste à créer un groupement auquel est reconnue une capacité d'agir. Ensuite, une personne peut vouloir isoler une masse de biens de son patrimoine à laquelle elle donne un destin particulier. Elle peut alors constituer cette masse de biens en une structure autonome ayant une personnalité juridique différente de la sienne.

Mais si l'utilité de la personnalité morale est ainsi certaine, ni la reconnaissance ni le statut des groupements ou masses de biens pouvant en bénéficier ne vont de soi.

§ 1. La reconnaissance de la personnalité morale

153. Il n'y a jamais eu de difficulté à admettre que les personnes humaines (physiques) ont la personnalité juridique. Lorsque, en revanche, il s'est agi de reconnaître la personnalité juridique à des groupements ou des masses de biens, des hésitations se sont présentées, au moins pour expliquer comment on pouvait en arriver à cette solution. Deux thèses se sont affrontées. Les partisans de la première ont soutenu que les seules personnes existant réellement sont des êtres humains, les personnes morales ne pouvant résulter que d'une fiction juridique. Les partisans de la seconde thèse soutiennent que les personnes morales existent réellement, comme les personnes physiques, et ne résultent nullement d'une fiction. Ces discussions ont une incidence sur la reconnaissance de la personnalité morale en dehors des cas prévus par la loi.

A. Les personnes morales prévues par la loi

La loi a reconnu une assez grande variété de personnes morales. On peut les classer suivant plusieurs critères ; mais la distinction la plus courante est celle qui met d'un côté les personnes morales de droit privé et de l'autre les personnes morales de droit public.

1. Les personnes morales de droit privé

154. La catégorie des personnes morales de droit privé regroupe les associations, les sociétés, les groupements d'intérêt économique et les syndicats.

L'association est un groupement constitué entre plusieurs personnes qui mettent en commun, de façon permanente, leurs connaissances ou leurs activités dans un but autre que de partager des bénéfices[160].

La société résulte d'un acte de volonté de deux ou plusieurs personnes qui mettent quelque chose en commun, dans la vue de partager le

---

[160] La loi n° 90/053 du 19 décembre 1990 sur la liberté d'association définit celle-ci comme « *la convention par laquelle des personnes mettent en commun leurs connaissances ou leurs activités dans un but autre que de partager des bénéfices* » (article 2). Cette définition souligne la technique par laquelle on forme l'association :la convention.

bénéfice qui pourra en résulter (voir article 1832 du Code civil)[161]. Ce qui distingue la société de l'association, c'est, essentiellement, cette idée de recherche du profit : la société a un but lucratif alors que l'association est constituée dans un but non lucratif. C'est pourquoi la répartition des dividendes est possible entre les promoteurs d'une société, mais pas entre ceux d'une association.

Selon leur objet, on distingue les sociétés civiles des sociétés commerciales. Les premières ont un objet civil et mènent donc des activités civiles ; les secondes ont un objet commercial, qui transparaît des actes qu'elles posent au quotidien (les actes de commerce) ou de la forme juridique qu'elles ont prise (on parle dans ce dernier cas de sociétés commerciales par la forme).

Les groupements d'intérêt économique sont des personnes morales d'apparition relativement plus récente que les associations et les sociétés. Ils sont créés dans le domaine des activités économiques par des personnes physiques ou morales qui souhaitent mettre ensemble des moyens propres à permettre le développement de leurs activités qui restent individuelles.

Le syndicat est un groupement de personnes exerçant la même profession, des métiers similaires ou des professions connexes en vue de la défense de leurs intérêts professionnels. Les syndicats sont, en vérité, des associations tournées vers la défense des intérêts professionnels de leurs membres.

2. Les personnes morales de droit public

155. Dans la catégorie des personnes morales de droit public, il faudrait citer en premier lieu l'État. Il est la personne morale de droit public apparue la première et reste jusqu'ici la plus facilement reconnaissable. L'Etat est une entité juridique formée de la réunion de trois éléments constitutifs : la population, le territoire et l'autorité politique et à laquelle est reconnue la qualité de sujet de droit (exemple, l'État camerounais, l'État marocain, l'État suisse, l'État brésilien).

À côté de l'État, on dénombre d'autres personnes morales de droit public. Au plan interne, il faudrait citer les collectivités publiques

[161] Dans sa formulation, cette définition de la société est améliorée par l'Acte uniforme relatif au droit des sociétés commerciales et du groupement économique, qui précise que ce qui est mis en commun peut être aussi l'industrie (notamment le savoir-faire), que les associés profitent aussi de l'économie et qu'ils participent aux pertes (article 4).

territoriales résultant du mécanisme de la décentralisation (les communes et les régions) et les établissements publics, c'est-à-dire des organismes chargés d'un service public (universités d'État, Caisse nationale de la prévoyance sociale, hôpitaux publics non gérés par l'État, etc.).

Au plan international, il faut citer les organisations internationales (Organisation des Nations Unies, Union africaine, Communauté économique et monétaire de l'Afrique centrale, Organisation pour l'harmonisation en Afrique du droit des affaires, etc.)

B. Les groupements et masses de biens auxquels la loi n'a pas reconnu la personnalité

156. La réalité de la vie quotidienne montre divers groupements de personnes et masses de biens disposant de traits proches, voire identiques à ceux des personnes morales prévues par la loi. La question se pose de savoir si, comme les groupements reconnus par la loi, ces autres groupements ont la personnalité juridique. Les partisans de la thèse de la fiction ci-dessus évoquée répondent qu'étant une pure fiction de la loi, la personnalité morale ne saurait exister en dehors des cas prévus par le législateur. Les partisans de thèse de la réalité estiment, au contraire, que les personnes morales ne sont nullement une fiction de la loi ; elles existent bel et bien, ont une organisation, des possibilités d'expression et des intérêts différents de ceux des personnes qui les ont créées ou les composent.

Intervenant dans ce débat, la Cour de cassation française a dans un premier temps retenu la thèse de la fiction[162]. Par la suite, elle a abandonné cette thèse pour celle de la réalité. En effet, pour reconnaître la personnalité juridique au comité d'établissement, elle a affirmé ceci « *Attendu que la personnalité civile n'est pas une création de la loi ; qu'elle appartient en principe à tout groupement pourvu d'une possibilité d'expression collective pour la défense d'intérêts licites, dignes, par suite, d'être juridiquement reconnus et protégés ; que si le législateur a le pouvoir, dans un but de haute police, de priver de la personnalité civile telle catégorie déterminée de groupements, il en reconnaît au contraire, implicitement, mais nécessairement, l'existence en faveur d'organismes créés par la loi elle-même avec mission de gérer certains*

---

[162] Civ. 25 juillet 1933, D.P. 1936, 1, p. 121 : « *En vertu d'une fiction du droit privé, les sociétés de commerce sont réputées jouir d'une personnalité distincte de celle des associés qui la composent* ».

intérêts présentant ainsi le caractère de droits susceptibles d'être déduits en justice »[163]. Cette décision française, introduite dans notre droit, a été réaffirmée dans son pays d'origine au sujet de la personnalité juridique du comité d'hygiène, de sécurité et des conditions de travail[164]. Suivant cette logique, on pourrait reconnaître la personnalité juridique aux structures comme les facultés dans les universités. C'est sans doute en supposant une telle personnalité existante que la pratique leur permet, par exemple, d'ouvrir des comptes bancaires en leur nom et pas à celui de l'université dont elles sont des établissements.

157. Mais si l'on peut ainsi avancer sans crainte excessive en ce qui concerne les organismes ou structures créés et pourvus de moyens d'expression par le législateur ou, plus largement, par les pouvoirs publics, des hésitations sont permises en ce qui concerne les groupements créés par les personnes privées. Un arrêt très ancien de la Chambre des requêtes (en France) avait reconnu la personnalité juridique aux sociétés civiles ; mais c'était par une interprétation audacieuse des dispositions de la loi : « *Attendu qu'il est de l'essence des sociétés civiles, aussi bien que des sociétés commerciales, de créer, au profit de l'individualité collective, des intérêts et des droits propres et distincts des intérêts et des droits de chacun de ses membres ; que les textes du Code civil (notamment les articles 1845, 1846, 1847, 1848, 1850, 1852, 1855,1859 et 1867), personnifient la société d'une manière expresse en n'établissant jamais des rapports d'associé à associé, et en mettant toujours les associés en rapport avec la société ; que les sociétés civiles constituent, tant qu'elles durent, une personne morale, laquelle est propriétaire du fonds social* »[165].

Par ailleurs, en dépit du fait qu'ils pourraient disposer d'intérêts propres et distincts de ceux des personnes les composant et même des possibilités d'expression, le droit positif dénie la personnalité juridique à certains groupements de personnes institués et organisés par le législateur. Ainsi en est-il de la famille et de la société en participation. La même analyse pourrait être faite des masses de biens, comme le fonds de commerce, l'entreprise ou l'indivision.

---

[163] Cass. 28 janvier 1954, *D.* 1954, 217, note Levasseur ; *JCP* 1954, II, 7978, concl. Lemoine.

[164] Cass. soc. 17 avril 1991, *JCP* 1992, II, 21856, note H. Blaise, *D.* 1991, IR 152.

[165] Req. 23 février 1891, *D.* 1891, I.337 ; S.1892, I, 73.

158. La pratique judiciaire camerounaise est cependant très équivoque en ce qui concerne l'indivision successorale. On ne compte plus les décisions des juridictions du fond rendues pour ou contre la « *succession* » d'untel et non contre ses héritiers. Dans le même temps, certaines décisions visent non pas la « *succession* », mais les ayants droit d'untel. La Cour suprême, elle aussi, vise tantôt la « *succession* », tantôt les ayants droit du *de cujus*.

Ces formules appellent une bonne réflexion sur leur pertinence et surtout sur les conséquences à en tirer. Il est sûr que la désignation de la « *succession* » comme partie à une instance est un moyen commode pour gérer la difficulté qu'il y a, dans le contexte camerounais, à exercer les actions en justice contre de nombreux ayants droit d'un *de cujus*, souvent difficiles à repérer. La difficulté paraît moindre, mais existe, dans l'hypothèse où l'action est entreprise par un ayant droit ne voulant pas agir à son nom et pour son compte. Mais si le pas est franchi de personnifier la « *succession* », il faudrait en tirer toutes les conséquences de droit.

Il faudrait aussi, dans la pratique camerounaise, réfléchir sur la nature de ce qui est appelé « établissement » et abrégé « Ets ». Beaucoup d'entreprises sont en effet conduites sous l'appellation « Établissement ». Comme on y accole un nom, par exemple « Ets Kamdem », on pourrait y voir le nom commercial choisi par un commerçant personne physique. Cela signifie que « Ets Kamdem » n'est pas une personne juridique distincte, mais plutôt le nom commercial du promoteur de l'entreprise qui est menée. Mais on ne retiendra la qualification de nom commercial que lorsque l'entreprise est commerciale, ce qui ne sera pas toujours le cas. Par ailleurs, même si cela ne se voit pas souvent, rien n'empêche qu'une société commerciale correctement constituée se dénomme « Ets… ».

Derrière l'entreprise désignée par la formule « Ets », peut aussi se cacher une société commerciale de fait ou créée de fait. L'hypothèse d'une société de fait peut être accréditée par une formule comme « Ets Essomba et fils ». Cette formule laisse penser qu'il n'y a pas un seul, mais plusieurs promoteurs de l'entreprise en cause. Mais si le problème se pose, le juge devrait procéder à une analyse rigoureuse des données en présence afin de retenir la solution la plus juste.

§ 2. Le statut des personnes morales

159. Les développements ci-dessus sur la reconnaissance de la personnalité morale montrent qu'en dépit des avancées de la jurisprudence, le législateur souhaite garder la maîtrise sur le sujet. Cette maîtrise s'exerce *a fortiori* sur les conditions d'apparition et de disparition de la personnalité juridique des groupements et autres masses de biens reconnus par la loi.

En ce qui concerne l'apparition de la personnalité juridique, il y a une diversité de solutions, lesquelles dépendent de la nature de la personne morale en cause. S'agissant des personnes morales de droit privé, une distinction pourrait être faite entre, d'un côté, les sociétés commerciales et les groupements d'intérêt économique et, de l'autre, les autres personnes morales. Les premiers acquièrent la personnalité juridique lorsqu'ils sont immatriculés au registre du commerce et du crédit mobilier[166]. Les autres personnes morales obéissent soit au régime de la déclaration, soit à celui de l'autorisation[167]. Les personnes morales relevant du régime de la déclaration acquièrent la personnalité juridique lorsqu'elles sont déclarées à l'autorité compétente (ainsi en est-il des associations nationales)[168] ; les personnes morales relevant du régime de l'autorisation ne peuvent mener leurs activités que lorsqu'elles sont autorisées par l'autorité compétente (ainsi en est-il des associations étrangères, des associations religieuses et des partis politiques). La loi n'aborde pas la question de leur personnalité ; mais il faudrait penser qu'avant l'autorisation, les associations de ce régime ne peuvent se prévaloir de la personnalité juridique.

L'acquisition de la personnalité juridique pose moins de problèmes chez les personnes morales de droit public ; elle a lieu à leur création.

160. En matière de disparition de la personnalité juridique se montre une différence notable entre les personnes physiques et les personnes morales. Les personnes physiques meurent alors que les personnes

---

[166] Voir les articles 98 et 872 de l'Acte uniforme relatif au droit des sociétés commerciales et du groupement d'intérêt économique respectivement pour la société et le groupement d'intérêt économique.

[167] Voir article 5 de la loi n° 90/053 du 19 décembre 1990 sur la liberté d'association.

[168] La déclaration est faite au préfet par les fondateurs et est accompagnée de deux exemplaires des statuts de l'association (articles 6 et 7 de la loi précitée).

morales sont dissoutes[169]. La personnalité morale devrait disparaître en même temps que la dissolution ; mais de façon réaliste, la loi fait survivre la personnalité juridique pour les besoins de la liquidation du patrimoine de la personne morale dissoute. C'est alors lorsque la dissolution prend fin que la personnalité disparaît complètement.

161. De façon générale, les personnes morales de droit public sont mieux traitées que les personnes morales de droit privé. Le trait le plus remarquable est le fait que les personnes morales de droit public bénéficient, en principe, de l'immunité d'exécution, contrairement aux personnes morales de droit privé. Mais il y a d'autres points de faveur tout aussi remarquables, notamment l'inégalité dans la capacité de jouissance : les personnes morales de droit public ont la pleine capacité de jouissance alors que la capacité de jouissance de certaines personnes morales de droit privé est limitée. Ainsi, si les sociétés, les syndicats et les groupements d'intérêt économique ont une capacité patrimoniale à peu près complète, les associations ne l'ont que si elles sont reconnues d'utilité publique par décret du président de la République. S'y ajoute le fait que certains droits extrapatrimoniaux sont réservés aux personnes humaines, à l'exclusion des personnes morales (de droit public ou de droit privé). Il s'agit des droits qui dérivent du corps. Ainsi en est-il du droit à l'image ou du droit à l'intimité de la vie privée.

Qu'elles soient de droit public ou de droit privé, les personnes morales voient leur capacité limitée par leur objet. Plus précisément, ces personnes ont l'interdiction d'accomplir des actes juridiques sortant de leur objet tel que fixé par les statuts ou la loi : c'est le principe de la spécialité des personnes morales.

162. La capacité d'exercice des personnes morales est nécessairement affectée par le fait qu'elles n'existent pas physiquement. Elles sont de ce fait obligées d'agir par l'intermédiaire des personnes physiques qui sont leurs représentants. Concrètement, lorsqu'une personne morale doit conclure un contrat, c'est son représentant, personne physique, qui doit signer sur le document contractuel. Mais cette signature engage non pas cette dernière, mais la personne morale.

Cette nécessaire implication des personnes physiques dans la vie juridique des personnes morales pose le problème de l'autonomie de ces dernières. Le droit est clair sur ce que la personne morale est autonome

---

[169] La dissolution peut résulter d'un acte de volonté des membres, d'une décision du juge ou d'un acte administratif.

par rapport aux personnes physiques qui l'ont constituée ou la dirigent. Il s'agit, d'une part, de l'autonomie patrimoniale en ce sens que le patrimoine de la personne morale est différent de celui de chacune de ces personnes physiques. Il s'agit, d'autre part, de l'autonomie dans l'action, en ce sens que les actes de la personne morale sont décidés par elle et doivent lui être attribués, même si privée naturellement de volonté, la personne morale doit nécessairement s'appuyer sur les personnes physiques. Lorsque la décision d'agir prise par la personne morale est une décision collective de ses promoteurs ou de ses organes délibérants, on voit clairement la manifestation de l'autonomie dans l'action, car personne, individuellement, ne peut décider ; lorsque, en revanche, il s'agit d'une décision à prendre par le représentant de la personne morale, l'autonomie dans l'action est véritablement théorique. Mais le dirigeant peut toujours répondre, à l'égard de la personne morale, de la mauvaise utilisation de son pouvoir de représentation.

CHAPITRE I :

LA CLASSIFICATION DES DROITS SUBJECTIFS

163. Plusieurs classifications peuvent être faites en ce qui concerne les droits subjectifs. Le plus simple semble cependant de les classer à partir de la notion de patrimoine[170]. Alors, la *summa divisio,* en ce qui les concerne, est la distinction entre les droits patrimoniaux et les droits extrapatrimoniaux. Cette distinction s'est faite en creux. Plus précisément, il s'est agi de construire le domaine des droits dits patrimoniaux, le reste étant rangé dans le groupe des droits extrapatrimoniaux. Et, comme à l'analyse les droits extrapatrimoniaux ne sont pas les plus nombreux, on peut penser qu'ils constituent une catégorie résiduelle, un appendice qu'on n'a pas pu mieux nommer.

SECTION I : LES DROITS PATRIMONIAUX

164. Les droits patrimoniaux attirent l'attention par leur grande diversité. Une telle diversité impose un effort de classification. Mais avant cet effort de classification, il faudrait sans doute préciser la notion de droits patrimoniaux et dire quelques mots sur leurs caractéristiques. Cet exercice est d'autant plus important qu'en même temps il aide à comprendre les droits extrapatrimoniaux, dessinés par exclusion des droits qui ne sont pas patrimoniaux.

§ 1. La notion et les caractères des droits patrimoniaux

165. La notion de droits patrimoniaux ne peut se comprendre qu'au détour d'une précision sur la notion de patrimoine. Le patrimoine est l'ensemble des droits et obligations d'une personne, appréciables en argent, c'est-à-dire ayant une valeur économique. On a dit que le patrimoine est « *en quelque sorte, la traduction juridique de la dimension économique du sujet de droit : elle appréhende ainsi l'ensemble des*

[170] Sur le patrimoine, lire, Aubry et Rau, *Droit civil français*, t. IX, par Esmein, § 573 et s, ; H. Mazeaud et H. Chabas, *Leçons de droit civil, t. 1, vol. 1, Introduction à l'étude du droit*, 11ème édition, *LGDJ*, n° 183 : A. Seriaux, « La notion juridique de patrimoine, brèves notations civilistes sur le verbe avoir », *RTD civ*, 1994, 801.

éléments -actifs et passifs, biens et dettes- qui définissent l'état de la fortune de la personne »[171]. Il faudrait cependant éviter de tomber dans le piège du langage courant qui comprend le patrimoine comme la fortune d'une personne, le réduisant ainsi à son aspect actif. D'un point de vue juridique, le patrimoine n'est que le contenant qui recueille tous les éléments actifs et passifs, de sorte qu'il est possible que le rapprochement entre les deux composantes puisse montrer plutôt un déficit.

Les droits patrimoniaux sont ainsi des droits subjectifs qui ont une valeur pécuniaire, et ont vocation à être réunis dans le patrimoine. Ces droits ont une finalité principalement économique, et peuvent facilement être évalués en argent. On les appelle aussi des biens ; c'est dans ce sens que le Code civil utilise le mot bien dans son Livre II.

166. Ce qui caractérise les droits patrimoniaux, c'est leur aptitude à circuler, à changer de titulaire ; ils peuvent ainsi passer d'un titulaire à un autre : on dit qu'ils sont dans le commerce juridique. À titre d'exemple, vous pouvez vendre une voiture qui vous appartient, céder un droit au bail, céder une créance de somme d'argent dont vous êtes titulaire.

Les exemples choisis sont ceux dans lesquels celui qui dispose d'un droit le fait moyennant une contrepartie. Cela ne doit pas faire penser que la notion de commerce juridique doit être confondue avec le commerce au sens commun. Il y a aussi commerce juridique dans un mouvement de valeur sans contrepartie ; c'est le cas lorsque je donne gratuitement un livre à un étudiant.

§ 2 : La classification des droits patrimoniaux

167. Les droits patrimoniaux peuvent être classés à partir de deux angles au moins : on peut les classer d'après leur contenu ; on peut aussi les classer d'après leur objet.

A. La classification des droits patrimoniaux d'après leur contenu

Par contenu des droits, il faut entendre les prérogatives auxquelles ceux-ci donnent droit. En fonction de leur contenu, les droits patrimoniaux peuvent être classés en droits réels, droits de créance et droits intellectuels.

[171] J. L. Aubert, *Introduction au droit*, Paris, Armand Colin, 8ème édition, n° 202.

1. Les droits réels

168. Les droits réels sont des droits patrimoniaux qui confèrent à leur titulaire un pouvoir direct sur une chose. La formule latine pour les désigner est « *jus in re* », ce qui signifie « *droit sur une chose* ». L'exemple type est le droit de propriété. Je suis propriétaire d'une maison : j'ai sur cette maison un pouvoir direct, un droit réel. Ce pouvoir me permet de tirer tout ou partie de l'utilité économique de la maison : je peux l'habiter, la louer, la vendre ...

Le droit réel confère un pouvoir sur les choses, non sur les personnes : le droit de propriété, par exemple, n'a pas de débiteur. Tout le monde est cependant obligé de le respecter : on dit qu'il est opposable à tous ou qu'il est absolu (il faut préférer dire que le droit réel est opposable à tous, car le terme absolu peut tromper en faisant croire que le droit réel est sans limites). C'est pourquoi le titulaire d'un droit réel a une action contre quiconque méconnaît son droit.

Les droits réels peuvent être classés en droits réels principaux et droits réels accessoires.

a. Les droits réels principaux

169. Les droits réels principaux sont des droits réels de tout premier ordre, existant sans rattachement à un droit de créance. Dans cette rubrique, il faut citer le droit de propriété, défini comme « *le droit de jouir et disposer des choses de la manière la plus absolue* »[172]. Il comporte le droit d'user de la chose, c'est-à-dire de s'en servir (ex. se servir de la voiture), le droit de jouir de la chose, c'est-à-dire d'en percevoir les fruits (ex. louer la voiture et en percevoir les loyers), le droit d'en disposer, soit matériellement (ex. détruire la voiture), soit juridiquement (ex. vendre la voiture). Le droit de propriété dure autant que dure la chose sur laquelle il porte. Si le propriétaire décède, le droit est transmis à ses héritiers : on dit que le droit de propriété est perpétuel.

170. Dans la rubrique des droits réels principaux, il faut citer aussi les droits réels sur la chose d'autrui : je ne suis pas propriétaire d'une chose, mais j'y ai des droits. Cela n'est possible que si je n'ai qu'une partie des prérogatives du propriétaire. En conséquence, le propriétaire ne peut plus avoir tous les attributs du droit de propriété (il ne peut plus avoir toute

---

[172] Article 544 du Code civil. Certes, il y a des limites à l'exercice du droit de propriété, et l'article 544 du Code civil, *in fine,* y attire notre attention.

l'étendue des droits d'un propriétaire « normal »). Ces hypothèses sont constitutives des démembrements du droit de propriété.

Les démembrements du droit de propriété sont :

- *l'usufruit*[173] : c'est le droit en vertu duquel une personne, l'usufruitier, peut user et jouir, sa vie durant, d'un bien appartenant à une autre personne, le nu-propriétaire[174]. La Cour suprême a rappelé que la mort de l'usufruitier éteint l'usufruit[175].

- *le droit d'usage et d'habitation* : c'est une variété de l'usufruit. Plus précisément, le droit d'usage est le droit de se servir de la chose d'autrui et d'en percevoir les fruits, mais seulement autant qu'il vous en faut pour vos besoins et ceux de votre famille. Le droit d'habitation est le droit, pour le titulaire, d'habiter, avec sa famille, la maison sur laquelle porte ce droit ;

- *les servitudes* : ce sont des charges établies sur un fonds appelé fonds servant, pour l'usage et l'utilité d'un autre fonds appelé fonds dominant appartenant à une autre personne. Une servitude de passage donne à son titulaire le droit de passer sur le terrain d'autrui ; une servitude de ne pas bâtir impose au propriétaire du fonds servant l'obligation de n'élever aucune construction, dans le but de garantir la vue du fonds dominant (on parle aussi de servitude de vue). Les servitudes peuvent être confondues avec des droits de créance, puisqu'on peut penser que le propriétaire du fonds dominant a une créance sur le propriétaire du fonds servant ; mais ce qui est mis en avant dans la servitude, ce sont les rapports entre les deux fonds, non entre les deux personnes.

- *l'emphytéose* : c'est un bail à très long terme[176] qui, par sa nature, serait un droit personnel, mais auquel la loi a donné un caractère réel en conférant au preneur la possibilité de l'affecter comme hypothèque (garantie d'exécution d'une obligation).

---

[173] Sur la possibilité que l'usufruit soit un droit de créance, voir B. Starck, par H. Roland et L. Boyer op. cit ; n° 1137.
[174] Article 578 du Code civil.
[175] CS, arrêt n° 46/L du 22 août 1996, *affaire Awona Awona Pierre c/ Ondobo Athanas, Juridis-Périodique* n° 64 (2005), p. 47
[176] Voir Cour d'appel du Centre (bail d'une durée de 20 ans), arrêt n° 276/Civ du 21 juin 1995, *affaire Société Shell Cameroun c/ M. Houpa Philippe, Juridis-Périodique* n° 38 (1999), p. 46, note J. Nguebou.

- *le droit de superficie* : c'est un droit réel qui porte uniquement sur la surface du sol et sur les plantations et constructions qui s'y trouvent ; dans ce cas, le sous-sol appartient à un autre. Il est possible que le droit de superficie se limite à la propriété des plantations et constructions, à l'exclusion du sol. Mais le droit de superficie ainsi limité se rencontre rarement, parce que l'article 553 du Code civil présume, jusqu'à preuve contraire, que les constructions et constructions et plantations appartiennent au propriétaire du sol.

b. Les droits réels accessoires

171. Les droits réels accessoires ne doivent pas être confondus avec les démembrements du droit de propriété qui sont des droits réels principaux. Les premiers sont dits accessoires, parce qu'ils sont l'accessoire d'un droit de créance dont ils constituent la garantie. Ils sont des droits réels parce que même s'ils garantissent l'exécution d'une obligation, ils consistent en l'affectation d'un bien qui en constitue l'objet. Dans cette rubrique, il faut citer, entre autres, le nantissement et l'hypothèque.

2. Les droits de créance

172. Le droit de créance est celui qui confère à son titulaire (le créancier) le droit d'exiger d'une autre personne (le débiteur) une certaine prestation positive ou une abstention ; il met ainsi en rapport deux personnes : le créancier et le débiteur. Dans le patrimoine du premier, il est un élément de l'actif ; dans celui du second, il est un élément du passif.

Le droit de créance est aussi appelé droit personnel, par opposition au droit réel. L'appellation « droit personnel » vise à souligner la relation interpersonnelle qui caractérise le droit de créance.

La créance sur laquelle porte le droit peut avoir des objets les plus variés, à l'image de la variété de choses ou de prestations que nous pouvons devoir les uns aux autres. Tout d'abord, le débiteur peut devoir une somme d'argent au créancier. Il peut aussi lui devoir un livre, un ordinateur ou toute autre chose matérielle ou immatérielle. Ensuite, le débiteur peut devoir une prestation de service, par exemple deux heures de travail ; l'employeur a une créance de travail sur le salarié. Enfin, ce qui est attendu du débiteur peut être une abstention ; celui qui est lié par une clause de non-concurrence doit s'abstenir de mener une activité de nature à faire concurrence au créancier de l'obligation.

173. Contrairement au droit réel, le droit de créance ne donne pas au créancier la possibilité de suivre un bien sorti du patrimoine du débiteur. En cas d'inexécution de la part du débiteur, le créancier peut, certes, poursuivre l'exécution forcée sur les biens du premier ; mais il ne pourra saisir et faire vendre que les biens qu'il trouve dans le patrimoine du débiteur au moment de la saisie. Mais, si par fraude le débiteur a appauvri son patrimoine, le créancier peut demander et obtenir la révocation des actes d'appauvrissement par l'action paulienne[177].

Tous les titulaires du droit de créance sont, face au patrimoine de leur débiteur, égaux en ce sens qu'il n'y aura aucun traitement de faveur (en fonction, par exemple, de la date de naissance de la créance) : on dit que le droit de créance ne comporte pas de droit de préférence. En conséquence, deux créanciers qui font face à l'insuffisance de l'actif du patrimoine de leur débiteur doivent supporter proportionnellement cette insuffisance[178].

Mais dans des cas exceptionnels, par exemple lorsqu'on a dans le concours une créance d'aliment, celle-ci est préférée.

3. Les droits intellectuels

174. Les droits intellectuels, appelés aussi droits de propriété incorporelle, sont d'apparition très récente, comparés aux droits réels ou aux droits de créance. Ils sont des monopoles d'exploitation d'un produit ou d'un moyen d'une activité intellectuelle. C'est par exemple le droit d'un auteur sur son livre, le droit de l'inventeur sur son invention, le droit du commerçant sur sa clientèle. L'auteur est seul à pouvoir jouir du droit de reproduction et de représentation : éditer le livre, en permettre la vente. L'inventeur peut exploiter son invention à l'exclusion de tout autre. Il prendra alors un brevet d'invention qui le met à l'abri de la concurrence de toute autre personne. Le commerçant a le droit d'exploiter son entreprise et, à cette fin, le droit de protéger sa clientèle.

Les droits intellectuels ne sont pas des droits réels, car ils ne portent pas sur des choses matérielles. Ils ne sont pas des droits personnels, car ils ne comportent pas de débiteur. Ils sont au contraire opposables à tous.

L'appellation « droits intellectuels » ne doit pas faire penser que ces droits ne peuvent pas avoir des applications monétaires. Au contraire, ils

---

[177] Voir article 1167 du Code civil

[178] Voir article 2093 du Code civil.

donnent souvent lieu à des mouvements de fonds d'un patrimoine à un autre. L'auteur peut ainsi, contre argent, concéder le droit de reproduction de son livre ; l'inventeur peut, dans les mêmes conditions, céder son brevet d'invention.

B. La classification des droits patrimoniaux d'après leur objet

175. La classification des droits d'après leur objet pourrait partir de la distinction que le Code civil fait entre les biens : « Tous les biens sont meubles ou immeubles »[179]. Mais une telle présentation mérite d'être complétée si l'on veut avoir une vue plus complète des choses ou biens sur lesquels peuvent porter les droits.

1. La classification en meubles et immeubles

176. À en croire le Code civil, aucun droit patrimonial ou, si l'on veut, aucun bien n'échappe à la classification dans l'une des catégories meuble ou immeuble. Il s'agirait là de la *summa divisio* du droit des biens. On ne pourrait apprécier la pertinence de l'affirmation que si l'on expose le critère, le contenu et l'intérêt de la classification.

a. Le critère de la distinction meuble et immeuble

177. Le critère de distinction entre le meuble et l'immeuble est naturel, en ce sens qu'on se fonde sur la nature des choses : c'est la possibilité ou non, pour le bien, de bouger ou d'être bougé. L'immeuble est un bien attaché à la terre. C'est parce qu'il est attaché au sol qu'il ne peut ni se mouvoir lui-même ni être déplacé.

Le meuble, au contraire, est par nature amovible, parce que libre d'attache avec le sol : une voiture, une table, une chaise, etc.

La fixité (ou non) est ainsi le critère principal de classification des biens. On va voir, ci-dessous, que si certains biens qui auraient pu être meubles sont considérés comme des immeubles par destination, c'est parce qu'ils sont incorporés à l'immeuble par nature. Ils y sont en principe incorporés de telle sorte qu'on ne peut les en détacher sans dégradation de l'immeuble sur lequel ils sont fixés. Ce n'est que très exceptionnellement que l'immeuble par destination échappe à cette analyse ; mais là encore, il faudrait au moins que le bien soit affecté à perpétuelle demeure à l'immeuble par nature (exemple, un tracteur affecté à l'exploitation d'un champ agricole). Et dans tous les cas, on

---

[179] Article 516 du Code civil.

entre ici dans un autre critère qu'on doit considérer comme secondaire : l'affectation du bien. C'est un critère finaliste, parce qu'on s'attache à la finalité qui est poursuivie. C'est à partir de ce critère qu'on peut classer comme immeuble ce qui, au départ, apparaît comme meuble et, *vice-versa*, considérer comme meuble, ce qui, au départ, apparaît comme immeuble (exemple, la récolte sur pied).

178. Sans jamais avoir été un critère juridique de la distinction entre meuble et immeuble, la valeur économique est très souvent envisagée pour comprendre les solutions du droit. L'adage est bien connu : « *Res mobilis, res vilis* ». C'est dire que dans le patrimoine, les biens meubles sont de moindre valeur comparés aux biens immeubles. Cette maxime peut être discutée au regard de la valeur de certains meubles : des bijoux en or, des objets d'art anciens, des créances de fortes sommes d'argent, etc. On a le sentiment qu'au fur et à mesure que le temps passe, la catégorie de meuble gagne de plus en plus en valeur économique. La maxime *Res mobilis, res vilis* garde cependant une grande part de sa pertinence, surtout dans notre contexte où les biens immeubles sont, pour la plupart, de valeur économique plus grande que les biens meubles. Cela explique que le droit traite avec beaucoup plus de précautions les immeubles.

b. Le contenu de la classification

Il s'agit de mettre d'un côté les meubles et de l'autre les immeubles. On commencera cependant par les immeubles, le législateur leur ayant accordé un grand intérêt.

1° Les immeubles

179. Le Code civil fait trois groupes dans la catégorie des immeubles : « les biens sont immeubles ou par leur nature, ou par leur destination, ou par l'objet auquel ils s'appliquent »[180].

Les immeubles par nature sont des biens qui sont immeubles parce que la nature les a faits tels. Dans ce groupe, il faut citer le sol (la terre, le terrain) et tout ce qui y est incorporé, à l'exemple des maisons[181], des puits, des ponts, des murs, des arbres, etc. En bref, sont immeubles par

---

180 Article 517 du Code civil.

181 V. CS, arrêt n° 25/CC du 23 octobre 1980, *affaire Babem Léa épouse Bolla c/ Bolla Benoît et Wasu, RCD* n° 25, p 136.

nature tous ouvrages faisant corps avec le sol, parce qu'ils y sont durablement fixés.

180. Les immeubles par destination sont des biens meubles au départ, mais sont immeubles simplement parce qu'ils ont été affectés à un usage qui a fait d'eux, en quelque sorte, des accessoires d'un immeuble ; ils sont par exemple affectés à l'exploitation d'un immeuble (c'est le cas d'un tracteur affecté à l'exploitation d'un champ agricole), ou à la décoration d'un immeuble (c'est le cas d'une penderie encastrée dans le mur d'une maison). L'explication de la qualification immobilière donnée à ces biens réside dans le fait qu'ils font pratiquement corps avec l'immeuble dont ils sont l'accessoire, et acquièrent, comme par contamination, la nature de l'immeuble.

Le groupe des immeubles par destination est forcément très grand, puisqu'il n'est pas rare qu'un bien, meuble au départ, soit affecté à l'exploitation d'un immeuble. Le Code civil donne, en son article 524, une énumération des immeubles par destination. Mais la liste a vieilli et devrait être complétée aujourd'hui par tout ce qui peut permettre une exploitation agricole ou industrielle. Trois conditions sont cependant nécessaires pour la qualification d'immeuble par destination. D'abord, l'immeuble par nature et l'immeuble par destination doivent appartenir au même propriétaire. Ensuite, ce dernier doit avoir l'intention d'affecter l'immeuble par destination à l'exploitation ou à la décoration de l'immeuble par nature. Enfin, l'affectation doit être effective. Ces conditions étant réunies, même un animal peut être un immeuble par destination.

Le groupe des immeubles par destination présente cependant une zone d'incertitude lorsqu'on envisage les objets, au départ mobiliers, affectés à la décoration. Lorsque l'objet est incorporé à l'immeuble par nature, il n'y a aucun problème. En revanche, on peut parfois hésiter lorsqu'il s'agit d'un objet non incorporé, comme le tableau, la tapisserie. Le législateur ne donne la qualification d'immeuble à de tels objets que si, en l'absence d'incorporation, ils sont logés dans une niche pratiquée exprès pour les recevoir[182].

181. Le dernier groupe, celui des immeubles par l'objet auquel ils s'appliquent, comprend les droits réels immobiliers, les créances immobilières, les actions immobilières.

---

[182] V. article 529 du Code civil.

Les droits réels immobiliers en cause ici sont ceux dont un tiers peut être investi sur la chose d'autrui : usufruit d'une chose immobilière, servitude, droit d'usage et d'habitation, emphytéose, etc. Il faudrait citer aussi les droits réels accessoires portant sur un immeuble (hypothèque).

Les créances immobilières sont plus rares dans notre droit, pour la simple raison qu'en principe la propriété se transmet par le seul effet du contrat : on ne conçoit donc pas facilement qu'une personne soit créancière d'un immeuble. Pour que cela arrive, il faut supposer que l'immeuble vendu n'a pas encore été déterminé lors de la passation du contrat. Mais la condition de passage par devant notaire pour la validité[183] des transactions immobilières et, surtout, les diligences attendues du notaire pour la préparation de l'acte rendent peu probable la conclusion du contrat avant la détermination précise de l'immeuble.

Les actions immobilières sont des actions en justice se rapportant à des immeubles. Le législateur a voulu leur donner la nature d'immeuble, à l'image des biens sur lesquels elles portent.

2° Les meubles

182. Interprétant l'article 516 du Code civil, la jurisprudence affirme que tout ce qui n'est pas immeuble est meuble. La formulation de l'idée pourrait faire penser que la catégorie de meuble est constituée de biens qu'on n'a pu loger dans celle d'immeuble ; mais il ne semble pas que cela soit dans la pensée du législateur.

Les meubles peuvent être classés en fonction de leur caractère tangible ou non ; ils sont alors soit corporels soit incorporels.

Les meubles corporels peuvent être classés dans deux groupes : les meubles par nature et les meubles par anticipation.

Le meuble par nature est, dans la catégorie des meubles, le pendant de l'immeuble par nature dans la catégorie des immeubles. Sa nature a fait de lui un meuble, puisqu'il peut se transporter d'un lieu à un autre : une voiture, un ordinateur, un livre, un animal, etc. L'énumération montre

---

[183] La Cour suprême a souvent rappelé cette règle légale, soulignant même que la formalité n'est pas remplie lorsque l'acte est passé sous seing privé, puis déposé au rang des minutes d'un notaire (CS-COR, arrêt n°88/CC du 8 juin 1971, *RCD* n° 1 (1972), p. 53, note Mouralis). Mais un arrêt isolé a affirmé que le contrat de vente d'immeuble est valable entre les parties dès qu'il y a accord entre elles, peu importe qu'il ne soit pas passé par devant notaire (CS, arrêt n° 47/CC du 18 février 1998, affaire Succession *Essoukan Mouangue c/ Waffo Pierre*, *Juridis-Périodique* n° 45, p. 56).

qu'on regroupe ici des choses inanimées (meubles meublants, comme une table) et des animaux, c'est-à-dire des choses qui peuvent se mouvoir elles-mêmes.

Le meuble par anticipation est un bien qui, pour un temps encore, a une attache avec un fonds, mais doit en être détaché prochainement. Anticipant sur ce détachement, la loi le considère, au moins sous certains rapports, comme un meuble : l'exemple type est la récolte sur pied avant la récolte, ou les matériaux de démolition avant la démolition.

183. Les meubles incorporels n'ont pas de corps palpable ; ce sont des droits mobiliers. Il peut s'agir des droits mobiliers par l'objet auquel ils s'appliquent ou des droits mobiliers par détermination de la loi.

Les droits mobiliers par l'objet auquel ils s'appliquent sont : les droits réels mobiliers, les créances mobilières, les actions mobilières.

Les droits mobiliers par détermination de la loi sont une catégorie qui comprend trois éléments, presque arbitrairement qualifiés de meubles par la loi : les parts sociales, les rentes, les propriétés incorporelles.

S'agissant des parts sociales, il faudrait souligner que dans tous les types de sociétés, les droits d'associés sont considérés comme des meubles.

La rente consiste en des arrérages versés au crédirentier par le débirentier en échange d'un capital reçu. La rente est viagère lorsque l'obligation de verser les arrérages cesse à la mort du crédirentier ou d'une tierce personne ; elle est perpétuelle lorsque le débirentier ne peut se libérer qu'en remboursant le capital. Quelle que soit sa nature (viagère ou perpétuelle), la rente est un meuble.

La propriété incorporelle est, par exemple, le droit du titulaire d'un office ministériel, le droit de clientèle des professions libérales, le droit de propriété intellectuelle. Tous ces droits sont qualifiés de meubles par la loi.

c. L'intérêt de la distinction entre les meubles et les immeubles

184. Les différences de traitement entre les meubles et les immeubles s'expliquent, pour la plupart, par la nature des choses. Quelques-unes seulement peuvent s'expliquer par la valeur des biens ou par leur fonction sociale.

1° Les intérêts en rapport avec la nature des choses

Par nature, le meuble est déplaçable. Cette caractéristique l'expose au risque de vol, d'usure ou de détérioration. Le meuble est aussi exposé au risque de confusion, parce qu'on ne peut facilement l'individualiser (on en a parfois en série). Il est enfin exposé au risque de dissimulation.

L'immeuble, en revanche, offre plus de garanties contre ces circonstances désagréables : il est fixe et facilement individualisable, on ne peut le voler ni le dissimuler ; c'est très rarement qu'on peut le confondre.

C'est parce qu'il est fixe et bien individualisable que l'immeuble s'offre plus facilement à la publicité foncière : il est en effet possible de renseigner le public sur la situation juridique d'un immeuble : où est-il situé ? Quelle est sa consistance ? À qui appartient-il ? Depuis quand ? C'est en rendant ces informations disponibles à la Conservation foncière qu'on renseigne les tiers et qu'on peut leur opposer ses droits sur l'immeuble.

C'est parce que l'immeuble offre les garanties ci-dessus évoquées qu'il peut faire l'objet d'hypothèque (l'hypothèque est une garantie d'exécution d'une obligation), contrairement au meuble. Cette hypothèque doit aussi être inscrite à la publicité foncière. Cette inscription suffit à renseigner les tiers : il ne sera pas nécessaire que le propriétaire de l'immeuble s'en dessaisisse.

185. Le meuble, quant à lui, pourra être donné en garantie d'une dette, par l'opération qu'on appelle le gage : le trait singulier du gage est qu'il entraîne la dépossession du propriétaire du meuble. C'est cette dépossession qui rassure le créancier que le meuble ne peut pas, avant l'exécution de l'obligation, sortir du patrimoine du propriétaire, par exemple par une vente.

Lorsqu'il est possible d'organiser, par des règles de publicité, la protection des personnes intéressées et des tiers, on admet le gage sans dépossession. On le fait en particulier en ce qui concerne, les véhicules automobiles, les marchandises, etc.

De même, certains meubles peuvent offrir plus de possibilités de localisation ; alors on choisit de les soumettre à un régime proche de celui des immeubles, si ce n'est de les considérer comme immeubles.

C'est le cas des navires, qui sont immatriculés et peuvent faire l'objet d'hypothèque[184].

186. La fixité ou non des biens emporte aussi des conséquences sur le terrain de la compétence des juridictions pour trancher les différends qui les concernent. L'immeuble étant fixe, il est convenable de faire régler par la juridiction du lieu de sa situation les différends qui le concernent. C'est à ce lieu qu'on devra trouver normalement et plus facilement toutes les informations sur l'immeuble.

Une telle solution ne peut convenir au meuble, parce qu'il bouge sans cesse. C'est pourquoi, à son égard, il a paru opportun de recourir à un rattachement différent. En particulier, la juridiction compétente sera en principe celle du domicile du défendeur.

C'est encore parce qu'il circule très facilement, aussi bien d'un point de vue matériel que d'un point de vue juridique, que le meuble doit être présumé appartenir à celui qui le possède : on dit qu' « En fait de meuble, la possession vaut titre »[185]. Mais il ne s'agit que d'une présomption simple, car le propriétaire peut victorieusement revendiquer son meuble contre celui qui le possède sans en être propriétaire[186].

2° Les intérêts en rapport avec la valeur des choses

187. Parti de l'idée que les immeubles ont plus de valeur que les meubles, le législateur a entouré les premiers de règles plus protectrices. D'abord, en matière de recherche d'équilibre entre les prestations contractuelles, le Code civil rend, en principe, impossible la sanction de la lésion en matière de vente mobilière. En matière immobilière, en revanche, le contrat pourra être rescindé (de rescision, qui signifie ici annulation) pour lésion si le déséquilibre est de plus de sept douzième de la valeur du bien, au détriment du vendeur[187]. On en a eu l'illustration dans une affaire de vente d'immeuble entre le sieur *Pochangou Isaac* et le sieur *Achirimbi Goodlove Che*[188]. Par devant notaire, le premier a vendu au second un immeuble au prix de 10.000.000 F. Par la suite, le vendeur s'est ravisé et a demandé l'annulation de la vente pour lésion,

---

[184] Voir les articles 27 et 89 du Code CEMAC de la marine marchande.

[185] V. Article 2279 du Code civil

[186] Civ ; 1ère, 7 février 1962, *Bull. civ. I*, n° 91.

[187] Voir article 1674 du Code civil.

[188] CS, arrêt n° 12/CC du 12 octobre 1995, affaire Achirimbi Goodlove Che c/ Pochjangou Isaac, *Juridis-Périodique* n° 30, p. 22, note J. Nguebou.

l'immeuble valant 74.000.000 au lieu de 10.000.000. Il y avait effectivement, au détriment du vendeur, un déséquilibre de plus de 7/12ème du prix. Si, en l'espèce, la rescision a été évitée, c'est parce que le juge a retenu que le prix de vente contenu dans l'acte notarié n'était pas celui réellement convenu entre les parties. Celles-ci avaient, en privé, fixé ce prix à 64.000.000 F[189]. Cette circonstance faisait disparaître le déséquilibre de plus de 7/12ème du prix réel. Lorsque les conditions de la lésion sont réunies, celle-ci doit être demandée dans les deux années à compter de la vente. Dans une affaire *Bokam Nkoumba Jean Baptise* contre *Njimi Prosper, Bisseck Ghislain et Fouda,* le Tribunal de grande instance de Yaoundé centre administratif[190] a rappelé au demandeur cette règle que pose l'article 1676 du Code civil.

Les droits fiscaux que l'Etat prélève sur les opérations portant sur les immeubles sont aussi en général plus importants comparés à ceux qu'il prélève sur les opérations relatives aux meubles.

La saisie immobilière est entourée de très grandes précautions[191] ; la phase de vente est marquée par un cérémonial impressionnant. D'un point de vue pratique, ces précautions débouchent sur la possibilité de paralyser plus facilement les saisies mal engagées ou mal conduites. On ne voit pas une telle complexité s'agissant de la saisie mobilière, même si, après tout, toute opération de saisie doit être conduite avec soin.

Lorsqu'on administre les biens dont on n'est pas propriétaire, on a sur ces biens des pouvoirs qui diffèrent suivant leur nature mobilière ou immobilière. Ces pouvoirs sont plus limités sur les immeubles, justement parce qu'on pense qu'ils sont des biens de grande valeur. Cette observation est vraie s'agissant des pouvoirs des parents sur les biens des enfants mineurs[192], de ceux du mari sur les biens personnels de la femme dans le régime de la communauté[193].

3° Intérêts en rapport avec la fonction sociale des choses

188. Les immeubles assurent très souvent une fonction de stabilisation que ne peuvent assurer les meubles. La famille, par exemple, ne se sent

[189] Cette pratique est très courante, et vise à minorer les charges liées à l'opération.
[190] TPI de Yaoundé centre administratif, jugement n° 272/D du 7 juin 2007.
[191] V. P. G. Pougoué et F. Teppi Kolloko, *La saisie immobilière dans l'espace OHADA*, Yaoundé, PUA, 2005
[192] V. Article 457 et 464 du Code civil.
[193] V. article 1428 du Code civil.

stable que lorsqu'elle a une maison. Les règles du droit de la famille sont ordonnées autour de l'idée qu'il faut conserver les immeubles dans la famille. On comprend que dans le régime matrimonial légal prévu par le Code civil, la communauté des meubles et acquêts, les biens immeubles que chaque époux avait avant le mariage restent hors de la communauté. On semble raisonner comme si chacun des époux avait eu ces biens, dans sa famille par le sang[194] et que ceux-ci devaient y rester. Les meubles, en revanche, entrent dans la communauté, même s'ils sont acquis avant le mariage.

2. Les classifications complémentaires des choses

189. Les classifications complémentaires des choses ne sont nullement une remise en cause de la distinction fondamentale en meubles et immeubles. Elles résultent simplement d'un et même de plusieurs regards différents jetés sur les choses. L'évolution de la société a, en effet, permis que les choses soient considérées sous divers rapports qui étaient parfois sans grande signification à l'origine. On pourrait alors être surpris que certaines de ces classifications se fondent sur la nature des choses. D'autres se fondent tantôt sur la possibilité ou non de s'approprier les biens, tantôt sur leur rentabilité.

a. Les classifications complémentaires fondées sur la nature des choses

En considérant la nature des choses, il est possible de les classer suivant deux principaux segments : on peut distinguer les choses fongibles des corps certains, les biens consomptibles des biens non-consomptibles.

1° Les choses fongibles et les corps certains

190. Les choses ou biens sont dits fongibles lorsqu'ils sont rigoureusement équivalents comme instruments de paiement ou de restitution. Plus concrètement, celui qui doit une chose fongible peut payer sa dette en remettant au créancier une chose de même genre. À titre d'exemple, j'ai pris un ordinateur, je me libère en donnant un ordinateur de mêmes caractéristiques ; j'ai pris 10 litres de carburant super, je donne 10 litres de carburant super.

---

[194] La famille par le sang est celle qui est établie par le lien de filiation. Nous l'opposons ici à la famille par l'alliance.

Un corps certain, en revanche, est considéré comme unique, singulier, non interchangeable et même irremplaçable, parce qu'il est une chose qui marque par son individualité : on n'en trouve pas en série. Ainsi, si je dois cette chose-là, c'est elle-même que je dois donner, non quelque chose du même genre, puisqu'il n'en existe pas. Je dois tel tableau d'un peintre célèbre, je ne peux donner un autre tableau à la place de celui que je dois.

C'est vrai que la distinction entre chose fongible et corps certain est parfois délicate, parce que la non-fongibilité n'est pas toujours naturelle et objective ; elle peut dépendre aussi du rapport affectif qu'on peut avoir aux biens : tel bijou me vient de ma fiancée, je pense qu'il ne peut être remplacé par un bijou du même genre.

191. Malgré tout, les intérêts de la distinction entre choses de genre et corps certains sont connus. En premier lieu, les choses de genre étant interchangeables ont la même valeur d'échange ; les corps certains étant uniques, le débiteur ne peut se libérer qu'en restituant exactement la chose même qu'il a prise. La compensation, qui est un mode de paiement, peut se produire avec les choses de genre, mais pas avec les corps certains.

En deuxième lieu, en cas de vente d'une chose, le transfert de propriété et des risques s'opère en principe au même moment où le contrat est conclu : par le seul accord des volontés, l'acheteur devient propriétaire de la chose[195]. Un tel schéma n'a de sens que si on sait exactement ce qui est vendu, car pour que le transfert se fasse, encore faut-il que la chose vendue soit déterminée. Or, si cette détermination existe toujours en ce qui concerne les corps certains, parce qu'ils sont uniques, elle n'existe pas toujours en ce qui concerne les choses fongibles ; il est possible qu'au moment du contrat on ne les désigne que par leur genre. Admettre le transfert de propriété alors que la chose vendue n'est désignée que par son genre n'est pas judicieux ; c'est pourquoi le transfert de propriété est retardé et n'aura finalement lieu qu'au moment où la chose vendue est individualisée. Plus concrètement, la propriété du sac de riz que j'ai acheté depuis trois semaines ne me sera transférée que lorsque le magasinier m'indiquera le sac qui me revient. C'est sans doute la raison pour laquelle l'article 283 de l'Acte uniforme Ohada relatif au droit commercial général prévoit que sauf convention

[195] On dit aussi que la vente est parfaite dès qu'il y a accord sur la chose et le prix : CS, arrêt n° 111 du 24 août 1971, *RCJCS*, tome IV, p. 188.

contraire entre les parties, le transfert de propriété s'opère dès la prise de livraison par l'acheteur de la marchandise vendue[196]. Le législateur semble se dire que c'est au plus tôt à cette occasion qu'il est utile d'individualiser la marchandise.

En troisième lieu, on conçoit assez difficilement la revendication des choses de genre, justement parce qu'elles ne sont pas individualisées. Ce n'est qu'exceptionnellement, lorsque ces biens ne se confondent pas avec d'autres de la même espèce, que la revendication est possible.

2° Les biens consomptibles et les biens non consomptibles

192. Pour bien saisir la notion de bien consomptible, il faut bien comprendre que le mot consomptible est utilisé, en raccourci, pour dire « consomptible par le premier usage ». Les biens consomptibles sont ceux qui se consomment nécessairement par l'usage que l'on en fait, ceux dont on ne peut faire usage sans les consommer[197]. Au rang de ces biens, il faut citer les aliments, le carburant…, biens qu'on détruit physiquement par la consommation. D'autres biens sont consomptibles alors qu'on ne les détruit pas physiquement ; c'est le cas de l'argent.

Les biens non consomptibles sont, au contraire, ceux qu'on peut utiliser sans qu'ils ne se détruisent. Il peut certes s'agir des biens de consommation au sens courant et économique du terme ; il peut aussi s'agir des biens qui s'amortissent avec le temps ; mais l'important c'est qu'ils ne se détruisent pas au premier usage.

193. L'intérêt de la distinction entre bien consomptible et bien non consomptible apparaît lorsque quelqu'un a sur un bien un droit d'usage, à charge de restitution à la fin de son droit. Si le bien est consomptible, il va de soi que le titulaire du droit ne peut en user qu'en le détruisant. Alors, à la fin de l'usage, il ne peut restituer qu'une chose de même espèce et de même quantité. Si, en revanche, le bien sur lequel porte le droit d'usage est non consomptible, celui qui l'utilise doit en principe restituer la chose même qui fait l'objet du droit.

De même, les choses consomptibles, parce qu'elles se consomment, ne peuvent pas faire l'objet d'un prêt à usage ; elles ne peuvent être

---

[196] Sur la question, lire J. Nguebou Toukam, *Le droit commercial général dans l'Acte uniforme Ohada*, Yaoundé, PUA, 1998.
[197] V. articles 587 et 1874 du Code civil.

l'objet que d'un prêt de consommation : à l'échéance l'emprunteur rend au prêteur une chose de la même espèce, dans les mêmes quantités.

b. La classification complémentaire fondée sur la possibilité d'appropriation des choses

194. La plupart des choses sont appropriées. Cela signifie qu'elles font l'objet d'un droit de propriété. Mais certaines choses, en raison de leur nature même, ne sont pas appropriées, et ne sont pas susceptibles de l'être ; c'est le cas des choses dites communes (*res communes) :* elles sont à tout le monde et à personne en particulier. Dans cette rubrique, il faut citer la lumière du jour, l'air, l'eau de la mer, l'eau courante. Certes, ces choses peuvent devenir objet de propriété lorsque, par un procédé quelconque, quelqu'un les a en quelque sorte « domestiquées ». Ainsi en est-il de l'air lorsque, dans une station de pompage de roues, il est servi aux clients.

195. Il faut situer dans le voisinage des *res communes* les *res nullius (*choses sans propriétaire)[198] ou choses vacantes et sans maître. Ce sont des choses qui peuvent être appropriées, mais sont actuellement sans propriétaire. Il faudrait citer dans cette catégorie les gibiers sauvages, car ils n'appartiennent à personne tant qu'ils n'ont pas été capturés. On citera aussi dans cette catégorie le trésor, c'est-à-dire toute chose cachée ou enfouie sur laquelle personne ne peut justifier de sa propriété et qui est découverte par le pur effet du hasard[199]. Le trésor appartiendra à celui qui le découvre sur son fonds ; s'il est découvert sur le fonds d'autrui, la propriété est partagée entre celui qui l'a découvert et le propriétaire du fonds[200]. Il faudrait enfin citer, dans cette catégorie, les choses abandonnées, c'est-à-dire jetées intentionnellement, comme inutiles. L'hypothèse n'est pas à confondre avec celle d'une chose perdue. Celle-ci reste la propriété de celui qui l'a perdue, et l'article 319 du Code pénal punit celui qui s'approprie une chose perdue.

Les choses vacantes et sans maître sont forcément des choses mobilières, parce que les immeubles sans maîtres sont attribués à l'État par le législateur. Celui-ci paraît même très généreux pour l'État, puisque le Code civil prévoit que « les biens qui n'ont pas de maître appartiennent

---

[198] M. Rémond-Gouilloud, « Ressources naturelles et biens sans maître », *D.* 1985, chr,. 27.
[199] V. articles 716, al. 2, du Code civil.
[200] V. article 716, alinéa 1, du Code civil.

à l'État ». Mais ce texte est compris comme ne concernant que les seuls biens immobiliers[201].

On évitera de prendre dans la catégorie de choses communes ou de choses sans maître les biens du domaine public ou privé de l'État ou d'autres personnes morales de droit public. Ces biens sont appropriés, puisqu'ils appartiennent à ces personnes morales ; ils sont simplement soustraits à l'appropriation individuelle des citoyens.

196. Il est très difficile de mettre le domaine national dans l'une ou l'autre de ces catégories. La notion de domaine national date de la réforme foncière de 1974. L'article 14 de l'ordonnance n° 74/1 du 6 juillet 1974 portant régime foncier définit le domaine national de la façon suivante : « *Constituent de plein droit le domaine national, les terres qui, à la date d'entrée en vigueur de la présente ordonnance, ne sont pas classées dans le domaine public ou privé de l'État ou des autres personnes morales de droit public. Ne sont pas incluses dans le domaine national les terres faisant l'objet d'un droit de propriété tel que défini à l'article 2 ci-dessus* »

« *En cas de déchéance prévue aux articles 4 et 5 de la présente ordonnance ou de non-aboutissement de la procédure visée à l'article 6, les terres sont d'office incorporées au domaine national* ». On pourrait dire, plus simplement, que le domaine national est constitué de l'ensemble des terres non immatriculées, moins le domaine public.

La doctrine souligne unanimement qu'il est extrêmement difficile de cerner la nature des droits des occupants du domaine national[202]. Il est cependant certain que le législateur n'en fait pas un bien appartenant aux personnes qui l'occupent. Le domaine national n'est pas non plus un bien de l'État ou d'une autre personne morale de droit public. L'État en est seulement le gestionnaire.

c. Les classifications complémentaires fondées sur la rentabilité des choses

197. Sous le rapport de leur rentabilité, on distingue les choses productives de celles qui ne le sont pas. Les choses productives sont dites frugifères, les choses non productives sont dites stériles.

[201] Dans ce sens, B. Starck par H. Roland et L. Boyer op cit., n° 1228.

[202] Tout récemment, A. Tientcheu Njiako, *Droits réels et domaine national au Cameroun*, Yaoundé, PUA, 2004, p.33 et s ; I. L. Miendjiem, *Le droit des occupants du domaine national*, thèse de doctorat d'Etat en Droit, Université de Yaoundé II, 2007.

Les éléments que rapportent les choses sont de deux ordres : certains sont des fruits, d'autres des produits. Le fruit est ce qui naît et renaît périodiquement d'une chose sans en épuiser la substance, réserve faite d'une usure naturelle. Deux éléments permettent ainsi de caractériser le fruit : l'apparition périodique de la production et la conservation de la substance.

Les fruits peuvent être naturels, en ce sens qu'ils apparaissent de façon spontanée, sans effort de mise en valeur ; ils peuvent être industriels, en ce sens qu'ils viennent par la culture, le travail de l'homme (avocats, mangues, etc.) ; ils peuvent être civils, en ce sens qu'ils résultent des opérations juridiques (fermages, intérêts des capitaux, loyers, etc.)

Le produit est tout ce qui vient d'une chose de façon irrégulière et au détriment de la substance de celle-ci. Il en est ainsi des matériaux extraits d'une carrière, des coupes de bois, car dans tous ces cas, il y a épuisement de la substance de la chose. Certes, en fonction de la façon dont l'exploitation est organisée, les matériaux d'une carrière ou le bois d'une forêt peuvent être considérés comme des fruits : il suffit que l'exploitation soit régulière.

198. La distinction entre les fruits et les produits montre son intérêt au niveau des droits ou des pouvoirs des personnes qui y sont intéressées. Le fruit est en principe destiné à la consommation ; c'est pourquoi celui qui possède de bonne foi la chose d'autrui peut conserver les fruits au moment où on l'oblige à restituer cette chose[203]. En matière d'usufruit, l'usufruitier a le droit de percevoir et de consommer les fruits de la chose objet d'usufruit, mais a l'obligation d'en rendre la substance intacte au nu-propriétaire. C'est pourquoi l'usufruitier n'a pas droit aux produits de la chose ; il ne peut entamer le capital. De façon générale, celui qui a un droit de jouissance a le droit de percevoir les fruits, mais pas celui d'entamer la substance du bien en cause. Le tuteur, par exemple, a le droit de disposer des fruits ; il ne peut aliéner la substance du bien du pupille.

SECTION II : LES DROITS EXTRAPATRIMONIAUX

199. L'homme n'a pas besoin que de biens matériels ou immatériels ; sa personnalité se nourrit aussi d'éléments d'ordre spirituel, de choix de façon d'être et d'agir. Ces éléments d'ordre spirituel forment les droits

[203] V. Article 549 du Code civil.

extrapatrimoniaux. Il faudrait rapidement les présenter et faire ressortir leurs caractères.

§ 1 : Les différents droits extrapatrimoniaux

On pourrait faire deux groupes dans les droits extrapatrimoniaux : certains sont directement rattachables à la personnalité du sujet de droit : ce sont les droits de la personnalité ; d'autres sont rattachables à la vie au sein de sa famille : ce sont les droits familiaux.

A. Les droits de la personnalité

200. On dit souvent que chacun a sa personnalité. Cela renvoie à un certain nombre d'éléments physiques ou moraux qui nous caractérisent et nous distinguent les uns des autres : le nom, le ou les prénoms, les titres nobiliaires, la voix, l'image, etc. Chacun est jaloux de sa personnalité et peut la défendre par des moyens de droit. Les droits de la personnalité apparaissent ainsi comme des prérogatives reconnues à la personne pour la défense de sa personnalité. Comme la personnalité juridique, ces droits sont acquis par le seul fait de la naissance.

Ces droits protègent la personnalité dans tous ses aspects :

1° La personnalité est protégée sur le plan physique. Chacun a en effet le droit à la vie, à l'intégrité physique, à la santé. Le droit pénal, particulièrement, protège la personnalité sur le plan physique, à travers des infractions comme l'homicide, les coups et blessures, etc.

2° La personnalité est protégée sur le plan moral (il ne faut pas dire personnalité morale, car, alors, on renvoie à autre chose). Chacun a le droit à l'honneur, à la considération. L'examen du contentieux en la matière montre que les plaideurs peuvent assez facilement voir réparer leur préjudice. Le Tribunal de grande instance de Ngaoundéré a ainsi accordé 10.000.000 F (dix *millions de francs) de dommages-intérêts à titre de réparation du préjudice moral à la « Sucession Abdoulahi Babale* », suite à la rupture abusive du contrat de gérance libre d'une station d'essence qui liait le sieur Abdoulahi Babale à la Shell, en soutenant que le premier était un homme public bien connu dans la ville[204].

---

[204] TGI de Ngaoundéré, jugement n° 20/Civ du 14 mars 2006, *affaire Succession Abdoulahi Babale c/Sté Shell Cameroun*, inédit. Cette décision étonne un peu, parce que le juge refuse de réparer le préjudice commercial en constatant que la partie demanderesse ne le prouve pas. Il a accédé très facilement à la demande de réparation

Le droit à l'honneur et à la considération est méconnu en cas de diffamation, de dénonciation calomnieuse, d'injure ; aussi le législateur a-t-il érigé ces faits en infractions[205].

Chacun a droit au nom, et peut protéger son nom contre les usurpateurs[206] ; il a un droit à son image[207]. Le Tribunal de grande instance de Yaoundé[208] a ainsi condamné les Brasseries du Cameroun et l'agence de photographie Rapho à verser des dommages-intérêts à une dame, pour l'utilisation de la photographie de celle-ci à des fins de publicité.

Il faudrait situer sur ce même plan la protection de l'intimité et des choix de mode de vie. Chacun a en effet le droit au respect de sa vie privée.

3° La personnalité intellectuelle est protégée par la reconnaissance du droit moral de l'auteur sur son œuvre ; en vertu de ce droit, l'auteur est le seul à pouvoir décider de la divulgation de son œuvre. Il a aussi le droit de revendiquer la paternité de celle-ci en exigeant que son nom ou sa qualité soit indiqué chaque fois que l'œuvre est rendue accessible au public, de défendre l'intégrité de son œuvre en s'opposant notamment à sa déformation ou mutilation, de mettre fin à la diffusion de son œuvre et d'y apporter des retouches[209].

4° La personnalité est protégée dans ses aspects en relation avec la vie publique. Chacun a le droit d'aller et venir, d'avoir une conviction religieuse, philosophique ou politique, de s'exprimer, de voter, d'exercer une activité, etc.

---

du préjudice moral, sans doute pour que la conduite malencontreuse du défendeur ne reste pas impunie.

[205] Voir notamment les articles 304 et 305 du Code pénal.

[206] V. Kayser, « La défense du nom d'après la jurisprudence civile et d'après la jurisprudence administrative », *RTDciv.* 1959 ; E Agostini, « La protection du nom patronymique et la nature du droit au nom », *D.* 1973, chr. 313.

[207] M.L Abomo, « Le droit à l'image de la personne : quelle protection au Cameroun ? », *Juridis-Périodique* n° 64 (2005), p. 80.

[208] TGI de Yaoundé, affaire Yomba C/ Brasseries du Cameroun, jugement reproduit dans *Tendances jurisprudentielles et doctrinales du droit des personnes et de la famille de l'ex-Cameroun oriental* op. cit., p. 21 et 22.

[209] Voir Loi n°2000/11 du 19 décembre 2000 relative au droit d'auteur et doits voisins du droit d'auteur, notamment l'article 14.

B. Les droits familiaux

201. La loi confère aux parents des prérogatives à l'égard de leurs enfants mineurs pour assurer leur éducation, leur instruction, et même leur établissement dans la vie : c'est la puissance paternelle[210]. Ces pouvoirs portent aussi bien sur la personne que sur les biens des enfants mineurs. Sur la personne, il y a notamment le droit de choisir le type d'éducation à donner à l'enfant, le droit, pour le parent, de donner son consentement au mariage de son enfant mineur. Sur les biens, il s'agit d'un droit d'administration.

Il faut également ranger dans les droits familiaux ceux que le tuteur exerce à l'égard de son pupille, et qu'on peut rapprocher de ceux des père et mère sur leur enfant mineur.

202. Le Code civil prévoyait aussi que le mari doit protection à sa femme et celle-ci lui doit obéissance. Cette formulation a été supprimée par une loi du 18 février 1938 ; mais le mari reste le chef de la famille[211]. À ce titre, il exerce un certain nombre de prérogatives : choisir le lieu d'établissement du domicile familial, choisir la religion des enfants mineurs, etc.

Les relations entre époux sont surtout un tissu de devoirs et droits corrélatifs dont l'appartenance à la sphère extrapatrimoniale ne fait pas de doute : devoir de fidélité, de secours et d'assistance.

§ 2 : Les caractères des droits extrapatrimoniaux

203. Le premier caractère des droits extrapatrimoniaux est de n'être pas estimable en argent. L'affirmation mérite d'être bien comprise : si ces droits ne sont pas estimables en argent, ils peuvent cependant avoir des aspects patrimoniaux et donc appréciables en argent. Ainsi en est-il du nom lorsqu'il est commercial (ex. Coca Cola, Adidas, Puma). Le nom commercial est en effet un élément du fonds de commerce ; c'est une solution qu'admet le droit, mais qu'on comprend bien dans la vie des affaires. Celui qui est intéressé par un fonds de commerce attache sûrement de l'importance à la notoriété du nom sous lequel l'exploitation est faite.

De même, une atteinte à un droit extrapatrimonial peut être réparée par l'allocation des dommages et intérêts et donc de l'argent. On

---

[210] Voir les articles 371 et suivants du Code civil.
[211] V. Article 213 du Code civil.

comprend que l'affirmation courante selon laquelle l'honneur n'a pas de prix n'empêche pas de demander réparation lorsqu'on estime que son honneur est bafoué. Certes, en pareille circonstance, certains préféreraient demander, à titre de réparation, un franc symbolique ; mais d'autres demandent une forte réparation que le juge accorde, après évaluation. Dans l'affaire Yomba ci-dessus évoquée, la demanderesse réclamait quinze millions de francs (15.000.000 F) à titre de dommages-intérêts pour atteinte à son droit à l'image ; le tribunal lui a accordé un million de francs (1.000.000 F).

204. Les droits extrapatrimoniaux sont en principe hors du commerce juridique : on dit qu'ils sont indisponibles, en ce sens que leur titulaire ne peut en disposer : il ne peut les céder, les aliéner, y renoncer. Cette règle n'est cependant pas d'application rigide. En effet, il est admis que le droit au nom commercial soit cédé en même temps que le fonds de commerce. Par ailleurs, sont valables les conventions relatives à certains droits de la personnalité : une personne peut donner à un écrivain le droit d'utiliser son patronyme moyennant argent. De même, je peux concéder à un commerçant, contre argent, le droit d'utiliser mon image pour sa publicité commerciale.

205. À cette indisponibilité de principe, on a parfois ajouté l'imprescriptibilité et l'intransmissibilité à cause de mort. L'imprescriptibilité signifie que ces droits ne s'éteignent pas par non-usage ; ils ne s'éteindront qu'avec la mort de leur titulaire.

L'intransmissibilité pour cause de mort signifie que les héritiers ne recueillent pas les droits extrapatrimoniaux. On admet, cependant, que les héritiers sont en droit de défendre la mémoire du défunt ; le droit au respect d'une œuvre de l'esprit est héréditaire[212].

206. Certains droits extrapatrimoniaux ne peuvent appartenir qu'aux personnes physiques, à l'exclusion des personnes morales. Il s'agit des droits attachés au corps humain ou à la vie familiale. Cette solution est compréhensible : la personne morale n'est pas un être humain et n'a pas de vie de famille. L'explication montre qu'on n'exclura les personnes morales de la jouissance des droits extrapatrimoniaux que pour autant qu'on ne trouve pas chez elles l'équivalent de l'intérêt qui est protégé chez les personnes physiques. Le droit au respect de la vie privée, par

---

[212] G. Cornu, *Droit civil, Introduction, Les personnes, Les biens*, Montchrestien, 11ème édition, n°66.

exemple, trouve son équivalent, dans le droit au respect de la vie interne des personnes morales. Lorsque cette personne morale est commerçante, cette protection connaît un développement remarquable en termes de protection du secret des affaires. Par ailleurs, il est sûr que l'honneur des personnes morales ne peut être impunément bafoué.

Il faudrait faire remarquer, pour terminer sur ce point, que la plupart des droits extrapatrimoniaux sont destinés à la satisfaction d'un intérêt personnel de leur titulaire. Mais certains sont orientés vers un intérêt plus large, l'intérêt de la famille par exemple. On ne s'étonne pas alors que le droit s'accompagne aussi de devoirs. L'exemple le plus banal est offert par le statut du chef de famille : il n'a pas que des droits ; il a aussi des obligations. Une telle situation permet un contrôle plus poussé de l'exercice du droit. On peut en effet voir plus facilement si le titulaire a détourné le droit de sa finalité. Le droit devient ainsi un pouvoir au service d'une fonction[213].

Il était important de saisir la classification des droits subjectifs pour s'en faire une idée. On a pu se rendre compte qu'au détour de la distinction fondamentale entre les droits patrimoniaux et les droits extrapatrimoniaux, les droits subjectifs peuvent être relativement connus. Il faudrait cependant compléter le tableau en considérant leur source.

---

[213] Dans le même sens, Ibid, n° 68 et 69.

CHAPITRE II :

LES SOURCES DES DROITS SUBJECTIFS

207. Par source des droits subjectifs, il s'agit de voir de quoi ceux-ci procèdent. En la matière, on s'attache à l'examen de la volonté des sujets de droit. Le droit (ou l'obligation qui en est le corollaire chez le débiteur) peut procéder d'un acte voulu par son auteur, accompli par lui en vue de produire des effets de droit ; alors, il s'agit d'un acte juridique. En revanche, le droit peut procéder d'un fait, volontaire ou non, ou d'une circonstance, à laquelle la loi attache des effets de droit indépendamment de la volonté de l'homme ; alors, il s'agit d'un fait juridique. On voit bien que l'élément essentiel de distinction, c'est le fait, ou non, pour celui qui agit, de vouloir les effets juridiques de la conduite qu'il a.

SECTION I : LES ACTES JURIDIQUES

208. La notion d'acte juridique a deux sens dans le langage juridique. Il peut s'agir de l'opération accomplie en vue de produire des effets de droit, par exemple une vente. Dans ce sens, on s'intéresse au fond de l'acte, à ce pour quoi il y a manifestation de volonté : c'est le *negotium*. Dans un second sens, la notion d'acte juridique renvoie à l'écrit destiné à constater l'opération juridique, à ce par quoi il y a manifestation de volonté : c'est l'*instrumentum*. Seul le premier sens de l'acte juridique nous intéresse dans cette section.

Tous les actes juridiques n'ont pas le même régime ; c'est pourquoi il importe de faire, entre eux, une classification. Mais, à quelque catégorie qu'ils appartiennent, les actes juridiques reposent sur la volonté de leurs auteurs. Régulièrement accomplis, ils dégagent des effets généraux et peuvent être affectés par des modalités.

§ 1 : Les classifications des actes juridiques

209. Il n'y a pas une, mais plusieurs classifications des actes juridiques, en fonction du critère qu'on retient. À partir du critère du nombre de parties impliquées, les actes juridiques sont classés en actes unilatéraux, conventions et acte collectifs ; à partir de la gravité de leurs effets, on les classe en actes conservatoires, actes d'administration et actes de disposition ; en fonction de ce que l'acte coûte aux parties, on les classe en actes à titre onéreux et actes à titre gratuit ; à partir du statut de celui qui les prend, on les classe en actes administratifs et actes de droit privé.

A. Actes unilatéraux, conventions et actes collectifs

Il convient de présenter séparément chacun de ces actes, dans l'ordre croissant du nombre des parties.

1. L'acte juridique unilatéral

210. L'acte juridique unilatéral est celui qui résulte d'une seule volonté[214]. C'est le cas de la reconnaissance d'enfant naturel, du testament, de la renonciation à une succession ou, de façon générale, de la renonciation à un droit : ces actes procèdent, en effet, de la seule volonté de leur auteur.

Les exemples ci-dessus cités relèvent du droit privé ; le droit public également a des exemples d'actes juridiques unilatéraux. Les actes administratifs, qui sont le moyen d'expression privilégié des pouvoirs publics, sont des actes unilatéraux puisqu'ils procèdent de la seule volonté de l'État (Administration). Quand bien même pour la préparation de certains actes administratifs on associe d'autres volontés, l'acte est, en définitive, pris par l'autorité publique toute seule.

2. La convention

211. La convention est un accord entre deux ou plusieurs volontés, en vue de produire des effets de droit. Le langage juridique entretient une confusion entre la notion de convention et celle de contrat.

Les conventions peuvent être réparties dans plusieurs catégories. Certaines créent des droits réels (constitution d'hypothèque, d'usufruit, de servitudes) : ce sont des conventions constitutives. D'autres se bornent à constater un droit préexistant (ex. le partage) : ce sont des conventions déclaratives. Un troisième groupe de conventions entraînent la disparition

---

[214] V. J. Martin de la Moutte, *L'acte juridique unilatéral, Essai sur sa notion et sa technique en droit civil*, thèse Toulouse, 1951 ; M-L. Izorche, *L'avènement de l'engagement unilatéral en droit privé contemporain*, thèse Aix-Marseille III, 1989 ; F. Batailler, « Les « *beati possedentes* » du droit administratif (Les actes unilatéraux créateurs de privilèges) » *RD pub*. 1965, 1051 et s.

d'un rapport de droit (remise de dette[215], dation en paiement[216]) : ce sont des conventions extinctives. Un quatrième groupe de conventions opèrent un déplacement de propriété (la vente, la donation, la cession de créance, etc.) : ce sont les conventions translatives.

Dans la plupart de cas, les conventions créent des droits et obligations réciproques à l'égard des parties : ce sont les contrats synallagmatiques, dont la vente est l'exemple parfait : le vendeur transfère la propriété du bien contre argent ; l'acheteur verse de l'argent contre l'acquisition de la propriété de la chose.

Mais parfois la convention ne crée des obligations qu'à la charge d'une seule des parties, au profit de l'autre ; il s'agit alors d'un contrat unilatéral. C'est le cas, par exemple, de la donation, puisque celui qui reçoit ne donne rien en contrepartie. L'hypothèse ne doit pas être confondue avec l'acte juridique unilatéral, car dans le cas de la donation, il y a acceptation par le donataire de ce qui est donné, donc rencontre de deux volontés.

3. L'acte collectif

212. L'acte collectif est l'acte juridique par lequel se manifestent les volontés d'un ensemble de personnes unies par une communauté d'intérêts ou impliquées dans une action commune[217]. Dans cette catégorie, on peut citer les délibérations des assemblées : les membres des assemblées sont unis par une communauté d'intérêts, au moins parce qu'il faut penser que tous tiennent au bon fonctionnement et au développement de l'organisme qu'ils animent.

L'acte collectif peut, en même temps, être conventionnel ; c'est le cas avec la convention collective de travail. La loi la définit comme « *un accord ayant pour objet de régler les rapports professionnels entre les employeurs et les travailleurs…* ».[218]

---

[215] La remise de dette est l'acte par lequel un créancier accorde une réduction totale ou partielle de dette à son débiteur : exemple, je vous dispense de me donner 100.000 F que vous me devez.

[216] La dation en paiement est la remise, à titre de paiement, avec l'accord des deux parties, d'une chose différente de celle qui faisait l'objet de l'obligation : exemple, vous acceptez un livre à la place de 5.000 F que je vous dois. La remise du livre éteint la dette.

[217] G. Roujou de Boubée, *Essai sur l'acte juridique collectif*, Thèse Toulouse, éd. 1961.

[218] V. Article 52 du Code du travail.

B. Actes conservatoires, actes d'administration, actes de disposition

Entre ces différents actes, il y a une gradation dans les effets, et on partira du moins grave ou plus grave.

1. L'acte conservatoire

213. Le langage juridique rencontre très exactement le langage courant en ce qui concerne l'acte conservatoire. Comme le mot « *conservatoire* » l'indique, l'acte conservatoire est celui qui veut maintenir en l'état le patrimoine. Autrement dit, il a pour effet de maintenir les droits dans leur état actuel, afin qu'ils ne soient pas perdus.

Il ne faudrait cependant pas avoir une compréhension physique de la notion de conservation. Celle-ci est avant tout juridique, même si elle peut déboucher sur des actes matériels. Le terrain privilégié des actes conservatoires c'est celui de la protection des incapables. Celui qui assure la protection de l'incapable doit accomplir des actes destinés à conserver les droits dans le patrimoine de l'incapable. Il le fera d'autant plus facilement qu'en général de tels actes ne nécessitent pas beaucoup de frais.

Les actes conservatoires se retrouvent aussi dans beaucoup d'autres aspects de la vie juridique. Celui qui interrompt une prescription, par exemple, accomplit un acte conservatoire, car sans son acte, le droit qu'il veut protéger va être perdu par l'écoulement du temps.

2. L'acte d'administration

214. L'acte d'administration est celui qui est nécessaire à la gestion courante d'un bien, qui sert à le faire fructifier, sans en compromettre la valeur en capital[219]. On cite très souvent le fait de mettre un bien en location comme l'exemple type d'acte d'administration. L'exemple n'est sans doute pas mauvais, mais il faut être parfois un peu nuancé. On peut en effet hésiter à considérer comme acte d'administration le fait de donner à bail, en particulier lorsque les prérogatives du locataire sont telles qu'on ne peut facilement reprendre le bien loué. C'est le cas aujourd'hui avec le bail commercial, où le preneur bénéficie d'un droit au renouvellement[220].

---

[219] B. Starck par H Roland et L. Boyer op. cit., n° 1347.

[220] V. Les articles 91 et suivants de l'Acte uniforme Ohada relatif au droit commercial général.

La difficulté, en matière d'acte d'administration, c'est de comprendre l'idée qu'il faut faire fructifier un bien sans en compromettre la valeur en capital. Il va de soi qu'on ne peut faire fructifier un bien sans un peu d'audace. Notamment, on pourrait réinvestir les fruits et produits du bien.

3. L'acte de disposition

215. Les actes de disposition sont ceux qui intéressent les biens considérés dans leur valeur de capital ou qui engagent l'avenir du patrimoine[221]. Cette définition montre que la notion d'acte de disposition ne coïncide pas forcément avec celle d'acte d'aliénation. On peut poser un acte de disposition sans aliéner le bien en cause ; c'est le cas lorsqu'on constitue une hypothèque sur un immeuble. La constitution de l'hypothèque ne transfère pas la propriété de l'immeuble, mais le patrimoine est fortement engagé par l'hypothèque, puisque celle-ci est une charge qui grève le bien. On sait qu'en cas de non-paiement de la dette, l'immeuble peut être saisi et vendu ; la propriété de l'immeuble est donc compromise.

En sens inverse, un acte peut emporter transfert de propriété sans être un acte de disposition. Il suffit que l'acte ait été rendu nécessaire dans la bonne administration du patrimoine. Ainsi, celui qui vend un bien qui occasionne trop de dépenses n'accomplit pas un acte de disposition. L'exemple achevé de l'acte de disposition est la donation.

C. Actes à titre onéreux et actes à titre gratuit

216. Ce qui caractérise l'acte à titre onéreux, c'est la réciprocité dans les gains : chacun reçoit de l'autre partie quelque chose en contrepartie de ce qu'il donne à cette autre partie. L'exemple le plus net est l'échange ; mais sont tout aussi nets l'exemple de la vente, celui du contrat de travail, celui du bail.

À l'opposé, l'acte à titre gratuit se caractérise par le fait qu'une des parties concède un avantage à l'autre sans rien recevoir (ni attendre) en retour. L'exemple type est la donation. Très souvent, les actes à titre gratuit consistent en un appauvrissement d'une partie et un enrichissement corrélatif de l'autre. On en trouve cependant qui n'ont pas cette structure, parce qu'il y a un enrichissement sans appauvrissement corrélatif. Lorsque j'accorde gracieusement un prêt à usage, je ne m'appauvris pas, mais celui qui en bénéficie gagne.

---

[221] B. Starck par H. Roland et L. Boyer, op. cit, n° 1349.

Dans tous les cas, il est important, dans un acte à titre gratuit, qu'il y ait une intention libérale (*animus donandi ou animus testandi*). Celui qui escompte une contrepartie qui n'arrive pas ne peut être considéré comme ayant eu cette intention. Par exemple, je souscris une assurance vol et verse régulièrement des primes d'assurance. Si le vol ne se réalise jamais, l'assureur ne me donne rien : ce contrat d'assurance n'est pas un acte à titre gratuit ; il s'agit d'un acte à titre onéreux, mais aléatoire.

217. Les actes à titre gratuit n'obéissent pas au même régime que les actes à titre onéreux. Celui qui agit à titre gratuit manifeste une intention libérale, et il faut penser qu'il ne le fait qu'à destination de telle personne. On comprend que s'il commet une erreur sur cette personne, l'acte doit être annulé. À l'opposé, ce serait exceptionnel que la considération de la personne soit importante dans un acte à titre onéreux : je veux vendre ma voiture, peu m'importe la personnalité de l'acheteur.

Celui qui reçoit quelque chose en contrepartie de ce qu'il donne doit garantir l'autre partie qu'« *il ne lui donne pas que du vent* ». Plus concrètement, il ne peut être laissé tranquille lorsqu'un tiers revendique, comme lui appartenant, ce qu'il a donné. C'est pourquoi il doit garantir l'autre partie contre l'éviction. La solution est différente en matière d'acte à titre gratuit. Certes, on n'encourage personne à être faussement généreux ; mais le droit est indulgent à l'égard de celui qui a donné ou rendu un service gratuitement. Le dépositaire à titre gratuit, par exemple, ne doit apporter à la chose déposée que les mêmes soins qu'il apporte à ses propres biens[222], et tant pis pour le déposant si le dépositaire est habituellement négligent ; on ne peut exiger qu'il se comporte comme un bon père de famille, homme normalement diligent.

Sous l'angle fiscal, on pourrait dire que le législateur n'est pas très favorable aux libéralités, car les actes à titre gratuit sont imposés plus lourdement que les actes à titre onéreux. Il faudrait aller plus loin pour dire que de façon générale, le droit positif voit avec défaveur l'acte à titre gratuit. Cet acte est dangereux non seulement pour son auteur, mais aussi pour les tiers (héritiers, créanciers, etc.) qui pourraient souffrir de la générosité de celui qui agit.

D. Acte administratif et acte de droit privé

218. Notre droit ayant adopté une conception organique ou formelle de l'acte administratif, il faudrait dire que celui-ci est un acte qui émane

[222] V. article 1927 du Code civil.

d'un organe administratif de l'État, ce qui permet de le distinguer des actes émanant des personnes privées.

L'acte administratif, d'un point de vue de son régime, relève du contentieux administratif, plus ramassé, alors que l'acte de droit privé relève du contentieux judiciaire relativement plus éclaté dans notre système juridique.

§ 2 : La base des actes juridiques : la volonté

219. Les actes juridiques reposent sur la volonté des parties. En principe, toute personne peut manifester sa volonté pour produire tels effets juridiques elle désire. C'est le principe de l'autonomie de la volonté que souligne, en matière contractuelle, l'article 1134 du Code civil : « *Les conventions légalement formées tiennent lieu de loi à ceux qui les ont faites…* ». On peut ainsi passer tous les actes prévus par la loi, modifier ces actes par des clauses particulières, inventer de nouveaux types d'actes. La seule limitation tient au nécessaire respect de l'ordre public et des bonnes mœurs, ainsi qu'il est prévu à l'article 6 du Code civil[223].

C'est parce que la volonté est la base de l'acte juridique qu'il importe qu'elle se soit correctement manifestée dans l'accomplissement des actes. Sur le plan technique, on parle de l'intégrité du consentement. Dans le cas contraire, l'acte est exposé à la nullité. On peut aussi avoir affaire à quelqu'un qui a manifesté une volonté non sérieuse ; il n'est pas sûr que dans ce cas la nullité soit toujours la sanction appropriée.

A. L'intégrité du consentement

Celui qui a agi volontairement c'est celui qui a agi sans subir de violence, sans erreur ni dol.

1. La violence

220. La violence est une contrainte exercée sur la volonté d'une personne en vue de l'amener à accomplir un acte : elle atteint le consentement dans l'aspect liberté. Autrement dit, le consentement est donné, mais pas librement.

Dans les cas les plus graves, la violence pourrait être physique : la victime est, par exemple, contrainte, arme au poing, à signer un acte.

---

[223] Article 6 du Code civil : « On ne peut déroger, par des conventions particulières, aux lois qui intéressent l'ordre public et les bonnes mœurs ».

Mais très souvent la violence est morale et consiste dans le fait de faire craindre à la victime, pour elle-même ou pour ses proches, un mal considérable. Naturellement, on ne la sanctionnera que si la violence est de nature à faire impression sur une personne raisonnable.

On ne sanctionnera pas non plus la violence si la menace qui est agitée est celle de recourir à une voie de droit : le voleur s'engage à restituer le bien volé parce qu'autrement la victime du vol va porter plainte. Une telle violence est légitime, et l'engagement de restituer ne peut être remis en cause. Même si le voleur s'était engagé à payer deux fois ce qu'il a volé, il ne peut utilement plaider la violence.

Ne peut pas non plus, en principe, invoquer la violence celui qui a agi par peur de déplaire ou décevoir. C'est ce qu'on appelle la crainte révérencielle.

2. L'erreur

221. L'erreur est une fausse représentation de la réalité : je crois que j'ai affaire à Tonga Hermine, alors que j'ai devant moi Tonga Joséphine ; je pense que ma bague est en or alors qu'elle est faite en argent.

En matière d'erreur, comme en général en matière de vice du consentement, la difficulté est de séparer, en fonction de la gravité, ce qu'on doit sanctionner de ce qui doit rester sans effet sur la validité de l'acte. C'est vrai que si l'erreur est excessivement grave, par exemple lorsqu'elle porte sur la nature de l'acte accompli, on peut se demander s'il ne faut pas juger que l'acte est inexistant. L'erreur très légère est sans influence sur la validité de l'acte. Pour être retenue et justifier la nullité, l'erreur doit avoir une certaine gravité, par exemple parce qu'elle porte sur la personne du cocontractant, ou sur les qualités substantielles de la chose (exemple, le meuble que j'ai acheté chez l'antiquaire n'est pas authentique).

3. Le dol

222. Il y a une grande parenté entre le dol et l'erreur : le dol est une erreur provoquée. Il découle soit de manœuvres frauduleuses, soit d'affirmations mensongères, soit d'une simple réticence de la part de celui qui aurait dû livrer une information. Mais les juridictions ont parfois retenu le dol sans vraiment caractériser ces éléments qui permettent de surprendre le consentement de l'autre partie. Ce fut le cas dans une affaire de reprise de véhicule devant la Cour d'appel du Centre, où celui qui voulait une voiture neuve en offrant avec un supplément sa vieille voiture s'était vu refiler une vieille voiture[224].

Le dol peut avoir deux effets sur sa victime : dans le premier cas, la victime n'aurait pas posé l'acte si elle n'avait pas été poussée à le faire ; alors le dol est dit principal. Dans ce cas, il convient d'annuler l'acte. Dans le second cas, la victime du dol aurait, même sans le dol, accompli l'acte ; mais le dol l'a amenée à l'accomplir dans des conditions différentes, plus onéreuses : on parle de dol incident. Dans ce cas, il n'est ni juste ni sans doute bénéfique pour la victime d'annuler l'acte ; on la satisfait en lui accordant des dommages et intérêts.

En ce qui concerne son origine, le dol tient à des manœuvres, mensonges ou réticences de la part du contractant de la victime ou d'un tiers. Mais il ne sera une cause de nullité que s'il émane du cocontractant[225]. Si, en revanche, il émane d'un tiers, il ne peut donner lieu qu'à des dommages-intérêts de la part de ce dernier. C'est une différence notable avec la violence qui est sanctionnée sans égard à son origine.

B. La nullité de l'acte vicié

Lorsque le consentement est donné soit par violence, soit par erreur, soit par dol, on dit qu'il est vicié. La sanction qui s'applique c'est la nullité de l'acte juridique accompli sous l'empire du vice du consentement. Il faudrait s'arrêter sur les modalités et les effets de la nullité.

1. Les modalités de la nullité

223. Deux voies sont ouvertes pour faire valoir la nullité. La victime du vice peut, de façon offensive, intenter une action en justice pour faire prononcer la nullité ; alors il est intéressant de savoir pendant combien de temps cette voie est ouverte. La victime peut aussi (c'est la seconde voie) rester dans l'attente, et n'invoquer la nullité que si on lui demande d'exécuter l'acte ; alors elle oppose la nullité comme une exception. Cette solution lui est ouverte tant que l'acte n'est pas exécuté ; elle n'est donc pas enfermée dans un délai.

---

[224] Cour d'appel du Centre, n° 228/civ du 20 avril 2005, *affaire SODAC S.A c/ Njankouo Ndome Natacha, Juridis-Périodique n° 66, p. 46.*

[225] Cass. Com. 1er avril 1952, D. 1952, 380.

Il faudrait signaler que la nullité des actes juridiques peut être prononcée pour des motifs autres que le vice du consentement. En effet, outre la condition d'absence de vice du consentement, l'acte juridique doit remplir les autres conditions de validité : objet et cause licites, capacité des parties. La violation de l'une ou l'autre de ces conditions entraîne la nullité.

224. Il y a une grande césure parmi les causes de nullité : les nullités relatives et les nullités absolues. La nullité est relative lorsque la prescription violée était faite dans l'intérêt d'une personne particulière. C'est le cas en matière de vice du consentement ou d'incapacité. Parce que la prescription est faite dans l'intérêt particulier, par exemple celui d'une partie à l'acte juridique, seule cette partie est admise à invoquer la nullité de l'acte. Personne ne peut en effet demander l'annulation d'un contrat que j'ai conclu au motif que mon consentement a été donné par erreur. Il me revient, appréciant moi-même mes intérêts, de voir si je dois ou non invoquer la nullité. Dans la logique de cette idée, la nullité relative peut être couverte par la confirmation de l'acte. Cela signifie que j'aurais pu demander la nullité de l'acte, parce que je l'ai accompli par erreur, je le confirme plutôt, couvrant en quelque sorte la nullité. La confirmation peut se faire explicitement, par exemple par un acte juridique qui réitère le consentement à l'acte vicié ; elle peut aussi se faire tacitement, par exemple en laissant passer le délai pendant lequel on aurait pu demander la nullité. Si le législateur n'a pas prévu un délai plus court, celui-ci est de dix ans en matière contractuelle[226].

225. La nullité absolue, en revanche, sanctionne la transgression des règles d'intérêt général. Parce qu'il s'agit de protéger l'intérêt général, la voie de la sanction est plus ouverte. D'abord, une nullité absolue peut être demandée par toute personne intéressée (à ne pas confondre avec tout le monde, car il faut que le demandeur ait un intérêt légitime à agir : les parties à l'acte, les créanciers, les ayants cause à titre particulier, etc.). L'acte entaché d'une nullité absolue ne peut être confirmé[227] ; l'action en nullité ne peut être éteinte que par la prescription la plus longue, à savoir la prescription de trente ans[228].

---

[226] V. Article 1304 du Code civil.

[227] CS, n° 5 du 7 décembre 1965, *RCJCS* tome IV, p. 65.

[228] V. Article 2262 du Code civil : « Toutes les actions, tant réelles que personnelles, sont prescrites par trente ans, sans que celui qui allègue cette prescription soit obligé d'en rapporter un titre, ou qu'on puisse lui opposer l'exception déduite de la mauvaise foi ».

Sans y avoir été invitée par les termes des pourvois, la Cour suprême[229] a plusieurs fois affirmé que la nullité absolue était imprescriptible. Cette formule lapidaire tendrait à dire que même après l'expiration du délai de trente ans prévu par l'article 2262 du Code civil pour l'exercice de toutes les actions tant réelles que personnelles, il est possible d'exercer une action en nullité absolue. Une telle jurisprudence mérite d'être affirmée avec plus de force encore pour qu'on soit sûr que la Haute juridiction veut s'écarter de la lettre de l'article 2262 du Code civil. À titre comparatif, on sait que la jurisprudence a très clairement affirmé que l'article 2262 ne s'applique pas à l'action en revendication intentée par le propriétaire dépossédé de son immeuble[230].

2. Les effets de la nullité

226. Les effets de la nullité ne dépendent nullement du caractère de celle-ci. Autrement dit, qu'elle soit relative ou absolue, la nullité produit les mêmes effets. L'annulation d'un acte juridique entraîne son anéantissement rétroactif. Tout doit se passer comme si cet acte n'avait jamais existé : les choses doivent être remises en l'état où elles étaient avant la conclusion de l'acte. En conséquence, si l'acte avait déjà été exécuté, il doit être procédé à des restitutions. S'il s'agissait d'un contrat de vente, par exemple, l'acheteur doit restituer la chose et reprendre son argent.

Dans certains cas cependant, il est impossible d'arriver à un tel résultat. En effet, lorsqu'on annule par exemple un bail en cours d'exécution, il est impossible que le preneur restitue la jouissance des lieux. Alors, la nullité ne peut rétroagir ; elle ne déploiera ses effets que pour l'avenir.

Par ailleurs, il est possible que dans un acte on arrive à séparer la mention nulle du reste des mentions. En fonction de l'importance qu'a cette mention nulle par rapport à l'ensemble, on peut s'en tenir à une nullité partielle ou prononcer la nullité de tout l'acte.

C. Le consentement non sérieux

227. Pour produire tous ses effets, le consentement doit être non seulement libre et éclairé-ce qui évoque la théorie des vices du

---

[229] CS, arrêt n°78/CC du 11 mai 1971 *RCD*, n° 2, p. 145, Obs. Mouralis, et n° 88/CC du 8 juin 1971, *RCD* n° 1, p. 53
[230] Req., 12 juillet 1905, *DP*, 1907, 1, 141.

consentement-, mais aussi sérieux. Mais l'idée que le consentement doit être sérieux n'a pas, en droit, le même retentissement que celle qu'il doit être libre et éclairé. Il y a au moins une explication à cela : s'interroger sur le sérieux du consentement peut ressembler à un véritable procès d'intention. Dans certaines situations cependant, il semble justifié de s'interroger sur le sérieux du consentement, en particulier lorsqu'on pense que celui qui a donné ce consentement se joue de certaines institutions sociales, comme le mariage. Il est en effet souvent arrivé que des personnes donnent leur consentement au mariage sans aucune volonté de se comporter par la suite comme époux. Une telle conduite relevait de l'épiphénomène dans notre société, parce que les raisons d'allègement fiscal, d'acquisition d'une nouvelle nationalité ou de légitimation d'enfant qui les sous-tendent en général dans d'autres pays n'avaient pas la même ampleur chez nous. Mais le phénomène nous envahit de plus en plus, à la faveur du développement de l'émigration, avec les fraudes qui entourent les démarches pour entrer dans le pays d'accueil. Il n'est plus rare que les protagonistes concluent le mariage juste pour traverser la frontière par le biais de l'institution du regroupement familial.

Ces mariages sans volonté de vivre comme époux posent des problèmes de qualification en droit. On les qualifie tantôt des mariages simulés, tantôt des mariages à effets conventionnellement limités[231]. Ils posent aussi le problème de la sanction appropriée. Annuler le mariage au motif que le consentement est fictif serait inconciliable avec le caractère solennel du mariage[232]. De plus la solution peut ne pas être satisfaisante pour la société qui, sans doute, aurait ainsi fait le jeu des prétendus époux. C'est pourquoi on a pensé qu'il valait mieux prendre ces derniers à leur propre piège, en faisant produire au mariage tous les effets prévus par la loi, y compris ceux qu'ils ont voulu écarter.

228. Il y a cependant une solution médiane entre la thèse de la nullité systématique du mariage et sa validité. Elle consiste à distinguer entre les objectifs poursuivis par les protagonistes. Lorsque ceux-ci ne se sont prêtés à la cérémonie qu'en vue d'atteindre un résultat qui est étranger à

[231] Claude-Isabelle Piganiol, « Le mariage simulé », *RTD civ.* 1960, 271 ; « Mariage simulé ou mariage à effets conventionnellement limités (à propos de l'arrêt de la Cour de cassation du 20 novembre 1963) », *D.* 1965, chron. 9 ; A. Benabent, « La liberté individuelle et le mariage » *RTD civ.* 1973, 440 ; Guy Raymond, « Nullité absolue du mariage pour simulation », *Gaz. Pal.* 1974, 2, doctr., 293.
[232] Claude-Isabelle Piganiol op. cit.

une union matrimoniale, ou y est secondaire, le mariage est vraiment simulé et sanctionné de nullité[233]. Lorsque, en revanche, les protagonistes ont simplement voulu limiter les effets légaux du mariage, en visant tout de même certains de ses effets essentiels, c'est la limitation qu'il faut priver d'effet. Une telle analyse a conduit la Cour de cassation française à déclarer valable le mariage dont les époux avaient cru pouvoir limiter les effets légaux en ne donnant leur consentement que dans le but de conférer à leur enfant commun la situation d'enfant légitime[234].

Le critère de distinction ainsi retenu n'est pas toujours d'utilisation facile. Certes on peut avancer, comme l'a fait Raynaud[235], que le but étranger au mariage, ou effet secondaire, est celui qui n'est pas spécifique au mariage et peut être obtenu par un autre moyen. C'est le cas du changement de nom, de la réduction des impôts, de l'immigration. Mais l'analyse ne conduit pas toujours à un résultat satisfaisant. En effet, depuis qu'en France la légitimation d'enfant peut être obtenue non seulement par le mariage, mais aussi par autorité de justice[236], le recours à cette analyse conduirait à annuler le mariage fait simplement pour légitimer un enfant naturel.

§ 3 : Les effets de l'acte juridique

229. Les actes juridiques ont chacun leurs effets spécifiques ; tous ont cependant des effets généraux qui nous intéressent dans ce paragraphe. L'idée centrale à retenir est que les actes juridiques obligent les parties. Mais ils n'obligent que celles-ci : c'est le principe de la relativité des actes juridiques. C'est pourquoi après un premier point sur leur force obligatoire, il faudrait s'arrêter sur la relativité des actes juridiques et dire qui y est partie.

A. La force obligatoire des actes juridiques

230. L'acte juridique a une force obligatoire en ce sens que chaque partie doit exécuter la prestation mise à sa charge. Avant l'acte, on est

---

[233] La Cour d'appel de Paris a ainsi déclaré nul, pour défaut de consentement, un mariage conclu uniquement en vue d'un effet secondaire, étranger à l'institution du mariage, avec la volonté délibérée de se soustraire à toutes les autres conséquences du mariage : 11 juin 1974, Gaz. Pal. 1974, 2, somm, 293.
[234] Civ. 1èer, 20 novembre 1963, D. 1964, 465.
[235] Marty et Raynaud, par Raynaud, *Droit civil, Les personnes*, 3ème édition, n° 73 bis.
[236] Voir la loi du 3 janvier 1972.

bien libre de s'engager, mais lorsqu'on s'est engagé, on est obligé d'agir dans le sens de l'engagement, de la parole donnée[237].

La force obligatoire de l'acte juridique a pour conséquence l'existence de moyens de pression contre le débiteur qui ne veut pas s'exécuter spontanément (par exemple une action en justice).

231. Bien entendu, il ne faudrait pas confondre la force obligatoire de l'acte juridique avec sa force exécutoire. La force exécutoire intervient à un stade supérieur, et se caractérise par la possibilité donnée au créancier de passer directement à l'exécution forcée par la saisie et la vente des biens du débiteur. J'ai vendu un ordinateur à Monsieur SIMO, le contrat a une force obligatoire. S'il ne me paie pas le prix convenu, je demande au juge de le condamner à me payer. La décision du juge condamnant Monsieur SIMO est un titre exécutoire (elle a force exécutoire), car je peux faire saisir et vendre les biens de ce dernier pour obtenir paiement de ce qu'il me doit.

232. Il est souvent arrivé que les circonstances ayant entouré la conclusion d'un acte juridique comme le contrat changent, au point que l'exécution de l'acte devienne très onéreuse pour l'une des parties. Par exemple, le contrat que j'ai conclu prévoit que contre une somme de 10.000.0000 F, je dois, pendant 3 ans, livrer du ciment pour la construction d'un ensemble immobilier. Deux mois après, le pont qui reliait le lieu de livraison à mon lieu d'approvisionnement est rompu, m'obligeant à faire désormais un détour de 1000 Km sur une route non bitumée. Il va de soi que dans ces conditions, l'équilibre des prestations est rompu. J'aurais alors intérêt à faire réviser le prix de mes prestations (10.000.000 F)

Si nous avons prévu une telle révision ou une autre solution dans le contrat, il n'y a aucun problème, on y recourt : c'est même le respect de la force obligatoire des contrats.

Si rien n'est prévu au contrat, la jurisprudence judiciaire, depuis la célèbre affaire du Canal de Craponne[238], décide de s'en tenir aux termes

---

[237] La jurisprudence est abondante en la matière : CS-Cor, arrêt n°86 du 25 mai 1971, *affaire Bollo, in Tendances Jurisprudentielles et doctrinales* op. cit, p. 87. Voir aussi, CS, n° 31 du 10 février 1977, *RCJCS*, tome IV, p. 68 ; n° 225 du 30 mai 9961, *RCJCS*, tome IV, p. 152.

[238] Civ. 6 mars 1876, *DP*, 1876, 1, 193, note Giboulot ; *S.* 1876, 1, 161. Voir aussi, Civ. 6 juin 1921, *DP*, 1921, 1, 73.

du contrat : je m'étais engagé à livrer du ciment à tel prix, on s'en tiendra à ce prix-là.

La jurisprudence administrative[239], en revanche, admet la révision des contrats en cas de changement de circonstances.

233. Le droit administratif admet également la possibilité pour l'une des parties, en l'occurrence l'Administration, de rompre unilatéralement le contrat, moyennant une indemnisation de l'autre partie. Le droit privé, en revanche, s'en tient à l'idée qu'on ne peut rompre unilatéralement le contrat. Ce principe, certes, connaît quelques exceptions. On a une première exception avec les contrats à durée indéterminée. Parce qu'on ne peut s'engager à vie, on admet que chacune des parties au contrat à durée indéterminée peut le rompre à tout moment. La solution est clairement formulée à l'article 34 du Code du travail : « *Le contrat de travail à durée indéterminée peut toujours être résilié par la volonté de l'une des parties contractantes* » ; elle se trouve également dans plusieurs autres textes en vigueur.

La seconde exception vient des contrats basés sur les rapports de confiance, comme le mandat ou le dépôt. Chacune des parties peut rompre ces contrats si la confiance à la base du rapport a disparu.

La troisième exception est plus récente et résulte de l'article 261 de l'Acte uniforme OHADA relatif au droit commercial général ; il prévoit que l'acheteur pourrait déclarer le contrat résolu si l'inexécution ou le défaut de conformité constitue un manquement essentiel au contrat[240].

Hormis ces hypothèses exceptionnelles, l'idée que le contrat ne peut être unilatéralement rompu est tellement forte que même en cas de faute de l'une des parties l'autre ne peut y mettre fin sans passer par le juge[241]. Elle ne peut, au mieux, que suspendre l'exécution de ses propres

---

[239] CE, 30 mars 1916, *Compagnie Générale d'éclairage de Bordeaux*, *GAJA*, 10é éd., n° 49 ; *D*. 1916, 3, 25.

[240] Un manquement au contrat de vente commis par l'une des parties est considéré comme essentiel lorsqu'il cause à l'autre partie un préjudice tel qu'il la prive substantiellement de ce qu'elle était en droit d'attendre du contrat, à moins que ce manquement n'ait été causé par le fait d'un tiers ou la survenance d'un événement de force majeure (article 248 de l'acte uniforme Ohada relatif au droit commercial général).

[241] Pour un cas de résolution judiciaire, voir Cour d'appel du Centre (bail d'une durée de 20 ans), arrêt n° 276/Civ du 21 juin 1995, affaire *Société Shell Cameroun c/ M. Houpa Philippe, Juridis-Périodique* n° 38 (1999), p. 46, note J. Nguebou.

prestations et, au besoin, invoquer devant le juge le manquement de l'autre partie qui tenterait de l'obliger à s'exécuter : on parle d'exception d'inexécution.

Selon les cas, l'acte juridique, même bilatéral comme le contrat, peut ne créer des obligations qu'à la charge d'une des parties. Celle-ci devra s'exécuter comme elle l'a promis en manifestant sa volonté.

B. La relativité des actes juridiques

234. Le principe de la relativité des actes juridiques est posé par deux célèbres articles du Code civil. Il s'agit d'abord de l'article 1134 qui affirme que « *Les conventions légalement formées tiennent lieu de loi à ceux qui les ont faites…* ». Il s'agit ensuite, et surtout, de l'article 1165 qui affirme que « *Les conventions n'ont d'effets qu'entre les parties contractantes*[242] ; *elles ne nuisent point au tiers, et elles ne lui profitent que dans le cas prévu par l'article 1121* ». C'est cette idée qu'exprime l'adage « *Res inter alios acta aliis neque nocvere neque prodesse potest* ».

Le principe de la relativité des actes juridiques se comprend bien : si c'est la volonté des parties qui est au fondement de l'acte juridique, c'est qu'on n'est lié que parce qu'on l'a voulu. Cette idée est exprimée par un autre adage latin : « *Pacta sunt servenda* ». Et comme personne ne peut vouloir pour autrui, notre volonté ne peut lier que nous même, non autrui.

235. Peut-on imaginer que sans être partie à un acte, autrui en profite ? La réponse est en principe négative. Le législateur prévoit toutefois une hypothèse où sans être partie à un acte, quelqu'un en profite : c'est la stipulation pour autrui. La stipulation pour autrui est un contrat par lequel une personne, appelée stipulant, obtient d'une autre personne, le promettant, que cette dernière exécute une prestation au profit d'une troisième personne appelée bénéficiaire. L'exemple type de la stipulation pour autrui est fourni par l'assurance : contre le versement d'une prime, mon assureur s'engage à verser un capital à telle personne que je désigne : j'ai stipulé pour cette personne-là.

L'article 1122 du Code civil dispose que dans un acte on est censé avoir stipulé pour soi et pour ses héritiers et ayants cause, à moins que le contraire ne soit exprimé ou ne résulte de la nature de la convention[243].

---

[242] CS, arrêt n° 405 du 6 mars 1962, *RCJCS* tome IV, p. 57.

[243] Cela signifie simplement que vos héritiers et ayants cause doivent plus tard prendre votre place dans l'acte que vous concluez. Il n'en est autrement que si l'acte le dit ou si

236. Les effets de l'acte se déploient donc exclusivement sur les parties, et sont ceux que celles-ci ont prévus. Certes, la loi peut déterminer impérativement les effets ou certains effets des actes ; mais c'est en concluant ces actes que les parties s'y soumettent. Dans bien des cas, elles pourront réaménager les effets prévus par la loi.

Dire que les effets des actes juridiques se déploient sur les parties ne signifie pas que les tiers peuvent ignorer ces actes. Il faudrait en effet distinguer entre l'effet de l'acte et son opposabilité. L'effet, qui résulte du rapport d'obligation entre créancier et débiteur, est circonscrit aux parties à l'acte, mais l'acte juridique crée une situation qui s'impose au respect de tous. Le bail, par exemple, ne lie que le bailleur et le preneur ; mais si un immeuble est déjà donné à bail, les droits du preneur sont une situation objective qui s'impose à tous. De même, en cas de vente, le transfert de propriété est une situation objective que personne ne peut ignorer. C'est cette aptitude des actes à s'imposer même à ceux qui n'y sont pas parties, qui s'appelle opposabilité. Certes, dans certains cas, comme la vente d'immeuble, l'acte ne deviendra opposable qu'après accomplissement de certaines formalités de publicité.

C. La détermination des parties

237. La partie à un acte est le sujet actif ou passif de l'acte. Le sujet actif de l'acte est celui à qui l'acte attribue une créance ; le sujet passif de l'acte est celui sur la tête de qui l'acte met une dette. On n'est donc pas partie à un acte, si on n'y figure pas dans l'une ou l'autre de ces qualités.

Cette précision permet d'éviter les méprises qu'on pourrait avoir en cas de représentation. En effet, pour être sujet actif ou passif dans un acte, il n'est pas nécessaire d'être physiquement présent à la conclusion de l'acte ; on peut en effet être représenté. Les incapables, par exemple, sont souvent représentés à la conclusion des actes ; on peut aussi, par la technique du mandat, être représenté à la conclusion d'un acte. C'est par ce procédé que toutes les personnes morales s'expriment sur la scène juridique.

---

cela résulte de la nature de la convention. C'est clair que si vous avez conclu un contrat de livraison de véhicule, votre héritier prend votre place à votre décès. En revanche si vous avez conclu en tant que salarié un contrat de travail, votre héritier ne peut l'exécuter à votre décès, parce que le contrat de travail est conclu en considération de votre personne : on dit qu'il est conclu *intuitu personae*

On peut donc être physiquement présent et signer sous un acte sans y être partie. C'est le cas lorsqu'on signe comme représentant légal ou conventionnel. Monsieur Tchakam qui signe un acte de vente en tant que Président de l'association « *Fraternité* » n'est pas partie au contrat ; c'est « *Fraternité* », personne morale, qui est partie au contrat.

On n'est pas non plus partie à un acte lorsqu'on signe comme témoin ou comme officier public désigné par la loi pour recevoir l'acte. Le notaire, par exemple, n'est pas partie au contrat de vente d'immeuble qu'il reçoit.

238. Ceux dont la situation doit être rapprochée de celle des parties sont les ayants cause. On appelle ainsi les personnes qui tiennent leurs droits d'une autre personne, que l'on appelle leur auteur : j'ai acquis un terrain que j'ai ensuite vendu à Monsieur Bilong. Ce dernier est un ayant cause, car c'est de moi qu'il tient son droit ; je suis son auteur.

Les ayants cause sont dits à titre universel lorsqu'ils ont acquis la totalité du patrimoine de leur auteur ou une fraction de celui-ci. C'est le cas des héritiers légaux et des légataires universels ou à titre universel. Les ayants cause à titre universel sont assimilés à la partie à l'acte à laquelle ils succèdent. Par conséquent, l'acte juridique posé par leur auteur les engage de la même manière qu'il a engagé l'auteur. Si, par exemple, le vendeur est décédé sans avoir livré la chose vendue, l'obligation de livraison née sur sa tête va peser désormais sur son héritier. Il continue, en quelque sorte, la personne de son auteur (le défunt).

Les ayants cause sont dit particuliers ou à titre particulier lorsqu'ils n'acquièrent de droits de leur auteur que sur un bien déterminé. Ces droits peuvent être acquis soit entre vifs (c'est-à-dire entre vivants : exemple par vente ou par donation) soit à cause de mort (c'est le legs particulier). L'ayant cause à titre particulier n'est pas, en principe, tenu des obligations de son auteur. Mais il se peut, cependant, qu'il soit tenu de ses obligations sur le bien cédé. Par exemple, l'acheteur d'un immeuble est, sous certaines conditions, tenu de respecter le bail que son vendeur avait conclu avec un tiers avant la vente de l'immeuble[244].

[244] V. Article 1743, alinéa 1, du Code civil.

§ 4 : Les modalités des actes juridiques

239. Dans l'hypothèse la plus simple et, heureusement la plus habituelle, un acte juridique est conclu sans modalité particulière : je vends ma voiture à Monsieur Tagné, « *un point un trait* ». Mais parfois, les actes juridiques conclus dépendent encore d'événements que les parties désignent. Si la réalisation de l'événement envisagé est certaine, on parle de terme ; si sa réalisation est incertaine, on parle de condition.

A. Le terme

240. Le terme est la modalité d'un acte juridique faisant dépendre l'exécution ou l'extinction d'un droit d'un événement futur dont la réalisation est certaine. Il affecte l'obligation dans son exigibilité ou son extinction. Le terme est soit certain, soit incertain. Il est certain lorsque la stipulation des parties désigne un événement dont on sait le jour précis où il va se réaliser, par exemple la fête du 20 mai. Le terme est incertain lorsque l'événement va se produire (c'est en quoi c'est un terme et non une condition comme on verra dans le point suivant), mais on ne peut en connaître d'avance le jour. On sait par exemple que chacun va mourir, mais personne ne sait quand qui va mourir.

241. Les parties à un acte peuvent envisager de deux façons les conséquences du terme sur leur acte. Elles peuvent retarder les effets de l'acte jusqu'à la réalisation de l'événement indiqué : le terme est dit suspensif. On en a un exemple avec un bail qui est conclu le 1er août, mais où il est stipulé que l'entrée en jouissance a lieu le 1er octobre. Avant l'entrée en jouissance du preneur, son droit existe, car il a été définitivement acquis le 1er août. Mais ce n'est pas parce que son droit existe qu'il peut l'exiger, car, justement, l'exigibilité de son droit a été retardée. À partir du 1er octobre, le preneur peut réclamer son entrée en jouissance, puisqu'on est à l'échéance.

Le terme extinctif agit en sens contraire : la réalisation de l'événement met fin aux effets de l'acte qui se déploient depuis le jour de la conclusion. Par exemple, un bail conclu le 1er janvier prévoit qu'il prend fin le 31 décembre. Entre le 1er janvier et le 31 décembre, le contrat s'exécutera ; après le 31 décembre, il prendra fin, parce que le 31 décembre est le terme extinctif.

Le terme est très souvent prévu par les parties à l'acte ; mais dans certains cas il est fixé par le législateur, voire par le juge. C'est le cas lorsque le législateur fixe un délai pour agir, ou lorsque le juge accorde au débiteur un délai pour le règlement de sa dette (ce qu'on appelle le délai de grâce)[245].

B. La condition

242. La condition est la modalité d'un acte juridique faisant dépendre l'existence d'un droit d'un événement futur dont la réalisation est incertaine. Contrairement au terme qui affecte l'obligation dans son exigibilité ou son extinction, la condition affecte l'obligation dans son existence même. On pourrait en effet, selon les cas, conclure que l'obligation n'a jamais existé.

Si les parties font dépendre la naissance du rapport juridique de l'événement considéré, la condition est suspensive. Tout est en effet suspendu jusqu'à la réalisation (ou la défaillance) de la condition. Entre le jour de la stipulation de la condition et le moment de sa réalisation (ou de la défaillance), c'est le doute. Il y a condition si je promets de vous donner mes vieux livres au cas où vous réussissez le passage du niveau 1 au niveau 2. En l'état actuel des choses, vous n'êtes pas créancier, car rien ne dit que vous réussirez le passage au niveau 2. Si vous réussissez le passage au niveau 2, votre créance se constitue et remonte même au jour où j'ai fait la promesse. En revanche, si vous échouez, vous n'avez rien, et n'avez jamais rien eu (ce n'est pas seulement à compter de l'échec constaté à la publication des résultats que vous n'avez pas droit aux livres ; vous n'y avez jamais eu droit).

Lorsque les parties font de la condition une modalité extinctive de l'obligation, la condition est dite résolutoire. Dans ces circonstances, le rapport de droit produit normalement ses effets tant que la condition est pendante. En d'autres termes, il y a doute, mais en attendant, tout se passe comme si le rapport juridique était pur et simple.

Il y a condition suspensive lorsque je vous donne ma voiture en vous indiquant que je la reprendrai si mon épouse passe l'examen du permis de conduire. Dès le jour où je vous donne ma voiture, vous en devenez propriétaire. Mais si mon épouse passe son examen, votre droit disparaît. Votre droit ne cesse pas seulement le jour de l'obtention du permis de conduire, mais il est anéanti rétroactivement. Vous êtes réputé n'avoir jamais été propriétaire de la voiture.

[245] V. Article 1244 alinéa 2 du Code civil.

En revanche, si mon épouse manque son examen de permis de conduire, vos droits de propriétaire que vous exerciez déjà depuis le jour où la voiture vous a été donnée se consolident, parce que désormais l'acte ne peut plus être résolu.

243. Suspensive ou résolutoire, la condition peut, dans sa réalisation, tantôt dépendre de la volonté des parties, tantôt échapper à cette volonté. La condition casuelle est celle qui dépend uniquement des circonstances hasardeuses. Il en va ainsi notamment lorsque nous nous entendons que j'achète votre ventilateur si la température moyenne au mois de janvier est au-dessus de 35°. Personne d'entre nous ne peut faire baisser ou monter la température. Nous sommes tous livrés aux caprices du temps.

La condition est potestative lorsque sa réalisation dépend de la volonté de l'une des parties à l'acte. C'est le cas, par exemple, lorsque nous stipulons que je vous donnerai mon téléphone portable si je veux. Il y a également condition potestative lorsque nous stipulons que je vous donnerai mon ordinateur s'il vous intéresse.

Assez intuitivement, on sent que le premier exemple gêne : on voit bien que je m'engage sans véritablement me lier. Ce n'est pas là le propre des rapports d'obligation : il n'y a obligation que si le créancier peut contraindre le débiteur à s'exécuter. C'est pour cette raison que lorsque la condition potestative dépend de la volonté du débiteur, elle n'est pas valable. On dit qu'il s'agit d'une condition purement potestative.

Dans le second exemple (je vous donnerai mon ordinateur s'il vous intéresse), on voit que je me suis engagé, et que je serai lié si vous le voulez : la condition dépend de la volonté du créancier, non du débiteur. Une telle condition est valable.

Est également valable la condition qui dépend à la fois de la volonté du débiteur et d'une circonstance extérieure, c'est-à-dire une circonstance indépendante de sa volonté : je prendrai en location votre maison de Biyem-Assi (Yaoundé) si je trouve une place pour mon fils au collège Vogt situé non loin de là. On dit de cette condition qu'elle est simplement potestative.

Est enfin valable la condition qui dépend à la fois de la volonté d'une des parties et de celle d'un tiers : je prendrai en location votre voiture de luxe si mon mariage avec Mademoiselle Mbango est célébré. Il se trouve que je ne peux être seul à décider de la célébration du mariage ; cela dépend aussi de la volonté de Mademoiselle Mbango.

SECTION II : LES FAITS JURIDIQUES

244. Rappelons qu'un fait juridique est un fait quelconque (agissement intentionnel ou non de l'homme, événement social, phénomène de la nature, fait matériel) auquel la loi attache une conséquence juridique qui n'a pas été nécessairement recherchée par l'auteur du fait. Ce qui caractérise donc les faits juridiques, c'est que la loi leur attache des conséquences juridiques indépendamment de la volonté de l'homme (souvent leur auteur). Autrement dit, les conséquences juridiques des faits juridiques trouvent leur siège non pas dans la volonté des protagonistes, mais dans la loi. Cela étant, ces faits peuvent être volontaires ou non.

Les faits juridiques sont d'une extrême variété, et la loi elle-même leur attache des conséquences diverses. C'est au demeurant celle-ci qui décide de faire d'un événement un fait juridique, en lui attachant des conséquences de droit.

L'extrême variété des faits juridiques rend pratiquement impossible une présentation d'ensemble. On se résignera donc à les présenter à travers la classification classiquement retenue par la doctrine et consistant à mettre d'un côté les faits de la nature et de l'autre les faits de l'homme.

§ 1 : Les faits de la nature

Les faits juridiques de la nature sont ceux que, plus facilement, on sent éloignés des actes juridiques. En effet, à aucun niveau, ils n'intègrent la volonté de l'homme. La loi s'est simplement chargée de transformer une réalité biologique ou physique en situation juridique.

A. Les faits juridiques résultant de la prise en compte de la réalité biologique

La réalité biologique peut être prise en compte dans son existence même ou dans son état.

1. L'existence biologique

245. Lorsqu'un enfant naît, il y a là un fait biologique ; la loi y attache des conséquences qui ne dépendent de personne : ni de l'enfant ni de ses auteurs. Parmi ces conséquences, on peut citer la personnalité juridique

que l'enfant acquiert par le seul fait de cette naissance. Il y a aussi la puissance paternelle, la vocation successorale, conséquences qui ne dépendent de personne. Certes, s'agissant de l'enfant né hors mariage, le contenu des droits peut varier en fonction du comportement de son géniteur (l'a-t-il reconnu ou pas ?) ; mais cette circonstance est de loin insignifiante à côté des conséquences inéluctables que la loi attache au fait de la naissance.

Comme la naissance, le décès est un fait dont le droit règle les conséquences : fin de la personnalité juridique, dissolution du mariage, cessation du contrat de travail, ouverture de la succession, etc.

2. L'état biologique

246. Les personnes humaines peuvent être dans divers états biologiques : elles sont soit de sexe masculin, soit de sexe féminin, elles ont un … quinze … ou vingt et un ans, elles sont aptes ou présentent une déficience physique, elles ont un lien de parenté avec tel, etc. À chaque fois, la loi attache des conséquences à chacun de ces états.

Si l'on prend le sexe, on doit se rendre compte que des conséquences juridiques y sont attachées : on sait, par exemple, que la possibilité de se marier n'est ouverte qu'aux futurs époux de sexes différents.

Lorsqu'on considère l'âge, on est encore mieux édifié : les personnes mineures de vingt et un ans ne sont pas civilement capables[246]. On présume qu'elles ont une insuffisance de facultés, et leurs droits sont exercés par d'autres personnes (administrateur légal ou tuteur). En matière répressive[247], la pleine responsabilité pénale n'est atteinte qu'à 18 ans. Entre 14 et 18 ans, le mineur bénéficie, sur le plan pénal, d'un traitement de faveur. Plus précisément, il bénéficie de l'excuse atténuante de minorité. Entre 10 et 14 ans, il ne peut faire l'objet que des mesures spéciales prévues par la loi ; avant dix ans, on n'est pas pénalement responsable[248].

---

[246] V. Article 388 du Code civil.

[247] Voir A. Simo, *La justice pénale du mineur au Cameroun*, thèse de doctorat de 3ème cycle, Université de Yaoundé, 1998 ; Eyiké-Vieux, « La loi pénale des mineurs au Cameroun », *RASJ*, 2000, vol. 1, n° 2, p. 210 ; M. Ebele Dikor, « Contribution à la protection du mineur délinquant dans la législation pénale camerounaise », *Juridis-Périodique* n°60, 67.

[248] V. article 80 du Code pénal.

Sur le plan de l'exercice des droits civiques, la majorité électorale est acquise à vingt ans, tout au moins pour ce qui est des élections majeures comme l'élection des députés, maires, sénateurs, Président de la République ; et on peut subordonner l'accès à une fonction ou à un statut à un âge plus avancé.

Signalons, sans vraiment chercher à être exhaustif, que l'âge est également pris en compte pour la présentation des concours administratifs, l'admission à la retraite.

Les personnes qui présentent une déficience physique ou mentale se voient appliquer un traitement qui, à chaque fois, correspond à la nature et au niveau de la déficience. Selon les cas, elles peuvent relever des dispositions sur les incapacités ou sur le handicap ou des deux, les solutions applicables étant par ailleurs variables en fonction de la gravité du mal.

Le lien de parenté est pris en compte dans divers aspects du droit : le mariage, la succession, les obligations alimentaires, etc.

Notre droit interdit l'inceste, c'est-à-dire les relations sexuelles entre parents proches ou alliés dont le mariage est prohibé : le père et la fille, l'oncle et la nièce, le neveu et la tante, etc. Le droit successoral est tout entier construit sur la parenté. De la parenté découle aussi le devoir alimentaire, c'est-à-dire le devoir de subvenir à l'entretien du parent qui est dans le besoin.

B. Les faits juridiques résultant de la prise en compte de la réalité physique

La réalité physique à laquelle on se réfère ici doit être comprise de façon assez restrictive, pour ne pas englober des éléments comme le sexe et l'état de déficience physique ci-dessus examinés. Il s'agit, plus précisément des considérations détachées des corps vivants : la disposition des lieux, la force majeure.

1. La disposition des lieux

247. Je suis propriétaire d'un terrain situé en contrebas d'un autre terrain : la disposition des deux terrains est prise en compte par la loi pour régler plusieurs problèmes, dont celui de l'écoulement des eaux naturelles. Tout propriétaire dont le fonds est situé en contrebas est obligé de recevoir les eaux qui viennent naturellement du fonds supérieur en suivant la pente du sol, sans que la main de l'homme y ait contribué[249]. Le propriétaire du fonds inférieur ne peut élever de digue qui empêche l'écoulement des eaux ; le propriétaire du fonds supérieur ne peut rien faire qui aggrave la servitude du fonds inférieur.

Je suis propriétaire d'un terrain enclavé, c'est-à-dire qui n'a aucune issue sur la voie publique pour les commodités (passage de canalisation d'eau ou de câble électrique par exemple), je suis fondé à obtenir sur le fonds voisin un passage suffisant pour la desserte. Certes, cela se fera contre indemnisation.

2. La force majeure

248. La force majeure est tout événement présentant le triple caractère d'imprévisibilité, d'extériorité et d'irrésistibilité, qui empêche le débiteur de fournir sa prestation.

Chacun de ces caractères évoque, à sa manière, comment l'événement s'impose au débiteur. L'événement doit être imprévisible, car si on pouvait le prévoir, on doit faire au débiteur le reproche de ne l'avoir pas prévu pour s'organiser en conséquence. Celui qui invoque par exemple les difficultés de trouver le taxi ou le car de transport public pour se rendre à un rendez-vous ne peut dire qu'il y a là un cas de force majeure. On peut en effet lui répondre que chacun sait qu'il est souvent difficile de trouver un taxi ou un car. À partir de là, il faut s'organiser pour partir très tôt de chez soi.

L'extériorité de l'événement signifie que celui-ci doit être d'origine externe. Il doit être externe à la personne de celui qui est empêché, et à son activité. Si j'arrive en retard parce que mon véhicule est tombé en panne, je ne peux invoquer la force majeure.

L'irrésistibilité signifie que l'événement présente une force supérieure à celle de l'homme, ce qui rend l'exécution de sa prestation totalement impossible. On dit aussi que l'événement est insurmontable. Il s'agit de voir si un homme moyen placé dans les mêmes conditions que le débiteur serait, comme lui, resté impuissant face à l'événement.

249. Les effets que le droit attache à la force majeure sont de deux ordres. Principalement, la force majeure libère le débiteur. Je devais vous remettre un colis ; empêché par la force majeure je n'ai pas pu ; je suis libéré de l'obligation. Mais il faut savoir que si j'attendais quelque chose en contrepartie, je ne peux l'avoir (c'est la théorie des risques : si la force

[249] V. Article 640 du Code civil.

majeure m'empêche d'exécuter ma prestation, je ne peux pas prétendre à la prestation de l'autre partie).

En matière délictuelle, la force majeure dispense l'auteur du préjudice (plus justement, celui qui était matériellement impliqué dans la réalisation du préjudice) de le réparer : un vent d'une extrême violence m'a projeté sur un passant qui s'est blessé ; ce dernier ne peut m'obliger à réparer son préjudice.

De façon moins fréquente, l'invocation de la force majeure peut permettre à celui qui veut défendre un droit de le faire encore alors que tout semblait perdu. C'est le cas lorsqu'un plaideur démontre que tel document qu'il avait chez lui a péri dans un incendie tout à fait fortuit. C'est aussi le cas lorsqu'un plaideur qui avait laissé passer le temps utile pour saisir le juge, est admis à le faire après l'expiration du délai d'exercice ; c'est que la force majeure a suspendu le délai : on dit que la prescription ne court pas contre celui qui est empêché d'agir.

§ 2 : Les faits de l'homme

250. Les faits de l'homme peuvent être involontaires, mais aussi volontaires, sans que, dans le second cas, on soit en présence d'un acte juridique. Comme on l'a souligné plus haut, il n'y aurait d'acte juridique que si on a voulu, non pas seulement l'acte, mais ses conséquences juridiques. En revanche, je peux vouloir un geste, mais non ses conséquences juridiques : j'ai volontairement poché l'œil de mon voisin ; j'ai l'obligation de réparer le préjudice ainsi causé. On ne peut pas penser que je désirais les conséquences juridiques de ce geste, c'est-à-dire réparer le préjudice ainsi causé ; tout ce que je voulais, c'est le blesser.

Les faits de l'homme peuvent être classés dans deux groupes, si l'on considère la situation de l'homme qui agit : ils sont tantôt générateurs de droits, tantôt générateurs d'obligations.

A. Les faits générateurs de droits

Au moins deux faits de l'homme peuvent lui faire bénéficier de droits : la possession et l'apparence.

1. La possession

251. La possession est la maîtrise de fait exercée sur une chose corporelle et correspondant, dans l'intention du possesseur, à l'exercice d'un droit réel. Elle s'oppose à la détention, laquelle implique la reconnaissance du droit d'autrui, bien qu'étant identique à la possession dans sa manifestation extérieure. Ce qui caractérise donc la possession c'est le fait, pour le possesseur, de se comporter comme propriétaire. Si celui qui a la possession est réellement propriétaire, la propriété absorbe la possession ; s'il n'est pas réellement propriétaire, mais se comporte comme tel, on est dans le régime de la seule possession.

Parfois le possesseur ignore le vice de l'acte qui l'empêche de devenir propriétaire : il a, par exemple, acheté un bien à quelqu'un qui l'avait reçu simplement pour le garder. Alors, l'acheteur qui se comporte comme si la chose achetée lui appartient est un possesseur de bonne foi. Mais dans certains cas, le possesseur sait que son titre est vicié : il y a possession de mauvaise foi.

252. Qu'elle soit de bonne foi ou de mauvaise foi, la possession produit des effets de droit. Le possesseur de bonne foi est traité avec beaucoup de faveurs par le droit. En matière mobilière, la possession de bonne foi confère la propriété : en fait de meuble, possession vaut titre. L'acquéreur d'un meuble en devient ainsi propriétaire dès lors qu'il a, de bonne foi, pris possession du meuble, alors même que celui qui lui a vendu le meuble n'en était pas le propriétaire (et ne pouvait donc normalement vendre, car on ne peut transférer plus de droits qu'on en a). Bien entendu, il faudrait que la possession soit de bonne foi ; elle ne l'est plus si l'acheteur s'est abstenu de consulter, par exemple, une structure de publicité légale où il aurait eu l'information sur l'identité du véritable propriétaire.

2. L'apparence

253. L'apparence est l'état d'une situation qui se présente sur la scène juridique de façon déformée ; c'est une situation vraisemblable en fait, mais inexacte en droit. On doit comprendre les effets juridiques de l'apparence à partir de l'idée que foi est due à l'apparence. Parce qu'il est très souvent difficile, et parfois impossible, d'accéder à la vérité juridique, on s'en tient à ce qui paraît vrai.

L'apparence est souvent invoquée dans des situations où quelqu'un agit à la place d'une autre personne. Il se peut alors que celui qui agit est, de toute apparence, le représentant de l'autre. L'apparence est aussi souvent invoquée dans des situations où quelqu'un a agi sans avoir la capacité d'exercice, la compétence nécessaire ; un enfant de dix-sept ans peut être apparemment majeur.

On devine néanmoins la difficulté de faire triompher en toutes circonstances l'idée que foi est due à l'apparence, même si elle est doublée de la bonne foi des personnes en cause. Aussi, l'apparence ne devrait jouer son rôle créateur de droit que dans les cas prévus par la loi ou reconnus par la jurisprudence.

B. Les faits générateurs d'obligations

Par son fait, l'homme peut être obligé de deux façons : il est obligé de réparer un préjudice causé ou de restituer quelque chose.

1. L'obligation de réparer un préjudice

254. Deux articles du Code civil posent les bases de l'obligation de réparer le préjudice causé à autrui. Dans un ordre purement arithmétique, il y a d'abord l'article 1382, qui dispose que « *Tout fait quelconque de l'homme, qui cause à autrui un dommage, oblige celui par la faute duquel il est arrivé, à le réparer* ». Ce texte est écrit dans une syntaxe relativement compliquée et, dans l'ensemble, un langage peu digeste. On sait néanmoins qu'il s'agit de dire que si par un fait quelconque[250], vous causez un dommage à autrui, vous êtes obligé de réparer le préjudice ainsi causé. Il importe peu que le dommage ait été causé parce que vous le vouliez, ou qu'il résulte de votre négligence ou de votre imprudence.

Il y a, ensuite, l'article 1384, alinéa 1, qui prévoit qu'« *On est responsable non seulement du dommage que l'on cause par son propre fait, mais encore de celui qui est causé par le fait des personnes dont on doit répondre, ou des choses que l'on a sous sa garde* ».

---

[250] Pour quelques illustrations de l'obligation de réparer le dommage causé à autrui, on peut lire CA du Centre, arrêt n° 10/C du 1er octobre 2005, *affaire Motsiing Isidore c/ AES Sonel* (responsabilité pour coupure intempestive de courant), *Juridis-Périodique* n° 66, p. 50 ; n° 221/CC du 02 mars 2005, *affaire Camrail c/ Tchoumba Jean et Mbozo'o Faustin* (responsabilité pour étouffement d'animaux pendant le transport par rail) ; CA du Littoral, arrêt n° 65 /C du 17 janvier 2003, *affaire Sonel c/ METALCO* (responsabilité pour coupure de courant), *Juridis-Périodique* n° 65, p. 52, note Njeufack Temgwa ; CS, arrêt n° 114/CC du 20 juin 1991, *affaire BIAOC C/ Nkouendjin Yotnda et Kack Kack Gérard* (responsabilité pour perte de titre foncier par la banque) ; TGI d'Ebolowa, jugement n° 1/Civ/TGI du 21 décembre 1995 (en l'espèce, un homme a fait condamner une femme qu'il avait épousée en ignorant qu'elle était mariée à un autre homme) ; TPD d'Ebolowa, exerçant les compétences du Tribunal coutumier, jugement n° 11/TC du 17 mai 2000, *affaire Ngan Obam Solomon c/Mballa Germaine* (rupture abusive de fiançailles ayant duré 9 ans), inédits.

255. Causer un dommage à autrui est un fait juridique, parce qu'il génère des conséquences prévues par le législateur indépendamment de la volonté de celui qui a causé le dommage. Ces conséquences juridiques sont définies par le législateur, en fonction de l'idée que celui-ci se fait du problème. On voit bien que des conséquences différentes peuvent être prévues : on dit qu'il y a plusieurs régimes de responsabilité civile, le trait commun étant simplement l'obligation de réparer : responsabilité contractuelle, responsabilité délictuelle, responsabilité du fait personnel, responsabilité du fait d'autrui, responsabilité du fait des choses, etc.

2. L'obligation de restituer

256. Dans le langage courant, restituer, c'est rendre ce qu'on possède indûment. C'est ainsi que le droit comprend lui aussi la restitution. L'obligation de restituer existera dans le cadre des quasi-contrats. Le quasi-contrat est un fait volontaire et licite de l'homme d'où découlent des obligations. Ces obligations sont soumises à un régime s'apparentant à celui des contrats, et pèsent sur l'auteur du fait et une autre personne, les deux n'étant pas liés par un contrat.

Il ne faut pas confondre le quasi-contrat avec le quasi-délit. Tous sont des faits juridiques ; mais le quasi-contrat est un fait volontaire et licite. Le quasi-délit est un fait illicite (c'est-à-dire qu'il y a violation d'une prescription de la loi), mais commis sans intention de nuire, qui cause un dommage à autrui et oblige son auteur à le réparer : exemple, par imprudence, un automobiliste écrase un passant.

Il y a quasi-contrat lorsque je gère les affaires d'autrui, sans avoir été chargé de le faire ; c'est la gestion d'affaires : mon voisin est parti depuis longtemps et ne donne aucune nouvelle, je répare son toit qui suinte, pour éviter que le voisin ne finisse par perdre sa maison.

257. Le droit organise le régime de la gestion d'affaires dans l'esprit que celui qui a ainsi agi dans l'intérêt d'autrui rentre dans ses droits. Mon voisin devra, en effet, me rembourser ce que j'ai dépensé. Mais on ne peut pas penser que c'est pour ce remboursement que j'ai agi. C'est pourquoi il faut ranger la gestion d'affaires dans la catégorie des faits juridiques.

Il y a aussi obligation de restituer lorsque, sans justification juridique, quelqu'un s'enrichit au détriment d'un autre : c'est l'enrichissement sans cause. Celui qui s'est enrichi aux dépens d'autrui doit restituer ce qu'il a injustement perçu. On ne peut penser que celui qui s'enrichissait voulait restituer, ni que celui qui a subi l'enrichissement a laissé faire pour ensuite être rétabli dans ses droits. C'est pourquoi on se situe dans la catégorie des faits juridiques.

Il y a obligation de restituer, enfin, lorsque j'ai payé alors que je ne dois rien. Cela peut arriver soit parce que je ne dois rien du tout, soit parce que je dois quelque chose, mais pas à celui que j'ai payé. Dans l'un et l'autre cas, le bénéficiaire du paiement doit remettre ce qu'il a perçu. Ici également, on peut être sûr que les protagonistes ne recherchaient pas les conséquences juridiques attachées à leur comportement. C'est pourquoi il s'agit d'un fait juridique.

Ce chapitre a montré que les droits subjectifs procèdent soit d'un acte, soit d'un fait juridique. Les actes juridiques sont toujours pensés et voulus par leurs auteurs ; les faits juridiques sont parfois purement accidentels. Une telle différence a nécessairement des incidences en ce qui concerne la preuve des droits subjectifs qui en résultent. C'est ce que nous verrons dans le chapitre suivant consacré à la preuve des droits subjectifs.

CHAPITRE III :

LA PREUVE DES DROITS SUBJECTIFS

258. La preuve est quelque chose d'extrêmement important dans la vie juridique. Si l'on excepte les situations où un fait est présumé, on exagère à peine en disant qu'en droit, ce qui ne peut être prouvé n'est pas. On le dit autrement dans la formule latine « *Idem est non esse et non probari* » (ne pas être ou ne pas être prouvé, c'est un ; ou encore ne pas avoir de droit, ou ne pas pouvoir le prouver, même si on l'a, c'est la même chose). C'est que, lorsqu'on ne peut prouver un droit, on est à la merci du débiteur, qui peut le nier[251].

Prouver, c'est persuader l'esprit d'une vérité. Dans les systèmes de droit primitifs, la preuve pouvait passer même par le duel ou les ordalies. Le droit moderne a rationalisé les preuves et les a adaptées à l'évolution technologique : test sanguin, analyse de la voix, etc.

259. La preuve se situe à cheval entre le fond du droit et la procédure. Elle relève du fond du droit, au moins parce que c'est d'elle que dépend en définitive la reconnaissance ou non du droit en cause. Elle relève de la procédure, parce qu'elle est administrée suivant une procédure bien réglementée (déroulement de l'enquête, descente sur les lieux, expertise, comparution des parties, témoignage, etc.).

L'erreur serait cependant de penser que c'est seulement devant le juge que se posent les problèmes de preuve ; on peut aussi avoir à prouver quelque chose loin du prétoire : l'état d'époux, de majeur, la qualité d'étudiant, etc. : on parle de preuve extrajudiciaire.

260. Mais devant le juge, ou ailleurs, ce qu'on prouve, c'est le fait[252], non la règle de droit censée connue[253]. On ne prouve pas un fait qui est

---

[251] L'orientation générale de ce chapitre pourrait faire croire qu'on ne s'intéressera pas à la preuve en matière pénale. Mais il n'en est rien, parce que les droits subjectifs sont en cause également en matière pénale.

[252] Prouver le fait c'est, par exemple, prouver une naissance, prouver l'existence d'un acte juridique (comme le contrat) sur lequel on fonde une prétention.

notoire ou n'est pas contesté. On n'utilisera que des preuves obtenues de façon licite (ce ne peut être, par exemple, une correspondance dont on viole le secret, ou une information obtenue dans l'exercice professionnel[254]). On n'offrira d'administrer que les preuves utiles. La preuve n'est pas utile si le fait à prouver est sans importance pour la conviction du juge ; le juge pourra donc refuser une offre de preuve s'il est convaincu que celle-ci est inutile[255]. La preuve est aussi inutile si elle vise à détruire une présomption irréfragable[256].

Les questions les plus importantes, en ce qui concerne la preuve, sont celles de sa charge et de ses moyens.

SECTION I : LA CHARGE DE LA PREUVE

261. L'expression « *charge de la preuve* » évoque bien l'idée que la preuve est un fardeau qu'on porte[257]. Plus précisément, on court le risque de ne pas arriver à convaincre le juge que ce qu'on allègue est vrai. De là, on a une première certitude : c'est sur les parties, et non sur le juge, que pèse la charge de la preuve. La seconde certitude est que cette charge pèse sur celle des parties qui allègue le fait à prouver. Il faudrait aussi souligner, pour compléter le tableau, que dans certains cas, on est tout simplement dispensé de faire la preuve.

§ 1 : La Charge de la preuve pèse sur les parties

262. Dans un procès, on doit supposer que le juge connaît la règle de droit à appliquer aux faits qui lui sont soumis : en principe, il est juge parce qu'il est formé en droit et connaît donc les règles du droit. En revanche, rien ne permet de supposer qu'il connaît les faits : il n'était pas présent à la naissance de l'enfant dont on débat du lieu de naissance ; il

---

[253] Il faudrait cependant excepter le cas de la loi étrangère qui doit être prouvée. Telle est en tout cas la position de la Cour de cassation française (Civ. 1ère, 17 novembre 1969, Bull. civ. I, n° 342). Cette solution est critiquée par une partie de la doctrine (B. Starck, par H. Roland et L. Boyer op. cit, n° 1434).

[254] On peut cependant, exceptionnellement, relever quelqu'un de l'obligation de respecter le secret professionnel.

[255] CS, n° 3/CC du 2 octobre 1980, *affaire BIAO c/ Atangana Mebe Gaston et Ets Kleapas*, *RCD*, n° 25, p.134 ; n° 47/CC du 20 novembre 1980, *affaire Namo Hilaire c/ Effa Henri*, *RCD*, n° 25, p. 137.

[256] Il faudrait cependant ne pas perdre de vue l'hypothèse où le bénéficiaire de la présomption y renonce, par exemple par aveu (voir infra sur la dispense de preuve).

[257] Sur le charge de la preuve, lire J. Devez, *Contribution à l'étude de la charge de la preuve en matière civile*, thèse, Toulouse, SRT, Grenoble, 1980.

n'est pas impliqué dans le contrat dont on débat de l'existence ; il n'était pas témoin de la scène de violence qui a donné lieu au décès d'un des protagonistes…

Le juge ne s'acquittera au mieux de sa mission que s'il laisse les parties, elles-mêmes, invoquer et prouver les faits : il faudrait donc qu'il soit neutre. Cette neutralité ne sera du reste parfaite que s'il permet que les preuves présentées par l'une des parties soient discutées par l'autre : c'est le principe du contradictoire.

A. La neutralité du juge

263. On se tromperait si l'on prenait la règle de la neutralité du juge comme signifiant la passivité de celui-ci[258]. Certes, il appartient aux parties de faire la preuve des faits qu'elles allèguent ; et il faudrait même dire que l'idée de la neutralité du juge est de plus en plus remplacée par le principe dispositif qui voudrait que le procès, et donc sa direction, appartienne aux parties et que le juge ait seulement pour tâche de veiller au bon déroulement de l'instance. Mais le juge n'est pas pour autant interdit d'initiative dans la recherche de la vérité. Il pourrait, par exemple, ordonner de sa propre initiative une mesure d'instruction qu'il estime nécessaire à la manifestation de la vérité : enquête, audition des témoins, expertise, etc.

Dans cette tâche, le juge a des pouvoirs qui lui permettent d'exiger des parties les explications qu'il estime nécessaires, si celles déjà fournies lui paraissent insuffisantes à la manifestation de la vérité. Il dispose d'un pouvoir plus considérable encore : le pouvoir d'injonction[259]. Sur la base de ce pouvoir, il pourrait, s'agissant par exemple d'une pièce dont l'une des parties fait état tout en s'abstenant de la faire connaître de la partie adverse, ordonner sa communication[260]. Le plaideur qui n'obtempère pas à une telle injonction encourt une condamnation à astreinte[261]. Le juge pourrait ordonner également la production d'une pièce dont l'une des parties allègue l'existence, mais qui ne peut raisonnablement être détenue que par l'autre partie. Ce pouvoir est particulièrement important dans le contentieux administratif, où l'Administration est très souvent en position

---

[258] V. J. Normand, *Le juge et le litige*, Thèse Lille, *LGDJ*, 1965.

[259] V. M. Bellamy, « Le pouvoir de commandement du juge ou le nouvel esprit du procès », *JCP* 1973, I, 2522.

[260] V. Daigre, *La production forcée des preuves dans le procès civil*, préface de Lambois, 1979.

[261] Si en définitive la pièce n'est pas communiquée, le juge devra l'écarter des débats.

de force et détient parfois des documents auxquels les autres justiciables ne peuvent avoir facilement accès. Dans une affaire *Diwouta Loth Pierre contre État du Cameroun*, la Chambre administrative de la Cour suprême a ainsi ordonné à l'État fédéré du Cameroun oriental de produire, dans les plus brefs délais, le dossier administratif du sieur Diwouta Loth Pierre, document dont la production est nécessaire à la manifestation de la vérité et dit que « *faute de cette production, il en sera tiré telle conséquence de droit* »[262].

264. Le pouvoir de contrainte du juge pourrait aussi être dirigé contre des tiers au procès. Si, en effet, une personne étrangère au procès détient une pièce qui est utile à la manifestation de la vérité, le juge pourra l'obliger à la remettre. Mais une telle obligation faite au tiers n'est possible que si celui-ci n'a pas de motif légitime de conserver la pièce. Le tiers pourra, par exemple, refuser de produire la pièce s'il est tenu au secret professionnel. Il pourra aussi le refuser si la fourniture de la pièce dessert ses propres intérêts. La production de la pièce est en effet destinée à servir l'intérêt d'une des parties au procès ; on ne peut donc comprendre qu'on contraigne le tiers à agir, au profit d'autrui, mais contre ses propres intérêts.

Le principe de la neutralité du juge n'est pas remis en cause lorsque celui-ci refuse une mesure d'instruction demandée par l'une des parties au procès. La Cour suprême[263] a affirmé qu'« *une mesure d'instruction n'a pour but que de faire asseoir la conviction du juge, qui, lorsqu'il estime son intime conviction suffisamment assise, passe outre la mesure d'instruction demandée sans qu'il soit tenu de se justifier* ». En l'espèce, le demandeur contestait le rapport d'expertise et sollicitait une autre expertise.

265. Il reste à évoquer, dans le principe de la neutralité du juge, le traitement des faits dont celui-ci pourrait avoir une connaissance personnelle en dehors du procès. Le juge a pu, par exemple, par pur hasard, être témoin de la scène dont on débat. La règle est qu'il ne peut pas se fonder sur cette connaissance personnelle. Dans ce sens, la Cour suprême a jugé que «*…les juges ne peuvent se prononcer d'après leurs*

---

[262] Arrêt n° 19/CFJ/CA du 4 novembre 1966.

[263] CS, 20 novembre 1980, *affaire Nano Hilaire c/ Effa Henri*, *RCD*, n° 23/24, p. 144.

renseignements personnels, mais seulement d'après la connaissance qu'ils ont acquise des éléments des débats suivant les formes légales »[264].

Ainsi, les seuls éléments de fait dont le juge peut faire état sont ceux qui ont été produits devant lui au prétoire, ou des vérifications auxquelles il a lui-même procédé, les parties présentes ou appelées[265].

Cette règle doit cependant être nuancée : le juge peut tenir compte de sa connaissance personnelle des faits notoires ou accessibles à tous, par exemple un fait historique (par exemple, la pendaison de Douala Manga Bell, l'exécution d'Ernest Ouandié, la catastrophe de Nyos). La connaissance personnelle qu'il ne peut pas utiliser pour prendre sa décision, c'est la connaissance des faits particuliers, par exemple, la maladie d'une des parties au procès.

B. Le principe du contradictoire

266. Bien qu'il soit encore très imparfaitement formulé dans notre droit[266], le principe du contradictoire est un des principes essentiels du procès. Personne ne peut en tout cas sérieusement douter de sa positivité, puisqu'il est évoqué, au moins indirectement[267], aussi bien dans la Constitution que dans d'autres textes de grande autorité, à l'instar de la Charte africaine des droits de l'homme et du peuple.

Le principe du contradictoire implique la liberté, pour chacune des parties au procès, de faire connaître tout ce qui est nécessaire au succès de sa demande ou de sa défense. Il impose que toute démarche, toute présentation au juge d'une pièce, d'un document, d'une preuve par l'adversaire soit portée à la connaissance de l'autre partie et librement discutée à l'audience[268]. Mais la Cour suprême a précisé que l'article 94 du Code de procédure civile, qui traite de la communication des pièces du dossier de procédure, n'oblige pas la partie qui fait usage d'une pièce à la communiquer en l'absence de demande de l'autre partie ; il est suffisant que la liste de ces pièces soit mentionnée dans les conclusions et

---

[264] CS, arrêt n° 122/CC du 23 juillet 1981, *affaire Schoops André et Souna c/ Engonga, RCD*, n° 26, p. 70.
[265] Civ. 26 mars 1946, *D.* 46, 254.
[266] Ce principe est presque toujours implicite dans diverses branches de notre droit.
[267] Il faut penser que le principe du contradictoire est en œuvre dans les dispositions sur le respect des droits de la défense.
[268] V. *Lexique des termes juridiques* de Guillien et Vincent, Dalloz, 13ème édition, p. 150.

mémoires[269]. C'est une lecture littérale et véritablement minimaliste du droit.

267. Le principe du contradictoire s'impose au juge, qui doit à son tour le faire observer par les parties au procès. Il ne peut retenir dans sa décision que les explications qu'il a recueillies contradictoirement, c'est-à-dire en présence des deux parties. La Cour suprême[270] a ainsi cassé un arrêt parce que le Président de la Cour d'appel avait, en l'absence des témoins d'une des parties, tenu dans son bureau une enquête qui certes avait été décidée plus tôt, mais sans précision ni de sa date ni de son objet.

Si le juge ordonne une descente sur les lieux, celle-ci doit être faite en présence des deux parties ; s'il ordonne une expertise, chacune des parties doit être mise en position de discuter des conclusions de l'expert.

On n'ignore pas, cependant, que malgré les efforts du juge, une des parties au procès peut ne pas vouloir collaborer à la recherche de la vérité : elle est, par exemple, appelée à une descente sur les lieux et fait défection. Une telle attitude ne doit pas entraver le cours de la justice : pour s'assurer du respect du principe du contradictoire, on vérifie simplement que la partie défaillante a été régulièrement appelée (on ne peut être plus royaliste que le roi !).

268. Dans certains cas, le défendeur ne se présente pas devant le juge et ne fait aucun signe de vie. Cela ne doit pas non plus entraver le cours de la justice : le juge examine la demande et les explications fournies par le demandeur et rend sa décision. Toutefois, la demande et les explications du demandeur n'ayant pas été discutées par le défendeur, la décision est rendue par défaut. Tout reprendra devant le même juge si, finalement informé de la tenue du procès, le défendeur fait opposition[271].

Mais le défaut suppose qu'on n'a pas pu atteindre personnellement le défendeur qui donc, sans doute, ignorait vraiment qu'il y avait une instance contre lui. Si, en revanche, on l'a touché, mais qu'il n'a pas

[269] CS, arrêt n° 60/CC du 6 janvier 1983, *affaire Société immobilière des portiques c/ Sté CAMICO*, *RCD*, n° 21/32, p. 308.

[270] CS, n° 18/CC du 22 novembre 1984, affaire *Djidjou Gisèle c/ Djidjou Bernard, RCD* n° 30, p. 206.

[271] Mais lorsqu'il fait opposition, le jugement qui va être rendu ne peut plus être par défaut à son égard, parce qu'on sait déjà qu'il n'ignore pas la tenue de l'instance.

voulu se présenter, la décision qui est rendue est réputée contradictoire à son égard[272] : le principe du contradictoire est respecté.

Ce principe est aussi respecté si c'est le demandeur qui, après l'introduction de sa demande, ne se présente plus.

§ 2 : La Charge de la preuve pèse précisément sur le demandeur

269. Il faudrait d'emblée apporter des précisions sur cette règle qui est la traduction de l'adage latin « *Actori incombit probatio* » (la preuve pèse sur le demandeur). La règle ne signifie nullement que dans un procès, la charge de la preuve de tous les faits pèse sur le demandeur, le défendeur devant sans cesse l'obliger à prouver tel ou tel fait, à détruire telle ou telle allégation. Si cette solution était retenue, le demandeur ne pourrait pratiquement jamais arriver à fournir certaines preuves : le défendeur allègue, par exemple, que le demandeur était à Douala le 10 janvier 2000 ; il peut être très difficile, pour ce dernier, de prouver qu'il n'y était pas (on parle de preuve négative, considérée comme la plus difficile, voire franchement impossible parfois).

Pour éviter une telle issue, la règle « *actori incombit probatio* » est comprise comme signifiant que chacun doit apporter la preuve de ses allégations. Le demandeur affirme qu'il est créancier, il doit prouver l'existence et le montant de la créance[273] ; il affirme qu'il est lié au défendeur par un contrat d'entretien de véhicules, il doit apporter la preuve de ce contrat. Si le défendeur, pour résister à la demande, affirme qu'il avait conclu ce contrat sous une menace de mort (la violence, cause de nullité du contrat), il doit prouver que cette menace de mort a existé. On explique cette seconde proposition par l'idée que lorsque le défendeur invoque une exception, il se transforme, à cet égard, en demandeur ; c'est pourquoi il va supporter la charge de la preuve relative à cette exception[274].

270. Dans les faits, aucune des parties n'est attentiste dans un procès. Chacune allègue des faits qui sont susceptibles de conforter sa position, et fournit toutes les preuves qui soutiennent ses allégations. Ce jeu est encore nourri lorsque le défendeur formule une demande reconventionnelle. Dans ce cas, chacune des parties est en même temps demandeur et défendeur dans la même instance.

---

[272] Il doit ressortir des pièces du dossier que le défendeur a été personnellement touché.

[273] CS, arrêt n° 80 du 11 octobre 1960, *RCJCS*, tome IV, p. 167.

[274] CS, arrêt n° 29/CC du 2 mai 1967, *RCJCS*, tome IV, p.44.

Cette dernière configuration (demande principale et demande reconventionnelle) n'est pas possible en matière pénale, car le procès pénal oppose la société (représentée par le ministère public) à un de ses membres, lequel ne peut, dans ce cadre, formuler des demandes contre la société. En raison de la présomption d'innocence[275] affirmée par le préambule de la Constitution et bien rappelée par l'article 8 du Code de procédure pénale[276], l'article 307 de ce code dispose que la charge de la preuve incombe à la partie qui a mis en mouvement l'action publique. La condamnation n'interviendra donc que si cette partie établit la preuve de la culpabilité.

271. Terminons ce paragraphe par une règle qu'impose le bon sens : nul ne peut se constituer sa propre preuve. Je prétends, par exemple, que vous me devez de l'argent, je ne peux produire à l'appui de cette prétention un acte que j'ai signé tout seul ; vous prétendez que vous m'avez envoyé une lettre, vous ne pouvez pas prouver cette allégation en présentant la photocopie de cette prétendue lettre. Si c'était en effet si facile de devenir créancier, tous les Camerounais seraient riches… Dans tous les exemples cités, la preuve serait plus sérieuse si elle consistait en un document que n'a pu établir tout seul celui qui le produit. Si, au lieu d'un document que j'ai signé, je produis une reconnaissance de dette signée de vous, cela emporte conviction ; si, au lieu de produire une photocopie de la lettre que vous avez envoyée vous produisez l'accusé de réception de cette lettre, vous prouvez que la lettre a bel et bien été envoyée et reçue.

C'est parce que nul ne peut se constituer sa propre preuve que les parties à un acte juridique doivent tenir compte du caractère de celui-ci pour le rédiger et le conserver. S'il s'agit d'un acte dans lequel une seule des parties est débitrice, c'est la signature de cette partie qui est importante, et il est suffisant d'élaborer le seul original de l'acte détenu par l'autre partie ; si l'acte constate un engagement bilatéral, il est important que les deux parties signent et conservent chacune un original.

---

[275] S. Ngono, La présomption d'innocence, *RASJ*, 2001, vol.2, n° 2, p. 151 ; Ambassa Léon Chantal, « La présomption d'innocence en matière pénale », *Juridis-Périodique* n° 58 (2004), p. 43

[276] Article 8 du Code de procédure pénale : « Toute personne suspectée d'avoir commis une infraction pénale est présumée innocente jusqu'à ce que sa culpabilité ait été légalement établie au cours d'un procès où toutes les garanties nécessaires à sa défense lui sont assurées ».²

§ 3 : Les présomptions ou dispenses de preuve

272. Dans bien des cas, la loi tient un fait pour établi, parce que d'autres faits le rendent vraisemblable et parfois simplement possible : on dit qu'il y a une présomption légale.

L'article 1349 du Code civil définit la présomption comme une conséquence que la loi ou le magistrat tire d'un fait connu à un fait inconnu. Plus simplement, c'est une vérité admise à partir de l'enseignement de l'expérience : l'expérience démontre que dans le plus grand nombre de cas, lorsque tel fait se produit, tel autre s'accomplit. On présume alors l'existence du second fait si le premier est établi. On comprend que la présomption n'est pas une totale dispense de preuve, mais un déplacement de l'objet de la preuve : il faut prouver le fait qui permet de présumer l'autre.

Selon leur force, on distingue deux types de présomptions : les présomptions simples et les présomptions irréfragables.

A. Les présomptions simples

273. La présomption est simple lorsqu'elle peut être combattue par la preuve contraire. Autrement dit, celui qui bénéficie de la présomption est dispensé de la charge de la preuve, mais celui qui y a intérêt peut démonter que ce que la loi présume vrai est inexact.

Le régime de la présomption simple montre très nettement que celle-ci repose sur un jeu de probabilité. Comme ce qui est probable n'est pas ce qui est certain, on permet à quiconque y a intérêt de faire la preuve de la vérité. Une des présomptions simples les plus illustratives est la présomption de faute des père et mère lorsque leur enfant mineur vivant avec eux a causé un dommage. On sait qu'habituellement un enfant mineur vivant avec ses parents ne cause des dommages que s'il est mal éduqué par ces derniers. À partir de là, l'alinéa 4 de l'article 1384 du Code civil présume que si l'enfant mineur vivant avec ses parents cause un dommage, c'est qu'il y a, de la part de ces derniers, une faute d'éducation. C'est pourquoi la loi les rend responsables[277]. Mais le législateur sait tout de même que l'enfant peut causer un dommage malgré la bonne qualité de son éducation. C'est pourquoi l'alinéa 6 de cet article 1384 prévoit que les père et mère peuvent se libérer s'ils prouvent qu'ils n'ont pu empêcher le fait qui donne lieu à responsabilité, c'est-à-

[277] La rédaction du texte vise « le père et la mère, après le décès du mari ».

dire, concrètement, qu'ils n'ont pas commis de faute dans l'éducation de l'enfant[278].

274. Il faut situer dans la proximité d'une telle présomption, parce que procédant du même raisonnement, la présomption de paternité de l'article 312, alinéa 1, du Code civil. On sait qu'il est habituel que le père de l'enfant soit le mari de sa mère. À partir de là, le législateur pose que : « *L'enfant conçu pendant le mariage a pour père le mari* »[279]. Une telle affirmation ne prétend pas nier le fait que certaines femmes sont infidèles. C'est pourquoi on permet au mari qui se plaint de l'infidélité de son épouse de démontrer qu'il n'est pas le père de l'enfant *conçu pendant le mariage. L'alinéa 2 de l'article 312 formule clairement cette solution : « Néanmoins, celui-ci (le mari) pourra désavouer l'enfant, s'il prouve que pendant le temps qui a couru depuis le trois centième jusqu'au cent quatre-vingtième jour avant la naissance de cet enfant il était, soit par cause d'éloignement, soit par l'effet de quelque accident, dans l'impossibilité physique de cohabiter avec la femme* ». Dans une affaire soumise au Tribunal de grande instance de Bafang, le mari a ainsi désavoué un enfant conçu pendant la période de séparation de fait des époux[280].

275. Dans le cas de la présomption de paternité, la loi n'a ouvert qu'au mari de la femme la possibilité de détruire la présomption. L'amant de la femme, par exemple, ne pourra être admis à prouver, contre le mari, qu'il est le père de l'enfant[281]. C'est dire que la possibilité de renverser une présomption peut être restreinte par l'ouverture sélective du droit d'agir. Elle peut l'être aussi par la circoncision des faits contraires qu'on peut invoquer pour renverser la présomption. Les circonstances ci-dessus décrites pour l'action en désaveu sont en principe[282] exclusives de toutes autres. Nos règles de désaveu sont, sur ce point, différentes des règles françaises : en France, le mari doit simplement justifier de faits propres à

---

[278] On laisse de côté la politique jurisprudentielle qui, suivant les objectifs à atteindre, peut admettre plus ou moins facilement la preuve de l'absence de faute d'éducation.
[279] V. CS, arrêt n° 16 du 04 janvier 1966, *Bull. CS*, n° 14, p. 1295.
[280] TGI de Bafang, jugement n° 01/civ du 13 décembre 1995, *affaire Njongoué Pascal c/ Mme Njongoué née Happi Tchakam Evelyne, Juridis-Périodique* n° 28, p. 48, note F. Anoukaha.
[281] CS, arrêt n° 26/L du 02 février 1978 cité par F. Anoukaha, L. Elomo Ntonga, et S. Ombiono op. cit, p. 98.
[282] Il faudrait cependant souligner qu'à côte de cette hypothèse qu'on doit présenter comme générale, l'article 313 du Code civil permet le désaveu, par tous les moyens, lorsque la naissance de l'enfant a été cachée au mari.

démontrer qu'il ne peut être le père de l'enfant. La Cour de cassation a, dans ce sens, jugé que la preuve de la non-paternité peut se faire par tous les moyens[283].

On a un autre exemple de limitation de type de preuve contraire admissible avec la présomption inscrite à l'alinéa 1 de l'article 1384 du Code civil. Le texte pose le principe qu'on est responsable du dommage causé par le fait des choses qu'on a sous sa garde. La jurisprudence présume que le dommage est imputable au gardien de la chose ; mais le gardien de la chose peut se décharger en prouvant que le dommage est imputable à un autre fait (la force majeure ou le fait de la victime), ou n'est pas causé par la chose. Pour se libérer, le gardien doit absolument établir l'une ou l'autre de ces circonstances : la preuve contraire n'est donc pas libre.

Dans tous ces cas de limitation du type de preuve contraire admissible, on est en présence d'une présomption non pas, à proprement parler, simple, mais mixte.

B. Les présomptions irréfragables

276. La présomption est dite irréfragable lorsqu'elle ne supporte pas la preuve contraire. L'exemple d'une telle situation est la présomption de vérité qui s'attache à ce qui est jugé. Ce qui est décidé dans le cadre du procès est réputé être la vérité : c'est l'autorité de la chose jugée. C'est vrai que cette autorité est encore fragile lorsque les recours sont encore possibles. Mais dès qu'aucun recours n'est plus possible, personne ne peut être admis à prouver que le juge s'est trompé. Ce n'est pas qu'on pense que le juge est infaillible ; mais pour des raisons de sécurité juridique, le législateur a décidé que ce qui est jugé bénéficie d'une présomption de vérité absolue.

Il y a aussi une présomption irréfragable à l'article 1384 alinéa 5 du Code civil qui rend les commettants (ex. un employeur) responsables des dommages causés par leurs préposés (ex : les salariés) dans les fonctions auxquelles ils les ont employés. Contrairement aux parents qui peuvent se libérer de la responsabilité en prouvant qu'ils n'ont pas commis de faute, le commettant ne le peut pas.

277. Parfois la loi refuse de valider certains actes, parce qu'elle les présume faits en violation de ses dispositions. Ainsi, l'article 909 du

---

[283] Cass. Civ. 1ère, 18 mai 1989, Bull. Civ. I, n° 203.

Code civil interdit à un médecin de recevoir une libéralité de la part de celui qu'il a soigné à l'occasion de la maladie dont ce dernier est décédé. Le malade généreux, qui tient à faire une libéralité, pourrait être tenté d'adresser le bien à l'épouse ou au fils du médecin. Pour déjouer une telle manœuvre, l'article 911 du Code civil indique que les libéralités au profit de celui qui est interdit de recevoir (le médecin par exemple), sont nulles même si on les fait par personne interposée. La construction est complétée par l'alinéa 2 du texte qui dispose que « *Sont réputées personnes interposées les père et mère, les enfants et descendants et l'époux de la personne incapable (interdite) de recevoir* ». Lorsqu'on est dans la liste de ces personnes présumées interposées, on ne peut démonter qu'on ne s'est pas prêté à l'acte pour dissimuler une fraude à la loi. Ce n'est pas que le législateur pense que le malade ne peut pas donner le bien au fils, à l'épouse ou au père de son médecin, sans aucune intention que le bien se retrouve dans le patrimoine de ce dernier, qu'il peut même franchement détester. Le législateur est simplement convaincu que la présomption irréfragable qu'il établit est le seul moyen d'atteindre l'objectif qu'il poursuit.

278. Mais on ne peut dire que la présomption irréfragable est absolument indestructible ; elle cède face à l'aveu et au serment. Lorsque la présomption est établie au profit d'une personne et que cette dernière renonce à la protection de la loi, on ne peut la plaindre. En revanche lorsqu'elle est fondée sur l'ordre public, la présomption est absolument irréfragable.

Reste à savoir comment on sait qu'une présomption est simple ou irréfragable. Il appartient au législateur de dire quelle est la force de la présomption. Lorsqu'il affirme, par exemple, que la preuve contraire n'est pas recevable, on sait qu'on est en présence d'une présomption irréfragable. En revanche, s'il dit qu'un fait est présumé sauf preuve contraire, cela signifie que la présomption est simple. Il n'y a véritablement de difficulté que lorsque le législateur, par une formule ou par une autre, ne laisse pas voir son intention.

SECTION II : LES MOYENS DE PREUVE

279. Les moyens de preuve sont dominés par le principe de la légalité des preuves qui a deux sens. Dans un premier sens, ce principe signifie que sont interdites les preuves illicites par leur nature ou leur origine. On ne peut ainsi faire valoir une preuve obtenue par fraude.

Dans le second sens, le principe de la légalité des preuves signifie que les modes de preuve sont ceux prévus par la loi, laquelle dit à quelles conditions ils sont admissibles[284] et quelle est leur force probante. Une telle affirmation paraît contredite par une expression courante en droit : « *la preuve par tous les moyens* ». En vérité, on vise ici tous les moyens prévus par la loi.

La preuve des faits juridiques est relativement plus libre[285] que celles des actes juridiques : ceux-ci doivent en général être prouvés par un écrit[286]. Ce n'est point étonnant puisque, de nos jours, l'écrit a pris une grande importance dans la vie juridique. On présentera la preuve littérale avant les autres moyens de preuve.

§ 1. La preuve par l'écrit ou preuve littérale

280. L'écrit qui sert de preuve doit être rédigé avant la date d'administration de la preuve : c'est pourquoi on parle d'écrit préconstitué (ou acte préconstitué). Mais on sait bien que les écrits ne s'obtiennent pas tous de la même façon, et n'ont pas la même force probante. Il faudrait donc présenter tour à tour les écrits pouvant servir de preuve : les actes authentiques, les actes sous seing privé et les autres écrits.

A. Les actes authentiques

L'acte authentique est un écrit établi par un officier public (par exemple, le notaire, le greffier, l'huissier, l'officier d'état civil) dont les affirmations font foi jusqu'à inscription de faux (l'inscription de faux est la remise en cause de l'acte authentique par une procédure très compliquée). Il faut s'intéresser aux règles de rédaction et à la force probante de ces actes.

1. La rédaction des actes authentiques

281. Chaque officier public établit et signe les actes dans le cadre de sa compétence *ratione materiae.* Le notaire, par exemple, rédige les

---

[284] Un moyen de preuve admis en principe peut ne pas être accepté dans un domaine. Par exemple, la preuve par témoignage est admise, mais elle ne peut l'être contre et outre un écrit.

[285] Bien entendu, même certaines situations juridiques ne peuvent être prouvées que par écrit. Ainsi en est-il de la filiation lorsqu'elle n'est pas présumée (Voir CS, n° 168/P du 25 avril 1972, *affaire Aladji Ibrahim Awal*, *RCD* n° 4, p. 170 : preuve par acte de naissance ou jugement supplétif).

[286] Voir l'article 1341 du Code civil.

contrats, mais ne rédige pas les actes d'état civil ; la rédaction des actes d'état civil est de la compétence de l'officier d'état civil qui, lui, ne rédige pas les contrats.

Chaque officier public doit aussi agir dans le cadre de sa compétence *ratione loci.* L'officier d'état civil ne doit pas, par exemple, célébrer le mariage hors des limites territoriales de sa circonscription de compétence ; l'huissier de justice ne doit pas faire des constats hors des limites territoriales de la juridiction dans le ressort de laquelle il est nommé.

Naturellement, on n'est notaire, greffier, huissier ou officier d'état civil que parce qu'on a été régulièrement nommé comme tel. Et on peut être officier public et ne pouvoir pas établir un acte, parce qu'on y a un intérêt personnel. L'officier d'état civil, par exemple, ne peut célébrer le mariage de son enfant.

282. Les actes authentiques sont établis suivant un formalisme qui dépend du type d'acte en cause. Mais dans tous les cas, les formalités tendent, au moins, à permettre que l'officier public ne signe l'acte qu'après que l'attention des parties soit attirée sur sa gravité, et aussi que l'officier assume personnellement les affirmations qu'il fait.

La Cour suprême[287] a donné, en matière d'actes notariés, une précision de très grande importance. L'affaire qui lui était soumise concernait un contrat de vente que le notaire avait signé après le décès de l'une des parties. Dans l'instance, le demandeur soutenait que le contrat de vente ne pouvait être signé par le notaire après le décès d'une des parties à l'acte. Mais la Cour suprême a répondu que le notaire pouvait bien signer le contrat après le décès d'une des parties à l'acte, parce que les actes notariés n'étaient soumis à aucune exigence de simultanéité. Elle suivait ainsi le rapport du conseiller qui avait insisté sur le fait que dans la pratique, le notaire attend le paiement des frais avant d'apposer sa signature sur les actes. Dans cette attente, une des parties signataires de l'acte peut décéder. Par la même occasion, la Haute juridiction a précisé que l'enregistrement de l'acte notarié n'est pas nécessaire pour lui donner date certaine. Quant à l'inscription au Livre foncier qui va intervenir

[287] CS, arrêt n° 84/CC du 3 février 1983, *affaire Simo Bernard c/ Michel Essono, RCD* n° 29, p. 173.

après ces étapes, elle vise, non pas à donner date certaine à l'acte, mais à le rendre opposable aux tiers[288].

L'officier devra conserver l'original de l'acte et donner copie à chacune des parties.

Ces formalités sont importantes, parce que l'acte authentique a une grande force probante.

2. La force probante de l'acte authentique

283. L'acte authentique fait foi de son contenu jusqu'à inscription de faux. On ne pourra donc recevoir, contre un acte authentique, ni une autre preuve écrite, ni la preuve par témoignage ou par présomption[289].

La force probante de l'acte authentique s'impose aux parties, mais aussi au juge. Cela signifie que même s'il pense intimement que les affirmations contenues dans l'acte sont inexactes, le juge doit les respecter ; pour détruire la force probante de l'acte, il n'y a que l'inscription de faux.

Plus particulièrement, ce sont les mentions qui donnent des informations sur ce que l'officier public a personnellement constaté qui bénéficient de la force probante. Il en est ainsi de la date de l'acte, de l'identité des parties, de l'échange de consentements. Dans un constat d'huissier en matière de destruction de cultures, l'indication du nombre de plantes coupées bénéficierait de la force probante.

284. N'ont pas en revanche la même valeur les mentions qui figurent dans l'acte sans que l'officier public ait pu en vérifier l'exactitude. C'est le cas de la mention, dans l'acte de naissance, que l'enfant est né de tel père, ou la mention, dans un constat d'huissier, que les biens ont été détruits par telle personne.

N'ont pas non plus la valeur probante des actes authentiques les mentions qui échappent à la compétence de l'officier. Tel est le cas de la mention, dans un acte notarié, que l'une des parties jouit de toutes ses facultés mentales (le notaire n'étant pas un médecin). La solution est rappelée par la Cour suprême dans l'arrêt du 3 février 1983 précité.

La foi due aux actes authentiques concerne aussi leur origine : si les mentions portées sur l'acte sont suffisantes et indiquent qu'il s'agit d'un

---

[288] CS, arrêt n° 15 du 19 mars 1968, *RCJCS* tome IV, p. 112.
[289] CS, arrêt n° 84/CC du 3 février 1983 précité.

acte notarié, d'un acte d'état civil ou d'un acte d'huissier, on le tiendra pour vrai, à moins que celui qui y a intérêt n'entreprenne avec succès une inscription de faux.

B. Les actes sous seing privé

285. L'acte sous seing privé est un écrit rédigé par un particulier et comportant la signature manuscrite des parties ou de l'unique partie. Nous allons nous intéresser à sa rédaction et à sa force probante.

1. La rédaction de l'acte sous seing privé

La définition de l'acte sous seing privé mérite d'être bien comprise, afin d'éviter l'erreur qui consiste à penser que l'acte sous seing privé est nécessairement rédigé par celui ou ceux qui le signent ; il peut en effet être rédigé par un tiers, même une autorité, et signé de son auteur. Il se distingue de l'acte authentique par le fait qu'il n'est pas rédigé par un officier public (un officier public est un officier qui a reçu compétence pour authentifier les actes). L'acte sous seing privé pourrait aussi être écrit de la main ou à la machine, il pourrait être rédigé à partir d'un imprimé qu'on s'est contenté de remplir ; peu importe qu'il soit timbré ou non[290].

Pour servir de preuve préconstituée, l'acte sous seing privé doit revêtir la signature des parties. La formalité de signature est une exigence essentielle, mais qui est aujourd'hui soumise à rude épreuve. L'évolution technologique, avec notamment l'Internet, les paiements par carte, commande qu'on adapte l'exigence, en admettant par exemple la signature électronique. La signature nécessaire à la perfection d'un acte juridique identifie celui qui l'appose et manifeste son consentement aux obligations qui en découlent. Sur le plan électronique, on pourrait faire usage d'un procédé fiable d'identification garantissant son lien avec l'acte auquel elle s'attache[291].

286. Si l'acte sous seing privé a été rédigé pour constater un contrat synallagmatique, il doit être fait en autant d'exemplaires qu'il y a de parties qui s'obligent[292]. On ne peut déroger à cette règle que si l'une des parties a entièrement exécuté ses obligations au moment de la rédaction

[290] Le timbrage est une opération fiscale ne donnant pas à l'acte une force probante plus grande que s'il n'était pas timbré.
[291] Sur la signature électronique, voir la loi n°2010/021 du 21 décembre 2010 régissant le commerce électronique au Cameroun, article 2.
[292] V. Article 1325 du Code civil.

de l'acte. Dans ce cas, tout se passe comme si on avait affaire à un contrat unilatéral : c'est la partie qui attend la prestation de l'autre qui doit détenir l'exemplaire unique. On peut aussi éviter de multiplier les exemplaires si, s'agissant même d'un contrat synallagmatique, un tiers est désigné pour la conservation de l'exemplaire unique qui le constate. Par hypothèse, ce tiers est neutre, et chacune des parties peut lui demander de produire l'acte.

On l'a dit plus haut, ces règles tiennent à l'idée qu'on ne peut se constituer soi-même un titre, mais aussi au souci de ne pas faire dépendre la preuve des droits d'une des parties du bon vouloir de l'autre. Mais pour que l'existence de plusieurs exemplaires soit efficace, encore faut-il que chacun des exemplaires mentionne l'existence des autres, par exemple par la formule « *contrat rédigé en double exemplaire* » ou « *en trois exemplaires* », selon les cas.

Il est possible que l'acte sous seing privé soit soumis à la formalité d'enregistrement. Cette formalité est destinée à donner date certaine à l'acte[293] et à assurer sa conservation. On comprend que même lorsque la loi n'impose pas l'enregistrement, les parties peuvent y procéder afin de donner date certaine à leur acte.

2. La force probante de l'acte sous seing privé

287. En ce qui concerne la force probante de l'acte sous seing privé, il est important de faire la même distinction faite ci-dessus au sujet de l'acte authentique : d'un côté la question de l'origine et de l'autre celle du contenu de l'acte.

L'insistance sur la signature des parties montre que l'acte n'atteindra son but que s'il est effectivement signé de la partie à qui on l'attribue. Tout ira bien si cette partie ne nie pas avoir apposé une telle signature. Mais il suffit qu'elle affirme qu'elle n'a pas signé pour que l'acte perde sa valeur probante[294]. Elle l'affirme simplement, sans avoir donc à engager une quelconque procédure. Il revient alors à celui qui veut se servir de l'acte d'engager la procédure de vérification de signature ou d'écriture. La Cour suprême[295] a souligné la règle dans une espèce où une banque avait payé un chèque que le prétendu signataire ne reconnaissait

[293] CS, arrêt n° 7/CC du 18 janvier 1973, *RCD* n° 5, p. 53.
[294] V. en France, Civ. 1ère, 15 mars 1988, *D.* 1988, I.R., 101.
[295] CS, n° 3/CC du 20 octobre 1980, *affaire BIAO c/ Atangana Mebe Gaston et Ets Kléopas RCD* n° 23/24, p. 119.

pas avoir signé. La Cour rappela à la banque qu'il lui revenait de prouver la sincérité de la signature, et qu'à cet égard elle était demandeur.

Lorsqu'il entreprend une telle démarche, le demandeur doit, par tous les moyens d'analyse, établir que l'auteur de la signature fait une fausse dénégation. S'il triomphe dans son action, l'acte a la même force qu'un acte authentique[296] ; s'il ne triomphe pas, l'acte n'a aucune force probante. C'est dire que la différence essentielle entre l'acte authentique et l'acte sous seing privé tient à la position des parties en litige. Celui qui produit un acte authentique bénéficie de la présomption d'authenticité de l'acte, parce que la loi a entouré les actes authentiques de bonnes et suffisantes garanties de véracité de leur origine. Les actes sous seing privé ne sont pas entourés de garanties comparables ; c'est pourquoi on ne peut pas présumer qu'ils émanent de ceux à qui on les attribue. Dès qu'ils sont produits, celui à qui on les oppose n'en est qu'un signataire apparent.

288. La vérification de signature, cependant, est toujours facultative pour le juge ; celui-ci peut refuser l'offre de vérification s'il estime que cette procédure est inutile. Son large pouvoir d'appréciation lui permet, en effet, d'admettre l'acte comme sincère, ou de le rejeter comme faux, selon qu'il trouve dans les circonstances de la cause des éléments décisifs pour statuer avec certitude sur la sincérité ou la fausseté de l'écriture incriminée. La solution a clairement été affirmée par la Cour suprême[297].

S'agissant du fond de l'acte sous seing privé, il faudrait distinguer selon qu'on est dans les rapports entre les parties ou dans les rapports des parties avec les tiers. Dans les premiers rapports, les mentions contenues dans l'acte sont considérées, en principe, comme exactes. En conséquence, même s'il en doute dans son for intérieur, le juge est lié par ces mentions. Il n'y a que la preuve de l'inexactitude des mentions qui peut permettre de refuser la force probante à l'acte. Cette preuve est, heureusement, relativement facile, puisque la partie qui veut la faire ne doit pas prendre la voie de l'inscription de faux. Elle n'est limitée que par la règle de l'article 1341 du Code civil, qui dispose que contre ou outre un écrit, on ne peut prouver que par un autre écrit[298]. Cela signifie que si l'écrit produit indique que j'ai versé un acompte (une avance) de 100.000 F, je ne peux prouver que l'acompte versé est de 200.000 F qu'en

---

[296] V. article 1322 du Code civil.
[297] CS, n°3/CC du 20 octobre 1980, *op. cit.*
[298] En France, V. Civ, 1ère, 27 novembre 1967, *JCP*, 68, II, 15361.

produisant un autre écrit ; dans un prêt, si l'écrit constatant l'opération n'indique pas qu'il s'agit d'un prêt avec intérêt, celui qui veut démonter que le prêt était consenti avec intérêt doit le faire au moyen d'un écrit.

289. Dans les rapports des parties avec les tiers, une distinction doit être faite selon qu'il s'agit de la date de l'acte ou d'une autre mention. La mention de la date de l'acte n'est pas opposable aux tiers. La solution vise à éviter la fraude que les parties pourraient perpétrer en antidatant l'acte. C'est dans des cas exceptionnels, ou à la faveur d'une formalité comme l'enregistrement, que la date de l'acte sous seing privé est opposable aux tiers. Encourt donc cassation l'arrêt qui retient à l'égard des tiers, comme date d'une convention sous seing privé, celle portée par les parties sur l'acte et non celle de la date de l'acte dressé par l'officier public constatant la substance de l'acte[299].

Toujours pour éviter la fraude, l'article 1328 du Code civil prévoit que si le signataire ou un des signataires de l'acte sous seing privé est décédé, l'acte acquiert date certaine, qui est celle du décès. Cette solution qu'a eu à souligner la Cour suprême[300] se comprend bien : même si le ou les signataires ont voulu tricher sur la date de l'acte, ils n'ont pu ressusciter la partie décédée pour le faire.

Les mentions des actes sous seing privé autres que la date sont supposées traduire la vérité. Elles sont donc opposables aux tiers, sauf à ceux-ci de prouver leur inexactitude. Ils le feront par une procédure ordinaire, et ne seront pas tenus de l'obligation de produire nécessairement un écrit pour détruire le contenu de l'acte.

C. Les autres preuves écrites

290. En dehors des actes authentiques et des actes sous seing privé, plusieurs autres écrits peuvent servir de preuve : lettres missives, copie[301], livres de commerce, registres et papiers domestiques (agenda par exemple), mention libératoire, décharge, etc.

La lettre missive est un écrit émanant d'une personne déterminée, adressée à une autre personne, le destinataire, en vue de lui communiquer une pensée ou une volonté. C'est le cas d'une lettre fermée, d'une carte postale, d'un télégramme, etc.

---

[299] CS, arrêt n° 56/CC du 1er avril 1969, *RCJCS* tome IV, p. 11.

[300] CS, arrêt n° 7/CC du 18 janvier 1973, *RCJCS* tome IV, p. 13.

[301] Voir C. Chi Asafor « La valeur probante de la photocopie en droit positif », *Juridis-Périodique* n° 35 (1998), p. 78.

Lorsqu'elle a un caractère confidentiel, la lettre missive ne peut être utilisée comme preuve par le destinataire qu'avec le consentement de l'expéditeur. Le tiers ne peut l'utiliser sans violer le secret de la correspondance. Certes, le juge peut ordonner la production forcée de la pièce, à moins qu'une telle issue ne heurte un intérêt légitime.

Les lettres d'affaires, en principe, ne sont pas couvertes par le secret de la correspondance. Mais on ne peut les produire que si on les a régulièrement obtenues.

La lettre engage son auteur et sert de preuve contre lui si elle est signée. Dans ce cas, elle doit être considérée comme acte sous seing privé ; un échange de correspondances établissant un contrat est considéré comme équivalent à un écrit en double exemplaire[302].

291. La copie d'un acte écrit ne doit pas être confondue avec l'autre original du même acte préparé et signé en même temps. La copie n'est pas contemporaine de la rédaction de l'acte, puisqu'elle intervient plus tard. Se pose le problème de sa valeur probante.

Les copies d'actes authentiques peuvent être faites lorsque l'original n'existe plus ; leur valeur probante dépend de diverses circonstances décrites par l'article 1335 du Code civil. Certaines copies font preuve complète ; d'autres valent seulement comme commencement de preuve ; d'autres encore ne peuvent être utilisées qu'à titre de simples renseignements.

Les copies des actes sous seing privé sont relativement dangereuses, parce qu'il est facile, grâce aux moyens techniques, de faire le faux. L'article 1334 du Code civil pose une règle de sagesse : « *Les copies, lorsque le titre original subsiste, ne font foi que de ce qui est contenu au titre, dont la représentation peut toujours être exigée* ». Cela signifie que celui qui a intérêt peut toujours contester la copie, quitte à ce qu'on lui démontre qu'il a tort, en lui présentant l'original. Cette solution doit être appliquée même en présence d'une copie certifiée conforme à l'original.

La Cour suprême[303] a jugé que lorsque la présentation de l'original n'est pas demandée et qu'au surplus l'authenticité de la copie n'est pas contestée, le juge peut, à bon droit, estimer que la preuve est rapportée par la présentation de la copie.

---

[302] En France, Com. 19 novembre 1972, *Bull. civ.* IV, n° 333.
[303] CS, arrêt n° 8 du 28 octobre 1976, *Bull. CS*, n° 36, p. 5281 et *RCJCS* tome IV, p 169.

Lorsque l'orignal n'existe plus, parce que celui qui l'avait l'a perdu par suite de force majeure, la preuve par copie peut être reçue.

292. Les livres de commerce peuvent servir de preuve, en particulier contre le commerçant qui les tient. Les informations qu'ils contiennent constituent, en quelque sorte, des aveux. Mais la partie intéressée ne peut faire un tri parmi les mentions du livre de commerce pour ne retenir que celles qui lui sont favorables : l'aveu n'est pas divisible.

Les registres et papiers domestiques sont volontairement faits par leur auteur et peuvent donc être retenus contre lui ; mais ils ne peuvent en principe l'aider à prouver quoi que ce soit, car on ne peut se constituer un titre. Au mieux, ils vaudront comme commencement de preuve par écrit.

Les mentions libératoires peuvent servir de preuve de paiement ou de remise de dette. Elles doivent provenir de celui qui déclare un autre libéré. C'est le cas lorsque le créancier, au dos du titre de créance, mentionne qu'il a reçu un acompte. De même si le créancier écrit « *Payé* » en marge ou au dos d'une facture, cela signifie que le débiteur ne doit plus rien.

§ 2 : Les autres moyens de preuve

293. Les moyens de preuve examinés dans ce paragraphe sont nombreux et variés. Par ordre d'importance, nous nous intéresserons à la preuve par témoignage, la preuve par présomption, la preuve par aveu et la preuve par serment.

A. La preuve par témoignage

Même si l'écrit a pris de l'importance dans notre société, le témoignage reste un moyen de preuve très utilisé, notamment en matière pénale et devant les juridictions dites de droit traditionnel. En matière pénale, il est souvent question de décrire les circonstances d'une infraction, et la part de la relation des faits est très importante. Les justiciables qui recourent aux juridictions de droit dit traditionnel sont en général d'un confort intellectuel modeste, ce qui les incline très peu à l'écrit. Les assesseurs qui composent ces juridictions ont, eux-mêmes, en général, grande foi dans les témoignages, parce que nos traditions sont orales.

La preuve par témoignage ne doit pas être recensée dans la catégorie des preuves légales, parce que la loi ne détermine pas la valeur des témoignages ; elle laisse au juge le soin d'apprécier, selon son intime conviction, le poids du témoignage, un témoin pouvant inspirer beaucoup plus confiance que plusieurs autres. La preuve par témoignage est ainsi une preuve morale.

294. Il faut pourtant distinguer le témoignage de l'affirmation de faits prétendument connus de tous. Dire, par exemple, que « *tout le monde au quartier sait que cet homme est un voleur* » n'est pas un témoignage : c'est ce qu'on appelle la commune renommée. Une telle affirmation pourrait influencer la conviction du juge, mais il ne s'agit pas d'un témoignage.

Il n'y a pas non plus témoignage lorsque le prétendu témoin affirme qu'on lui a dit telle chose. Le témoin c'est celui qui a personnellement vu ou entendu ce qu'il raconte[304].

La loi s'intéresse à la qualité de la personne qui témoigne ; elle doit avoir la majorité requise[305], et ne pas être frappée d'une interdiction de témoigner à titre général ou dans le cas précis qui est soumis au juge. Celui qui est frappé d'une incapacité de témoigner peut toutefois être entendu à titre d'information.

Le témoin doit pouvoir dire ce qu'il a vu ou entendu sans le moindre penchant pour l'une des parties. Le Code de procédure civile[306] permet à celles-ci de faire savoir, avant la déposition d'un témoin, si elles pensent que celui-ci ne pourra pas rester neutre. Si une partie estime que celui qui est sollicité pour s'exprimer ne peut pas être neutre, on dit qu'elle fait un reproche à témoin. Les reproches à témoin pourront être faits si celui-ci est parent ou allié de l'une des parties jusqu'au quatrième degré inclusivement, s'il a bu ou mangé avec l'une des parties et à ses frais depuis la décision qui a ordonné l'enquête. Le reproche sera aussi fait si le témoin est employé d'une des parties. Il sera enfin fait si le témoin est condamné à une peine afflictive et infamante ou fait l'objet d'une poursuite pénale.

Si le reproche est fondé, le témoin n'est pas entendu. La loi[307] oblige même le témoin à dire d'entrée, avant même de prêter le serment de dire

---

[304] CS, arrêt n° 75 du 11 mai 1971, *RCJCS IV*, tome IV, p. 168.

[305] 14 ans au moins en matière pénale (article 322 du Code de procédure civile) et 15 ans au moins en matière civile (implicitement, article 110 du Code de procédure civile).

[306] V. article 106 à 109.

[307] V. article 106 du Code de procédure civile et commerciale.

la vérité, outre ses nom, âge, profession et résidence, s'il est parent ou allié à l'une ou l'autre des parties et à quel degré, s'il est son salarié.

Dans le procès civil, le témoin n'est interrogé que par le juge, alors qu'en matière pénale, les parties interrogent les témoins[308].

295. Témoigner est une obligation à laquelle ne peuvent se soustraire les citoyens qui ont connaissance des faits. Celui qui refuse, sans motif légitime, de se présenter à une convocation comme témoin peut être poursuivi comme témoin défaillant[309].

Le témoin prête serment de dire la vérité, et le juge lui rappelle qu'il encourt des peines d'emprisonnement et d'amende en cas de faux témoignage[310].

En principe, tous les faits juridiques peuvent être prouvés par témoignage. En revanche, les actes juridiques ne peuvent être prouvés par témoignage s'ils portent sur une valeur supérieure à 500 F[311]. Le témoignage ne peut pas non plus être sollicité par l'une des parties contre ou outre le contenu d'un écrit.

296. Le principe de l'interdiction de prouver par témoignage un acte juridique portant un montant supérieur à 500 F connaît cependant trois exceptions. La preuve par témoin peut être admise, d'abord, lorsqu'il existe un commencement de preuve par écrit. Le commencement de preuve par écrit est tout écrit qui émane de celui contre lequel la demande est formée, ou de celui qu'il représente, et qui rend vraisemblable le fait allégué[312]. C'est le cas lorsque le plaideur qui prétend que le propriétaire d'une voiture lui doit 100.000 F à titre de frais de réparation de ce véhicule produit une lettre par laquelle ce dernier lui indique que le

---

308 Sur ce point, Lire Eyiké-Vieux, *L'audience en procédure pénale camerounaise*, PUA, Yaoundé, 2007, p. 111

309 Voir article 173 du Code pénal.

310 L'infraction de faux témoignage est prévue par l'article 164 du Code pénal.

311 L'article 1341 du Code civil a fixé ce montant à 500 F à l'époque de la rédaction de ce Code. Ce montant paraît dérisoire aujourd'hui. Mais la règle de l'article 1341 du Code civil a été reprise à la lettre par un arrêt de la Cour suprême, n° 37/CC du 15 mars 1973, *affaire C... Jacques c/ W... Simon RCD* n° 9, p. 62. Cette solution peut être discutée dans sa pertinence, encore qu'elle soit proche de celle que le législateur pose en matière contractuelle, et plus précisément de prêt d'argent (voir article 1895 du Code civil). On pourrait autrement penser, que 500 F de la date de rédaction du Code civil correspondent à 50.000 FCFA aujourd'hui. Pour cela, il faudrait procéder à la conversion.

312 V. Artice 1347 du Code civil.

moteur ne ronfle pas bien. Le juge admet la preuve par témoignage après avoir expressément constaté l'existence du commencement de preuve par écrit[313].

La preuve par témoin peut être admise, ensuite, lorsqu'il n'a pas été possible au créancier de se procurer une preuve littérale de l'obligation qui a été contractée envers lui[314]. L'article 1348 du Code civil, qui pose cette règle, cite les hypothèses dans lesquelles elle joue ; elle s'applique :

1° Aux obligations qui naissent des quasi-contrats et des délits ou quasi-délits ;

2° Aux dépôts nécessaires faits en cas d'incendie, ruine, tumulte ou naufrage, et à ceux faits par les voyageurs en logeant dans un hôtel, le tout suivant la qualité des personnes et les circonstances du fait ;

3°Aux obligations contractées en cas d'accidents imprévus, où l'on ne pourrait pas avoir fait d'actes écrits ;

4° Au cas où le créancier a perdu le titre qui lui servait de preuve littérale, par suite d'un cas fortuit imprévu et résultant d'une force majeure.

La liste de ces hypothèses montre que le législateur s'est intéressé essentiellement à l'impossibilité matérielle de se procurer un écrit. Il semble cependant qu'il faille penser que la règle s'applique également en cas d'impossibilité morale de se procurer un écrit[315]. L'idée serait sous-jacente dans l'hypothèse d'un voyageur qui fait un dépôt à l'hôtel. L'impossibilité morale de se procurer un écrit résulte surtout des usages. On sait par exemple qu'il n'est pas d'usage qu'il y ait des écrits entre parents, voire entre amis.

La preuve par témoignage sera admise, enfin, en matière commerciale. La solution est prévue par l'article 1341, alinéa 2, du Code civil et rappelée implicitement par l'article 5 de l'Acte uniforme OHADA relatif au droit commercial général. La Cour suprême, quant à elle, a rappelé que l'interdiction de la preuve testimoniale contre et outre le contenu des

---

[313] CS, arrêt n° 37/CC du 15 mars 1973, *affaire C…Jacques c/ W…Simon*, *RCD* n° 9, p. 62

[314] V. Malinvaud, « L'impossibilité de la preuve écrite », *JCP* 72, I, 2468.

[315] La solution est clairement formulée en France par l'article 1348 du Code civil tel que modifié par la loi du 12 juillet 1980.

actes ne s'applique pas en matière commerciale où la preuve par témoin ou par présomption est admise quelle que soit la valeur de l'écrit[316].

297. À ces solutions sur l'admissibilité de la preuve testimoniale par dérogation à l'article 1341 alinéa 1 du Code civil, il faut ajouter le jeu de la règle « *Fraus omnia corrumpit* » (la fraude corrompt tout). Cette règle permettra d'admettre la preuve testimoniale contre les actes juridiques attaqués pour faux : c'est que toutes les règles de droit sont écartées si l'on invoque la fraude ou le dol[317]. La Cour suprême a rappelé la solution en matière de force probante des actes authentiques[318].

B. La preuve par présomption

298. La présomption dont il est question ici n'est pas celle qui dispense d'administrer une preuve, et qui est faite par le législateur (présomption légale). Il s'agit plutôt de présomption faite par le juge (on aurait donc pu parler de présomption judiciaire, mais la formule consacrée est celle de présomption de fait ou présomption du fait de l'homme).

La présomption de fait, cependant, procède du même raisonnement que la présomption légale : c'est une conséquence que le juge tire d'un fait connu à un fait inconnu. Le fait connu c'est l'indice, qui permet de présumer un autre fait : sur les lieux du crime on a trouvé des traces de balle partout et dans tous les sens, on en déduit qu'il y a eu échange de tirs ; dans une affaire d'accident de la circulation, des traces de freinage sur la chaussée permettent de supposer que le véhicule roulait très vite ; dans une affaire de reconnaissance d'enfant, une grande ressemblance entre l'enfant et celui qui prétend être son père permet de supposer qu'il l'est effectivement.

299. Le législateur place la présomption sur le même plan que le témoignage. La présomption est recevable là où le témoignage l'est. Les deux modes de preuve ont aussi la même force, puisque, comme le témoignage, les présomptions ne lient pas le juge ; celui-ci reste libre de leur donner le poids qu'il estime leur convenir. En disposant que le magistrat ne doit admettre que des présomptions graves, précises et

---

316 CS, 23/CC du 16 octobre 1980, *affaire Sté Navale Delmas Vieljeux c/ Toko Christophe*, *RCD* n° 25, p. 135. Voir aussi CS, 17 juillet 1980, *RCD* n° 19/20, p. 87.

317 B. Starck par H. Roland, L. Boyer, op. cit, n° 1548.

318 CS, arrêt n° 84/CC du 3 février 1983, *affaire Simo Bernard c/ Michel Essono*, *RCD* n° 29, p. 173. Voir aussi CS-Cor, arrêt n° 58/CC du 20 avril 1971, *RCD* n° 1, p. 55

concordantes, l'article 1353 du Code civil paraît obliger le juge à retenir plusieurs indices pour former sa conviction. Mais ce n'est pas ainsi que la jurisprudence comprend ce texte ; un seul indice peut permettre au juge de considérer la preuve établie[319].

Les indices sur lesquels le magistrat s'appuie peuvent provenir de ses constatations personnelles, des rapports d'enquête faits par d'autres personnes, des expertises qu'il a ordonnées, etc.

C. La preuve par aveu

300. L'aveu est une déclaration par laquelle une personne tient pour vrai un fait qui peut produire contre elle des conséquences juridiques.

Le régime de l'aveu varie selon qu'il est fait dans le cadre judiciaire ou en dehors.

1. L'aveu judiciaire

301. L'aveu judiciaire est fait dans le cadre d'un procès, et donc en présence du juge et de la partie adverse. Il peut porter sur n'importe quel fait ou acte, même portant un montant extrêmement important.

Lorsqu'il émane de la personne même dont les droits sont en cause, l'aveu ne pose pas de problème particulier (peut-on être plus royaliste que le roi ?). Mais lorsqu'il émane de celui qui agit pour le compte d'un autre, l'aveu n'est pas toujours efficace. En premier lieu, une déclaration faite par le représentant légal d'un mineur ne peut valoir aveu opposable au mineur. L'explication est simple : le représentant légal ne gère pas ses propres intérêts, mais ceux du mineur.

302. En second lieu, les administrateurs du patrimoine d'autrui doivent avoir été spécialement mandatés pour faire un aveu. La règle est contenue dans l'article 1356 du Code civil qui, en ce qui concerne l'aveu, parle de « *fondé de pouvoir spécial* », et rappelée par l'article 1988 du même Code qui dispose que « *Le mandat conçu en termes généraux n'embrasse que les actes d'administration.*

S'il s'agit d'aliéner ou hypothéquer, ou de quelque autre acte de propriété, le mandat doit être exprès ».

---

[319] En France, Civ. 3ème, 28 novembre 1972, *Bull. civ*, III n° 636.

Étant en quelque sorte une renonciation, l'aveu est un acte d'aliénation et entre donc dans la catégorie d'actes pour lesquels on exige un mandat exprès.

Une telle règle ne convient cependant pas au mandat *ad litem* (mandat pour représenter en justice). Aussi la règle est-elle que celui qui dispose d'un tel mandat peut faire un aveu. Mais si l'on n'est pas dans le cadre de la représentation, mais dans celui de l'assistance, il convient de ne pas faire prévaloir les déclarations de celui qui assiste, fût-il avocat, sur celles de la partie assistée. La jurisprudence française a ainsi refusé de considérer comme aveu les déclarations faites durant la plaidoirie par un avocat qui assistait une partie en instance[320].

303. Lorsqu'il est admis, l'aveu constitue la preuve la plus forte du fait ou de l'acte sur lequel il porte. En matière civile, l'aveu lie le juge ; l'article 1356 du Code civil dispose à cet égard que l'aveu fait pleine foi contre celui qui l'a fait.

Il est possible qu'après avoir avoué, un plaideur se ravise et cherche à se rétracter. La solution de la loi est claire : l'aveu ne peut être révoqué, à moins qu'on ne prouve qu'il a été fait suite à une erreur de fait ; il ne peut donc être révoqué sous prétexte d'une erreur de droit. L'erreur de fait est une appréciation inexacte sur l'existence ou les qualités d'un fait. Le demandeur a, par exemple, avoué qu'il avait déjà reçu le paiement parce qu'il croyait que l'argent que lui avait apporté son enfant venait du défendeur. L'erreur de droit est une appréciation inexacte portant sur l'existence ou l'interprétation d'une règle de droit. Le défendeur, par exemple, a avoué qu'il n'a pas payé le loyer pendant le mois de préavis parce qu'il croyait que la loi dispense le preneur de payer le loyer pendant le préavis.

Mais lorsqu'il est utilisé contre son auteur, l'aveu ne peut être divisé. Autrement dit, celui qui tire profit des déclarations de l'auteur de l'aveu ne peut en sélectionner certaines parties et laisser d'autres.

2. L'aveu extrajudiciaire

304. La notion d'aveu extrajudiciaire appelle une bonne précision. Il est sûr que l'aveu est extrajudiciaire lorsqu'il est fait en dehors de tout procès. Il l'est aussi lorsqu'il intervient dans le cadre d'un procès

---

[320] Civ. 1ère, 14 janvier 1981, *Bull. civ.* I, n° 13.

différent de celui qui oppose actuellement les plaideurs[321]. Dans ce dernier cas, on ne peut soumettre l'aveu au régime de l'aveu judiciaire, parce que celui à qui on l'oppose a dû faire des déclarations dans le cadre d'un autre procès sans en mesurer la gravité ou les implications hors de ce cadre-là.

Le régime de l'aveu extrajudiciaire est relativement éclaté. S'il est fait par écrit, il est considéré tantôt comme un acte sous seing privé, tantôt comme un acte authentique, tantôt comme un autre écrit selon qu'il est effectivement l'un ou l'autre. Il a la valeur probante correspondant à sa nature : acte sous seing privé, acte authentique ou autre.

305. Si l'aveu extrajudiciaire est verbal, sa valeur probante est plus faible. Il est parfois franchement inutile. L'article 1355 du Code civil dispose à cet égard que l'allégation d'un aveu extrajudiciaire purement verbal est inutile toutes les fois qu'il s'agit d'une demande dont la preuve testimoniale ne serait point admissible.

La solution se comprend bien : un des plaideurs dit au juge que son adversaire a avoué verbalement tel fait. Si cet adversaire reprend cet aveu devant le juge, il s'agit d'un aveu judiciaire ; s'il ne le reprend pas, on ne peut savoir s'il l'avait effectivement fait qu'en recourant aux témoignages. Ce ne sera pas possible si, dans ce cas, la preuve par témoignage n'est pas admissible.

306. En revanche, l'allégation d'un aveu extrajudiciaire purement verbal n'est pas inutile lorsqu'il s'agit d'une demande pour laquelle on peut recourir à la preuve testimoniale. Mais pour conforter l'aveu, le juge devra écouter le ou les témoins, sans être obligé de les croire. C'est le cas pour tous les propos attribués aux parties lors des enquêtes de police.

L'aveu extrajudiciaire peut aussi résulter du silence. Une des parties a, par exemple, reçu un acte qui fait le point de ses rapports avec l'autre partie. Si elle laisse passer le délai qui lui est fixé pour faire d'éventuelles réserves, elle ne pourra par la suite se raviser et contester les mentions de l'acte. La règle s'applique avec une particulière netteté dans les relations entre la banque et ses clients. Le client qui ne réagit pas à un relevé de compte qui lui impute une opération de débit avoue implicitement qu'il a réalisé l'opération.

---

[321] En France, Civ. 3ème, 18 mars 1981, *Bull. civ.*, III, n° 58.

D. La preuve par serment

307. Le serment est l'affirmation solennelle de la véracité d'un fait ou d'un acte dont dépend l'issue du litige.

La preuve par serment pourrait faire sourire ceux qui sont gagnés par le rationalisme. C'est un mode de preuve qui était très usité dans les sociétés primitives, mais qui conserve une bonne part de son crédit dans une société comme la nôtre, complètement sous influence des croyances religieuses ou autres. Elle n'est sans doute pas très présente devant les juridictions dites de droit moderne ; mais elle l'est devant certaines juridictions de droit traditionnel, et principalement le tribunal coutumier, et marque nos pratiques, parce que bien connue dans nos coutumes[322]. C'est pour toutes ces raisons que la preuve par serment mérite d'être bien expliquée.

D'abord, il est important de préciser que contrairement à ce qu'on pourrait penser, le législateur admet bien la preuve par serment ; celle-ci est en effet prévue par les articles 1357 et suivants du Code civil. Le serment peut être fait a l'initiative d'un des plaideurs : c'est le serment décisoire ; il peut l'être à l'initiative du juge : c'est le serment déféré d'office.

1. Le serment décisoire

308. Le serment décisoire est encore appelé serment déféré, car déférer, c'est inviter à prêter serment. En général, le plaideur n'aura recours au serment que s'il est bloqué : le fait qu'il allègue est contesté, et il n'a ni preuve littérale, ni témoignage, ni présomption en sa faveur. Alors il invite son adversaire à affirmer solennellement son point de vue. Par exemple, je n'ai aucun moyen de prouver que le sieur Bassirou était à Yaoundé le 10 janvier 2004, et il nie y avoir été à cette date ; je l'invite à déclarer solennellement qu'il n'y était pas à cette date.

Lorsque je lui défère ainsi le serment, le sieur Bassirou a le choix entre trois attitudes. Il peut prêter serment qu'il n'était pas à Yaoundé à cette date ; alors je n'ai plus rien à dire, le juge doit tenir pour vrai qu'il n'y était pas. Cela demeurera vrai dans cette affaire, même si plus tard (dans une autre instance), on condamne pénalement le sieur Bassirou

---

322 Sur l'importance de ce procédé probatoire dans la coutume bamiléké, Lire Victor Jean-Claude Kanga, *Le droit coutumier bamiléké au contact des droits européens*, thèse de doctorat en Droit, Faculté de Droit de l'Université de Paris, p. 56 et s.

pour faux serment[323] après avoir démontré qu'il était bel et bien à Yaoundé le 10 janvier 2004.

Si le sieur Bassirou refuse de prêter serment, son silence le condamne. Et il peut bel et bien le refuser, car outre les croyances religieuses ou autres qui retiennent quelques personnes dans les sentiers de la vérité, l'éventualité d'une condamnation pénale pour faux serment peut dissuader un plaideur de faire faux serment.

Le sieur Bassirou peut, au lieu de déclarer sous serment qu'il n'était pas à Yaoundé, ou refuser purement et simplement de prêter serment, référer le serment, c'est-à-dire me le retourner. Si alors je jure que le 10 janvier 2004 il était à Yaoundé, je prouve incontestablement ce fait. Si, en revanche, je refuse de jurer, je perds le procès. Dans l'un et l'autre cas, le juge est lié par ce qui est dit sous serment, ou par le silence de celui qui refuse de parler.

309. Le serment est une affirmation personnelle ; c'est pourquoi on ne peut prêter serment à la place d'un autre. Au demeurant, l'affirmation faite doit concerner un fait personnel à celui qui jure : par exemple, « *je jure que je ne l'ai pas vu hier* ».

Une doctrine autorisée[324] estime qu'on ne peut recourir au serment dans les matières qui intéressent l'ordre public.

2. Le serment à l'initiative du juge

310. Le serment à l'initiative du juge est encore appelé serment supplétoire. Il résulte d'une insatisfaction du juge par rapport aux éléments de preuve en sa possession. Alors, pour fixer sa conviction, il invite l'une des parties à prêter serment sur un point dont dépend l'issue du procès.

Bien entendu, chacun des plaideurs peut souhaiter être celui à qui le serment est déféré. Le juge se laissera guider par la confiance que lui inspirent les parties : en fait, il ne s'adressera qu'à la partie qui lui paraît plus crédible. Celle-ci ne peut que prêter serment ou refuser de le faire ; elle ne peut le référer à l'autre partie.

---

[323] L'article 166 du Code pénal punit d'une peine de un à cinq ans et d'une amende de 10.000 à 500.000 F la partie à laquelle le serment ayant été déféré ou référé dans une matière non pénale fait un faux serment.

[324] B. Starck par H. Roland, L. Boyer, op. cit, n° 1575.

Le serment supplétoire permet simplement de fixer la conviction du juge. Il n'est donc pas une preuve légale, c'est-à-dire une preuve dont la valeur est établie par la loi. Cependant, on comprendrait difficilement le juge qui s'écarte de l'affirmation faite, puisqu'il a sollicité celle-ci pour compéter sa conviction. C'est dire aussi que si aucun autre élément de preuve n'est disponible, le juge ne peut pas recourir au serment supplétoire (on ne peut vouloir compléter le breuvage que si le verre est à moitié plein !).

311. Il paraît utile, pour refermer cette page sur la preuve, d'évoquer la particularité du droit pénal, les droits subjectifs pouvant y être en cause. Celui-ci ne relève pas du système de la preuve légale, mais, tout entier, de celui de la preuve morale. Cela signifie que le juge pénal examine tous les types de preuve et leur donne le poids que lui dicte sa conviction, sans être lié, en ce qui concerne leur valeur, par aucune disposition légale. Le Code de procédure pénale s'arrête particulièrement sur l'aveu, dont la force probante est laissée à l'appréciation du juge, qui ne peut cependant l'admettre ou le rejeter que par décision motivée[325].

---

[325] Voir article 315, alinéa 4, du Code de procédure pénale.

TROISIÈME PARTIE :

L'ORGANISATION JUDICIAIRE

312. Au plan organique, l'organisation judiciaire peut être comprise comme l'ensemble des structures qui concourent à l'exercice du pouvoir de juger par les juridictions étatiques. C'est le sens qu'en a la loi n° 2006/015 du 29 décembre 2006 portant organisation judiciaire qui cite, du premier degré à la Cour suprême, les juridictions que comprend l'organisation judiciaire[326]. Dans cette acception, l'organisation judiciaire n'intègre pas les juridictions non étatiques, même prévues et entourées par les règles de droit, comme les juridictions arbitrales[327].

Mais il faudrait aussi, dans un sens fonctionnel, comprendre l'organisation judiciaire dans ses règles de fonctionnement, la justice devant être rendue par un ensemble structuré et cohérent dans son fonctionnement.

313. Il n'y a pas longtemps, notre organisation judiciaire a fait l'objet d'une réforme d'ensemble qui n'a certes pas tout bouleversé, mais a apporté des changements notables. On ne sous-estimera pas notamment la généralisation du pouvoir d'évocation de la Cour suprême. Une telle évolution mine un peu la distinction entre les juridictions de fond et la Cour suprême, celle-ci pouvant désormais statuer au fond en cas de cassation. On accordera aussi l'importance qu'elle mérite à la création des tribunaux administratifs. Avant la réforme, le contentieux administratif commençait à la Cour suprême et s'y terminait. Cela donnait le sentiment que n'existait pas un ordre de juridictions administratives, même si les jugements de la Chambre administrative de la Cour suprême pouvaient faire l'objet d'un recours devant l'Assemblée plénière de ladite Cour. Avec la création des tribunaux administratifs, les

---

[326] Voir article 3 de la loi du 29 décembre 2006, modifiée par la loi n° 2011/027 du 14 décembre 2011.

[327] V. P.G. Pougoué, J.M. Tchakoua, A. Fénéon, *Droit de l'arbitrage dans l'espace Ohada*, PUA, Yaoundé, 2000.

juridictions administratives forment désormais un ensemble hiérarchisé. Au niveau supérieur, la justice administrative ne s'est certes pas démarquée de la Cour suprême pour donner lieu à une institution à part, comme le Conseil d'État en France. On peut cependant affirmer, sans rien exagérer, qu'elle s'est positionnée comme un ordre à part, à côté de l'ordre judiciaire avec lequel elle partage la Cour suprême[328]. Dans le même temps, la justice des comptes s'est émancipée de l'Administration et s'impose dans une configuration comparable à celle de la justice administrative.

314. En raison de l'importance de ces changements, il semble plus pédagogique de présenter l'organisation judiciaire en faisant un découpage non pas horizontal, par degrés de juridiction, mais vertical, par ordre de juridictions. À cet égard, on peut observer que l'ordre judiciaire, depuis longtemps constitué, est le plus étoffé, contrairement aux ordres administratif et des juridictions des comptes encore émergents. La justice constitutionnelle, quant à elle, n'a sans doute pas vocation à se constituer en ordre, ce qui signifie qu'on n'attend pas une multiplication des juridictions constitutionnelles ; il faudrait cependant dire qu'en l'état actuel elle est sous-exploitée.

---

[328] La séparation des Chambres au sein de la Cour suprême est de nature à mettre chaque contentieux de son côté et débouchera sans doute sur une scission.

CHAPITRE I :

L'ORDRE JUDICIAIRE

315. En raison de sa diversité et de son éclatement, l'ordre judiciaire ne s'offre pas facilement à une présentation cohérente. On pourrait, comme cela se fait couramment, distinguer les juridictions de droit commun des juridictions d'exception. Les premières sont les juridictions normalement compétentes, sauf lorsqu'un texte spécial exclut expressément leur compétence ; les secondes sont les juridictions dont la compétence d'attribution est déterminée par un texte précis. Mais si un tel découpage est scientifiquement judicieux, il ne tient pas compte de l'importance du contentieux traité par chacun des groupes.

Alors, il est tentant de présenter les juridictions de l'ordre judiciaire par matières : la matière civile, la matière pénale, la matière sociale, le droit traditionnel. Une telle présentation pourrait cependant faire penser que nos juridictions sont instituées par matières, ce qui n'est pas le cas ; même la division en chambres qui est désormais prévue dans les juridictions dites de droit moderne depuis le premier degré ne doit pas conduire à dire que dans l'ordre judiciaire nos juridictions sont instituées par matières.

La présentation la plus convenable paraît alors être celle tirée du critère hiérarchique. Elle ne manque pas non plus de défaut, notamment parce que ne peut y entrer une juridiction comme la Haute cour de justice. C'est pourquoi, sans vraiment abandonner le critère hiérarchique, on s'en démarquera en distinguant en fonction du moment de la saisine des juridictions. On a alors les juridictions de la première saisine -c'est-à-dire celles devant lesquelles on initie le contentieux-, puis les juridictions saisies sur recours. Les juridictions communautaires peuvent rentrer dans ce schéma ; mais leur création s'inscrit dans une philosophie d'intégration judiciaire qu'il faudrait mettre en exergue.

SECTION I. LES JURIDICTIONS DE LA PREMIÈRE SAISINE

316. C'est au premier degré de juridiction qu'on retrouve l'essentiel de ces juridictions de la première saisine : tribunal de première instance, tribunal de grande instance, tribunal criminel spécial, Commission provinciale du contentieux de la prévoyance sociale, tribunal du premier degré, tribunal coutumier, tribunal militaire, Cour de sûreté de l'État. Mais certaines n'entrent pas dans la logique de la hiérarchie judiciaire.

La grande division entre ces juridictions semble être celle qui met d'un côté les juridictions dites de droit moderne et de l'autre les juridictions dites de droit traditionnel.

§ 1 : Les juridictions de droit moderne

317. Les juridictions de droit moderne de la première saisine les plus étudiées sont le tribunal de première instance et le tribunal de grande instance. Mais, à côté d'eux, il faudrait s'intéresser aux juridictions présidentielles, et souligner le sens de l'institution du juge d'instruction depuis le Code de procédure pénale. Le tribunal militaire et la Cour de sûreté de l'État méritent d'être situés à part, parce qu'ils sont des juridictions d'exception en matière pénale. Il faudrait aussi mettre à part le tribunal criminel spécial, à la fois parce qu'il présente certains traits des juridictions d'exception et parce qu'il est un revenant dans notre organisation judiciaire. La Haute Cour de justice, quant à elle, tient sa singularité du fait qu'elle se situe au confluent entre le pénal et le politique. On évoquera enfin la juridiction compétente en matière de prévoyance sociale (ou sécurité sociale si l'on veut anticiper l'évolution).

A. Le tribunal de première instance

318. Le tribunal de première instance est, parmi les juridictions de droit moderne, la plus proche des populations : son ressort territorial est l'arrondissement. Toutefois, suivant les nécessités de service, il peut couvrir plusieurs arrondissements.

C'est aussi par souci de rapprocher ce tribunal des populations que le législateur a prévu que la juridiction peut se déplacer de son siège, qui est le Chef-lieu de l'arrondissement, pour tenir des audiences foraines.

1. La composition et l'organisation du tribunal de première instance

319. Le tribunal de première instance comprend :

a) Au siège :

- un Président,
- un ou plusieurs juges ;
- un Greffier en chef ;

- des Greffiers.

b) À l'instruction :

- un ou plusieurs juges d'instruction

- un ou plusieurs Greffiers.

c) Au parquet :

- un Procureur de la République

- un ou plusieurs substituts du Procureur de la République.

Depuis la loi n° 1011/027 du 14 décembre 2001 modifiant et complétant certaines dispositions de la loi n° 2006/015 du 29 décembre 2006 portant organisation judiciaire, le tribunal de première instance a deux formations : les chambres et l'assemblée générale.

Le tribunal peut comprendre :

- une ou plusieurs chambres civiles ;

- une ou plusieurs chambres commerciales ;

- une ou plusieurs chambres sociales ;

- une ou plusieurs chambres correctionnelles et de simple police ;

- une ou plusieurs chambres des mineurs.

L'assemblée générale est composée de l'ensemble des magistrats en poste au tribunal ainsi que du Greffier en chef. Elle a des attributions consultatives et peut exercer des attributions juridictionnelles lorsque la loi lui en donne. Dans ce dernier cas, elle délibère hors la présence des magistrats du ministère public, mais après les conclusions ou les réquisitions du parquet.

La répartition en chambre répond au besoin de bonne administration de la justice par un effort de spécialisation des juges. Mais c'est avec le temps que le dispositif va se déployer entièrement ; en attendant, le Président de la cour d'appel du ressort peut regrouper plusieurs chambres.

Les affaires soumises au tribunal de première instance sont tranchées par un seul juge. Mais exceptionnellement, à la demande du ministère public, d'une partie à l'instance ou d'office, le Président de la juridiction peut décider de la collégialité. Le tribunal est alors composé de trois juges.

320. En matière sociale, le tribunal de première instance est composé d'un magistrat du siège, Président, et de deux assesseurs employeur et travailleur ayant voix délibérative, choisis par le Président sur la liste des assesseurs arrêtée par le ministre en charge du travail[329]. En cas de carence d'un ou des deux assesseurs, le Président leur adresse une seconde convocation. En cas de nouvelle carence, il statue seul et fait mention dans le jugement de la carence des assesseurs[330]. Il justifie aussi qu'il les a régulièrement convoqués, faute de quoi sa décision est critiquable[331].

La Cour suprême se montre très sévère en ce qui concerne la composition des juridictions statuant en matière sociale. Dans l'esprit de la loi, la Cour recherche la parité dans la composition des juridictions ; c'est pourquoi doit être cassée la décision qui ne précise pas la qualité (travailleur ou employeur) des assesseurs, car alors on ne peut savoir s'il y a eu un employeur et un travailleur[332]. La Haute juridiction a même cassé des décisions parce que rendues avec quatre et non deux assesseurs comme prévu par la loi[333].

2. La compétence du tribunal de première instance

321. Le tribunal de première instance est compétent pour connaître :

a) En matière pénale :

- des infractions qualifiées de délits ou de contraventions ;

- des demandes de mise en liberté formées par toute personne détenue et poursuivie devant lui, pour une infraction de sa compétence ;

- des crimes commis par les mineurs sans coauteur ou complice majeur.

b) En matière civile :

- des demandes de paiement des sommes d'argent dont le montant est inférieur ou égal à dix millions (10.000.000) de francs ;

---

[329] V. Articles 14 (3) de la loi portant organisation judiciaire, et 133 du Code du travail.

[330] Pour une application, TPI de Bafoussam, jugement n° 33/Soc du 02 juin 2006, *affaire Noubissi Jean Jacques contre Société Fokou, inédit.*

[331] CS, n° 22/S du 11 septembre 1986, *affaire Baba Ndong Hubert c/ COCAM* ; n° 137/S du 17 septembre 1987, *affaire Mory et Cie c/ Remille Gabriel*, inédits.

[332] CS, arrêt n° 26/S du 4 décembre 1986, *affaire Paléologos Nicolas c/ Mbang* ; n° 53/S du 26 février 1987, *affaire Simliénou Michel c/ Transcap, inédits.*

[333] CS, arrêt n° 86/S du 14 mai 1987, *affaire Etat du Cameroun c/ Mbeyo'o Mwitch*, inédit.

- des demandes de recouvrement, par procédure simplifiée, des créances civiles d'un montant inférieur ou égal à dix millions (10.000.000) de francs.

c) En matière commerciale :

- des contestations relatives aux engagements et transactions entre commerçants, entre établissements de crédit ou entre commerçants et établissements de crédit ;

- des contestations entre associés pour raison d'une société de commerce ou d'un groupement d'intérêt économique

- des contestations relatives aux sociétés commerciales ;

- des contestations relatives aux actes et effets de commerce entre toutes personnes tels que prévus par l'Acte uniforme portant sur le droit commercial général ;

Lorsque le taux évalué en argent de ces contestations est inférieur ou égal à la somme de dix millions (10.000.000) de francs.

d) En matière sociale :

- des différends dont le montant de la demande est inférieur ou égal à dix millions (10.000.000) de francs.

On peut remarquer que le législateur a réévalué le montant maximum de la demande qu'on peut adresser au tribunal de première instance, puisque dans l'ancien texte il était de cinq millions (5.000.000) de francs CFA.

322. Il faudrait surtout souligner que le législateur de 2006 a apporté quelques précisions qui manquaient à l'ancienne organisation judiciaire. En particulier, il précise que le tribunal de première instance, compétent sur l'action principale, est également compétent pour statuer sur les demandes reconventionnelles, quel qu'en soit le montant. On se rappelle que la Cour suprême avait, dans le silence de l'ancien texte, jugé que si le taux de la demande reconventionnelle excède le montant maximum de la demande dont doit connaître le tribunal de première instance, le juge doit, soit renvoyer les parties pour le tout, soit statuer sur la seule demande principale[334]. Une telle solution avait l'inconvénient d'engendrer des lenteurs, car dans l'un et l'autre cas il fallait une nouvelle procédure pour

[334] CS, arrêt n° 121/CC du 23 juillet 1981, *affaire Kamgang Michel c/ M. Nkouli Claire, RCD* n° 21/22 (1981), p. 167.

vider totalement le contentieux. La loi du 14 décembre de 2011 modifiant celle de 2006 ne reprend pas cette précision ; mais il semble bien que ce ne soit qu'un oubli.

Le législateur précise également que lorsque le tribunal de première instance statue sur le préjudice résultant d'une infraction à la loi pénale, il est compétent pour connaître des demandes de dommages-intérêts d'un montant supérieur à dix millions (10.000.000) de francs CFA. Il est aussi constant qu'en application de la loi n° 58/203 du 10 décembre 1958, le juge pénal peut accorder une réparation sur la base de la responsabilité sans faute lorsqu'il a relaxé la personne poursuivie[335]. La réparation accordée n'est nullement dépendante du taux de ressort du tribunal. Le tribunal de première instance pourrait donc, dans ce cadre, prononcer une condamnation supérieure à 10.000.000 F

323. Restent quelques questions auxquelles la jurisprudence a répondu. Celle-ci précise notamment qu'en cas de pluralité de défendeurs, le tribunal de première instance est compétent lorsque le montant de chaque demande reste dans les limites de sa compétence[336]. Cela signifie qu'on n'additionne pas les montants demandés à plusieurs défendeurs. En revanche, plusieurs demandes à un même défendeur doivent être additionnées pour trouver le montant total qui sert d'élément d'appréciation de la compétence du tribunal.

Le juge est parfois confronté aux fluctuations dans les prétentions du demandeur. La Cour suprême a jugé qu'une demande supérieure au taux de ressort peut utilement être ramenée dans les limites de la compétence du juge, à condition que ce changement ne soit pas postérieur à un déclinatoire de compétence et que le juge ne viole pas les droits de la défense[337].

324. Enfin, cela peut paraître un détail, le législateur a malheureusement repris la formulation du texte qui laisse croire que la demande introductive d'instance, en matière de recouvrement simplifié de créances, est faite au tribunal de première instance ; elle est en réalité adressée à son Président, ainsi qu'il est indiqué à l'article 5 de l'Acte uniforme OHADA portant organisation des procédures simplifiées de

---

[335] CS, arrêt n° 61du 21 janvier 1964 *RCJCS*, tome 1, p.390 ; n° 228/P du 2 mai 1985, *RCD* n° 30, p.113.

[336] Ibid.

[337] CS, arrêt n° 20/CC du 26 décembre 1985, *affaire Eka Boch Louis c/ Eyebe Richard, RCD* n° 30 (1985), p. 275.

recouvrement et des voies d'exécution. Si la demande lui paraît fondée, le Président rend une décision portant injonction de payer. Le contentieux peut s'arrêter là si celui à qui l'injonction est adressée s'exécute. En revanche, si celui-ci ne veut pas s'exécuter, il n'a d'autre choix que de faire opposition devant le tribunal de première instance. Le schéma est le même, devant le Président du tribunal de grande instance, et éventuellement devant le tribunal lui-même, s'agissant de la procédure simplifiée de recouvrement d'une somme excédant 10.000.000 (dix millions) de francs CFA

B. Le tribunal de grande instance

Le tribunal de grande instance a pour ressort territorial le département. Mais, pour des nécessités de service, un tribunal peut couvrir plusieurs départements.

Il siège au Chef-lieu du département, mais peut tenir des audiences foraines hors de son siège.

1. La composition et l'organisation du tribunal de grande instance

325. La composition et l'organisation du tribunal de grande instance sont la réplique presque parfaite du schéma retenu au niveau du tribunal de première instance. Une seule différence, en rapport avec la compétence de ces juridictions, doit être notée : au tribunal de grande instance, il n'y a ni chambre correctionnelle ou de simple police ni chambre des mineurs ; à la place, il y a une ou plusieurs chambres criminelles.

326. Parce que le siège du tribunal de grande instance coïncide avec celui d'un des tribunaux de première instance du ressort, le législateur a pensé qu'on pouvait en profiter pour faire l'économie du personnel. Aussi a-t-il prévu qu'en pareil cas le personnel du tribunal de grande instance, du Président au Greffier, peut être le même que celui du tribunal de première instance du Chef-lieu du département.

Comme s'agissant du tribunal de première instance, les affaires soumises au tribunal de grande instance sont jugées par un seul juge. Mais exceptionnellement, à la demande du ministère public, d'une partie à l'instance ou d'office, le Président de la juridiction peut décider de la collégialité. Le tribunal est alors composé de trois juges.

En matière sociale, le tribunal de grande instance est composé d'un magistrat du siège, Président, et de deux assesseurs, employeur et travailleur, ainsi qu'il est dit du tribunal de première instance.

2. La compétence du tribunal de grande instance

327. Le tribunal de grande instance est compétent pour connaître :

a) En matière pénale :

- des crimes et délits connexes ;

- des demandes de mise en liberté formées par toute personne détenue et renvoyée devant lui, pour une infraction de sa compétence ;

b) En matière civile :

- des actions et procédures relatives à l'état des personnes, à l'état civil, au mariage, au divorce, à la filiation, à l'adoption et aux successions ;

- des demandes de paiement des sommes d'argent supérieures à dix millions (10.000.000) de francs ;

- des demandes de recouvrement, par procédure simplifiée, des créances civiles d'un montant supérieur à dix millions (10.000.000) de francs.

c) En matière commerciale :

- des procédures collectives d'apurement du passif ;

- des créances commerciales certaines, liquides et exigibles quel qu'en soit le montant, lorsque l'engagement résulte d'un chèque, d'un billet à ordre ou d'une lettre de change ;

- des contestations relatives aux engagements et transactions entre commerçants, entre établissements de crédit ou entre commerçants et établissements de crédit ;

- des contestations entre associés pour raison d'une société de commerce ou d'un groupement d'intérêt économique

- des contestations relatives aux sociétés commerciales ;

- des contestations relatives aux actes et effets de commerce entre toutes personnes tels que prévus par l'Acte uniforme portant sur le droit commercial général ;

Lorsque le taux évalué en argent de ces contestations est supérieur à la somme de dix millions (10.000.000) de francs.

d) En matière sociale :

- des différends dont le montant de la demande est supérieur à dix millions (10.000.000) de francs.

e) En matière non administrative :

- de toute requête tendant à obtenir l'interdiction à toute personne ou autorité, d'accomplir un acte pour lequel elle est légalement incompétente ;

- des requêtes tendant à obtenir l'accomplissement par toute personne ou autorité, d'un acte qu'elle est tenue d'accomplir en vertu de la loi.

Ces deux dernières compétences du tribunal de grande instance sont inspirées du droit anglo-saxon, et les décisions y afférentes sont appelées respectivement *order of prohibition* et *order of mandamus.*

Lorsqu'il statue en matière pénale, le tribunal de grande instance a, comme le tribunal de première instance, compétence pour connaître de l'action en réparation du dommage causé par l'infraction : c'est ce qu'on appelle l'action civile.

328. On espérait que la loi sur l'organisation judiciaire dise qui du tribunal de première instance ou du tribunal de grande instance est compétent pour statuer sur les demandes indéterminées et, plus largement, sur les demandes qui ne sont pas expressément attribuées à une juridiction parmi les juridictions de droit moderne du premier ressort. Le législateur n'en dit aucun mot. En pareille circonstance, le raisonnement habituellement suivi consiste à dire qu'il faut adresser la demande à la juridiction de droit commun. Or, une telle démarche est hasardeuse dans les rapports entre le tribunal de première instance et le tribunal de grande instance. On peut sérieusement se demander si le critère d'identification d'une juridiction de droit commun[338] est applicable ici, le législateur ayant, dans l'un et l'autre cas, procédé par énumération des compétences.

Pour l'instant, la pensée dominante consiste à tirer argument de ce qu'en matière de demande chiffrée, la compétente du tribunal de première instance est limitée à un montant de dix millions (10.000.000)

---

[338] Et par conséquence une juridiction d'exception.

de francs pour considérer le tribunal de grande instance comme la juridiction ayant la compétence de principe[339]. On soutient alors que « celui qui peut le plus peut le moins ». La jurisprudence, elle-même, semble s'être laissé aller à cette analyse. Cela conduit logiquement le tribunal de grande instance à recevoir des demandes d'un montant inférieur à dix millions (10.000.000) de francs, et donc finalement à retenir sa compétence, quel que soit le montant de la demande.

Mais d'un point de vue de l'analyse juridique, la solution ne s'est jamais imposée avec la plus grande évidence. Elle a l'inconvénient de faire perdre toute sa consistance à la distinction entre juridiction d'exception et juridiction de droit commun. Une telle distinction n'a de sens que si elle débouche sur la protection du domaine de compétence de la juridiction d'exception. En permettant au tribunal de grande instance - ou en l'obligeant - de recevoir les demandes que le législateur a, pour une bonne répartition du contentieux, attribuées au tribunal de première instance, on jette plutôt un trouble dans cette répartition, donnant du même coup un pouvoir inattendu aux justiciables pour la gestion de la compétence matérielle des juridictions. On semble en effet dire que le justiciable qui a une demande dont le montant est égal ou inférieur à dix millions (10.000.000) de francs choisit entre le tribunal de première instance et celui de grande instance.

Toute cette construction est partie de l'idée que pouvant accorder un montant de dix millions (10.000.000) de francs, le tribunal de grande instance peut aussi accorder un montant moins important. Or, en précisant que le tribunal de première instance peut connaître des demandes reconventionnelles qui excèdent la limite fixée pour la demande principale, le législateur montre bel et bien que l'importance de l'élément monétaire doit être relativisée dans la recherche de la juridiction ayant une compétence de principe.

---

[339] Parmi les très nombreuses décisions du Tribunal de grande instance sur des demandes qu'on ne peut chiffrer, TGI de Bafoussam, jugement n° 75/civ du 4 juillet 2000, *affaire Mama Madeleine c/ Succession Tagne Joseph (*sortie d'indivision*) ;* TGI de Yaoundé, jugement n° 327 du 15 février 2006, *affaire Nkollo Ottou Régine et Ottou née Menyengue Ngono Stéphanie c/ Succession Emah Ottou, Sucession Zibi Emma André, Succession Essomba Emma François (*sortie d'indivision), n° 317 du 15 février 2006, *affaire Mvogo Sebastien c/ Essono Danatien et Mme Lapierre née Ngo Mingous Rose* (annulation d'une vente immobilière sous seing privée), n° 72 du 15 novembre 2006, *affaire Ntue Ngapout Abiba, Bilo'o Dorothée c/ Mani Nkoulou, Ngono Nti Johannes Oscar et Me Malagal Siéwe* (annulation d'une promesse de vente faite par un seul des co-indivisaire), inédits.

Par ailleurs, en déduisant la compétence du tribunal de grande instance pour connaître des demandes indéterminées de son aptitude à connaître des demandes de tel ou tel montant, on passe incontestablement des chiffres aux matières, ce qui paraît discutable.

Le comble, c'est qu'on soit parti de cet élément de chiffre pour donner plénitude de juridiction au tribunal de grande instance, le mettant ainsi dans le même registre que la Cour d'appel dont la plénitude de juridiction résulte très clairement de la loi[340]. Dans le même temps, le tribunal de première instance se reconnaît parfois compétent pour les demandes indéterminées, telles que l'annulation de délibérations du Conseil d'administration d'une société anonyme[341], l'expulsion d'un locataire dont le contrat est rompu pour non-paiement des loyers[342], la suppression des constructions[343].

Il était pourtant possible, en dépit de la technique d'énumération utilisée pour définir la compétence des deux juridictions, de dire laquelle d'entre elles connaît des matières non comprises dans l'énumération. Elle serait alors la juridiction de droit commun. La loi portant organisation judiciaire a eu recours à cette technique dans ses dispositions relatives au contentieux de l'exécution qu'on citera ici, même si elles sont déjà abrogées. En prévoyant que le Président du tribunal de première instance est compétent pour connaître de l'exécution des décisions du tribunal de première instance et d'« autres titres exécutoires à l'exclusion de ceux émanant des tribunaux de grande instance, des cours d'appel et de la Cour suprême », cette loi montrait que la compétence de droit commun en matière d'exécution des titres appartenait au Président du tribunal de première instance ; seuls lui échappaient les titres dont la connaissance lui était expressément retirée. Le législateur n'avait malheureusement pas bien manié la technique, notamment parce qu'il avait retiré au Président du tribunal de première instance la connaissance du contentieux des

---

340 L'article 22 de la loi du 29 décembre 2006 portant organisation judiciaire dispose que la Cour d'appel est compétente pour connaître « des appels interjetés à l'encontre des décisions rendues par les juridictions autres que la Cour suprême et la Cour d'appel elle-même ». Il faudrait comprendre qu'au second degré de juridiction, la Cour d'appel est seule « à tout faire ».

341 TPI de Yaoundé, jugement n° 373 du 11 avril 2005, *affaire Mballa Bounoung Gabriel c/ Sté Carrière de Yaoundé SA*, inédit.

342 TPI de Yaoundé, jugement n° 267/C du 07 juin 2006, *affaire Nganwa Mathieu c/ Yontcheu Ngounou Florent*, inédit,

343 TPI de Yaoundé, jugement n° 48/C du 02 novembre 2006, *affaire Mebada Pierre c/ Effa Henri*, inédit.

arrêts de la Cour suprême et ne l'avait attribué à aucune autre juridiction. C'est en partie ce qui a justifié le retour sur la question par la loi n° 2007/001 du 19 avril 2007 instituant le juge du contentieux de l'exécution et fixant les conditions de l'exécution au Cameroun des décisions judiciaires et actes publics étrangers ainsi que des sentences arbitrales étrangères.

En attendant que toutes les clarifications soient apportées par le législateur, il faudrait déplorer que ce dernier ait oublié de dire qui est compétent en matière d'injonction de délivrer ou de restituer, procédure prévue aux articles 19 et suivants de l'Acte uniforme OHADA portant organisation des procédures simplifiées de recouvrement et des voies d'exécution.

C. Les juridictions présidentielles

329. Les juridictions présidentielles[344] deviennent de plus en plus le maillon essentiel de notre organisation judiciaire, à en juger par le volume et l'importance des affaires qu'elles traitent. Entre le 2 janvier et le 13 juillet 2007, le Président du tribunal de première instance de Yaoundé centre administratif a rendu 1893 ordonnances, et son homologue du tribunal de grande instance en a rendu 513, soit au total 2406 décisions.

Jusqu'à la dernière réforme, le Président du tribunal de première instance était pratiquement le seul en relief ; il est maintenant concurrencé, notamment en matière de contentieux de l'exécution, par le Président du tribunal de grande instance, le Président de la Cour d'appel et le Président de la Cour suprême. Nous présenterons les présidents des tribunaux avant les présidents des cours.

1. Les présidents des tribunaux

Au premier degré de juridiction, le législateur n'a de façon indiscutable attribué de compétences juridictionnelles qu'au Président du tribunal de première instance et à celui du tribunal de grande instance. Semblent[345] donc avoir été ignorés les présidents du tribunal du premier degré et du tribunal coutumier.

---

[344] A. Anana Mbo, « La nouvelle juridiction présidentielle dans l'espace Ohada : l'endroit et l'envers d'une réforme » *Revue camerounaise de droit des affaires*, n° 3, 2000, p.9.

[345] Cette tournure prudente se justifie par la lecture de la loi du 24 décembre 1897 relative au recouvrement des frais dus aux notaires, avoués et huissiers qui, en ce qui

a. Le Président du tribunal de première instance

330. Le Président du tribunal de première instance est manifestement le plus pourvu des présidents de juridiction. Il est nécessaire de mettre ensemble quatre textes pour se faire une idée exacte de ses compétences. Il s'agit de l'article 15, alinéa 2, de la loi portant organisation judiciaire, des articles 3, 4 et 5 de la loi n°2007/001 du 19 avril 2007 instituant le juge du contentieux de l'exécution et fixant les conditions de l'exécution au Cameroun des décisions judiciaires et actes publics étrangers ainsi que des sentences arbitrales étrangères, de l'article 23 du décret n° 69/DF-544 du 19 décembre 1969 fixant l'organisation et la procédure devant les juridictions traditionnelles du Cameroun oriental, et de l'article 4 de loi n° 2003/009 du 10 juillet 2003 prise en application de l'article 30 de l'Acte uniforme OHADA relatif au droit de l'arbitrage. Le Président du tribunal de première instance est compétent pour :

- statuer sur les procédures en référé ;

- rendre les ordonnances[346] sur requête ;

- connaître du contentieux de l'exécution des décisions du tribunal de première instance[347] ;

- connaître du contentieux de l'exécution des actes publics nationaux, notamment les actes notariés[348] ;

- connaître de l'*exequatur* des sentences arbitrales, des décisions judiciaires étrangères et actes publics étrangers.

331. Les deux premières compétences du Président du tribunal de première instance sont une reconduite pure et simple de la solution

---

concerne les ordonnances de taxe, donne compétence au président du tribunal ou de la Cour d'appel où les frais ont été faits (article 3). On pourrait, sur la base de ces dispositions, saisir le cas échéant le président de ces juridictions. Certes, on exclura cette possibilité s'agissant des avocats qui, en principe, n'interviennent pas devant ces juridictions et dont le contentieux de la taxation des honoraires obéit au régime défini par l'article 24 de la loi n° 90/59 du 19 décembre 1990 portant organisation de la profession d'avocat.

[346] Beaucoup d'ordonnances sont rendues en matière d'injonction de payer et de taxe.

[347] Le Président connaît du contentieux de l'exécution des décisions rendues par le tribunal qu'il préside, lorsque l'exécution est poursuivie dans le ressort territorial de cette juridiction. Lorsque l'exécution est poursuivie dans un autre ressort, la compétence pour statuer appartient au Président du Tribunal de première instance dudit ressort.

[348] Sur le plan territorial, le Président compétent est celui du lieu où l'exécution a lieu ou est envisagée.

antérieure. Il faudrait cependant dire, sur le premier point, que notre droit est très incertain en ce qui concerne les conditions de saisine et les pouvoirs du juge des référés. L'article 182 du Code de procédure civile prévoit que « Dans tous les cas d'urgence, ou lorsqu'il s'agira de statuer provisoirement sur les difficultés relatives à l'exécution d'un jugement, il sera procédé ainsi qu'il va être réglé ci-après ». Suivent les règles de procédure, et l'article 185 qui dispose que « Les ordonnances sur référé ne feront aucun préjudice au principal... ». En mettant ces dispositions bout à bout, on a souvent dit que le juge des référés statue provisoirement lorsqu'il y a urgence et qu'il ne peut préjudicier au principal.

332. Au regard de la pratique judiciaire[349] cependant, on peut se demander quelle est précisément la place du provisoire dans les procédures de référé. La Cour suprême a très régulièrement dit que le juge des référés était incompétent en présence d'une contestation sérieuse. Elle l'a affirmé notamment lorsqu'une demande d'expulsion d'un terrain se heurte à une demande d'indemnité d'éviction[350]. Le juge des référés intervenant de façon provisoire pour faire face à une urgence, on comprend bien que s'il se prononce sur la demande d'expulsion et celle d'indemnité d'expulsion, il enlève tout objet à la saisine du juge du principal.

Mais il semble que l'affirmation ci-dessus relayée n'a jamais signifié, pour la Haute juridiction, que le référé se greffe toujours à une procédure principale. D'abord, en matière d'expulsion, elle a jugé que « le juge des référés ne porte pas préjudicier au principal en ordonnant l'expulsion d'un occupant précaire qui prétend avoir droit au maintien sur les lieux, lorsqu'à l'évidence, il apparaît qu'il n'existe aucun lien de droit entre le propriétaire du terrain et l'intéressé, et que l'appréciation des conditions d'occupation ne présente aucune difficulté sérieuse »[351]. On ne doit pas voir, dans cette lecture de la fonction du juge des référés, uniquement la mise en exergue de la condition de l'évidence subtilement déduite de l'absence de contestation sérieuse. Il s'agit d'un mouvement plus important, puisque la Cour suprême va aussi retenir la compétence du juge des référés pour expulser un locataire en s'appuyant sur une clause

---

[349] J. Fipa, « Le référé devant les juridictions camerounaise », *Juridis-Périodique* n° 38 (1999), p.76

[350] CS, arrêt n° 108/CC du 7 janvier 1982, *affaire Lappi Jean c/ Tientcheu Zaché, RCD* n° 29 (1985), p. 156.

[351] CS, arrêt n° 120/CC du 26 mai 1883, *affaire Ndoumbé Nkaké Guillaume c/ Njopam Mama et Consorts, RCD* n° 29 (1985), p.206.

résolutoire insérée au contrat[352]. On est bien là dans une hypothèse où le juge des référés épuise la contestation, parce qu'il est saisi dans des conditions où il n'y a ni principal, ni accessoire. Cette évolution a pratiquement fait du référé la voie la plus suivie pour les demandes en justice. À cet égard, les chiffres recueillis au greffe du tribunal de première instance de Yaoundé Centre administratif sont éloquents : entre le 1er janvier et le 31 mai 2007, le Président du tribunal de première instance a rendu 516 décisions de référé ; entre le 1er janvier et le 25 juin de la même année, le tribunal de première instance n'a rendu que 291 décisions.

333. Le troisième point de la compétence du Président du tribunal de première instance, à savoir le contentieux de l'exécution des décisions, est à la fois ancien et nouveau. Il est ancien parce que, dans le cadre des référés, le Président du tribunal de première instance connaissait de l'exécution des titres. C'est la raison pour laquelle l'article 23 du décret n°69/DF-544 du 19 décembre 1969 fixant l'organisation des juridictions traditionnelles du Cameroun oriental, qui désigne le Président du tribunal de première instance pour les difficultés d'exécution des décisions de ces juridictions, précise que le Président statue par ordonnance de référé[353].

Mais aujourd'hui, et c'est une première nouveauté, le contentieux de l'exécution s'est en général détaché du référé avec lequel il n'a pas, à vrai dire, la même structure. Ensuite, la compétence du Président du tribunal de première instance en matière de contentieux de l'exécution a été sensiblement réduite : elle est désormais amputée du contentieux de l'exécution des jugements du tribunal de grande instance, des arrêts de la Cour d'appel et de la Cour suprême.

On a l'impression que le contentieux de l'exécution des titres a pris la logique de la hiérarchie judiciaire puisque, on le verra plus loin, c'est en principe au niveau du Président de chaque juridiction que le problème doit être résolu. La formule de l'article 15 de la loi portant organisation judiciaire autorisait pourtant à penser que le Président du tribunal de première instance était le juge de droit commun de l'exécution. En effet,

---

[352] CS, arrêt n° 158/CC du 15 septembre 1983, *affaire Njembele Ekallé Piddy c/ Consort Eyoum Toubé Guillaume, RCD* n° 29 (1985), p. 254.

[353] Le texte prévoit que si l'huissier agissant en vertu de l'expédition revêtue de la formule exécutoire rencontre des difficultés dans sa mission, il en dresse procès-verbal et saisit le Président du Tribunal de première instance qui statue par ordonnance de référé. Il faudrait sans doute admettre que cette voie n'est pas ouverte au seul l'huissier, mais plus largement à tous ceux qui sont confrontés aux difficultés d'exécution.

après avoir indiqué qu'il est compétent pour le contentieux de l'exécution des jugements du tribunal de première instance, ladite loi ajoutait qu'il est compétent pour le contentieux de l'exécution « d'autres titres exécutoires à l'exclusion... ». Il y avait là une façon de dire que le Président du tribunal de première instance était compétent pour tous les titres dont la connaissance n'était pas expressément attribuée à une autre juridiction ou, à tout le moins, ne lui était pas retirée.

Cette analyse est aujourd'hui remise en cause par la loi du 19 avril 2007 relative au juge du contentieux de l'exécution, qui se limite à énumérer, sans clause d'incorporation des matières non attribuées, les compétences du Président du tribunal de première instance.

334. Le dernier point de la compétence du Président du tribunal de première instance, à savoir l'*exequatur*, doit être davantage précisé. L'*exequatur* est la force exécutoire donnée par le juge camerounais à une décision de justice ou un acte étranger, ou à une sentence arbitrale[354]. On sait que dans le passé l'*exequatur* était accordé tantôt par le tribunal de grande instance[355], tantôt par son Président[356], tantôt par le tribunal de première instance[357], tantôt par son Président[358]. La confusion était d'autant plus grande que pour certains juges, le choix de la juridiction compétente devait prendre en compte le montant de la condamnation que contient le jugement ou la sentence objet de la demande d'*exequatur*. Il était même arrivé que le juge tienne compte du fait que le jugement est étranger pour ordonner une communication au ministère public[359]. Tout cela montre que pour les juges, on est en présence d'une procédure à entourer de précautions particulièrement sérieuses. Or, en matière d'*exequatur*, il s'agit d'opérer un contrôle véritablement sommaire sur le titre présenté au juge, ce qui ne peut conduire celui-ci qu'à déclarer le titre exécutoire si le contrôle est satisfaisant - non à prononcer au fond une nouvelle condamnation, puisqu'on ne refait pas le procès -, ou à

---

[354] Sur la question, lire J.M Tchakoua, *Le contrôle de la régularité internationale des jugements et sentences arbitrales en droit camerounais*, thèse de doctorat de 3ème cycle, Université dé Yaoundé, 1991.

[355] TGI de Douala, jugement n° 225 du 18 mai 1987 ; TGI de Yaoundé, jugement n° 272 du 29 mars 1989, n° 302 du 1 avril 1989 (inédits), n° 626 du 5 août 1992, *Juridis-Info* n° 13, p. 39, note Tchakoua.

[356] Ordonnance du Président du TGI de Douala n° 98 du 2 mars 1987, inédite.

[357] Implicitement, TPI de Douala, jugement n° 228 du 15 mai 1985, inédit.

[358] Ordonnance n° 369 du Président du tribunal de première instance de Douala du 8 novembre 1988, inédite.

[359] TGI de Yaoundé, ADD du 17 mai 1987, inédit.

refuser l'*exequatur* si le titre ne remplit pas les conditions limitativement fixées par la loi. L'article 7 de la loi instituant le juge du contentieux de l'exécution est à cet égard bien inspiré, puisqu'il dispose que le juge « se borne à vérifier que.... ». Suivent les conditions de l'*exequatur*, dont il faudrait déplorer le fait qu'elles soient trop centrées sur les jugements étrangers.

Il faudrait ensuite regretter que le législateur entretienne une confusion entre l'*exequatur* et la solution des difficultés d'exécution des titres. L'*exequatur* est, en quelque sorte, un remède à un mal naturel : l'absence de caractère exécutoire des titres soumis au juge. Les difficultés d'exécution se posent aux titres qui sont par principe exécutoires et souffrent d'un mal véritablement accidentel. En utilisant parfois le terme exécution pour les deux problèmes, la loi du 19 avril 2007 obscurcit l'analyse.

335. Il reste à indiquer clairement les titres concernés par l'*exequatur* du Président du tribunal de première instance. Il s'agit incontestablement des sentences arbitrales rendues en application de l'Acte uniforme OHADA relatif au droit de l'arbitrage. La solution est constante, même si la sentence est rendue dans un autre pays de l'espace OHADA[360]. Cette précision montre que les expressions « sentences arbitrales étrangères » et « sentences arbitrales nationales » utilisées par le législateur sont incorrectes. Elles le sont, tout d'abord, parce que contrairement au jugement qui est rendu nécessairement au nom d'un Souverain, une sentence arbitrale n'a pas de nationalité. Elles le sont ensuite parce que quand bien même on concéderait que la sentence arbitrale peut être nationale ou étrangère, il reste à dire par rapport à quoi elle l'est. On est étranger normalement par rapport à un pays. Or il est sûr que le statut de « sentence étrangère » ne peut être appliqué à une sentence rendue hors du Cameroun, mais dans un pays de l'espace OHADA. L'article 34 de l'Acte uniforme Ohada relatif au droit de l'arbitrage parle plus justement des sentences rendues sur le fondement des règles différentes de celles dudit Acte. Elles seront « *exequaturées* » conformément aux conventions internationales, et à défaut conformément aux règles prévues pour les sentences arbitrales rendues dans l'espace OHADA (c'est-à-dire, en ce qui concerne la compétence, le Président du tribunal de première instance).

---

[360] V. Articles 1er et 30 de l'Acte uniforme OHADA relatif au droit de l'arbitrage et 4 de la loi du 10 juillet 2003.

Nécessairement, échappe à la compétence du Président du tribunal de première instance l'*exequatur* des sentences du système d'arbitrage de la CCJA. Cette Cour est seule habilitée à accorder l'*exequatur* des sentences rendues dans le cadre dudit système d'arbitrage[361].

b. Le Président du tribunal de grande instance

336. La juridiction du Président du tribunal de grande instance n'est pas tout à fait nouvelle. Les pouvoirs les plus traditionnels de ce juge sont sans doute ceux qu'il exerce dans le cadre des ordonnances de taxe et de la procédure de divorce, notamment pour les mesures provisoires[362]. Le législateur avait aussi pensé à lui pour la contestation du rejet des créances produites dans le cadre de la liquidation amiable des banques[363]. La lecture combinée de l'article 5 de l'Acte uniforme OHADA portant organisation des procédures simplifiées de recouvrement et des voies d'exécution et des dispositions internes sur l'organisation judiciaire montre que le Président du tribunal de grande instance exerce des compétences juridictionnelles en matière d'injonction de payer. C'est en effet lui qui rend l'ordonnance d'injonction de payer lorsque le montant de la créance dépasse dix millions (10.000.000) de francs. Mais la compétence de ce juge connaît un développement nouveau[364] avec le transfert, à son profit, du pouvoir pour statuer sur les requêtes en *habeas corpus*[365].

La requête en *habeas corpus,* ou requête en libération immédiate[366], est une requête formée par une personne arrêtée ou détenue ou en son

---

[361] V. Article 25 du Traité Ohada.

[362] Voir les articles 234 et suivants du Code civil.

[363] Voir article 10 de l'Ordonnance n° 003 du 27 avril 1990 modifiant et complétant les dispositions de l'Ordonnance n°85/002 du 31 avril 1985 relative à l'exercice de l'activité des établissements de crédit.

[364] Signalons que *es qualite*, le Président du tribunal de grande instance préside la commission départementale de supervision des élections des députés à l'Assemblée nationale (article 39 de la loi n°91/020 du 16 décembre 1991 modifiée par les loi n° 97/013 du 19 mars 1997 et n° 2006/009 du 29 décembre 2006). Mais cette compétence a vocation à disparaître ou à être précisée avec la mise en place d' « Elections Cameroon », organisme indépendant chargé de l'organisation, de la gestion et de la supervision de l'ensemble du processus électoral et référendaire (Loi n° 2006/011 du 29 décembre 2006 portant création, organisation et fonctionnement d' « Elections Cameroon » (ELECAM).

[365] Voir article 18, alinéa 2, de la loi du 29 décembre 2006 portant organisation judiciaire.

[366] E. Tankoua, « La libération immédiate : un jeu de ping-pong dans certaines juridictions », *Juridis-Périodique* n° 48 (2001), p. 113.

nom par toute autre personne, et fondée sur l'illégalité de l'arrestation ou de la détention[367] ou sur l'inobservation des formalités prescrites par la loi. Avant la réforme, *l'habeas corpus* était de la compétence du tribunal de grande instance. En la mettant dans le cadre d'une juridiction présidentielle, le législateur vise à en simplifier la procédure.

337. Le Président du tribunal de grande instance est aussi compétent pour connaître des recours intentés contre les mesures de garde à vue administrative[368]. Il y a là une bonne indication que même administrative, la garde à vue n'échappe pas au contrôle. On peut néanmoins se demander s'il est judicieux de soumettre au contrôle du Président du tribunal de grande instance une mesure qui a tout l'air d'être administrative[369]. Même si la loi n'indique pas expressément que les mesures de garde à vue administrative sont des actes administratifs, il est raisonnable de penser, au regard de la conception organique de l'acte

---

[367] Le Président du Tribunal de grande instance de la Mifi a rendu à cet égard une ordonnance particulièrement intéressante. Le sieur Tchoula Djumbon Hugue avait été condamné à cinq ans d'emprisonnement pour évasion (TPI de Bafoussam, 18 mai 2005). A la suite de cette décision rendue par défaut, et en exécution d'un mandat d'arrêt décerné contre lui, il avait été appréhendé à Yaoundé le 21 février 2007 et conduit devant le Procureur de la République de Bafoussam, d'où il partira pour la prison. De la prison, il a, le 26 février 2007, fait opposition à la décision de condamnation. Cinq mois plus tard, il n'était toujours pas conduit devant le Président de la juridiction qui avait décerné contre lui le mandat d'arrêt, comme l'exige l'article 19 du Code de procédure pénale. De plus, en dépit de l'opposition faite dans les délais, l'affaire n'a pas été enrôlée et ce, en violation de l'article 429 (2) du même code. Entre-temps, le jugement de condamnation a été annulé par la Cour d'appel, qui lui a substitué une autre décision (probablement à la demande d'une autre partie). Le sieur Tchoula Hugues a saisi le juge pour sa libération immédiate. Pour accéder à sa prétention, le Président du Tribunal de grande instance de la Mifi a relevé qu'il y avait inobservation des formalités prescrites par la loi, en ce que le requérant, à la suite de son arrestation n'a pas été conduit devant le Président de la juridiction qui avait rendu le mandat d'arrêt contre lui. En outre, poursuit le juge, le requérant n'a jamais été appelé à une audience quelconque de cette juridiction qui aurait statué sur sa détention. Le juge relève enfin que l'illégalité de la détention est établie en ce que la mandat d'arrêt décerné par le tribunal ne peut plus être le fondement de la privation de liberté dès lors que le jugement qui le sous-tend a été annulé par la Cour d'appel. Il ajoute au passage que c'est le mandat d'arrêt décerné par la Cour d'appel qui peut être exécuté (Ordonnance d'*habeas corpus* n° 003/OHO/CAB/PTGI/MIFI du 17 octobre 2007).

[368] Voir article 18 alinéa 2 de la loi du 29 décembre 2006 portant organisation judiciaire.

[369] Pour les problèmes de contrôle que pose la garde à vue administrative, voir E. Kitio, « La garde à vue administrative pour grand banditisme et le respect des droits de l'homme au Cameroun (Application de la loi n° 90/054 du 19 décembre 1990 sur le maintien de l'ordre », *Juridis-Périodique* n° 30 (1997), p. 52et s.

administratif adoptée par le juge administratif camerounais[370], qu'émanant des autorités administratives, ces décisions sont administratives. Le préfet du département de l'Océan l'a en tout cas pensé ; c'est ainsi qu'il a, par plusieurs arrêtés, placé plusieurs personnes en garde à vue administrative[371]. On avait envisagé, contre ces mesures, le recours pour excès de pouvoir[372]. En donnant compétence au Président du tribunal de grande instance pour les recours intentés contre ces mesures, le législateur a préféré l'efficacité à la cohérence. À moins de penser que les recours se cumulent, ce qui ne pourrait qu'en ajouter à la confusion.

2. Les présidents de cours

Deux présidents de cours sont concernés par cette rubrique : le Président de la Cour d'appel et le Président de la Cour suprême.

a. Le Président de la Cour d'appel

338. À partir du moment où la loi du 29 décembre 2006 semblait avoir décidé de faire du contentieux de l'exécution une sorte de « contentieux léger et de proximité » à régler très rapidement et au plus près de l'auteur du titre querellé, on pouvait s'étonner qu'elle désigne la Cour d'appel, et non pas son président, pour le contentieux de l'exécution des arrêts de la Cour[373]. La loi du 19 avril 2007 instituant le juge du contentieux de l'exécution a désormais intégré le Président de la Cour d'appel dans la chaîne des compétences présidentielles en matière de contentieux de l'exécution des décisions[374]. Ce denier connaît du contentieux de l'exécution des arrêts de la Cour[375].

---

[370] Voir CFJ, Ass. pl., arrêt n° 20 du 20 mars 1969, *affaire Ngongang Njanke Martin c/ Etat du Cameroun.*

[371] Voir les Arrêtés n° 64/AP/L 11/BP du 22 mars 1995 plaçant Monsieur P.J en garde à vue administrative, n° 250/AP/L 11/SP du 14 octobre 1996 portant garde à vue administrative de certaines personnes (23 au total), et n° 09/AP/L 11/SP du 03 mars 1997 portant garde à vue administrative de certaines personnes (24 au total).

[372] E. Kitio, « La garde à vue administrative pour grand banditisme et le respect des droits de l'homme au Cameroun, op. cit, p. 54.

[373] Voir article 22 c de la loi du 29 décembre 2006 portant organisation judiciaire.

[374] On n'oublie certes pas que le Président de la Cour d'appel peut rendre des ordonnances de taxe conformément à la loi du 24 juillet 1897 relative au recouvrement des frais dus aux notaires, avoués et huissiers (article 3). Il peut officier *es qualite*, par exemple dans le cadre d'une commission. Une illustration nous est donnée par la loi n° 2006/005 du 14 juillet 2006 fixant les conditions d'élection des sénateurs qui fait de ce magistrat le Président de la commission régionale de supervision des élections

339. Le législateur prévoit, au profit du Président de la Cour d'appel, une autre compétence qui peut étonner. Celle-ci s'intègre dans le cadre de l'exercice d'un recours contre une décision du Président du tribunal de première instance ou du Président du tribunal de grande instance agissant comme juge d'exécution. Lorsqu'un appel est interjeté contre une telle décision, l'alinéa 4 de l'article 3 de la loi du 19 avril 2007 instituant le juge du contentieux de l'exécution prévoit que le Président de la Cour d'appel peut, par décision spécialement motivée, suspendre l'exécution de la décision contestée. Une telle solution ne doit pas faire penser qu'il appartient au Président de la Cour d'appel de statuer sur le recours. Celui-ci est fait devant la Cour d'appel. Le Président intervient simplement pour « geler » une décision qui, autrement, continuerait de s'exécuter. Devant « spécialement » motiver sa décision, le Président de la Cour d'appel ne peut normalement se livrer à un examen sommaire de l'affaire. Dans quelle mesure statuera-t-il sans préjudicier sur les pouvoirs de la Cour ? Dans l'abstrait, il est bien possible de tracer des lignes de démarcation entre les deux interventions. Dans le concret cependant, ce sera plus difficile.

La solution fait penser aux pouvoirs que le Président de la Cour suprême exerce en cas de pourvoi : le Président peut en effet ordonner le sursis à exécution[376]. Le contentieux parasite qui est ainsi organisé gêne, mais peut se comprendre dans un contexte où la solution des pourvois peut attendre plusieurs années. Le contentieux parasite prévu dans le cadre du contentieux de l'exécution se comprend moins, parce que dans le principe, celui-ci est une procédure urgente. Greffer une nouvelle procédure sur une procédure urgente ne semble pas souhaitable[377]. En tout état de cause, il est certain que la décision du Président dans le cadre de ce contentieux parasite est insusceptible de recours.

b. Le Président de la Cour suprême

340. Les compétences du Président de la Cour suprême sont un mélange du nouveau et de l'ancien. La nouveauté concerne deux points.

---

sénatoriales (article 14). Cette compétence a cependant vocation à disparaître ou à être précisée avec la mise en place effective d'ELECAM.

[375] Voir article 3 de la loi du 19 avril 2007.

[376] Voir infra, le Président de la Cour suprême.

[377] La solution est malheureusement prévue même par l'Acte uniforme Ohada portant organisation des procédures simplifiées de recouvrement et des voies d'exécution (article 49).

En premier lieu, le Président de la Cour suprême a reçu compétence pour statuer sur le contentieux de l'exécution des arrêts de la Cour. Celle-ci pouvant désormais évoquer et statuer au fond, ces arrêts susceptibles de poser des problèmes d'exécution peuvent être nombreux.

L'article 3, alinéa 6, de la loi du 19 avril 2007 instituant le juge du contentieux de l'exécution prévoit que les décisions du Président de la Cour suprême agissant dans le cadre de l'exécution des arrêts de la Cour sont insusceptibles de recours. Cette solution s'articule difficilement avec l'article 49 de l'Acte uniforme OHADA portant organisation des procédures simplifiées de recouvrement et des voies d'exécution qui prévoit, en matière de contentieux de l'exécution, une possibilité d'appel contre la décision du juge. De façon générale, l'esprit de cet article 49 est que le juge de l'exécution soit situé au premier degré de juridiction, de sorte que le contentieux s'inscrive dans le principe du double degré de juridiction. Le législateur camerounais ne s'est pas conformé à cet esprit, ce qui rend inapproprié le système de voies de recours qu'il a mis en place. Même le pourvoi prévu contre la décision du Président de la Cour d'appel ne peut satisfaire le vœu de l'Acte uniforme, le pourvoi étant par nature différent de l'appel. On peut aisément deviner que la Cour commune de justice et d'arbitrage n'accepterait pas la solution camerounaise si le problème lui est posé. Il faudrait à cet égard se rappeler que dans une affaire *Koffi contre la Société Loteny Telécom*, elle a annulé une ordonnance du Président de la Cour suprême de Côte d'Ivoire ayant ordonné la suspension de l'exécution d'un arrêt de la Cour d'appel d'Abidjan, au motif que « tout litige relatif à une mesure d'exécution forcée relève, quelle que soit l'origine du titre exécutoire en vertu duquel elle est poursuivie, de la compétence préalable du Président de la juridiction statuant en matière d'urgence et en premier ressort »[378].

341. Dans la logique de la solution qu'il prévoit lorsqu'un appel est fait contre une décision du juge de l'exécution situé au premier degré de juridiction, le législateur greffe au pourvoi fait contre la décision du Président de la Cour d'appel statuant en matière d'exécution un contentieux de la suspension de l'exécution. La solution rappelle la compétence que le Président de la Cour suprême exerce déjà dans le cadre de la loi n°92/08 du 14 août 1992 fixant certaines dispositions

---

[378] CCJA, arrêt n° 011/2003 du 19 juin 2003, *Recueil de jurisprudence de la CCJA*, n° 1 2003, p.32 ; voir aussi CCJA, arrêt n° 040/2005 du 02 juin 2005, *Recueil de Jurisprudence de la CCJA*, n°5 2005, vol. 2, p. 61.

relatives à l'exécution des décisions. L'article 5 de cette loi prévoit, en effet, que la partie qui succombe en appel ou devant une juridiction statuant en premier et dernier ressort, devant la Cour suprême peut, par simple requête au Président de ladite Cour, faire suspendre l'exécution de la décision attaquée. Le Président statue par ordonnance, dans un délai de quinze (15) jours à compter de l'enregistrement de la requête au greffe.

Cette disposition est aujourd'hui au centre d'une grande question : au regard du partage du contentieux entre la Cour suprême et la Cour commune de justice et d'arbitrage (CCJA), on se demande si la première peut statuer sur la demande de sursis lorsque le pourvoi est de la compétence de la CCJA.

Le Président de la Cour suprême est inconstant dans la réponse qu'il donne à cette question, puisqu'on trouve des ordonnances dans les deux sens[379]. La Cour commune de justice et d'arbitrage, qui n'était certes pas saisie exactement de cette question, mais d'un recours contre un arrêt de la Cour suprême de Côte d'Ivoire ayant pris une mesure provisoire sur requête aux fins de sursis à exécution, a fait une affirmation relativement décevante à ce propos. Elle a en effet affirmé que « l'arrêt par lequel la Cour suprême de Côte d'Ivoire prend une mesure provisoire sur requête aux fins de sursis à l'exécution d'un arrêt rendu par la Cour d'appel d'Abidjan, en application non d'un Acte uniforme ou d'un Règlement prévu au Traité OHADA, mais plutôt des dispositions de l'article 214 du Code de procédure civile, commerciale et administrative... n'entre pas dans la catégorie des décisions spécifiées aux alinéas 3 et 4 de l'article 14 du Traité susvisé et ne peut donc faire l'objet d'un recours en cassation devant la Cour commune de Justice et d'arbitrage »[380].

Ceux qui soutiennent l'exclusion de la compétence du Président de la Cour suprême pour la suspension de l'exécution lorsque le pourvoi ne peut être fait que devant la CCJA retiendront bien que dans le passage cité, la CCJA exclut la compétence des cours suprêmes nationales lorsqu'est en cause un texte communautaire. Mais il faudrait aussi voir que le CCJA retient, pour refuser sa compétence, que ce qui était appliqué, c'était non un texte communautaire, mais le Code de procédure civile, commerciale et administrative. De là on peut craindre que si, au

[379] Pour l'incompétence, Ord n° 075 du 28 décembre 2004, *affaire Fondio Zacharie c/ Texaco* ; pour la compétence, Ord. n° 090 du 3 janvier 2005, *affaire Meyou Michel c/ Société China Town*, inédites.
[380] CCJA, arrêt n° 001/2005 du 27 janvier 2005, inédit.

Cameroun, le Président de la Cour suprême statue en application de la loi de 1992 sur l'exécution des décisions de justice, sa décision va être jugée bonne. Or, il s'agit normalement de considérer les dispositions appliquées au fond de la contestation.

La doctrine pense que le Président de la Cour suprême ne peut, sans méconnaître la compétence de la CCJA, statuer sur une demande de sursis à exécution lorsque la Cour suprême ne peut recevoir le pourvoi[381]. Même si le contentieux du sursis à exécution se limite à un examen sommaire voire d'apparence, on ne peut nier que le Président de la Cour suprême statue, très souvent, en faisant un pronostic sur le résultat du pourvoi. Il a souvent dit que le moyen du pourvoi paraît pertinent[382], si ce n'est pas carrément que « les arguments du demandeur au pourvoi sont pertinents, le juge d'appel ayant fait une application erronée des articles 92 et 95 de l'Acte uniforme … »[383]. Le Président de la Cour suprême ne peut être plus clair dans le fait d'avoir procédé à un contrôle de la bonne application du droit communautaire, à la place de la CCJA.

D. Le juge d'instruction

342. Le juge d'instruction a été évoqué dans la composition des tribunaux de première et de grande instance, et la Chambre de contrôle de l'instruction sera évoquée dans la composition de la Cour d'appel. On aurait donc pu faire l'économie d'une présentation à part du juge d'instruction.

Mais il semble qu'une telle économie aurait étouffé le message du législateur qui, dans la loi sur l'organisation judiciaire, a consacré tout un chapitre au juge d'instruction. La confusion des fonctions de poursuite et d'instruction avait été très décriée, et le législateur avait décidé de tourner cette page depuis le Code de procédure pénale. Le texte sur l'organisation judiciaire a été l'occasion de consolider l'option prise.

Ce dont il ne fait pas de doute, c'est que même s'il est un magistrat du siège et membre du tribunal où il est en poste, le juge d'instruction est une juridiction à part. Il conduit l'instruction, décerne tout mandat ou

---

[381] Dans ce sens, R. Tagné, « La Cour suprême du Cameroun en conflit avec la Cour commune de justice et d'arbitrage (CCJA) », *Juridis-Périodique* n° 62 (2005), p. 107 ; F. Onana Etoundi et J.M. Mbock Biumla, *Cinq ans de jurisprudence commentée de la Cour commune de justice et d'arbitrage de l'Ohada (CCJA)*, Presses de l'IFS (Imprim Flash Service), 2006, p. 21.

[382] Ordonnance n° 037 du 30 octobre 1995, inédite.

[383] Ord. n° 090 du 03 janvier 2005 op. cit.

titre de détention, met d'office en liberté et statue sur les demandes de mise en liberté qui lui sont adressées. Il rend des ordonnances de clôture de l'information en toute indépendance.

Il n'a sans doute pas été possible, compte tenu du nombre limité des magistrats, de spécialiser quelques magistrats dans la fonction d'instruction pour marquer la démarcation du juge d'instruction à la fois du parquet et de la juridiction de jugement : certains magistrats sont en effet à la fois juges (de jugement) et juges d'instruction. Mais, au moins, le législateur prévoit que dans la même affaire un magistrat ne peut intervenir à la fois à l'instruction et au jugement.

Il est prévu un ou plusieurs juges d'instruction au sein de chaque juridiction du fond ayant compétence en matière pénale. Plus concrètement, au premier degré, les magistrats chargés de l'instruction sont prévus au tribunal de première instance et au tribunal de grande instance. Exceptionnellement, le ou les juges d'instruction du tribunal de première instance du siège du tribunal de grande instance peuvent, cumulativement avec leurs fonctions, être nommés juges d'instruction du tribunal de grande instance.

Le juge d'instruction du tribunal de grande instance est compétent pour l'information judiciaire relative à tous les crimes et délits connexes commis dans le ressort du tribunal qui est le département. Il est cependant tenu compte du fait que plusieurs tribunaux de première instance peuvent exister dans le département avec, chacune, son ou ses juges d'instruction. C'est pourquoi la loi prévoit que le juge d'instruction du tribunal de première instance résidant dans une localité autre que le siège du tribunal de grande instance instruit les crimes et délits de son ressort[384].

Au niveau de chaque cour d'appel, il a été prévu une ou plusieurs chambres de contrôle de l'instruction. Les magistrats qui officient dans ces chambres y sont affectés par ordonnance du Président de la Cour d'appel.

E. Les juridictions d'exception en matière pénale

343. Si la notion de juridiction d'exception en matière pénale n'est pas en opposition avec celle en usage lorsqu'il s'agit de juridictions civiles, elle n'utilise pas les mêmes éléments d'analyse. Alors qu'en droit civil on se contente de réfléchir sur les matières, en droit pénal on réfléchit à la

[384] V. Article 27 de la loi portant organisation judiciaire.

fois sur la matière et sur la qualité du délinquant. La juridiction d'exception est ici celle qui ne juge que les infractions ou les personnes que la loi lui a spécialement attribuées. Dans notre contexte, on peut citer avec certitude le tribunal militaire et la Haute cour de justice, bien que cette dernière ait une connotation fortement politique qui aurait pu justifier qu'on ne la classe pas dans l'ordre judiciaire[385]. La loi portant organisation judiciaire a jeté le doute sur le sort de la Cour de sûreté de l'État.

1. Le tribunal militaire

Le tribunal militaire est organisé par la loi n°2008/015 du 29 décembre 2008 portant organisation judiciaire militaire et fixant des règles de procédure applicables devant les tribunaux militaires[386]. À l'origine, il y avait un seul tribunal militaire siégeant à Yaoundé, et couvrant toute l'étendue de la République. Aujourd'hui, il est créé un tribunal militaire par région. Toutefois, suivant les nécessités de service, le Président de la République peut, par décret, créer plus d'un tribunal militaire au sein d'une même région ou étendre le ressort d'un tribunal à plusieurs régions. En cas de circonstances exceptionnelles telles que prévues par l'article 9 de la constitution, de menaces graves à l'ordre public, à la sécurité de l'Etat ou de terrorisme, le tribunal militaire de Yaoundé peut exercer ses attributions sur l'ensemble du territoire national.

a. La composition du tribunal militaire

344. Le tribunal militaire comprend :

au siège :

- un Président ;
- un ou plusieurs vice-Présidents ;
- deux assesseurs titulaires et des assesseurs suppléants ;
- un Greffier en chef ;
- un ou plusieurs Greffiers ;

[385] La connotation politique de la Haute cour de justice se voit dans sa composition et, en partie, sa compétence. Dans l'ensemble, cependant, les problèmes traités par la Haute cour de justice sont pénaux, ce qui justifie son rattachement à l'ordre judiciaire.

[386] Elle remplace l'ordonnance n° 72-5 du 26 août 1972 plusieurs fois modifiée (par les lois n° 74/4 du 16 juillet 1974, n° 87/9 du 15 juillet 1987, n° 90/48 du 19 décembre 1990, n° 97/8 du 10 janvier 1997 et n° 98/007 du 14 avril 1998).

à l'instruction :

- un ou plusieurs juges d'instruction ;
- un ou plusieurs Greffiers d'instruction ;

au parquet :

- un Commissaire du Gouvernement ;
- un ou plusieurs Substituts du Commissaire du Gouvernement ;
- un ou plusieurs Greffiers.

Le Président, les vice-Présidents, les juges d'instruction, le Commissaire du Gouvernement et les Substituts du Commissaire au Gouvernement sont, soit des magistrats militaires, soit des magistrats civils. Les Assesseurs titulaires et suppléants sont, soit des magistrats militaires, soit des magistrats civils, soit des officiers des Forces de Défense.

Le juge d'instruction chargé d'un dossier et les membres de la formation du jugement doivent, pour ceux qui sont issus des Forces de Défense, avoir au moins le grade de l'inculpé, du prévenu ou de l'accusé le plus gradé. Les magistrats civils membres du tribunal militaire sont choisis parmi ceux en poste dans le ressort judiciaire du tribunal militaire où ils sont nommés. Ils doivent être au moins du 2e grade pour ceux nommés au siège.

Les Greffiers et les Greffiers d'instruction sont des militaires.

En matière criminelle, toute affaire soumise au tribunal militaire est jugée en collégialité : un président et deux assesseurs. Un des deux assesseurs est obligatoirement un membre des Forces de Défense.

En matière correctionnelle et de simple police, les affaires sont jugées par le Président ou un vice-Président. Mais le tribunal peut, par jugement avant-dire-droit, d'office ou sur réquisition du Commissaire du gouvernement, décider qu'une affaire sera jugée en collégialité.

Lorsque la collégialité est présidée par un magistrat civil, les deux assesseurs sont obligatoirement des officiers des Forces de Défense.

En temps de guerre, les magistrats civils membres des juridictions militaires sont remplacés par des officiers généraux ou des officiers supérieurs.

b. Compétence du tribunal militaire

345. Le tribunal militaire est seul compétent pour connaître :

- des infractions purement militaires prévues par le Code de justice militaire ;

- des infractions de toute nature commises par les militaires, avec ou sans co-auteurs ou complices civils, soit à l'intérieur d'un établissement militaire, soit dans l'exercice de leurs fonctions ;

- des infractions à la législation sur les armes de guerre et de défense ;

- du vol avec port d'arme à feu ;

- des infractions de toute nature où se trouve impliqué un militaire ou assimilé, perpétrées en temps de guerre ou dans une région soumise à l'état d'urgence ou d'exception ;

- de infractions de toute nature commises par des personnes civiles dans un établissement militaire ayant soit occasionné des dommages aux équipements ou installations militaires, soit porté atteinte à l'intégrité physique d'un militaire ;

- de toutes les infractions relatives à l'achat, la vente, la confection, la distribution, le port et la détention d'effets ou insignes militaires tels que définis par des règlements militaires ;

- de toutes les infractions connexes à celles ci-dessus prévues.

Les mineurs de quatorze (14) à dix-huit (18) ans, auteurs des infractions ci-dessus visées, ne sont pas justiciables du tribunal militaire, mais des juridictions de droit commun. Les étrangers sont justiciables de ce tribunal, sous réserve des conventions internationales prévoyant un privilège de juridiction ou des règles instituant des immunités diplomatiques.

Les jugements du tribunal militaire sont susceptibles d'appel. Mais en temps de guerre, le tribunal militaire statue en premier et dernier ressort et la constitution de partie civile n'est pas admise.

2. Une juridiction à connotation politique : la Haute cour de justice

346. L'histoire de la Haute cour de justice commence avec la Constitution du 4 mars 1960 qui la prévoit en ses articles 44 et 52. L'ordonnance n° 60-56 du 7 mai 1960 vient donner corps à l'institution avant d'être remplacée par l'Ordonnance n°61-OF-18 du 27 décembre

1961. On était passé à la République fédérale, ce qui commandait quelques aménagements. L'Ordonnance du 27 décembre 1961 va à son tour être remplacée par celle n° 72-7 du 26 août 1972 portant organisation de la Haute cour de justice en application de l'article 34 de la Constitution du 2 juin 1972. L'importante loi constitutionnelle du 18 janvier 1996 prévoit désormais la Haute juridiction en son article 53. Le texte qui l'organise n'a cependant pas changé. La Constitution fixe la compétence de cette cour, mais il faudrait consulter la loi pour en savoir plus, notamment sur sa composition.

a. La composition de la Haute cour de justice

La Haute Cour de justice se compose de neuf (9) juges titulaires, six (6) juges suppléants. Elle est assistée d'une commission d'instruction. Ces juges sont élus par l'Assemblée nationale au début de chaque législature et dans les vingt (20) jours du début de la première session. Six juges titulaires et trois juges suppléants sont choisis au sein de l'Assemblée nationale. Trois juges titulaires et trois juges suppléants sont choisis par l'Assemblée nationale hors de son sein. Dans l'un et l'autre cas, le scrutin est secret et à la majorité absolue des membres composant l'assemblée.

Les candidats sont présentés par les membres de l'Assemblée nationale, et doivent remplir les conditions nécessaires pour être député.

La Commission d'instruction comprend un président élu en son sein par l'Assemblée nationale dans les mêmes formes et délais que ci-dessus indiqué en ce qui concerne les membres de la Cour. Elle comprend en outre deux magistrats de la Cour suprême, désignés chaque année par l'assemblée de la cour, hors la présence des membres du parquet.

Le Ministère public près la Haute cour de justice est exercé par le Procureur général près la Cour suprême, assisté de l'Avocat général près ladite cour et, le cas échéant, d'un avocat général près d'une Cour d'appel.

Le Greffier en chef de la Cour suprême est de droit greffier de la Haute cour de justice.

b. La compétence de la Haute cour de justice

La Haute cour de justice est compétente pour juger les actes accomplis dans l'exercice de leurs fonctions par :

- le Président de la République, en cas de haute trahison ;

- le Premier ministre, les autres membres du gouvernement et assimilés, les hauts responsables de l'administration ayant reçu délégation de pouvoirs en application des articles 10 et 12 de la Constitution, en cas de complot contre la sûreté de l'État.

S'il ne fait pas de doute que la haute trahison est une conduite ayant une parenté avec les infractions pénales, on doit cependant souligner que les textes ne la définissent pas. Cette carence pose un grave problème d'un point de vue de la légalité des délits et des peines. La seule consolation à ce niveau est l'affirmation selon laquelle la Haute cour de justice prononce les peines prévues par les lois pénales ordinaires[387]. À partir de là, il ne semble pas insensé de penser que la haute trahison est une qualification générique et que le cas échéant il faudrait rechercher dans les lois pénales la qualification précise à appliquer. Le législateur pousse vers un tel raisonnement en ce qui concerne le complot contre la sûreté de l'État. L'article 18 de l'Ordonnance n° 72/07 du 26 août précitée affirme clairement qu'il « s'entend de tous les crimes et délits contre la sûreté intérieure ou extérieure de l'État tels qu'ils sont définis par le Code pénal ».

3. Une juridiction dans l'incertitude : la Cour de sûreté de l'État

Il est très difficile de dire si en l'état actuel du droit camerounais la Cour de sûreté de l'État est maintenue. C'est pourquoi, malgré la force des arguments qui plaident en faveur de sa suppression, il faudrait la présenter.

a. L'incertitude sur le maintien de la Cour de sûreté de l'État

347. Les bases juridiques de la Cour de sûreté de l'État résultent de deux importantes lois du 19 décembre 1990. La première, la loi n° 90/058 du 19 décembre 1990, modifie les articles 1et 2 de la loi n°89/019 du 29 décembre 1989 et insère la Cour de sûreté de l'État parmi les juridictions de l'organisation judiciaire. La seconde, la loi n° 90/060, organise la Cour et lui donne compétence pour connaître de certaines infractions qui, jusque là, étaient de la compétence du tribunal militaire. La loi du 29 décembre 2006 portant organisation judiciaire a abrogé, avec ses modificatifs subséquents, l'ordonnance n° 72/04 du 26 août 1972 ayant le même objet. Parmi ces modificatifs subséquents abrogés, il y a incontestablement la loi n° 89/019 du 29 décembre 1989, elle-même modifiée par la loi n° 90/058 du 19 décembre 1990.

---

[387] Voir article 35 de l'Ordonnance n° 72/07 du 26 août 1972.

Une certitude se dégage de cette évolution : le texte instituant à l'origine la Cour de sûreté de l'État a été abrogé. À partir de là, il est tentant d'affirmer que la Cour de sûreté de l'État a été supprimée, d'autant plus que l'article 3 de la loi portant organisation judiciaire ne la cite pas parmi les juridictions appelées à rendre la justice au nom du peuple camerounais. Même la rédaction issue de la modification effectuée par la loi n° 2011/027 du 14 décembre 2011 pour insérer le tribunal criminel spécial ne contient pas la mention de la Cour de sûreté de l'État.

Cette analyse conduit néanmoins à une grande impasse, le législateur n'ayant pas attribué à une autre juridiction les compétences de la Cour de sûreté de l'État. On[388] a prédit que le prochain texte portant organisation judiciaire militaire devrait tenir compte de la situation et restituer à cette juridiction la compétence qui lui avait été retirée au profit de la Cour de sûreté de l'État. Mais il n'en a rien été[389]. On continuera donc à se demander si le législateur a véritablement supprimé la Cour de sûreté de l'État. Celle-ci n'est certes pas citée parmi les juridictions de l'organisation judiciaire ; mais ne sont pas non plus cités le Conseil Constitutionnel et la Haute Cour de justice dont le maintien ne fait pourtant aucun doute. Pour des raisons tirées de la hiérarchie des normes, le législateur ne pouvait supprimer ces juridictions prévues par la Constitution, et ne l'a pas fait[390]. Le silence gardé sur elles par l'article 3 de la loi portant organisation judiciaire est donc sans conséquence sur leur existence. À partir de là, on doit soutenir que l'énumération de cet article 3 est indicative et ne peut être invoquée contre le maintien de la Cour de sûreté de l'État. Le seul argument décisif contre le maintien de cette juridiction serait l'abrogation de son texte créateur. Il faudrait cependant se demander si ce n'est pas par simple inadvertance que cela est arrivé, le législateur n'ayant pas fait attention au fait que ce texte était intégré dans la loi de 1989 qu'il a abrogée. Les rédacteurs de la loi ont aussi pu considérer que le texte créateur de la Cour de sûreté de l'État est, non pas la loi n° 90/058 du 19 décembre 1990, mais la loi n° 90/060 de la même date qui n'a pas été abrogée. Dans son intitulé, le texte porte

[388] F. Anoukaha, « La réforme de l'organisation judiciaire au Cameroun », *Juridis-Périodique* n° 68, p. 47.
[389] Il reste la possibilité de soutenir que le législateur a implicitement remis dans la compétence du tribunal de première instance et du tribunal de grande instance, selon les peines encourues, les infractions de la compétence de la Cour de sûreté de l'Etat.
[390] F. Anoukaha op. cit., p. 46.

« création et organisation de la Cour de sûreté de l'État », et son article premier dispose qu' « Il est créé une Cour de sûreté de l'État dont le ressort s'étend sur l'ensemble du territoire de la République ». Il y a là des mots qu'on retrouve habituellement dans les textes créateurs d'institutions. Comment, en tout cas, accepter que la suppression de la Cour de sûreté de l'État a été décidée, mais n'a pas été mentionnée dans l'exposé des motifs de la loi portant organisation judiciaire qui insiste singulièrement sur les innovations du nouveau texte ?

b. L'organisation de la Cour de sûreté de l'État

348. La Cour de sûreté de l'État est organisée par la loi n° 90/060 du 19 décembre 1990[391]. Son ressort territorial couvre l'ensemble du territoire national ; son siège est à Yaoundé, mais sur décision des autorités compétentes elle peut tenir des audiences dans une autre localité. Elle comprend :

- un Président, magistrat de l'ordre judiciaire ;

- six assesseurs titulaires, ayant voix délibérative dont :

*deux magistrats de l'ordre judiciaire ;

* deux magistrats militaires ;

- deux personnalités désignées par le Président de la République ;

- un Procureur général assisté d'un ou plusieurs substituts ;

- un ou plusieurs Greffiers ;

- six assesseurs suppléants remplissant les mêmes conditions que les titulaires, appelés à remplacer ceux-ci en cas d'empêchement.

En cas d'empêchement survenu en cours de session, le Président de la Cour est remplacé de plein droit par l'assesseur magistrat de l'ordre judiciaire le plus ancien dans le grade le plus élevé.

Le greffe de la Cour de sûreté de l'État est le greffe de la Cour d'appel du centre, à Yaoundé.

349. La Cour de sûreté de l'État est seule compétente pour connaître des crimes et délits contre la sûreté intérieure et extérieure de l'État et des infractions connexes. Mais elle ne peut juger les mineurs de 14 ans.

---

[391] J. Goudem, « La Cour de sûreté de l'Etat du Cameroun (Etude critique de la loi n° 90/060 du 19 décembre 1990 », *Juridis-Info* n° 19 (1994), p. 54.

Les atteintes à la sûreté extérieure de l'État sont prévues par le chapitre I du Code pénal. Il s'agit de :

- l'espionnage et la trahison,

- les actes autres que l'espionnage et la trahison accomplis en temps de paix, de nature à nuire à la défense nationale et à la nation ;

- l'enrôlement ou le recrutement, sans autorisation, des individus sur le territoire national, pour le compte des Forces armées étrangères ;

- l'imprudence, la négligence et l'inobservation des règlements préjudiciables à la défense nationale, la non-dénonciation ;

- le commerce et la correspondance, en temps de guerre, avec les sujets ou agents d'une puissance ennemie ;

- la participation, en temps de guerre, à une entreprise de démoralisation de l'armée ou de la nation.

La loi y ajoute « un acte quelconque de nature à nuire à la défense nationale et non autrement puni ».

Les atteintes à la sûreté intérieure de l'État sont :

- la sécession ;

- la guerre civile ;

- la révolution

- l'insurrection ;

- la bande armée

La Cour de sûreté de l'État statue par arrêt en premier et dernier ressort. Il n'y a donc pas de possibilité d'appel contre ses décisions. Mais elles peuvent faire l'objet d'un pourvoi devant la Cour suprême.

F. Le tribunal criminel spécial

350. Le tribunal criminel spécial a été créé par la loi n° 2011/028 du 14 décembre 2011 portant création d'un tribunal criminel spécial, modifiée et complétée par la loi n°2012/011 du 16 juillet 2012. Mais il faudrait savoir que cette juridiction revient ainsi, après avoir existé dans le passé. Les deux premières expériences remontent aux lois n° 61/06 du 4 avril 1961 créant un tribunal criminel spécial et n° 62/10 du 9 novembre 1962 portant répression des infractions relatives à la fortune publique[392].

Le tribunal criminel spécial a son siège à Yaoundé, mais son ressort couvre tout le territoire national. Il a une composition que le législateur espère à mesure de lui permettre d'exercer sa compétence.

1. La composition du tribunal criminel spécial

351. Le tribunal criminel spécial est composé :

au siège

- d'un Président ;
- d'un ou de plusieurs vice-Présidents ;
- d'un ou de plusieurs conseillers ;
- d'un ou de plusieurs juges d'instruction ;

au parquet

- d'un Procureur général ;
- d'un ou de plusieurs Avocats généraux ;
- d'un ou de plusieurs Substituts généraux ;

au greffe

- d'un Greffier en chef ;
- d'un ou de plusieurs chefs de section
- d'un ou de plusieurs greffiers et greffiers d'instruction.

2. La compétence du tribunal criminel spécial

352. Aux termes de l'article 2 de la loi loi n° 2011/028 du 14 décembre 2011 telle que modifiée et complétée par la loi n° 2012/011 du 16 juillet 2012, le tribunal criminel spécial est compétent pour connaître, lorsque le préjudice est d'un montant minimum de cinquante millions (50.000.000) de francs, des infractions de détournement de biens publics

---

392 Sur cette évolution, voir S. YAWAGA, Avancées et reculades dans la répression des infractions de détournement des deniers publics au Cameroun : regard critique sur la loi n° 2011/028 du 14 décembre 2011 portant création d'un tribunal criminel spécial, *Juridis-Périodique* n° 90 (2012), p. 45.

et des infractions connexes prévues par le Code pénal et les conventions internationales ratifiées par le Cameroun.

Il ne fait pas de doute que cette compétence du tribunal criminel spécial est fixée par ponction sur celle des tribunaux de première et de grande instances.

G. La juridiction compétente en matière de prévoyance sociale

353. Le contentieux de la prévoyance sociale est en constante évolution dans notre pays : ses textes de base ont été plusieurs fois modifiés. La dernière retouche en date résulte de la réforme de 2001, qui a associé l'administration fiscale au recouvrement des cotisations sociales. Jusque là, c'est l'ordonnance du 22 mai 1973 portant organisation de la prévoyance sociale, telle que modifiée par la loi n° 84/06 du 4 juillet 1884, qui fixait l'ensemble des règles applicables en la matière. Aux termes de l'article 14 du texte de 1973, la Commission provinciale du contentieux de la prévoyance sociale règle, en première instance, les différends auxquels donne lieu l'application de la législation et de la réglementation de la prévoyance sociale, en ce qui concerne l'assujettissement, l'assiette et le recouvrement des cotisations sociales, l'attribution et le règlement des prestations.

Contrairement à ce que pourrait laisser penser son appellation, la Commission provinciale du contentieux de la prévoyance sociale n'est pas une commission administrative, mais une véritable juridiction, saisie après le rejet du recours gracieux adressé au Comité du recours gracieux qui, lui, n'est pas un organe juridictionnel. Elle est présidée par un magistrat nommé par décret, et comprend en outre deux assesseurs employeur et travailleur ayant voix délibérative. Le Secrétariat de la Commission est assuré par l'Inspecteur provincial du travail et de la prévoyance (sécurité)[393] sociale.

Les recours contre les décisions de la Commission provinciale de la prévoyance sociale sont portés à la Cour d'appel.

§ 2 : Les juridictions de droit traditionnel

354. Comme le texte qu'il remplace, la loi du 29 décembre 2006 portant organisation judiciaire présente les juridictions de droit

[393] En raison de la mutation qui a fait passer du concept de prévoyance sociale à celui de sécurité sociale, le mot « prévoyance » qu'on retrouve dans plusieurs textes encore en vigueur va être remplacé par « sécurité ».

traditionnel, ou tout au moins leur organisation, comme provisoires[394]. Cette présentation traduit bien l'idée que le droit coutumier appliqué par ces juridictions est simplement en sursis. Il devra sans doute disparaître bientôt, emportant avec lui les juridictions chargées de l'appliquer.

Parce qu'en la matière le droit n'est pas encore unifié, l'organisation des juridictions de droit traditionnel n'est pas la même selon qu'on se trouve à l'ex-Cameroun oriental ou à l'ex-Cameroun occidental.

A. Les juridictions de droit traditionnel de l'ex-Cameroun oriental

L'organisation de ces juridictions résulte du décret n°69/DF du 19 décembre 1969 fixant l'organisation et la procédure devant les juridictions traditionnelles du Cameroun oriental[395]. Ce décret a créé deux juridictions : le tribunal coutumier et le tribunal du premier degré. Il faudrait les présenter dans leurs composition et compétence respectives et montrer les rapports entre ces juridictions et les juridictions dites de droit moderne.

1. Le tribunal coutumier

355. Le tribunal coutumier se compose :

- d'un Président, nommé par arrêté du ministre chargé de la justice parmi les notables ayant une connaissance satisfaisante de la coutume ;

- de deux assesseurs ayant voix délibérative, choisis sur une liste de six notables par juridiction, nommés par le Ministre chargé de la Justice (deux titulaires et quatre suppléants).

Pour siéger, le Président complète la composition du tribunal par les deux premiers assesseurs sur la liste. En cas d'empêchement, un assesseur se fait suppléer par l'un des quatre suppléants. Mais la Cour suprême a jugé que la décision d'une juridiction de droit traditionnel ne doit pas forcément contenir la justification du recours aux assesseurs suppléants[396].

L'absence ou l'empêchement éventuel du Président est constaté par le Président du tribunal de première instance du ressort. Dans ce cas, les

---

[394] V. Article 31 de la loi portant organisation judiciaire.

[395] B. Banamba, « Regard nouveau sur un texte déjà trentenaire : le cas du décret du 19 décembre 1969 portant organisation et fonctionnement des juridictions traditionnelles de l'ex-Cameroun oriental », *RASJ* 2000, p. 102.

[396] CS, arrêt n° 54/L du 4 mai 1995, affaire *Dame Manga Nsana Pancrace c/ Etoundi Owona, Juridis-Périodique*, n° 31 (1997), p.54, note Tchakoua

deux assesseurs titulaires ont, dans l'ordre de leur inscription, qualité pour assurer la présidence.

356. Le législateur veut qu'autant que possible, la coutume de chacune des parties soit représentée au sein du tribunal. Au cas où aucun des assesseurs titulaires ou suppléants ne représenterait la coutume de l'une ou des deux parties, le Président doit appeler à siéger un notable résidant dans la localité ou à proximité, jouissant de l'estime publique et connaissant bien la coutume. La Cour d'appel de l'Adamaoua[397] a rappelé cette règle pour annuler un jugement du tribunal du premier degré de Ngaoundéré. En l'espèce, les parties étaient de coutume Bamiléké, et les assesseurs qui avaient siégé étaient de coutume Baya et Foulbé. Le juge avait omis de faire siéger un notable Bamiléké comme le voulait la loi[398].

Cette formalité est tellement importante que le législateur précise que le Président du tribunal est tenu de consulter le notable adjoint, et mention de son avis doit être portée dans le jugement.

Le législateur a aussi mis en place un dispositif pour s'assurer que la coutume pertinente doit être appliquée devant cette juridiction[399]. L'article 18 (f) du décret n° 69/DF/544 du 19 décembre 1969 ci-dessus cité oblige le juge à faire mention, dans le jugement, de la coutume appliquée ; et la Cour suprême casse systématiquement les décisions qui ne contiennent pas cette mention[400]. Mais en l'absence d'un répertoire de coutumes où on pourrait voir si le juge s'est conformé à la coutume pertinente, il faudrait dire que le contrôle que fait la Cour suprême conformément à la volonté du législateur est purement formel.

La coutume des juges (assesseurs et magistrat professionnel) doit aussi être indiquée dans le jugement. Mais la Cour suprême refuse de casser les décisions qui ne mentionnent pas la coutume du Président de la juridiction[401].

---

[397] Ngaoundéré, arrêt n° 03/Cout du 28 janvier 2003, *affaire Kapsu Félix c/ Mme Kapsu née Leutcheu Elisabeth*, inédit.

[398] Voir article 10 alinéa 2 du décret n° 69/DF/544 du 19 décembre 1969 précité.

[399] Cela est vari également s'agissant du Tribunal du premier degré qu'on verra plus loin.

[400] CS, arrêts n° 2 et 3 du 15 octobre 1981, n° 18 du 24 décembre 1981, n° 41 du 2 mai 1985, inédits.

[401] CS, affaire *Dame Manga Nsana Pancrace c/ Etoundi Owona* précitée

357. Le tribunal coutumier connaît des différends d'ordre patrimonial, et notamment des demandes en recouvrement des créances civiles et commerciales, des demandes en réparation de dommages matériels et corporels, et des litiges relatifs aux contrats.

Il n'est pas certain que la compétence en matière de recouvrement des créances s'exerce au quotidien. L'efficacité de la solution suppose, en cas de besoin, une mobilisation de la contrainte sur la base du titre exécutoire délivrée par le juge. Or, le jugement du tribunal coutumier, une fois définitif, ne peut servir comme titre exécutoire que s'il est revêtu de la formule exécutoire par le Greffier en chef du tribunal de première instance, sur ordonnance du président de cette dernière juridiction[402]. À quoi servirait-il de s'adresser au tribunal coutumier pour une mesure d'exécution s'il ne peut pas directement délivrer un titre exécutoire ? Il est permis de douter que le législateur ait pris la juste mesure du problème. Sur le terrain, on voit bien que les justiciables préfèrent saisir les juridictions de droit moderne pour le recouvrement des créances.

2. Le tribunal du premier degré

358. Le siège et le ressort du tribunal du premier degré sont, comme ceux du tribunal coutumier, fixés par décret.

Le tribunal du premier degré se compose :

- d'un Président, nommé par arrêté du ministre chargé de la justice parmi les fonctionnaires en service dans le ressort du tribunal ;

- de deux assesseurs ayant voix délibérative, choisis dans les mêmes conditions que ceux qui composent le tribunal coutumier.

En cas d'absence ou d'empêchement du Président, il est remplacé de plein droit par le sous-Préfet de l'arrondissement où siège le tribunal, ou par un adjoint d'arrondissement désigné par ce fonctionnaire.

359. Le tribunal du premier degré connaît des procédures relatives à l'état des personnes[403], à l'état civil, au mariage, au divorce, à la filiation, aux successions et aux droits réels immobiliers. Ce dernier point de la compétence de cette juridiction est très largement compris. Le tribunal

---

[402] Voir article 22 du décret n° 69/DF- 544 du 19 décembre 1969 fixant l'organisation judiciaire et la procédure devant les juridictions traditionnelles du Cameroun oriental.

[403] TPI de Bafang statuant comme TPD, jugement n° 269/C/04-05 du 15 septembre 2005, *affaire Sissao Thérèse Blanche c/ Djiaha Micheline* (reconnaissance d'enfant), inédit.

retient sa compétence non pas seulement en matière de reconnaissance de droits réels immobiliers, mais aussi chaque fois qu'une contestation porte sur un immeuble. Les justiciables peuvent ainsi le saisir utilement pour la sortie d'indivision[404], le changement d'administrateur des biens[405], ou pour l'expulsion d'un locataire dont le contrat est rompu pour non-paiement de loyers[406].

Le tribunal du premier degré exerce les attributions des tribunaux coutumiers dans les parties de leur ressort qui en seraient dépourvues.

On doit remarquer qu'entre le tribunal coutumier et le tribunal du premier degré, se pose le problème de la détermination de la juridiction pouvant traiter des matières non expressément attribuées. Il est tentant de soutenir que toutes les deux juridictions ont une compétence d'exception et qu'alors il faudrait retourner aux juridictions de droit moderne pour les questions qui ne sont pas attribuées à l'une ou l'autre d'entre elles. Or, on peut douter que telle soit la pensée du législateur, tout au moins s'il s'agit de questions que n'ignorent pas nos coutumes.

Dans les domaines où les compétences sont bien réparties, on sanctionne les débordements. La Cour d'appel de l'Adamaoua[407] a ainsi, à la demande du ministère public, annulé une décision du tribunal coutumier de Ngaoundéré qui avait rendu un jugement d'hérédité en méconnaissance de la compétence du tribunal du premier degré.

Le Ministre de la Justice peut, par arrêté, rattacher la présidence d'un tribunal du premier degré ou d'un tribunal coutumier à celle du tribunal de première instance du ressort[408]. Cette règle est très diversement appliquée. Si dans certaines localités on fait conserver son identité à la juridiction de droit traditionnel dont la présidence est rattachée à celle du tribunal de première instance, dans d'autres en revanche, on la lui fait perdre. Ainsi, les tribunaux du premier degré de Yaoundé et de

[404] C.A de l'Adamaoua, arrêt n° 02/Cout du 25 février 2005, *affaire Ousmanou Nana et autres c/ Succession Nana ;* TPD de Yaoundé, jugement n° 391/DCL du 04 décembre 2006, *affaire Dame Djuikwo Agnès c/ Noutzechuissio Alphonse*, inédits.

[405] TPD de Ngaoundéré, jugement n° 1596/Cout du 11 mars 2005, *affaire Aboubakar Sidiki et Aïssatou Nackata c/ Succession feu Garba Aboubakar,* inédit.

[406] TPD de Yaoundé, jugement n° 485/DCL du 18 décembre 2006, *affaire Veuve Ngandé née Akela c/ Amgba Jean Marie, Ottou Fouda, Ewodo Nathalie*,

[407] Ngaoundéré, arrêt n° 03/Cout du 24 janvier 2006, *affaire MP c/ Succession Alhadji Aoudou Moahaman*, inédit.

[408] V. Article 9 du décret n° 69/DF-544 du 19 décembre 1969 fixant l'organisation judiciaire et la procédure devant les juridictions traditionnelles du Cameroun oriental.

Bafoussam, dans cette situation, s'affichent comme tels[409] alors qu'à Bafang et Ebolowa[410] la juridiction affichée est le tribunal de première instance, précision étant faite qu'il statue en matière de droit traditionnel.

3. Les rapports entre les juridictions de droit traditionnel et les juridictions de droit moderne

360. Le premier point de contact entre les juridictions de droit traditionnel et les juridictions de droit moderne résulte de la possibilité de rattacher la présidence d'un tribunal de droit traditionnel à celle du tribunal de première instance. Dans ce cas, le tribunal de première instance peut être saisi de toute affaire de la compétence matérielle de ces juridictions de droit traditionnel. Il y a là un premier élément qui rétrécit les possibilités d'intervention des juridictions de droit traditionnel.

Ensuite, le décret de 1969 indique très clairement que la compétence des juridictions de droit traditionnel est subordonnée à l'acceptation de toutes les parties en cause. Nonobstant toutes dispositions contraires, la juridiction de droit moderne devient compétente dans le cas où l'une des parties décline la compétence d'une juridiction de droit traditionnel[411]. On comprend que l'acceptation de la compétence des juridictions de droit traditionnel peut être tacite. Pour y donner un sens, le législateur prévoit que le défendeur qui ne veut pas plaider devant une juridiction de droit traditionnel doit formuler son déclinatoire de compétence *in limine litis*, c'est-à-dire avant toute défense au fond[412].

---

[409] A titre d'illustration, TPD de Yaoundé, jugements n° 604/DCL du 19 février 2007 *affaire Mbanga Alain Claude c/ Dame Mbanga née Mballa Marie* ; n° 606/DCL du 22 février 2007, *affaire dame Abolo Aba'a née Abendan Belinga* ; n° 530/DCL du 04 janvier 2007, *affaire Massock Thérese et autres*. TPD de Bafoussam, jugements n° 47/C du 11 novembre 2004, *affaire Kengne Luc René c/ Dame Mayo Marthe* ; n° 329/C du 6 juillet 2006, *affaire Fonkoua Maurice c/ A/S,* inédits.

[410] TPI de Bafang, jugements n°01/c/c 97/98 du 3 octobre 1997, *affaire Kameni Jean-Pierre c/ Qui de droit* ; n° 18/c/97/98 du 07 novembre 1997, *affaire Nguekam Leonard Guillaune c/ Qui de droit* ; TPI d'Ebolowa, jugement n° 171/PD du 6 août 2003, affaire Ondoua J. Collins c/Assiane Richard, inédits.

[411] V. Article 2 du décret n° 69/DF-544 du 19 décembre 1969 fixant l'organisation judiciaire et la procédure devant les juridictions traditionnelles du Cameroun oriental.

[412] V. Article 3, alinéa 3 du décret de 1969 fixant l'organisation judiciaire et la procédure devant les juridictions traditionnelles du Cameroun oriental. Pour des applications jurisprudentielles, TPD de Bafoussam, jugement n°47/C du 11 novembre 2004, *affaire Kengne Luc René c/ Dame Mayo Marthe* ; TPD de Yaoundé, n° 604/DCL du 19 février 2007, *affaire Mbanga Alain Claude c/ Dame Mbanga née Mballa Marie Solange* ; n° 605/DCL du 19 février 2007, *affaire Itaba Dikson c/ Okoumou Delphine*

L'article 3 du décret de 1969 donne des solutions pour le règlement des conflits de coutume, la coutume étant, au moins quantitativement, la source principale du droit applicable devant les juridictions de droit traditionnel. La règle selon laquelle l'option de juridiction emporte option de législation n'a en effet de sens que si le droit écrit n'a pas vocation à envahir le prétoire dans les juridictions de droit traditionnel. Mais on a souligné, dans les prolégomènes de cet ouvrage, que devant les juridictions de droit traditionnel, la coutume doit s'effacer devant tout texte pris par le législateur depuis l'indépendance du Cameroun.

B. Les juridictions de droit traditionnel de l'ex-Cameroun occidental

361. Les juridictions de droit traditionnel de l'ex-Cameroun occidental sont les *Customary Courts* et les *Alkaly Courts* pour les *Fulani*. Elles sont régies par le *Customary Courts Ordinance, cap. 142*. Jusqu'en 1964, elles sont connues sous l'appellation de « *Native Courts* », le *Southern Cameroons Customary Courts Law* 1956 qui avait tenté d'introduire plus tôt la nouvelle appellation n'étant jamais entré en vigueur. Certes, son contenu a été repris par le *Customary Courts Ordinance cap. 142*, qui traite aussi des *Alkali Courts*.

1. Composition

Les *Customary Courts* sont composées de cinq (5) juges, mais siègent valablement en présence de trois (3) d'entre eux.

2. Compétence

362. Les *Customary Courts* sont compétentes en matière de droit traditionnel pour :

- les différends fonciers ;
- le mariage ;
- le divorce ;
- les demandes en remboursement de la dot[413], la tutelle des enfants ;
- les successions.

363. Les juridictions de droit moderne peuvent néanmoins être saisies de ces matières par le Sous-Préfet, qui aura ordonné le transfert d'une

---

Gisèle ; n° 606/DCL du 22 février 2007, *affaire Abollo Oba'a née Abendan Belinga*, inédits.

[413] Pour une condamnation au remboursement de la dot, voir Alkaly Court de Wum, 12 décembre 2005, *affaire Mallam Inus C/ Mallam Salisu Sule*, inédit.

affaire pendante devant la juridiction de droit traditionnel, même sans le consentement des parties.

La loi sur l'organisation judiciaire a supprimé la compétence des *Customary Courts* en matière pénale.

Il y a deux catégories de *Customary Courts* : la catégorie A et la catégorie B. La Compétence des juridictions de la catégorie A est limitée aux demandes dont le montant ne dépasse pas 138.000 (cent trente-huit mille) francs CFA. La compétence des juridictions du groupe B est limitée aux demandes ne dépassant pas 69.200 (soixante-neuf mille deux cents) francs CFA.

364. Sur le plan de la compétence personnelle, les *Customary Courts* statuent sur les différends opposant des personnes appartenant au même groupe et relevant de son ressort territorial. La coutume appliquée est celle des parties, y compris le droit musulman. Les juges doivent énoncer clairement cette coutume. Avant le rattachement des *Customary Courts* et des *Alkali Courts* au ministère de la Justice, les dispositions héritées de la colonisation anglaise prévoyaient que la coutume applicable ne doit pas être « *repugnant to natural justice, equity and good conscience* » ; c'est le pendant de la réserve de conformité à l'ordre public connue dans le système romano-germanique. La loi n° 79/04 du 29 juin 1979 portant rattachement des *Customary Courts* et des *Alkali Courts* au ministère de la Justice s'aligne sur la formulation romano-germanique de la solution, en ajoutant un détail qui n'est pas anodin. En son article 2, ce texte précise que la coutume applicable doit être « non contraire à la loi et à l'ordre public ».

L'exigence de la non-contrariété à l'ordre public n'appelle aucun commentaire particulier. En revanche, l'exigence de la non-contrariété à la loi appelle une précision. Dans la logique de la solution affirmée par la Cour suprême dans l'affaire *Bessala* évoquée dans les prolégomènes, la loi dont il est question ici ne peut raisonnablement être qu'une loi prise par le législateur national. Et si c'est le cas, il valait mieux, plus simplement, dire que cette loi évince la coutume, qui alors ne s'applique plus. Accepter en principe son application quitte à l'écarter lorsqu'elle est contraire à la loi est une solution tortueuse et pour le moins inopportune.

365. La procédure est orale devant les juridictions de droit traditionnel de l'ex-Cameroun occidental ; mais, du temps de l'État fédéral, le Gouvernement de l'État fédéré avait, par le ministre des Affaires locales, produit une monographie en anglais et en « *Pidjin* », connue sous le nom de « *Manual of Practice and Procedure for Court Clerk's* », destiné à aider au respect des règles de procédure.

3. Les voies de recours

366. Le système des recours qui existait contre les décisions des *Customary Courts* était relativement complexe. Les recours étaient faits du *Customary Court* d'instance au *Customary Court* d'appel ; des *Customary Court* d'appel au *Sous-Prefet* ; du Sous-Préfet au Préfet, en respectant à chaque fois la compétence territoriale. Le recours contre la décision du Préfet était adressé au Premier ministre de l'État fédéré du Cameroun occidental. La partie insatisfaite à ce niveau pouvait faire un recours devant le *High Court.*

Entre temps, les recours devant le Préfet furent si nombreux que des juges, pas spécialement qualifiés sur le plan technique, ont été désignés pour statuer sur les recours en lieu et place de cette autorité.

Tout cela a été revu à la lumière de l'évolution politico-administrative du Cameroun. Le pays est devenu un État unitaire en 1972, et la loi n° 79/04 du 29 juillet 1979 a rattaché les *Customary Courts* et *les Alkali Courts* au ministère de la justice. Les décisions de ces juridictions peuvent désormais faire l'objet d'appel devant la Cour d'appel. La forme et les délais d'appel sont les mêmes que ceux applicables aux jugements civils rendus par le tribunal de première instance[414].

Les décisions rendues par la Cour d'appel statuant sur appel des jugements des *Customary Courts* et des *Alkali Courts* peuvent faire l'objet d'un pourvoi devant la Cour suprême dans les mêmes forme et délai que les décisions civiles rendues par la Cour d'appel[415].

Une remarque doit être faite s'agissant de la compétence des juridictions de droit traditionnel : ces dernières n'ont aucune compétence en matière répressive. Elles ne peuvent donc condamner ni à l'emprisonnement ni à l'amende. C'est ce qu'a bien rappelé au tribunal coutumier de Mepho la Cour d'appel du Sud[416] saisie sur appel du

---

[414] V. Article 3 alinéa 2, a) de la loi n° 79/04 du 29 juin 1979.

[415] V. Article 3 alinéa 2 d) de la loi n° 79/04 du 29 juin 1979

[416] CA du Sud, arrêt n° 6/LO du 17 février 2006, *affaire MP c/ Mme Amougou Christine, Nyatte née Mbazoa Bernadette*, inédit. Dans le même sens, CA du Sud, arrêt n° 15/LO du 21 juillet 2006, annulant le jugement du Tribunal coutumier de

Procureur général. En l'espèce, le tribunal avait condamné une partie à payer une amende et lui avait adressé un « avertissement pour vol »[417]. Dans les faits, les tribunaux coutumiers sont très enclins à condamner à une amende, même si celle-ci n'est pas prononcée en la circonstance pour être payée au Trésor public.

SECTION II. LES JURIDICTIONS SAISIES SUR RECOURS

367. Il faudrait comprendre très précisément la notion de recours ici utilisée, comme la démarche qui consiste, pour un justiciable insatisfait d'une décision de justice, à saisir une juridiction supérieure pour un réexamen. L'idée de juridiction supérieure nous dispensera de nous intéresser à l'hypothèse de demandes de rétractation, la juridiction saisie dans ce cas étant celle même qui a rendu la décision attaquée.

Dans l'ordre interne, les juridictions qu'on saisit sur recours sont la Cour d'appel et la Cour suprême.

§ 1 : La Cour d'appel

368. La loi portant organisation judiciaire prévoit la création d'une Cour d'appel par région. La loi anticipe cependant sur les difficultés de mise en place des cours d'appel, et prévoit que le ressort d'une cour d'appel peut être étendu à plusieurs régions.

L'institution de la Cour d'appel s'inscrit dans le principe du double degré de juridiction suffisamment ancré dans notre droit. Il s'agit de permettre à des juges plus expérimentés de réexaminer, à la demande des parties, les décisions rendues par les juridictions inférieures.

La Cour d'appel a connu une importante restructuration aussi bien dans sa composition, son organisation, que dans sa compétence.

A. La composition de la Cour d'appel

369. La Cour d'appel comprend :

a) Au siège :

- un Président ;
- un ou plusieurs Vice-Présidents ;
- un ou plusieurs Conseillers ;

Ngoulemekong n° 06/PV/TC/ Ngoulemekong du 28 novembre 2005, *affaire Mbarga Médjo Alfred c/ Mle Akono Mengue née Anguezomo Alphonsine*, inédit.

[417] TC de Mepho jugement n° 51/CAS/CDT/TC du 27 mai 2005, inédit.

- un Greffier en chef ;
- des Greffiers

b) Au parquet général :
- un Procureur général ;
- un ou plusieurs Avocats généraux ;
- un ou plusieurs Substituts du Procureur général ;
- un ou plusieurs Attachés.

B. L'organisation de la Cour d'appel

370. La Cour d'appel est organisée en chambres et comporte une assemblée générale.

Elle comprend :

- une ou plusieurs chambres des référés ;
- une ou plusieurs chambres du contentieux de l'exécution ;
- une ou plusieurs chambres civiles ;
- une ou plusieurs chambres commerciales ;
- une ou plusieurs chambres sociales ;
- une ou plusieurs chambres de droit traditionnel ;
- une ou plusieurs chambres criminelles ;
- une ou plusieurs chambres correctionnelles et de simple police ;
- une ou plusieurs chambres de contrôle de l'instruction.

Mais le Président de la Cour peut, par ordonnance, regrouper plusieurs chambres. Il répartit aussi les magistrats du siège entre les chambres, un même magistrat pouvant appartenir à plusieurs chambres.

Lorsque la Cour d'appel statue sur les appels interjetés contre les jugements d'un tribunal militaire ou sur une demande de mise en liberté subséquente à un tel appel, un magistrat militaire nommé à cet effet occupe le banc du ministère public. Les activités de ce magistrat militaire se limitent à la représentation du ministère public à l'audience.

La collégialité qui n'est qu'une exception dans les juridictions du premier degré devient la règle ici. En effet, toute affaire relevant de la Cour d'appel est jugée par trois magistrats du siège, membres de ladite cour. Lorsque la Cour est appelée à connaître d'une décision du tribunal militaire, l'un des trois magistrats est remplacé par un magistrat militaire, et à défaut par un officier des Forces armées.

371. Le législateur n'a pas repris, en revanche, la règle qui permettait au Président de la Cour d'appel, en matière sociale, à défaut de magistrats du siège, de siéger avec des assesseurs travailleur et employeur. On a un temps pensé que disparaissait ainsi l'assessorat en Cour d'appel. Mais la Cour suprême a précisé qu'en application de la règle selon laquelle le spécial déroge au général, la Cour d'appel ne saurait siéger en collégialité de trois magistrats conformément à l'article 21 (1) de la loi n° 2006/015 du 29 décembre portant organisation judiciaire qu'en cas de carence dûment justifiée dans l'arrêt d'un ou des deux assesseurs conformément à l'article 133 (4) du Code du travail[418]. C'est dire que les assesseurs sont maintenus dans la composition de la cour d'appel statuant en matière sociale.

L'Assemblée générale de la Cour d'appel est composée de l'ensemble des magistrats en poste à la Cour, ainsi que du Greffier en chef. Mais lorsqu'elle exerce une compétence juridictionnelle, les magistrats du parquet ne participent ni à la délibération ni au vote.

C. La compétence de la Cour d'appel

372. La Cour d'appel est compétente pour connaître :

- des appels interjetés à l'encontre des décisions rendues par les juridictions autres que la Cour suprême et la Cour d'appel elle-même ;

- des appels formés contre les ordonnances du juge d'instruction ;

- de tout autre cas prévu par la loi.

Le premier tiret de cette énumération mérite quelques commentaires. Les décisions dont il est question ici sont les ordonnances des juridictions présidentielles, tout au moins lorsqu'elles ont été rendues suivant une procédure contradictoire, les jugements des tribunaux de première et de grande instance, les jugements des tribunaux coutumiers, des tribunaux du premier degré, des *Alkali* et des *Customary Courts*.

Parmi les autres cas de compétence de la Cour d'appel prévus par la loi, tels que visés par le dernier tiret, il faut citer la compétence pour l'annulation des sentences arbitrales rendues dans le cadre de l'arbitrage

---

[418] CS, arrêt n° 169/Soc du 5 décembre 2013, affaire INADES Formation contre MPOL Florentine, inédit.

traditionnel[419]. On n'oubliera pas les cas d'appels formés contre les décisions rendues en matière disciplinaire, si l'instance ayant rendu la décision attaquée est considérée comme une juridiction de premier degré. C'est le cas notamment avec les appels formés contre les décisions rendues par l'ordre des avocats[420].

373. En plus de ces matières où la Cour d'appel exerce une compétence juridictionnelle, la loi lui a donné une compétence consultative. L'article 20 alinéa 2 (g) de la loi portant organisation judiciaire dispose que l'Assemblée générale de la Cour d'appel examine et émet des avis dans les matières où la loi le prévoit ainsi que sur toutes questions relatives au fonctionnement de la juridiction et qui lui sont soumises par le Président, le Procureur général ou par un tiers de ses membres.

Il ne faut pas sous-estimer l'importance d'une telle compétence. Même si elle n'est pas juridictionnelle, elle doit être décisive si elle touche aux questions de droit. Elle doit d'autant plus l'être que lorsque la Cour d'appel exerce une telle compétence, les magistrats du parquet se joignent à ceux du siège.

§ 2 : La Cour suprême

374. La Cour suprême est la plus haute juridiction de l'État en matière judiciaire[421] ; son siège est à Yaoundé, et son ressort s'étend sur l'ensemble du territoire national. Elle sort très transformée de la loi n° 2006/016 du 29 décembre 2006 fixant son organisation et son fonctionnement, modifiée et complétée par celle n° 2017/014 du 12 juillet 2017.

Le choix de présenter l'organisation judiciaire par ordres pouvait nous conduire à ne retenir ici que les seuls éléments qui intéressent le contentieux judiciaire. Mais une telle présentation peut desservir celui qui consulte cet ouvrage en diagonale. Aussi avons-nous choisi

---

[419] Voir les articles 25 et 28 de l'Acte uniforme OHADA relatif au droit de l'arbitrage, et l'article 4 de la loi n° 2003/009 du 10 juillet 2003 désignant les juridictions compétentes visées à l'Acte uniforme relatif au droit de l'arbitrage et fixant leur mode de saisine. La même solution est prévue par cette loi en ce qui concerne le contentieux de l'exécution provisoire des sentences arbitrales.

[420] V. Article 66 de la loi n° 90/059 du 19 décembre 1990 portant organisation de la profession d'avocat.

[421] Elle l'est également en matière administrative et de jugement des comptes (Article 38 de la Constitution).

d'évoquer ici, tant que cela ne perturbe pas la cohérence du discours, les éléments qui intéressent également les autres contentieux. Il ne suffira pas, comme en ce qui concerne les autres juridictions, de s'arrêter sur la composition et la compétence de la Cour suprême. L'ampleur et l'importance de la mutation intervenue tant dans l'organisation que dans l'exercice du pouvoir de juger de la Cour suprême commandent qu'on s'y penche.

A. La structure de la Cour suprême

On s'intéressera ici à deux choses : la composition et l'organisation de la Cour suprême.

1. La composition de la Cour suprême

375. La Cour suprême est composée :

a) Au siège :

- d'un Premier Président, Président de la Cour suprême ;
- de Présidents de chambre ;
- de Conseillers ;
- de Conseillers maîtres
- de Conseillers référendaires ;
- du Greffier en chef de la Cour suprême ;
- de Greffiers en chef de chambre ;
- de Greffiers.

b) Au parquet général :

- d'un Procureur général ;
- d'un Premier Avocat général ;
- d'Avocats généraux.

376. Les membres de la Cour suprême sont des magistrats relevant du statut de la magistrature. Toutefois, pour des besoins de service, peuvent être nommés Conseillers ou Avocats généraux en service extraordinaire à la Cour suprême, en matière administrative ou des comptes :

- les professeurs de rang magistral en droit ou en économie des Universités, ayant exercé comme enseignant pendant au moins quinze (15) années consécutives ;

- les avocats inscrits au Barreau du Cameroun et ayant exercé leurs fonctions pendant au moins vingt (20) années consécutives ;

- les fonctionnaires de la catégorie A et les cadres d'administration titulaires d'une maîtrise en droit, ayant exercé leurs fonctions pendant au moins vingt (20) années consécutives.

Cette possibilité de faire entrer à la Cour suprême des personnes autres que les magistrats de carrière est nouvelle et doit être jugée favorable, même si on doit avoir quelques réserves sur certains choix. En effet, on ne s'explique facilement ni la limitation aux chambres administrative et des comptes du recours à ce personnel, ni les équivalences que semble faire la loi dans les prérequis pour accéder à la Cour suprême[422].

2. L'organisation de la Cour suprême

377. La Cour suprême est organisée en Chambres[423], formation des Chambres réunies, Assemblée générale. Elle comprend en outre un Bureau, un Secrétariat général et un Greffe.

Chaque Chambre a à sa tête un Président de Chambre, comprend des Sections[424] ayant chacune un Président, et a une formation de Sections réunies. Le Président de la Cour suprême est le Premier Président.

En cas d'empêchement, le Premier Président est suppléé par le Président de Chambre le plus ancien dans le grade le plus élevé. En cas d'empêchement d'un Président de Chambre, il est suppléé par le Président de Section le plus ancien dans le grade le plus élevé

Chaque Section est composée :

- d'un Président ;

---

[422] Cette observation vaut pour les mêmes choix en ce qui concerne les autres juridictions à présenter.

[423] La Cour compte trois chambres au total : la chambre judiciaire, la chambre administrative et la chambre des comptes.

[424] La Chambre judiciaire de la Cour suprême comprend :
- une Section civile ;
- une Section commerciale ;
- une Section pénale ;
- une Section sociale ;
- une Section de Common law
- une Section de droit traditionnel.

- de deux Conseillers au moins ;

- d'un ou plusieurs Avocats généraux.

La formation de jugement des sections est toujours impaire. La solution permet d'éviter le blocage lorsque la section délibère et vote. Les magistrats désignés dans la section de Common law doivent être de culture juridique anglo-saxonne.

Chaque Chambre est composée :

- d'un Président ;

- de Conseillers ;

- d'un ou plusieurs Avocats généraux ;

- d'un Greffier en chef ;

- de Greffiers.

La formation des Sections Réunies est composée des Présidents de section d'une Chambre. Le Président de Chambre préside une section de sa Chambre.

La formation des Chambres Réunies est composée :

- du Premier Président ;

- des Présidents de Chambre ;

- des Présidents de Section.

Compte tenu de la nature de l'affaire, le Premier Président peut, par ordonnance, désigner un ou plusieurs Conseillers pour siéger au sein de la formation des Chambres réunies.

La formation de jugement des Chambres réunies est toujours impaire.

La formation des Chambres réunies est présidée par le Premier Président ou, en cas d'empêchement, par le Président de la Chambre le plus ancien dans le grade le plus élevé. Elle ne peut siéger que si tous les membres qui la composent sont présents. En cas d'empêchement de l'un de ses membres, il est remplacé par un Conseiller désigné par le Premier Président.

Les Conseillers à la Cour suprême sont répartis dans les chambres par ordonnance du Premier Président, prise après avis du Bureau de la Cour.

En cas de nécessité, un Conseiller d'une Chambre peut être désigné pour compléter une autre Chambre.

Les Conseillers sont répartis dans les Sections par ordonnance du Président de la Chambre concernée. Un Conseiller peut appartenir à plus d'une Section.

Les Présidents de section sont désignés parmi les Conseillers, par ordonnance du Premier Président, prise après avis du Bureau de la Cour.

L'Assemblée générale de la Cour suprême est formée de tous les membres de ladite Cour. Le Secrétaire général de la Cour suprême assiste, sans voix délibérative, aux travaux de l'Assemblée générale. Celle-ci est présidée par le Premier Président. Le Greffier en chef de la Cour assure son secrétariat.

L'Assemblée générale se réunit sur convocation du Premier Président, faite de sa propre initiative, ou à la demande du Procureur général, ou d'un tiers des membres.

Les décisions sont prises à la majorité des membres présents, la voix du Président étant prépondérante en cas de partage.

L'Assemblée générale examine toutes les questions qui lui sont soumises par le Premier Président, le Procureur général ou un tiers de ses membres, relatives au fonctionnement de la Cour suprême. Elle émet aussi des avis lorsque la Cour est consultée sur un projet de texte.

Le Bureau de la Cour suprême est composé :

- du Premier Président ;

- des Présidents de chambre ;

- du Procureur général ;

- du Premier Avocat général ;

- du Secrétaire général.

Les fonctions du ministère public près la Cour suprême sont exercées par le Procureur général et sous son autorité par les Avocats généraux. Le Procureur général affecte les Avocats généraux aux Chambres.

En cas d'empêchement du Procureur général, il est suppléé par le Premier Avocat général ; en cas d'empêchement de ce dernier, il est suppléé par l'Avocat général le plus ancien au grade le plus élevé.

Dans les affaires importantes, les conclusions de l'Avocat général sont communiquées au Procureur général.

Le Procureur général peut, s'il l'estime opportun, désigner un Avocat général ou porter lui-même la parole à l'audience.

378. La loi portant organisation et fonctionnement de la Cour suprême ne parle pas de l'Assemblée plénière de ladite Cour ; c'est la loi du 21 avril 2006 fixant les attributions, l'organisation et le fonctionnement de la Chambre des comptes qui en parle, en son article 72. Le texte prévoit que le Procureur général près la Cour suprême, d'ordre du Ministre de la Justice, saisi par le Ministre chargé des finances ou le comptable intéressé ou encore les héritiers de celui-ci, peut se pourvoir en annulation devant l'Assemblée plénière de la Cour suprême, contre les arrêts définitifs de la Chambre des comptes. En cas d'annulation, l'Assemblée plénière évoque et statue à nouveau.

B. La fonction de la Cour suprême

La fonction de la Cour suprême renvoie à deux questions : sa compétence et la façon dont elle l'exerce.

1. La Compétence de la Cour suprême en matière judiciaire

Intégré dans le chapitre consacré à l'ordre judiciaire, ce passage aurait pu ne traiter que de la compétence de la Chambre judiciaire de la Cour suprême. Mais on indiquera aussi la compétence des formations spéciales de la Cour, parce que la Chambre judiciaire en est concernée.

a. La compétence de la Cour suprême statuant en matière judiciaire

379. En matière judiciaire, la Cour suprême est compétente pour connaître :

- des décisions rendues en dernier ressort par les cours et tribunaux en matière civile, commerciale, pénale, sociale et de droit traditionnel, ainsi que des matières relevant de la Common law ;

- des actes juridictionnels émanant des juridictions inférieures et devenus définitifs, dans tous les cas où l'application du droit est en cause ;

- des demandes de mise en liberté en cas de pourvoi recevable ;

- de toute autre matière qui lui est expressément attribuée par la loi.

380. La Cour suprême connaît des matières ci-dessus énumérées lorsqu'elle est saisie par les parties à l'instance. Mais, le législateur a imaginé des hypothèses où elle peut être saisie d'un pourvoi formé par son Procureur général. L'article 36 de la loi fixant l'organisation et le fonctionnement de la Cour suprême prévoit, en effet, que « Tout acte juridictionnel des juridictions inférieures devenu définitif et entaché de violation de la loi peut être déféré à la Cour suprême par le Procureur général près ladite Cour :

a) dans le seul intérêt de la loi, à l'initiative de ce magistrat ; les parties ne peuvent se prévaloir de la cassation intervenue à la suite d'un tel pourvoi ;

b) sur ordre du Ministre de la Justice ; la cassation intervenue à la suite d'un tel pourvoi produit des effets à l'égard de toutes les parties ».

Mais en matière pénale, une telle cassation ne peut intervenir que dans l'intérêt de la partie définitivement condamnée.

La notion d'« acte juridictionnel devenu définitif » doit être comprise comme signifiant un acte juridictionnel qui n'a pas été attaqué dans les délais utiles et est désormais irrévocable. C'est exactement dans ce sens que la règle ci-dessus énoncée est posée par l'article 533 du Code de procédure pénale.

Le pourvoi d'ordre et le pourvoi dans l'intérêt de la loi sont possibles aussi bien en matière judiciaire qu'en matière administrative ou des comptes.

b. La compétence de la Cour suprême en formation spéciale

381. Il n'est pas rare qu'une question posée à la Cour suprême soit susceptible de diviser ou divise effectivement les sections d'une Chambre ou les Chambres elles-mêmes. Pour éviter ou résoudre de telles divergences, et pour bien d'autres sujets encore, la Cour suprême statue en formation spéciale. On comprend déjà que ce point sur la compétence de la Cour suprême en formation spéciale concerne toutes les chambres.

Dans sa fonction contentieuse, la Cour suprême a trois formations spéciales : la formation des Chambres réunies, la formation des Sections réunies et la section spécialisée qui statue sur les pourvois formés contre les arrêts du tribunal criminel spécial.

La formation des Chambres réunies connaît :

- des règlements de juges ;

- de l'action en récusation d'un membre de la Cour suprême ou d'un Président de Cour d'appel ;

- des procédures portant sur des questions de principe s'il y a risque de solutions divergentes, soit entre les juges du fond, soit entre les Chambres ;

- des demandes de renvoi d'une juridiction à l'autre pour cause de suspicion légitime ou de sûreté publique ;

- de toute autre affaire prévue par un texte particulier.

La formation des Sections réunies connaît des affaires renvoyées devant elle, soit par ordonnance du Premier Président, soit par arrêt d'une Section. Elle connaît en outre du recours en révision des décisions contradictoires rendues dans les quatre cas suivants :

° lorsqu'il y a eu dol personnel ;

° lorsqu'il a été statué sur les pièces reconnues ou déclarées fausses depuis la décision ;

° lorsqu'une partie a succombé, faute de présenter une pièce décisive retenue par son adversaire ;

° lorsque la décision de déchéance est intervenue sans que le demandeur au pourvoi ait été mis en demeure, soit pour se constituer avocat, soit pour introduire une demande d'assistance judiciaire.

La section spécialisée qui statue sur les pourvois formés contre les arrêts du tribunal criminel spécial est désignée par le Premier président de la Cour suprême et comprend des magistrats des trois chambres (judiciaire, administrative et des comptes), à raison de deux magistrats par chambre. Elle est présidée par le Premier président ou par un magistrat du siège désigné à cet effet par lui[425]. Est créée au sein de la section spéciale, une chambre de contrôle de l'instruction comprenant trois magistrats désignés par le Premier président, à raison d'un magistrat par chambre. Elle connaît des recours formés contre les ordonnances du juge d'instruction.

---

[425] Voir article 13 de la loi n° 2011/028 du 14 décembre 2011 portant création du tribunal criminel spécial.

2. L'exercice par la Cour suprême de son pouvoir de juger

L'exercice, par la Cour suprême, de son pouvoir de juger nous intéresse essentiellement sur trois points : d'abord, quelle est la nature de la Cour ? Ensuite, et au regard de notre double héritage anglo-saxon et romano-germanique, comment la Cour est-elle positionnée ? Enfin, on fera quelques brèves observations sur l'instruction des pourvois.

a. La question de la nature de la Cour suprême

382. Il peut paraître curieux de s'interroger sur la nature de la Cour suprême ; mais la question s'impose au regard de l'évolution législative. Il s'agit précisément de dire si la Cour suprême est un juge de droit ou un troisième degré de juridiction.

Jusqu'à très récemment, une telle question ne se posait pas ; et la Haute juridiction répétait inlassablement qu'elle n'est pas un troisième degré de juridiction, chaque fois qu'un moyen de pourvoi l'invite à réexaminer les faits[426]. La Cour était tellement ferme qu'elle réservait le même traitement aux moyens mélangés de faits et de droit[427]. La démarcation était claire : aux juridictions du fond, l'appréciation des faits auxquels elles appliquent la règle de droit, et à la Cour suprême le contrôle de la bonne application de la règle de droit. La jurisprudence soulignait alors que l'appréciation des faits par les juridictions du fond est souveraine, pour dire que sur ce point la Cour suprême ne peut essayer de les prendre en défaut, justement parce qu'elle n'est pas concernée par les faits. Dans cette formule, la Cour suprême n'était que juge du droit : saisie des pourvois contre les décisions des juridictions inférieures, elle rejetait ceux dont les moyens ne sont pas fondés, cassait les décisions des juridictions inférieures rendues en violation de la loi, et renvoyait, pour qu'il soit à nouveau statué au fond, à une juridiction inférieure de même niveau que celle qui avait rendu la décision cassée. Dès lors, la distinction était simple entre la Cour suprême et les juridictions inférieures, appelées juridictions de fond, parce qu'elles étaient les seules à connaître des faits.

---

[426] Parmi les très nombreuses décisions dans ce sens, voir CS, arrêt n° 66/CC du 07 février 2002, *affaire Kamdem Bruno c/ Kam Mathias, Juridis-Périodique* n° 56 (2003) p. 61.

[427] Parmi les très nombreuses décisions dans ce sens, voir CS, arrêt n° 127/CC du 27 février 2003, *affaire SGBC c/ Tchouente Louis, Juridis-Périodique* n° 56 (2003), p. 62.

383. La première fissure dans l'édifice est apparue avec l'article 527 du Code de procédure pénale, qui a prévu qu'en cas d'annulation d'une décision de juridiction inférieure, la Cour suprême évoque et statue. Cette solution est aujourd'hui généralisée à tout le contentieux par les articles 67, 104, alinéa 4, et 137 de la loi fixant l'organisation et le fonctionnement de la Cour suprême, qui traitent respectivement du contentieux judiciaire, du contentieux administratif et du contentieux des comptes. Ces textes prévoient que lorsque la Cour suprême casse et annule la décision qui lui est déférée, elle évoque et statue si l'affaire est en état d'être jugée au fond.

Pour bien faire comprendre la solution, le législateur précise que l'affaire est reconnue en état d'être jugée au fond lorsque les faits souverainement constatés et appréciés par les juges du fond permettent d'appliquer la règle de droit appropriée.

384. Une première difficulté, qui n'intéresse pas notre propos ici, est celle de savoir si ce texte s'applique dans la même mesure à tout le contentieux judiciaire, les articles 527 du Code de procédure pénale et 11 de la loi n° 2011/028 du14 décembre 2011 portant création d'un tribunal criminel spécial telle que modifiée et complétée par la loi n° 2012/011 du 16 juillet 2012, ne contenant pas la condition relative à l'état de l'affaire[428].

La seconde difficulté est liée à la formulation de la règle de l'évocation. Si l'on suit la loi sur l'organisation et le fonctionnement de la Cour suprême, il faudrait dire que l'évocation a lieu lorsque l'affaire est en état d'être jugée au fond. Il faudrait donc comprendre, *a contrario*, que lorsque l'affaire n'est pas en état d'être jugée au fond, la Cour suprême n'évoque pas. On doit alors penser qu'elle casse et renvoie ; seulement le législateur a sans doute oublié de le préciser.

385. Lorsqu'elle évoque, la Cour suprême se mêle des problèmes du fond du droit. Mais on a bien le sentiment que le législateur veut la tenir à distance des problèmes de constatation et d'appréciation des faits, qui relèvent du pouvoir souverain des juges du fond. C'est pourquoi la loi ne

---

[428] La règle *specialias generalibus derogant* suggère que les articles 527 du Code de procédure pénale, et 11 de la loi portant création d'un tribunal criminel spécial, textes spéciaux, dérogent à la loi sur l'organisation et le fonctionnement de la Cour suprême. Mais on ne voit pas comment l'évocation pourrait être systématique chque fois qu'il y a cassation. Elle ne devrait pas, par exemple, conduire à priver un plaideur du bénéfice d'un degré de juridiction.

prévoit l'évocation que lorsque ce travail a été fait par les juges du fond. Il y a là une première raison pour dire que la Cour suprême n'est pas devenue un troisième degré de juridiction. Elle maintiendra donc sa jurisprudence sur le rejet des moyens qui l'invitent à réexaminer les faits.

La seconde raison est que, mis à part le recours que le ministère public pourrait former contre les jugements rendus en matière de détournement des biens publics et d'infractions connexes[429], le pourvoi en cassation n'est pas ouvert dans les mêmes conditions qu'un recours comme l'appel, qui a un effet dévolutif. En effet, quand bien même une juridiction de cassation a, comme la CCJA, un pouvoir d'appréciation des faits, elle ne peut être saisie, par un requérant, pour une mauvaise appréciation des faits par la juridiction inférieure[430] (comme pourrait l'être la Cour d'appel). La saisine d'une juridiction de cassation se fonde presque toujours sur une mauvaise application de la règle de droit. Dans le cas de la Cour suprême, les cas d'ouverture du pourvoi sont limitativement énumérés par l'article 35 de la loi fixant l'organisation et le fonctionnement de la Cour suprême. Il s'agit de :

- l'incompétencc ;

- la dénaturation des faits de la cause ou des pièces de la procédure ;

- le défaut, la contradiction ou l'insuffisance des motifs ;

- le vice de forme ;

- la violation de la loi ;

- la non-réponse aux conclusions des parties ou aux réquisitions du Ministère public ;

- le détournement de pouvoir ;

---

[429] L'article 11 de la loi n° 2011/028 du 14 décembre 2011 portant création d'un tribunal criminel spécial, telle que modifiée et complétée par la loi n° 2012/011 du 16 juillet 2012, prévoit que le pourvoi du ministère public peut porter sur les faits et les points de droit. Il est clair que dans ces conditions, la Cour suprême ne peut plus se tenir à distance des faits. La solution permet de relativiser la mise à l'écart du principe du double degré de juridiction dans le contentieux du détournement des biens publics et des infractions connexes. L'ennui c'est que la possibilité de fonder le pourvoi sur les faits ne profite qu'au ministère public, à l'exclusion des autres parties aux procès.

[430] CCJA, n°010/2002 du 21 mars 2002 *affaire Sté Négoce Ivoire C/ Sté CNAB, RJCCJA*, numéro spécial janvier 2003, p. 24 ; n° 029/2004 du 15 juillet 2004, *affaire Fadiga Nadiani C/ Bank of Africa Côte d'Ivoire, RJCCJA* n°4, juillet-décembre 2004, p. 5.

- la violation d'un principe général du droit ;

- le non-respect de la jurisprudence de la Cour suprême ayant statué en Sections réunies d'une Chambre ou en Chambres réunies.

Les deux derniers points de la liste méritent quelques commentaires. D'abord, il est heureux que le législateur vise, comme cas d'ouverture du pourvoi, la violation d'un principe général du droit. Il y a là tout simplement une précision qui a des répercussions sur l'exigence de l'articulation des moyens de pourvoi formulée par l'article 53 de la loi fixant l'organisation et le fonctionnement de la Cour suprême : le législateur n'oblige le demandeur au pourvoi à viser précisément le texte violé que si le demandeur ne se fonde pas sur un principe général du droit. Au cas où le fondement est un principe de droit, celui-ci doit être clairement indiqué.

Ensuite, l'idée de donner une autorité particulière aux arrêts rendus par une formation spéciale de la Cour suprême ne date pas d'aujourd'hui ; il faut à cet égard se rappeler que l'article 23, alinéa 3, de la loi n° 75/16 du 8 décembre 1975 fixant la procédure et le fonctionnement de la Cour suprême, aujourd'hui abrogée, prévoyait que les décisions de la Cour suprême siégeant au moins à cinq membres, s'imposent aux juridictions inférieures sur les points de droit tranchés. C'est donc cette solution que reprend et adapte le nouveau texte.

L'idée qu'on peut se fonder, pour un pourvoi, sur la violation d'un arrêt de la Cour suprême rendu par telle formation spéciale pouvait donc se comprendre déjà sous l'empire de l'ancien texte. Il ne faut cependant pas penser que la jurisprudence de la Cour suprême formée dans ces conditions a la force d'une loi ou même d'un acte réglementaire : si elle s'impose aux juridictions inférieures, elle ne s'impose pas à la Cour suprême elle-même, même en formation ordinaire.

b. La question du positionnement de la Cour suprême par rapport aux systèmes anglo-saxon et romano-germanique

386. Nous avons vu ci-dessus qu'en raison de son double héritage colonial, le Cameroun voit cohabiter en son sein deux systèmes de droit : le système anglo-saxon pour l'ex-Cameroun occidental et le système romano-germanique pour l'ex-Cameroun oriental. Mais au regard de l'organisation judiciaire, cette observation ne devrait être vraie qu'au niveau des juridictions du fond réparties entre ces deux parties du territoire. La Cour suprême, quant à elle, est unique et doit se positionner par rapport aux deux systèmes.

Rappelons que ce qui oppose fondamentalement les deux systèmes c'est le rapport qu'ils ont avec la loi (règle générale) et les décisions de justice. Le système romano-germanique vénère la loi alors que le système anglo-saxon a plus foi dans les précédents judiciaires, la loi écrite étant ici une source accessoire.

À partir de ce critère, on peut comprendre, à la lumière des cas d'ouverture du pourvoi, que la Cour suprême est beaucoup plus marquée par la tradition ramano-germanique. Le témoignage le plus saisissant est l'exigence faite au demandeur d'articuler le moyen de son pourvoi.

Cette part belle faite à la tradition romano-germanique a paru très gênante pour les juristes de culture anglo-saxonne au lendemain de la création de l'ancienne Cour fédérale de justice. La gêne paraît relativement moins importance maintenant, parce que même à l'ex-Cameroun occidental, la loi a progressivement étendu son empire à la faveur de l'unification. Sont en effet très nombreuses les matières où la législation est unifiée. Sans doute aujourd'hui, à l'ex-Cameroun occidental, d'un point de vue quantitatif, la loi est la source principale du droit.

c. L'instruction des pourvois

387. Il faudrait déjà indiquer que le procès en Cour suprême est, en quelque sorte, un « duel » entre une partie, le demandeur, et une décision de justice, la décision attaquée. Les moyens de pourvoi sont donc soulevés contre la décision qu'on critique, non contre une quelconque partie. On aurait donc pu se passer du défendeur. Mais le législateur l'associe à la bataille judiciaire, au moins parce qu'il est le bénéficiaire de la décision qui est attaquée. Comme le demandeur, il adresse son mémoire à la Cour.

La procédure à la Cour suprême diffère aussi de la procédure devant les juges du fond, parce qu'en plus des parties et du juge (la Cour), il y a deux acteurs qui peuvent beaucoup peser sur l'issue de l'affaire : le Rapporteur et le Ministère public. Chacun des deux acteurs étudie le dossier et propose une solution. Le rapport du Rapporteur et les Conclusions du Ministère public doivent parvenir aux membres de la formation qui va siéger, quinze (15) jours avant l'audience.

Si on avait limité cet examen préalable au Rapporteur, qui est nécessairement un magistrat du siège, on aurait pu penser qu'il s'agit d'une organisation du travail entre les membres de la formation qui va statuer. Le fait que le Ministère public soit toujours associé et doive proposer une solution éloigne celui-ci du Ministère public devant les juridictions du fond.

Le rapport et les conclusions résultent normalement d'un examen très approfondi de l'affaire, pouvant conduire leur auteur à soulever même d'office un moyen de cassation.

Ces interventions préalables des membres de la Cour ne sont pas juridictionnelles ; elles préparent simplement l'acte juridictionnel qui va être pris par la Cour. Elles se distinguent ainsi d'une autre intervention, celle du Président de la Cour suprême dans le cadre du sursis à exécution[431].

SECTION III : LES JURIDICTIONS COMMUNAUTAIRES

388. Dans le domaine du droit, le fait majeur en Afrique subsaharienne ces dernières décennies est sans nul doute l'intégration juridique. On est passé de la formule ancienne de l'adoption de conventions internationales visant à terme l'harmonisation des droits internes, à une formule plus audacieuse d'uniformisation dans le cadre de structures communautaires. Dans les formules les plus achevées, on a créé une juridiction pour hâter et garantir l'intégration juridique. Doivent être citées dans ce cadre la Cour commune de justice et d'arbitrage de l'OHADA et la Cour de justice communautaire[432].

§ 1 : La Cour commune de justice et d'arbitrage

L'entreprise d'harmonisation du droit des affaires en Afrique ne pouvait pas bien se mener sans une unification de l'interprétation des textes. C'est pourquoi les parties au traité créant l'Organisation pour l'harmonisation en Afrique du droit des affaires ont institué la Cour commune de justice et d'arbitrage, chargée d'assurer l'interprétation et l'application commune du traité et des textes dérivés.

---

[431] Voir supra, n° 341.

[432] La Cour des comptes de la communauté ne sera pas étudiée non seulement parce qu'elle n'appartient pas à l'odre judiciaire, mais aussi et surtout parce qu'elle est dédiée au contrôle des comptes de la Communauté et donc tournée vers l'intérieur. Elle est mise en place par la Convention régissant la Cour des comptes communautaire du 30 janvier 2009.

A. La composition de la Cour commune de justice et d'arbitrage

389. La Cour commune de justice et d'arbitrage est composée de neuf juges élus par le Conseil des ministres pour un mandat sept ans, renouvelable une fois, parmi les ressortissants des États Parties au Traité OHADA. Compte tenu des nécessités de service et des possibilités financières, le Conseil des ministres peut fixer un nombre supérieur à sept. Les juges sont choisis parmi :

1° Les magistrats ayant acquis une expérience professionnelle d'au moins quinze (15) années et réunissant les conditions requises pour l'exercice dans leurs pays respectifs de hautes fonctions judiciaires ;

2° Les avocats inscrits au Barreau de l'un des États Parties, ayant au moins quinze (15) ans d'expérience professionnelle ;

3° Les professeurs de droit ayant au moins quinze (15) années d'expérience professionnelle.

Un tiers des membres de la Cour doit appartenir aux catégories visées aux points 2° et 3° ci-dessus.

La Cour ne peut comprendre plus d'un ressortissant d'un même État.

La Cour élit en son sein, pour une durée de trois ans et demi non renouvelable, son Président et ses deux Vice-Présidents.

Le Président de la Cour nomme le Greffier, après avis de la Cour, parmi les greffiers en chef ayant exercé leurs fonctions pendant au moins quinze (15) ans et présentés par les États Parties. Après avis de la Cour, le Président nomme également le Secrétaire général chargé d'assister celle-ci dans l'exercice de ses attributions administratives en matière d'arbitrage, selon les critères définis par un règlement du Conseil des ministres.

La Cour siège en formation plénière, mais peut constituer des Chambres de trois ou cinq juges.

B. Compétence de la Cour commune de justice et d'arbitrage

390. La Cour commune de justice et d'arbitrage a une compétence contentieuse et une compétence consultative.

On ne peut comprendre cette compétence que si l'on se rappelle que l'article 13 du Traité OHADA prévoit que le contentieux de l'application des Actes uniformes est réglé en première instance et en appel par les juridictions des États Parties. De là, l'article 14 du traité dispose que la Cour commune de justice et d'arbitrage assure, dans les États Parties, l'interprétation et l'application commune du Traité ainsi que des Règlements pris pour son application, des Actes uniformes et des décisions.

Saisie par la voie du recours en cassation, la Cour se prononce sur les décisions rendues par les juridictions d'appel des États Parties dans toutes les affaires soulevant des questions relatives à l'application des Actes uniformes et des Règlements, à l'exception des décisions appliquant des sanctions pénales. Elle se prononce, dans les mêmes conditions, sur les décisions non susceptibles d'appel rendues par toute juridiction des États Parties dans les mêmes contentieux.

Les pourvois en cassation sont portés devant la Cour soit directement par l'une des parties à l'instance, soit sur renvoi de la Cour suprême saisie d'une affaire soulevant des questions relatives à l'application des Actes uniformes.

La saisine de la Cour commune de justice et d'arbitrage suspend toute procédure de cassation engagée devant une juridiction nationale contre la décision attaquée. Une telle procédure ne peut reprendre qu'avec l'arrêt de la CCJA se déclarant incompétente pour connaître l'affaire.

Mais la règle de suspension n'affecte pas les procédures d'exécution.

En cas de cassation, la Cour évoque et statue sur le fond.

391. Il peut arriver que malgré l'incompétence de la Cour suprême soulevée par une partie à l'instance, la Cour statue. Dans ce cas, la partie qui avait fait le déclinatoire de compétence peut, dans un délai de deux mois à compter de la notification de la décision contestée, saisir la CCJA. Si celle-ci estime que la Cour suprême s'était déclarée compétente à tort, elle déclare l'arrêt de la Cour suprême nul et non avenu. Mais la CCJA précise bien que le recours du demandeur ne peut prospérer que si celui-ci avait effectivement soulevé l'incompétence de la Cour suprême[433]. Cela signifie que si l'incompétence n'avait pas été soulevée, l'arrêt ne peut être annulé. La CCJA rejette les recours faits prématurément, c'est-à-dire avant que la Cour suprême n'ait vidé sa saisine[434].

---

433 CCJA, arrêts n° 009/2003 du 24 avril 2003 et n° 024/2004 du 17 juin 2004.
434 CCJA, arrêt n° 010/2004 du 26 février 2004.

Doit aussi être située dans la compétence contentieuse de la CCJA l'activité de contrôle de régularité et d'*exequatur* des sentences arbitrales du système d'arbitrage de la CCJA[435]. L'article 25 du Traité OHADA prévoit que la CCJA a seule compétence pour ordonner l'*exequatur* de ces sentences ; l'article 29 du Règlement d'arbitrage de la CCJA donne à celle-ci compétence pour connaître de la contestation de validité des sentences du système d'arbitrage de la CCJA.

392. La compétence consultative de la Cour concerne les mêmes textes que ceux dont elle contrôle l'application. La Cour peut être saisie d'une demande d'avis par tout État partie, par le Conseil des ministres ou par les juridictions nationales devant lesquelles un contentieux relatif à l'application du droit OHADA est pendant.

§ 2 : La Cour de justice communautaire

393. La Cour de justice de la CEMAC est prévue dans les textes fondateurs de la Communauté[436] et dessinée par la Convention du 30 janvier 2009 régissant la Cour de justice communautaire. Cette Convention est très importante, car compte tenu du fait que le dispositif juridique de la CEMAC prévoit des normes d'application directe, il faudrait voir comment les compétences de la Cour sont être articulées avec celles des juridictions nationales[437].

La composition et d'organisation de la Cour donnent être présentées avant sa compétence.

A. La composition et l'organisation de la Cour de justice communautaire

394. La Cour de justice communautaire se compose de six membres à raison d'un par Etat dont cinq Juges et un Avocat général. Toutefois, la Conférence des Chefs d'État peut, sur proposition du Président de la Cour, décider d'augmenter ce nombre.

Les membres de la Cour sont nommés par la Conférence des Chefs d'État pour un mandat de six ans renouvelable une fois. Ils sont choisis

---

[435] Voir P.G. Pougoué, J.M. Tchakoua et A. Fénéon, *Droit de l'arbitrage dans l'espace Ohada*, Yaoundé, PUA 2000.

[436] Il s'agit du Traité révisé de la Communauté Economique et Monétaire de l'Afrique Centrale (CEMAC), du 30 janvier 2009.

[437] V. O. Togolo « Le juge camerounais et le juge de la CEMAC : un regard prospectif », *Juridis-Périodique* n° 63 (2005), p. 76.

parmi plusieurs candidats présentés par les États, et remplissant les conditions suivantes :

- être de bonne moralité ;

- présenter des garanties d'indépendance et d'intégrité ;

- remplir, en ce qui concerne les magistrats, les conditions requises pour l'exercice dans leurs pays respectifs des plus hautes fonctions judiciaires ou avoir exercé, avec compétence et pendant au moins quinze ans, les fonctions d'Avocat, de Professeur d'Université de droit et d'économie, de Notaire ou de Conseil juridique.

395. Les juges élisent en leur sein, pour un mandat de trois ans renouvelable une fois, le Président de la Cour et pour un mandat d'un an renouvelable une fois l'Avocat général. Les postes de Président et d'Avocat général sont rotatifs entre les États.

La Cour dispose d'un Greffier en Chef assisté d'un ou de plusieurs greffiers. Le Greffier en Chef est nommé par la Cour, pour un mandat de six ans renouvelable une fois, parmi les ressortissants des États membres.

La Cour exerce ses fonctions en formation plénière, mais elle peut aussi siéger en formation de trois juges.

B. La Compétence de la Cour de justice communautaire

396. La Cour de justice communautaire assure le respect du droit dans l'interprétation et dans l'application du Traité et des textes subséquents. Elle a trois fonctions :

- une fonction juridictionnelle ;

- une fonction consultative ; et

- une fonction d'administration des arbitrages dans les matières relevant du droit communautaire de la CEMAC.

397. En matière juridictionnelle, la Cour de justice communautaire connaît notamment ;

- des recours en manquement des États membres des obligations qui leur incombent en vertu du Traité ou des textes subséquents ;

- des recours en carence des Institutions, des Organes et des Institutions spécialisées des obligations qui leur incombent en vertu des Actes de la Communauté ;

- des recours en annulation des règlements, directives et décisions des Institutions, Organes et Institutions spécialisées de la CEMAC ;

- des litiges relatifs à la réparation des dommages causés par les Institutions, Organes ou Institutions spécialisées de la CEMAC ou par les fonctionnaires ou agents contractuels de celle-ci dans l'exercice de leurs fonctions, sans préjudice des dispositions prévues dans le Traité de la CEMAC ;

- des litiges entre la CEMAC et ses fonctionnaires et/ou agents contractuels ;

- des recours contre les sanctions prononcées par des organismes à fonction juridictionnelle de la Communauté.

La Cour connaît, sur recours de tout Etat, de toute Institution, de tout Organe, de toute Institution spécialisée de la CEMAC, ou de toute personne physique ou morale qui justifie d'un intérêt certain et légitime, de tous les cas de violation des dispositions du Traité CEMAC et des textes subséquents[438].

Le sens de cette solution doit être bien compris : celui qui viole les dispositions des traités CEMAC et des textes subséquents peut être un État membre, une Institution, un Organe ou une Institution spécialisée de la CEMAC. La Cour de justice est tantôt saisie d'un recours en annulation, tantôt sollicitée par la technique de l'exception d'illégalité de l'acte contesté.

Saisie d'un recours en annulation, la Cour peut prononcer la nullité totale ou partielle, avec toutes les conséquences de droit. L'acte annulé sort de l'ordre juridique et son auteur est tenu de prendre les dispositions nécessaires à l'exécution de l'arrêt de la Cour.

L'exception d'illégalité est soulevée devant la Cour, comme incident, à l'occasion d'une affaire qui lui est soumise. Elle y statue et peut prononcer l'illégalité de l'acte contesté. Dans ce cas, l'acte déclaré illégal n'est pas annulé, mais rendu inapplicable à l'espèce. Cela signifie qu'il demeure dans l'ordre juridique.

398. La Cour de justice communautaire statue à titre préjudiciel sur l'interprétation du Traité de la CEMAC et des textes subséquents, sur la légalité et l'interprétation des actes des Institutions, des Organes et des Institutions spécialisées de la CEMAC, quand une juridiction nationale

---

[438] Article 24 de la Convention régissant la Cour de justice communautaire.

ou un organisme à fonction juridictionnelle est appelé à en connaître à l'occasion d'un litige. Le renvoi préjudiciel est facultatif lorsque la juridiction nationale ou l'organisme à fonction juridictionnelle statue en premier ressort ; il est obligatoire lorsqu'il statue en dernier ressort. L'interprétation donnée par la Cour de justice s'impose à toutes les autorités administratives et juridictionnelles dans l'ensemble des États membres. L'inobservation de cette interprétation donne lieu à un recours en manquement.

On imagine bien que dans un État les autorités juridictionnelles peuvent ne pas prendre l'habitude d'effectuer le renvoi préjudiciel lorsque cela s'impose ; s'il en résulte une interprétation erronée des textes communautaires, le Président de la Commission ou le premier responsable de toute Institution, de tout Organe ou de toute Institution spécialisée de la CEMAC, toute personne morale ou physique peut en saisir la Cour de justice. Celle-ci rend alors un arrêt dont les termes s'imposent à toutes les autorités administratives et juridictionnelles dans l'État concerné.

La Cour connaît des litiges relatifs à la réparation des dommages causés par les Institutions, les Organes ou les Institutions spécialisés de la Communauté ou par les fonctionnaires ou agents de celle-ci dans l'exercice de leurs fonctions. Elle statue en tenant compte du droit positif communautaire et des principes généraux de droit qui sont communs aux droits des États membres.

La Cour connaît des litiges entre la CEMAC, ses Institutions, Organes et Institutions spécialisées et leurs fonctionnaires et agents, à l'exception de ceux régis par les contrats de droit local.

La Cour juge en principe en premier et dernier ressort. Elle juge en appel et en dernier ressort dans le cas des recours formés contre les décisions des organismes à compétence juridictionnelle. Il s'agit de la Commission bancaire de l'Afrique centrale (COBAC), de la Commission de surveillance du marché financier (COSUMAF) et de la Commission prévue en matière de concurrence.

Les arrêts de la Cour de justice communautaire ont l'autorité de la chose jugée et force exécutoire.

399. Dans son rôle consultatif, la Cour de justice communautaire émet des avis sur toute question juridique concernant le Traité de la CEMAC et ses textes subséquents. Elle est consultée à cet effet par un État membre, une Institution, un Organe ou une Institution spécialisée de la CEMAC. Ces avis peuvent porter sur :

- la conformité aux normes juridiques de la CEMAC, des actes juridiques ou des projets d'actes dans les matières relevant du Traité ;

- la compatibilité d'un accord international, existant ou en négociation, avec les dispositions du Traité de la CEMA ;

- toute difficulté rencontrée dans l'application ou l'interprétation des actes relevant du droit communautaire.

Les avis du premier tiret ci-dessus étaient déjà prévus par l'article 6 de la Convention de 1996 abrogée et remplacée ; les avis des deux derniers tirets sont une innovation de la Convention du 30 janvier 2009.

400. Dans sa fonction d'administration des arbitrages, la Cour connaît, en application de son règlement d'arbitrage, des différends qui lui sont soumis par les États membres, les Institutions, les Organes ou les Institutions spécialisées, en vertu d'une clause compromissoire ou d'un compromis d'arbitrage. Elle connaît également de tout litige qui lui est soumis en vertu d'une clause compromissoire ou d'un compromis. On a expliqué que l'arbitrage institutionnel de la Cour de justice communautaire « *est à la fois de droit public et de droit privé interne ou international, puisqu'il peut mettre en présence les États membres, les Institutions, les Organes, les Institutions spécialisées de la CEMAC ainsi que les personnes physiques et morales de droit privé* »[439].

Dans son rôle d'administration des arbitrages, la Cour se comporte comme tout centre d'arbitrage : elle ne tranche pas elle-même les différends, elle nomme ou confirme les arbitres, suit le déroulement de la procédure et examine les projets de sentences.

401. Terminons ce chapitre sur l'ordre judiciaire par quelques observations sur le ministère public. On le retrouve au premier degré de juridiction, en appel et à la Cour suprême. Au premier degré de juridiction et en appel, il est plus présent en matière pénale. Certes, même en matière civile, il pourrait y avoir communication au ministère public, voire une demande en justice formulée par le procureur de la République ; mais en principe, le ministère public n'est pas mêlé aux affaires civiles.

---

[439] Kenfack Douajni, « Le règlement des différends par voie d'arbitrage dans les espaces CEMAC, UEMOA et OHADA », communication au séminaire de sensibilisation au droit communautaire CEMAC, Njamena du 07 au 12 février 2011.

En matière de justice de droit traditionnel, le Procureur de la République près le tribunal de première instance du ressort prend simplement des dispositions prévues par le législateur pour la tenue et la conservation des jugements. Le Procureur général près la Cour d'appel peut faire appel des jugements. Cet éloignement du ministère public des juridictions de droit traditionnel se comprend : celles-ci n'ont aucune compétence pénale, et la communication au ministère public s'accommode mal de l'oralité qui y est la règle.

Le législateur a cependant associé étroitement le ministère public à toutes les affaires soumises à la Cour suprême. C'est sans doute parce qu'à cette phase ultime du contentieux, il faut se donner le maximum de chance d'arriver à la solution la plus bonne possible.

On n'est pas étonné de ne pas retrouver le ministère public auprès de la CCJA. Outre le fait que celle-ci a compétence en matière de droit des affaires, où le ministère public est habituellement plutôt discret, il faudrait dire qu'elle est une juridiction commune et non nationale. Le ministère public reste encore plus attaché au pouvoir exécutif qu'au pouvoir judiciaire. On peut cependant noter que la Cour de justice communautaire a fait le saut et prévu dans sa composition l'Avocat général. Des appels dans ce sens sont aussi faits en ce qui concerne la CCJA.

Le ministère public est régi par le principe de la hiérarchie. Auprès de la Cour suprême, il y a un parquet général dirigé par un Procureur général qui relève du Ministre chargé de la Justice. Auprès de la Cour d'appel, il y a aussi un parquet général dirigé par un Procureur général qui relève directement du Ministre chargé de la Justice. Auprès de chaque tribunal de première ou de grande instance, on trouve un Procureur de la République directement subordonné au Procureur général près la Cour d'appel du ressort. Le Procureur de la République près le tribunal de grande instance n'est pas le supérieur hiérarchique de son collègue près le tribunal de première instance ; il peut cumuler les deux fonctions.

Chaque membre du parquet agit sous l'autorité de son chef hiérarchique. Ce principe garde sa pertinence dans les autres ordres de juridictions où, sans être autant présent qu'en matière judiciaire, le parquet joue un rôle non négligeable.

CHAPITRE II :

LES AUTRES ORDRES DE JURIDICTIONS

402. Le législateur avait depuis longtemps montré son souci de voir la justice administrative[440] bénéficier d'une organisation hiérarchisée. Il n'avait malheureusement pu prévoir que la possibilité de faire appel des jugements de la Chambre administrative devant l'Assemblée plénière de la Cour suprême. C'était un pas important, mais qui ne résolvait pas l'insatisfaction résultant de l'éloignement de la Cour suprême, seule juridiction compétence en matière de contentieux administratif : il fallait encore rapprocher la justice administrative des justiciables. Un pas dans ce sens est désormais fait, avec la création des tribunaux administratifs.

Tout est allé très vite en ce qui concerne la justice des comptes. On se souvient certes de la Chambre des comptes de la Cour Fédérale de justice, ancêtre de la Cour suprême. Mais cette Chambre a été très éphémère. L'apurement des comptes a été par la suite, et jusqu'à très récemment, effectué par l'Inspection générale de l'État. En un temps relativement court, furent créés et organisés la Chambre des comptes de la Cour suprême et les tribunaux régionaux des comptes.

Il faudrait présenter séparément l'ordre des juridictions administratives et l'ordre des juridictions des comptes.

SECTION I : L'ORDRE DES JURIDICTIONS ADMINISTRATIVES

403. Les tribunaux administratifs étaient attendus, parce qu'annoncés par l'article 40 de la Constitution. Ils sont désormais organisés par un texte particulier. Le contentieux administratif en sort profondément transformé, puisqu'il comporte désormais deux niveaux de juridictions : les tribunaux administratifs et la Cour suprême en Chambre administrative. À côté du tribunal administratif, il y a son Président qui dispose d'une compétence non négligeable.

---

[440] V. M. Kamto, *Droit administratif processuel,* Yaoundé, PUC, 1990.

§ 1 : Le tribunal administratif

L'organisation et le fonctionnement des tribunaux administratifs sont fixés par la loi n° 2006/022 du 29 décembre 2006. Nous nous contenterons ici de présenter le tribunal administratif dans sa composition et sa compétence.

A. La composition du tribunal administratif

404. Le tribunal administratif comprend :

au siège

- un Président ;

- des juges ;

- le Greffier en chef ;

- des Greffiers ;

au parquet

- le Procureur général près la Cour d'appel du ressort du tribunal administratif ;

- un ou plusieurs substituts du Procureur général.

Le fait que le Procureur général près le tribunal administratif soit le Procureur général près la Cour d'appel du ressort s'explique par ce que les deux juridictions partagent un seul parquet général. Le ressort territorial du tribunal administratif étant, comme celui de la Cour d'appel, la région, on ne devrait craindre aucune confusion.

405. Les membres du tribunal administratif et ceux du parquet général sont des magistrats relevant du statut de la magistrature. Mais, dans la logique d'une tendance lourde observable dans tous les textes pris récemment en matière d'organisation judiciaire, le législateur a pensé qu'il pourrait être utile d'associer à la justice administrative un personnel non magistrat. Il prévoit en effet que pour des besoins du service, peuvent être nommés juges ou substituts en service extraordinaire au tribunal administratif :

- les professeurs de droit des Universités ayant exercé leurs fonctions pendant au moins dix (10) années consécutives ;

- les chargés de cours en droit des Universités ayant exercé comme enseignants pendant au moins quinze (15) années consécutives ;

- les fonctionnaires de la catégorie A et les cadres contractuels d'administration titulaires d'une maîtrise en droit et ayant exercé leurs fonctions pendant au moins quinze (15) années consécutives.

Le tribunal administratif siège en collégialité de trois membres ; les décisions sont prises à la majorité des voix.

B. La compétence du tribunal administratif

406. Deux blocs peuvent être distingués dans la compétence des tribunaux administratifs : la compétence en matière de contentieux électoral et la compétence en matière de contentieux administratif qu'on peut qualifier de compétence classique. Sur le premier terrain, la loi prévoit que les tribunaux administratifs connaissent, en premier ressort, du contentieux des élections régionales et municipales.

Sur le second terrain, le législateur prévoit que les tribunaux administratifs sont, sauf dispositions contraires, juges de droit commun du contentieux administratif en premier ressort. Ils connaissent, en dernier ressort, de l'ensemble du contentieux administratif concernant l'Etat, les collectivités territoriales décentralisées et les établissements publics administratifs.

Le contentieux administratif comprend :

a) Les recours en annulation pour excès de pouvoir et, en matière non répressive, les recours incidents en appréciation de légalité. Est constitutif d'excès de pouvoir :

- le vice de forme ;
- l'incompétence ;
- la violation d'une disposition légale ou réglementaire ;
- le détournement de pouvoir ;

b) Les actions en indemnisation du préjudice causé par un acte administratif ;

c) Les litiges concernant les contrats[441] ou les concessions de service public ;

d) Les litiges intéressant le domaine public ;

e) Les litiges intéressant les opérations du maintien de l'ordre.

[441] Mais sont exclus de cette compétence les contrats conclus, même implicitement, sous l'empire du droit privé.

Il ne faudrait pas oublier que l'article 18 alinéa 2 (c) de la loi portant organisation judiciaire désigne le Président du tribunal de grande instance comme juge compétent pour recevoir les recours intentés contre les mesures de garde à vue administrative. La compétence en matière de maintien de l'ordre devra donc être comprise sous réserve de cette disposition.

Le législateur fait savoir, très clairement, que le reste du contentieux ressortit à la compétence du juge judiciaire, même si une personne morale de droit public est en cause. La responsabilité civile de ladite personne morale est, au besoin, et de plein droit, substituée à celle de son agent auteur d'un dommage causé dans l'exercice de ses fonctions.

Le législateur reprend une autre solution traditionnelle : l'emprise et la voie de fait administrative relèvent de la compétence du juge judiciaire ; mais c'est à la Chambre administrative de statuer sur l'exception préjudicielle soulevée à l'occasion.

La Chambre administrative pourrait aussi être saisie sur renvoi préjudiciel par un tribunal administratif confronté à une difficulté d'interprétation ou d'appréciation de la légalité d'un acte législatif ou réglementaire[442].

La solution mérite d'être explicitée en distinguant selon qu'on a affaire à un acte législatif ou à un acte réglementaire. Dans le premier cas, la Chambre administrative ne peut être saisie que de la difficulté d'interprétation puisqu'elle ne peut se prononcer sur la conformité de l'acte aux normes supérieures. Dans le second cas, le pouvoir du juge administratif est plus étendu, puisque celui-ci peut apprécier la conformité de l'acte réglementaire aux normes qui lui sont supérieures.

Il appartient au tribunal administratif d'apprécier la difficulté et donc de voir s'il doit surseoir à statuer et renvoyer la question devant la Chambre administrative. Si le renvoi est fait, la Chambre administrative dispose de trois mois pour rendre son avis. Tout semble indiquer que cet avis ne lie pas le tribunal administratif, même si en pratique on le voit difficilement s'en écarter. D'une part, il ne l'a sollicité que parce qu'il n'arrivait pas à se déterminer. D'autre part, il sait que sa décision peut faire l'objet d'un recours devant la Chambre administrative.

---

[442] Voir l'article 14 alinéa 2 de la loi n° 2006/022 du 29 décembre 2006 fixant l'organisation et le fonctionnement des tribunaux administratifs.

Sur le plan territorial, le tribunal administratif compétent est celui :

- dans le ressort duquel l'autorité qui a pris la décision attaquée a son siège ;
- de la résidence du demandeur ;
- de la situation des biens ;
- du lieu d'exécution du contrat ;
- du fait dommageable si ce fait est imputable à une décision.

Le tribunal administratif du siège de l'autorité ayant pris la décision attaquée est également compétent pour connaître de l'action en indemnisation imputable à la décision querellée, ainsi que des recours en interprétation et appréciation de la légalité de l'acte litigieux intervenant sur renvoi de l'autorité judiciaire. Le tribunal administratif compétent pour connaître d'une demande principale l'est également pour toute demande accessoire, incidente ou reconventionnelle relevant de la compétence des tribunaux administratifs.

§ 2 : Le Président du tribunal administratif

407. L'attribution de quelques compétences au Président du tribunal administratif s'inscrit dans le mouvement de développement de la juridiction présidentielle dont on ne peut sous-estimer l'apport sur le terrain de l'efficacité de la justice.

Le Président du tribunal administratif a reçu compétence en matière de référé administratif, de sursis à exécution et d'*exequatur* des décisions étrangères rendues en matière administrative.

A. La Compétence du Président du tribunal administratif pour le référé administratif

408. Le référé administratif relève de la même philosophie que le référé judiciaire, tout au moins dans sa conception originelle. Il s'agit, sans préjudicier au principal, de prendre rapidement une mesure qui ne peut attendre sans grand dommage. L'article 27 de la loi fixant l'organisation et le fonctionnement des tribunaux administratifs dispose à cet égard que « Dans les cas d'urgence, le Président du tribunal ou le magistrat qu'il délègue peut, sur requête, et si le demandeur justifie de l'introduction d'un recours gracieux, les parties convoquées et après conclusions du ministère public, ordonner en référé, toutes les mesures utiles, sans faire préjudice au principal ».

On doit comprendre qu'il n'y a lieu à référé que si deux conditions sont remplies : l'urgence de la mesure sollicitée et l'absence de préjudice au principal.

L'ordonnance de référé peut être frappée d'appel devant la Chambre administrative de la Cour suprême. Mais compte tenu de ce que la mesure est urgente, elle est exécutoire par provision.

B. La Compétence du Président du tribunal administratif pour le sursis à exécution

409. Les actes administratifs sont exécutoires et le demeurent même en cas de recours gracieux. Pour contrecarrer une telle issue, le justiciable doit demander un sursis à exécution si les conditions en sont réunies. L'article 30 de la loi fixant l'organisation et le fonctionnement des tribunaux administratifs prévoit à cet égard que « si l'exécution est de nature à causer un préjudice irréparable et que la décision attaquée n'intéresse ni l'ordre public ni la sécurité ou la tranquillité publique, le Président du tribunal administratif peut, après communication à la partie adverse et conclusions du ministère public, ordonner le sursis à exécution ».

L'effet de l'acte attaqué est suspendu à compter du jour de la notification de l'ordonnance de sursis. Mais le sursis est ordonné en attendant l'issue de la contestation principale ; c'est pourquoi l'ordonnance de sursis devient caduque si après un délai de soixante (60) jours à compter du rejet du recours gracieux, le bénéficiaire du sursis n'a pas saisi le tribunal de la requête introductive d'instance.

C. La Compétence du Président du tribunal administratif en matière d'exequatur

410. L'article 9 de la loi n°2007/001 du 19 avril 2007 instituant le juge du contentieux de l'exécution et fixant les conditions de l'exécution au Cameroun des décisions judiciaires et actes publics étrangers ainsi que des sentences arbitrales étrangères dispose : « L'exécution des décisions étrangères rendues en matière administrative est poursuivie devant le Président de la juridiction administrative compétent… ». Ce que le texte vise c'est, en réalité, l'*exequatur* et non l'exécution elle-même.

Il est certain que sur le plan territorial, il s'agit du Président du tribunal administratif du lieu où l'exécution est envisagée. Mais comme dans tous les cas où cette clause d'attribution de compétence territoriale est prévue par le législateur, il faudrait l'appliquer avec souplesse puisqu'on se fonde pratiquement sur un pronostic.

Il semble aussi certain que les décisions étrangères concernées ici sont celles de nature juridictionnelle. Ne sont donc pas concernés les actes administratifs étrangers.

§ 3 : La Cour suprême statuant en matière administrative

La compétence de la Cour suprême en matière de contentieux administratif n'est pas récente. Elle a été confortée par la loi du 18 juin 1996 portant révision de la Constitution qui, en même temps qu'elle donnait une base constitutionnelle à la Chambre administrative, la situait par rapport aux juridictions administratives inférieures.

A. La Composition et l'organisation de la Chambre administrative de la Cour suprême

411. D'un point de vue du personnel, la Chambre administrative de la Cour suprême comprend, comme toutes les autres Chambres, un Président, des Conseillers, un ou plusieurs Avocats généraux, un Greffier en chef et des greffiers.

D'un point de vue des structures de gestion du contentieux, la Chambre administrative comprend :

- une section du contentieux de la fonction publique ;
- une section du contentieux des affaires foncières et domaniales ;
- une section du contentieux fiscal et financier ;
- une section du contentieux des contrats administratifs ;
- une section du contentieux de l'annulation et des questions diverses.

La Chambre administrative siège par section, en fonction de la matière qui lui est soumise ; mais elle a une formation de sections réunies.

B. La Compétence de la Chambre administrative de la Cour suprême

412. La compétence de la Chambre administrative est fixée depuis la Constitution. L'article 40 de la Loi fondamentale prévoit, en effet, que la Chambre administrative de la Cour suprême connaît de l'ensemble du contentieux administratif de l'Etat et des autres collectivités publiques. Elle connaît, en appel, du contentieux des élections régionales et municipales. Elle statue souverainement sur les décisions rendues en dernier ressort par les juridictions inférieures en matière de contentieux administratif. Elle connaît de tout autre litige qui lui est expressément attribué par la loi.

L'article 38 de la loi portant organisation et fonctionnement de la Cour suprême vient apporter des précisions sur cette compétence. Elle indique que la Chambre administrative connaît :

- des appels formés contre les décisions rendues en matière de contentieux des élections régionales et municipales ;

- des pourvois formés contre les décisions rendues en dernier ressort par les juridictions inférieures en matière de contentieux administratif ;

- des exceptions préjudicielles soulevées en matière de voie de fait et d'emprise devant les juridictions inférieures en matière de contentieux administratif ;

- de toute autre matière qui lui est expressément attribuée par la loi.

La combinaison des dispositions des différents textes pertinents montre que la Chambre administrative de la Cour suprême statue tantôt en appel, tantôt en cassation. Elle statue en appel en matière électorale et en matière de référé. Elle statue aussi en appel dans tous les cas où un texte particulier le prévoit. Contrairement à ce que laisserait croire la formulation de l'alinéa premier de l'article 14 de la loi n° 2006/022 du 29 décembre 2006 fixant l'organisation et le fonctionnement des tribunaux administratifs, la Chambre administrative intervient en principe comme juge de cassation.

Pour l'audience et le jugement, les règles applicables en matière d'appel sont celles prévues pour le tribunal administratif. Les règles applicables en cas de pourvoi sont celles prévues pour la Chambre judiciaire ; en cas de cassation, la Chambre administrative dispose d'un pouvoir d'évocation lorsque l'affaire est en état d'être jugée au fond.

SECTION I : L'ORDRE DES JURIDICTIONS DES COMPTES

413. Comme l'ordre des juridictions administratives, l'ordre des juridictions des comptes a une structure hiérarchique moins étoffée, comparée à celle de l'ordre judiciaire. Il se résume en des tribunaux régionaux des comptes au niveau des régions, et la Cour suprême statuant en matière des comptes. Mais le contentieux des comptes est singulier, parce qu'il se situe au confluent du contrôle administratif, du contrôle juridictionnel et du contentieux de la responsabilité.

§ 1 : Les Tribunaux régionaux des comptes

À la base de la hiérarchie juridictionnelle en matière de comptes, les tribunaux régionaux des comptes présentent une composition et une compétence qui alertent sur l'importance de la mission qui leur est confiée.

A. La composition et l'organisation des tribunaux régionaux des comptes

414. Même si l'enclenchement du processus de contrôle des comptes ne rappelle rien de la saisine des juridictions, les tribunaux régionaux des comptes présentent la structure d'une juridiction classique, avec un siège, un parquet et un greffe. Ils se composent :

a) Au siège :

- d'un Président ;
- des Présidents de section ;
- des juges ;
- des greffiers ;
- des greffiers en service extraordinaire ;
- des juges en service extraordinaire ;
- d'auditeurs et d'auditeurs stagiaires.

b) Au parquet :

- du Procureur général, qui est celui près la Cour d'appel du siège du tribunal ;
- des substituts du Procureur général près ladite Cour ;
- des substituts du Procureur général en service extraordinaire.

Les membres du tribunal régional des comptes et ceux du parquet général sont des magistrats relevant du statut de la magistrature. On a cependant ouvert la juridiction à d'autres personnes : professeurs et chargés de cours en droit, économie, finance, gestion, comptabilité des universités ; fonctionnaires de catégorie A et cadres contractuels de l'Administration, avec à chaque fois des conditions d'expérience professionnelle[443].

---

[443] V. Article 4 de la loi n° 2006/017 du 29 décembre 2006 fixant l'organisation, les attributions et le fonctionnement des tribunaux régionaux des comptes.

Le tribunal régional des comptes est organisé en sections. Il comprend :

- la section de la région et des communautés urbaines ;

- la section des communes ;

- la section des syndicats de communes et des établissements publics communaux ou régionaux.

Le tribunal se réunit dans le cadre des sections :

- en audience ordinaire ;

- en sections réunies ;

- en chambre de conseil.

En audience ordinaire, la section se compose :

- du Président de la section ;

- de deux juges ;

- du Procureur général près la Cour d'appel du siège ou un de ses substituts.

La formation de sections réunies se compose :

- du Président du tribunal régional des comptes ;

- des Présidents de sections ;

- de deux juges par section, désignés par le Président du tribunal des comptes ;

- du Procureur général près la Cour d'appel du siège du tribunal.

La chambre de Conseil se compose :

- du Président du tribunal régional des comptes ;

- des Présidents de sections ;

- des juges ;

- du Procureur général près la Cour d'appel du siège du tribunal.

On l'aura compris, en audience ordinaire, le tribunal régional des comptes siège en collégialité de trois membres, les décisions étant rendues à la majorité des voix.

Si le Président est empêché, il est suppléé par le Président de section le plus ancien dans le grade le plus élevé ; En cas d'empêchement du président d'une section, il est suppléé par le juge le plus ancien dans le grade le plus élevé.

B. La compétence des tribunaux régionaux de comptes

415. Le tribunal régional des comptes est compétent, sous réserve des attributions de la Chambre des comptes de la Cour suprême, pour contrôler et statuer sur les comptes publics des collectivités territoriales décentralisées de son ressort et de leurs établissements publics. Il connaît des comptes qui lui sont attribués par la Chambre des comptes de la Cour suprême. Il connaît en outre de toute autre matière qui lui est expressément attribuée par la loi.

Il faut avouer que le second chef de compétence du tribunal régional des comptes est des plus énigmatiques, puisqu'on ne retrouve pas dans les textes sur la Chambre des comptes une possibilité d'attribution des comptes aux tribunaux régionaux des comptes. À moins d'imaginer l'hypothèse où la Chambre des comptes casse un jugement, n'évoque pas, mais renvoie à un autre tribunal. On pourrait aussi rattacher ce chef de compétence à l'article 67 alinéa 3 de la loi fixant l'organisation, les attributions et le fonctionnement des tribunaux régionaux des comptes, qui prévoit que dès que ceux-ci seront effectivement mis en place, la Chambre des comptes de la Cour suprême devra leur transférer les dossiers de leur compétence pendant devant elle.

Il faudrait aussi remarquer que n'est pas mis dans la compétence du tribunal régional des comptes le contrôle des comptes des entreprises du secteur public et parapublic ayant des liens de propriété non pas avec l'État, mais avec les collectivités territoriales décentralisées, à l'instar d'une société à capital public ayant pour actionnaire unique une région. Dans la logique du confinement des tribunaux régionaux des comptes au contrôle des comptes des collectivités territoriales décentralisées de leur ressort, on comprend difficilement cette exclusion, d'autant plus que la loi prévoit la compétence de ces tribunaux pour le contrôle des établissements publics des collectivités territoriales décentralisées.

En tout état de cause, le choix est clairement fait d'exclure les tribunaux régionaux des comptes du contrôle des comptes des structures de l'État, même déconcentrées : il appartient à la Chambre des comptes d'effectuer le contrôle en ce qui les concerne. Il appartient également à la

Chambre des comptes d'effectuer le contrôle sur les comptes des établissements publics émanant de l'État, peu importe qu'ils soient localisés dans le ressort territorial d'un tribunal régional des comptes.

416. Il est important de savoir que le tribunal régional des comptes n'est pas saisi d'une contestation, mais des comptes des structures à contrôler. Il est saisi par le comptable public patent compétent, en vue d'un jugement sur ses comptes.

Dans le meilleur des cas, le tribunal rend un jugement qui certifie la ligne de compte, ce qui signifie qu'on ne reproche rien au comptable. Dans le cas contraire, le tribunal régional des comptes rend un jugement provisoire qui enjoint au comptable d'apporter les pièces justificatives manquantes, de procéder aux diligences nécessaires et de fournir toutes explications utiles. Le comptable dispose d'un délai de deux mois, à compter de la date de notification du jugement provisoire, pour satisfaire aux injonctions.

Après réception des réponses du comptable, le tribunal engage une instruction qui va déboucher sur le jugement définitif. Dans sa première partie, ce jugement se prononce sur la ligne de compte, avec éventuellement des redressements. Dans sa seconde partie, le jugement prononce soit la régularité du compte, soit une avance comptable, soit un défaut comptable.

Plus prosaïquement, le tribunal régional des comptes rend des jugements qui établissent si les comptables sont déchargés ou quittes, en avance ou en débet. Lorsque les comptables sont déchargés, il prononce leur décharge définitive. Lorsque les comptes sont en avance, le tribunal sursoit à la décharge des comptables dans l'attente d'une régularisation prévue au cours de l'exercice suivant. Lorsque les comptes sont en débet, le tribunal constitue les comptables débiteurs.

417. Le tribunal régional des comptes examine aussi les comptes des comptables de fait. Est comptable de fait toute personne qui, n'ayant pas la qualité de comptable ou n'agissant pas en cette qualité, s'ingère dans les opérations de recette et de dépense, de maniement de valeurs, de deniers publics, ceux réglementés ou non réglementés, ainsi que ceux des établissements publics et des entreprises du secteur public et parapublic. Est également comptable de fait, toute personne qui, n'ayant pas la qualité de comptable-matières, s'immisce dans les opérations de recette, de garde et d'affectation des matières appartenant à une personne morale de droit public ou de droit privé dans laquelle l'État détient au moins vingt pour cent du capital[444]. En matière de comptabilité de fait, le tribunal régional des comptes est saisi par l'Institution Supérieure de Contrôle des Finances publiques à la suite de la déclaration de la comptabilité de fait[445]. Le tribunal peut aussi ouvrir la procédure à la suite de la découverte par lui d'une comptabilité de fait.

Si l'instruction ou l'examen des comptes fait apparaître des faits susceptibles de constituer une infraction pénale, le Procureur général près la Cour d'appel du siège du tribunal prend un certain nombre de dispositions pour que la poursuite soit engagée. Plus précisément, le Procureur général informe le Ministre chargé des finances et les ministres ou autorités de tutelle intéressés. Le dossier est transmis au Ministre de la Justice par le même Procureur général, et cette transmission vaut plainte au nom de l'Etat, de la collectivité territoriale décentralisée, de l'entreprise publique ou parapublique ou de l'établissement public concerné[446]. Il faut regretter que le législateur ait prévu une solution aussi lourde pour le déclenchement des poursuites. Que la plainte soit adressée par le Procureur général au Ministre de la Justice[447] est une solution difficile à comprendre. Sans doute y a-t-il à reculer pour mieux sauter !

418. Les jugements des tribunaux régionaux des comptes peuvent faire l'objet d'une révision, par le même tribunal, à la demande des parties intéressées. Ils peuvent aussi faire l'objet d'un pourvoi devant la Chambre des comptes de la Cour suprême. Ils sont exécutés à la diligence de l'ordonnateur de la personne morale de droit public concernée, et à défaut de tout responsable spécialement habilité à cet effet. Si dans les six mois de leur notification ils ne sont pas exécutés, le Président du tribunal régional des comptes compétent en fait rapport au Président de la Chambre des comptes. Celui-ci à son tour en fait rapport au Président de la République avec copie au Président de l'Assemblée

---

[444] Cette définition est donnée par l'article 6 de la loi n° 2003/005 du 21 avril 2003 fixant les attributions, l'organisation et le fonctionnement de la Chambre des comptes de la Cour suprême.

[445] V. Article 29 de la loi fixant l'organisation, les attributions et le fonctionnement des tribunaux régionaux des comptes.

[446] Voir article 28 de la loi fixant l'organisation, les attributions et le fonctionnement des tribunaux régionaux des comptes.

[447] Même si l'on prend prétexte du fait que le Ministre chargé de la justice est le chef du Ministère public, on convaincra difficilement qu'il est judicieux que son subordonné, forcément plus proche de la juridiction compétente pour l'infraction, soit obligé de le saisir et non la juridiction.

nationale et au Président du Sénat. Publication en est faite au Journal officiel en français et en anglais.

§ 2 : La Cour suprême statuant en matière de comptes

À la Cour suprême, les questions de comptes sont de la compétence de la Chambre des comptes. Cette Chambre a fait l'objet d'un texte particulier, la loi du 21 avril 2003 fixant les attributions, l'organisation et le fonctionnement de la Chambre des comptes de la Cour suprême, qui s'ajoute aux dispositions constitutionnelles et à celles de la loi portant organisation et fonctionnement de la Cour suprême.

A. La composition et l'organisation de la Chambre des comptes de la Cour suprême

419. La Chambre des comptes de la Cour suprême comprend :

a) Au siège :

- le Président de la Chambre ;
- les Présidents de section ;
- les Conseillers ;
- les Conseillers maîtres ;
- les Conseillers référendaires ;
- les Auditeurs et les Auditeurs stagiaires.

b) Au greffe :

- le Greffier en chef de la Chambre ;
- les Greffiers de section ;
- les Greffiers.

Les fonctions de ministère public sont exercées par le Procureur général près la Cour suprême.

420. L'article 19 de la loi du 21 avril 2003 fixant les attributions, l'organisation et le fonctionnement de la Chambre des comptes prévoit que celle-ci peut utiliser des fonctionnaires de catégorie A et les contractuels d'administration de dixième catégorie au moins, qui lui sont affectés. Cette disposition laisse un peu perplexe. Elle ne précise pas à quelles fonctions on peut utiliser ce personnel. La liste des personnels magistrats du siège et les exigences prévues pour le choix du personnel non magistrat qu'on pourrait affecter aux fonctions juridictionnelles, même dans les juridictions inférieures des comptes, confinent à penser que le personnel dont il est question ici ne peut être affecté à ces fonctions au niveau de la Chambre des comptes. Mais, on ne voit pas quel intérêt il y avait à indiquer que la Chambre des comptes peut utiliser tel personnel, pour des tâches qui ne se rattachent pas directement à la fonction de juger, et surtout à préciser les conditions de qualification de ce personnel. Le texte fait croire, à tort, que toutes les tâches à la Chambre des comptes sont des tâches de cadre.

La loi ajoute que la Chambre des comptes peut faire recours aux services temporaires d'experts ou consultants privés intervenant sous son autorité, dans des conditions réglementaires ou contractuelles. La solution doit être jugée favorable, avec la réserve que ce personnel ne peut être mêlé au jugement.

421. La Chambre des comptes comprend cinq sections :

- la section de contrôle et de jugement des comptes des comptables de l'État ;

- la section de contrôle et de jugement des comptes des comptables des collectivités territoriales décentralisées et leurs établissements publics, sous réserve des attributions dévolues aux juridictions inférieures des comptes ;

- la section de contrôle et de jugement des comptes des comptables des établissements publics de l'État ;

- la section de contrôle et de jugement des comptes des entreprises du secteur public et parapublic ;

- la section des pourvois.

Au besoin, un décret du Président de la République créera d'autres sections.

Dans le cadre de ses sections, la Chambre des comptes se réunit en audience ordinaire, en sections réunies, en Chambre de conseil. En audience ordinaire, la section se compose :

- du Président de section ;

- de deux Conseillers maîtres ;

- du Procureur général près la Cour suprême.

La formation des sections réunies se compose :

- du Président de la Chambre des comptes ;

- des Présidents de sections ;

- de deux Conseillers maîtres par section, désignés par le Président de la Chambre des comptes ;

- du Procureur général près la Cour suprême.

La Chambre de conseil comprend :

- le Président de la Chambre des comptes ;

- les Présidents de section ;

- les Conseillers Maîtres ;

- le Procureur général près la Cour suprême.

B. La compétence de la Chambre des comptes de la Cour suprême

422. La Chambre des comptes est compétente pour :

- contrôler et juger les comptes de l'État et des entreprises publiques et parapubliques ;

- statuer souverainement, en cas de pourvoi, sur les décisions rendues en dernier ressort par les juridictions inférieures de comptes ;

- donner son avis sur les projets de loi et règlement présentés au parlement ;

- élaborer et publier le rapport annuel des comptes de l'État adressé au Président de la République ;

- connaître de toute matière qui lui est expressément attribuée par la loi.

Cette compétence est originellement attribuée par l'article 41 de la Constitution. Elle est reprise, avec l'ajout relatif aux avis sur les projets de textes et une légère modification dans la formulation, par les articles 2 de la loi du 21 avril 2003 fixant les attributions, l'organisation et le fonctionnement de la Chambre des comptes, et 39 de la loi du 29 décembre 2006 fixant l'organisation et le fonctionnement de la Cour suprême. Mais l'article 8 de la loi du 21 avril 2003 étaye la compétence juridictionnelle de la Chambre des comptes en indiquant l'objet du contrôle. Celui-ci porte sur :

- les comptes et documents annexes des comptables publics patents des personnes morales de droit privé dans lesquelles l'État est actionnaire unique ou majoritaire ;

- les comptes des comptables publics patents des personnes morales dans lesquelles l'État et/ou d'autres personnes morales de droit public détiennent séparément ou ensemble plus de la moitié du capital ou des voix dans les organes délibérants ;

- les comptes et documents annexes des comptables publics patents des personnes morales, quel que soit leur statut juridique, dans lesquelles l'État et d'autres personnes morales de droit public détiennent ensemble le pouvoir de décision ou la minorité de blocage ;

- les comptes et documents annexes des comptables publics patents des personnes morales, quel que soit leur statut juridique, bénéficiant ou percevant des prélèvements obligatoires tels que ceux de la prévoyance sociale ou de la formation professionnelle ;

- les comptes et documents annexes des comptables publics patents des personnes morales, quel que soit leur statut juridique, exploitant un service public ou un monopole d'État ;

- les comptes et documents annexes des comptables publics patents de toute personne morale, quel que soit son statut juridique, qui bénéficie d'un concours financier direct ou indirect de l'Etat ou d'une autre personne morale de droit public ;

- les comptes des personnes physiques exerçant les fonctions officielles ou ceux des comptables publics patents des personnes morales investies d'une mission spécifique et recevant à ce titre les fruits de la générosité nationale ou internationale, dans des conditions fixées par l'acte accordant le concours financier ci-dessus.

423. Cette liste est bien longue, mais reste dans l'esprit du texte constitutionnel. On peut en revanche se demander si la dérogation prévue à l'article 38 de la loi du 21 avril 2003 reste dans cet esprit. En effet, ce texte soustrait au contrôle juridictionnel de la Chambre des comptes, pour un contrôle administratif d'une commission, « les comptes des organes constitutionnels ». Cette commission comprend un représentant de chaque organe et est présidée par le Président de la Chambre des comptes. La Commission examine les comptes ou tout document en tenant lieu et, si nécessaire, entend le comptable de l'organe concerné.

Elle adresse un rapport confidentiel de ses observations au Président de la République et aux dirigeants des autres organes constitutionnels.

On a vigoureusement dénoncé cette solution : la notion d'organes constitutionnels permettrait d'exclure, peut-être, le gouvernement et, très certainement, le Président de la République, l'Assemblée nationale, le Sénat, le Conseil constitutionnel, la Cour suprême, la Haute Cour de justice, le Conseil économique et social[448].

424. La Chambre des comptes rend, sur les comptes qu'elle est appelée à juger, des arrêts qui établissent si les comptables jugés sont quittes, en avance ou en débet. Mais, comme le tribunal régional des comptes, la Chambre des comptes procède, lorsque le compte pose problème, en deux étapes : un arrêt provisoire qui déclenche des explications complémentaires, et un arrêt définitif.

On[449] a démontré que la Chambre des comptes a compétence pour assurer le contrôle administratif des ordonnateurs puisque, aux termes de la loi, elle produit un rapport annuel « exposant le résultat général des travaux et les observations qu'elle estime devoir formuler en vue de la réforme et de l'amélioration de la tenue des comptes et de la discipline des comptes »[450]. La Chambre des comptes ne peut produire un tel rapport sans procéder à un contrôle de la gestion des ordonnateurs.

425. L'article 71 de la loi du 21 avril 2003 fixant les attributions, l'organisation et le fonctionnement de la Chambre des comptes prévoit deux voies de recours contre les arrêts de la Chambre : le recours en révision et le recours en annulation. Le premier est porté devant la même Chambre, tandis que le second est porté devant l'Assemblée plénière de la Cour suprême.

La désignation de l'instance destinataire du recours en annulation étonne quelque peu, parce que la nouvelle organisation de la Cour suprême ne prévoit pas d'Assemblée plénière.

Par réalisme, l'article 67 alinéa 2 de la loi fixant l'organisation, les attributions et le fonctionnement des tribunaux régionaux des comptes

---

[448] V. C. Siétchoua Djuitchoko, -« La réforme inachevée du contrôle juridictionnel des comptes au Cameroun (Commentaire de la loi n° 2003 /005 du 21 avril 2003 fixant les attributions, l'organisation et le fonctionnement de la Chambre des comptes de la Cour suprême », *Juridis-Périodique* n° 56, p. 82.

[449] Idid, p. 84.

[450] Article 3 de la loi du 21 avril 2003.

prévoit une solution qu'il est important de souligner ici : « a) En attendant la mise en place des tribunaux régionaux des comptes, la Chambre des Comptes de la Cour suprême exerce leurs attributions conformément aux dispositions de la loi n° 2003/005 du 21 avril 2003.

c) A cet effet, les sections de ladite Chambre statuent par jugement, en premier ressort et à charge d'appel ou de pourvoi devant les sections réunies.

Toutefois, les magistrats ayant participé au jugement d'une affaire en premier ressort ne peuvent le faire en appel ou en cas de pourvoi ».

Même si les ordres de juridictions administratives et des comptes qu'on vient de présenter ne sont pas aussi étoffés que l'ordre judiciaire, ils présentent les traits d'une organisation hiérarchisée. Il ne serait pas déraisonnable de pronostiquer un plus grand déploiement de ces ordres de juridictions dans les prochaines décennies. Un tel pronostic serait trop risqué en matière de justice constitutionnelle.

CHAPITRE III :

LA JUSTICE CONSTITUTIONNELLE

426. La justice constitutionnelle peut se résumer à deux choses : contrôler que la répartition des pouvoirs entre les institutions de l'État, entre l'État et les régions, et entre régions est respectée ; s'assurer que les lois et traités sont conformes à la constitution.

Elle n'est malheureusement pas entrée dans les mœurs dans notre pays. Ce ne sont pourtant pas les occasions qui ont manqué. On se souvient qu'au lendemain de la signature de deux décrets du 15 juillet 1993 fixant respectivement la forme des syndicats professionnels admis à la procédure d'enregistrement, et la forme du certificat d'enregistrement d'un syndicat, une voix s'est élevée pour dire que c'est en violation de la répartition constitutionnelle des domaines entre la loi et le règlement que ces décrets ont été pris[451]. La même critique est revenue à propos du décret du 07 octobre 1994 portant statut général de la Fonction publique[452]. Que ces critiques soient restées au niveau de la doctrine peut s'expliquer par une raison simple : l'accès au Conseil constitutionnel est réservé. Cela accroît l'intérêt de la question de savoir si le contrôle de la constitutionnalité ne peut se faire que devant ce juge.

SECTION I : LE CONSEIL CONSTITUTIONNEL COMME JUGE DE LA CONSTITUTIONNALITÉ

Le Conseil Constitutionnel est l'institution prévue par la Constitution pour sa propre protection. Plus que toute autre institution, il a sa base dans la Constitution. Mais suivant les dispositions de la Constitution, la loi du 24 avril 2006 est venue organiser et régler le fonctionnement du

---

[451]V. Jean-de-Dieu Mbouendeu, « A propos des décrets n° 93/574/ PM et 93/576/PM du 15 juillet 1993 fixant respectivement la forme des syndicats professionnels admis à la procédure d'enregistrement et la forme du certificat d'enregistrement », *Juridis-Info* n° 16 (1993), p. 72.

[452] V. E. Lekene Donfack, « Réflexions sur le nouveau statut général de la Fonction publique (A propos du décret n° 94/199 du 07 octobre 1994) », *Juridis-Info* n° 20 (1994), p.23.

Conseil Constitutionnel. Il faudrait présenter le Conseil dans sa composition et son organisation avant de présenter sa compétence en rapport avec le contrôle de la constitutionnalité des textes.

§ 1 : La composition et le fonctionnement du Conseil Constitutionnel

427. Le Conseil constitutionnel comprend onze (11) membres désignés pour un mandat de neuf (9) ans non renouvelable. Ces membres sont choisis parmi les personnalités de réputation professionnelle établie, et doivent jouir d'une intégrité morale et d'une compétence reconnue. Ils sont nommés par le Président de la République et désignés de la manière suivante :

- trois, dont le Président du Conseil, par le Président de la République ;

- trois par le Président de l'Assemblée nationale après avis du Bureau ;

- trois par le Président du Sénat après avis du Bureau ;

- deux par le Conseil supérieur de la Magistrature.

En plus des onze (11) membres prévus ci-dessus, les anciens Présidents de la République sont, de droit, membres à vie du Conseil constitutionnel.

En cas d'empêchement provisoire ou d'indisponibilité temporaire du Président, il est suppléé par le membre le plus âgé. Celui-ci porte le titre de Conseiller Doyen.

Pour délibérer valablement, le Conseil doit être composé d'au moins neuf (9) membres. La décision est prise à la majorité simple des Conseillers présents, l'abstention n'étant pas admise. En cas de partage, la voix du Président est prépondérante.

§ 2 : La compétence du Conseil Constitutionnel

428. Le Conseil constitutionnel statue souverainement sur :

- la constitutionnalité des lois, traités et accords internationaux ;

- les règlements intérieurs de l'Assemblée nationale et du Sénat, avant leur mise en application, quant à leur conformité à la Constitution ;

- les conflits d'attribution : entre les institutions de l'État, entre l'État et les régions, entre les régions[453].

---

[453] En plus de ces compétences, le Conseil constitutionnel exerce d'autres qui n'entrent pas dans l'objet de ce chapitre. Plus précisément, il veille à la régularité de l'élection

La compétence du Conseil constitutionnel ne peut être appréciée dans son exercice effectif que si l'on intègre dans la réflexion le mode de saisine de cette juridiction. A cet égard, les alinéas 2 et 3 de l'article 47 de la Constitution sont importants : le premier prévoit que le Conseil constitutionnel est saisi :

- par le Président de la République ;

- par le Président de l'Assemblée nationale ;

- par le Président du Sénat ;

- par un tiers des députés ou un tiers des sénateurs ;

- par les Présidents des exécutifs régionaux lorsque les intérêts de leur région sont en cause.

Le second texte indique qu'avant leur promulgation, les lois peuvent être déférées au Conseil constitutionnel par le Président de la République, le Président de l'Assemblée nationale, le Président du Sénat, un tiers des députés ou un tiers des sénateurs, les Présidents des exécutifs régionaux lorsque les intérêts de leur région sont en cause. Cette même procédure peut être déclenchée par les mêmes personnes avant la ratification d'un traité.

Il est indiscutable que le droit de saisine du Conseil constitutionnel est réservé aux personnalités et corps cités par le texte ; aucune autre personne ne peut en effet le saisir d'une question de conformité d'un texte à la Constitution, ou d'attribution de compétence. C'est sans doute parce que le droit de saisine est limité que le Conseil n'est pas sollicité. Y a-t-il une autre solution, à la disposition des justiciables, pour faire contrôler la constitutionnalité des textes ?

SECTION II : LA QUESTION DU CONTRÔLE DE LA CONSTITUTIONNALITÉ PAR VOIE D'EXCEPTION

429. C'est devant le juge ordinaire, c'est-à-dire le juge autre que le Conseil constitutionnel, que se pose la question du contrôle de la constitutionnalité des textes par voie d'exception. Le mécanisme est simple : le juge s'apprête à appliquer une norme à un cas qui lui est soumis, une partie relève que cette norme est inconstitutionnelle et lui demande de ne pas l'appliquer.

---

présidentielle, des élections parlementaires, des consultations référendaires. Il en proclame les résultats (Article 48 de la Constitution).

La démarche n'est pas aussi lourde de conséquences que le contrôle de la constitutionnalité par voie d'action. En effet, dans le premier cas, si elle est inconstitutionnelle, la norme critiquée est simplement privée d'application dans l'espèce soumise au juge et pourra être appliquée plus tard aux personnes non averties ; dans le second cas, la norme attaquée doit sortir de l'ordre juridique si elle est inconstitutionnelle.

La jurisprudence a constamment dit que le juge ordinaire ne pouvait connaître de la question de la constitutionnalité. Or, on a démontré que cette lecture du droit ne s'impose pas.

§ 1 : L'exclusion jurisprudentielle de la compétence du juge ordinaire

L'exclusion de la compétence du juge ordinaire du terrain du contrôle de la constitutionnalité s'est montrée aussi bien dans la jurisprudence administrative que dans la jurisprudence judiciaire.

A. Le juge administratif et le contrôle de la constitutionnalité

430. La position du juge administratif sur la question du contrôle de la constitutionnalité par voie d'exception peut se lire dans deux importantes décisions. En premier lieu, il faut citer l'arrêt *Société des Grands Travaux de l'Est (SGTE) contre Etat du Cameroun.* Cette société contestait une imposition qu'avait permise une disposition législative rétroactive. Elle demandait que l'imposition fût déclarée illégale parce que contraire à la Constitution. La Cour Fédérale de justice lui répondit : « Au regard de la constitutionnalité ou de l'inconstitutionnalité de la modification litigieuse, aucun contrôle de la constitutionnalité par voie d'exception comme en l'espèce n'est prévu par le droit camerounais »[454]. On ne pouvait être plus clair.

En second lieu, il faut évoquer l'arrêt *Moungole Diboussi Léon contre État du Cameroun*, qui va plus loin encore dans la mystification. Le problème est encore celui de la non-rétroactivité des lois ; et la Chambre administrative de la Cour suprême affirme : « Considérant au demeurant que Moungole Diboussi…sous le couvert de la violation de la règle de la non-rétroactivité des lois édictée par le préambule de la Constitution de la République unie du Cameroun, pose plutôt le problème de la constitutionnalité du décret n° 76/165 du 27 avril 1976 fixant les conditions d'obtention du titre foncier ; que si la Cour suprême de par la

---

[454] CFJ, arrêt n° 4 du 28 octobre 1970.

Constitution est juge de la Constitution des lois d'après l'article 10 de ladite loi, elle ne peut être saisie que par le Président de la République ; qu'elle ne peut se saisir d'office ni à l'initiative de tout le monde »[455].

On peut bien voir que pour le juge, il était question plutôt de la constitutionnalité du décret, non de la loi. Malgré tout, il a refusé son office, au motif qu'il appartient au seul Président de la République d'agir.

Avec une telle frilosité, on devine bien que le juge administratif ne peut accepter de contrôler par voie d'exception la constitutionnalité des traités.

B. Le juge judiciaire et le contrôle de la constitutionnalité

431. Comme le juge administratif, le juge judiciaire a trouvé dans l'invocation du principe constitutionnel de la non-rétroactivité des lois l'occasion de prendre position sur la question du contrôle de la constitutionnalité des lois par voie d'exception. L'affaire qui lui en a donné l'occasion est dite *des Coffres forts*, soumise à la Cour d'appel de Garoua : des individus avaient dévalisé des coffres forts, mais bien avant la prise de l'ordonnance n° 72/16 du 28 septembre 1972 qu'on entendait leur appliquer. Cette ordonnance était plus sévère que le texte en vigueur au moment de la commission des faits. Les accusés soutenaient qu'ils ne pouvaient être jugés que sur la base du texte en vigueur au moment de la commission des faits ; seulement, le nouveau texte était expressément rétroactif. Ils ont alors soutenu devant le juge que le nouveau texte ne pouvait être appliqué, parce que violant le principe constitutionnel de la non-rétroactivité des lois. La Cour d'appel leur a répondu qu'« en tout état de cause, la juridiction répressive n'est pas au Cameroun juge de l'inconstitutionnalité des lois »[456]. Cette réponse n'a jamais emporté l'adhésion de tous.

§ 2 : Pour la reconnaissance de la compétence du juge ordinaire

432. Une bonne partie de la doctrine camerounaise a démontré que parce qu'il n'était pas formellement interdit, le contrôle de la constitutionnalité des lois par voie d'exception était une solution possible[457]. On a aussi démontré qu'en même temps qu'il affiche sa

---

[455] CS, n° 14/CS/CA du 30 novembre 1978.

[456] CA de Garoua, 5 mai 1973, *RCD* n° 6, p. 135, Obs. Méloné.

[457] A. Minkoa She, thèse op. cit, p.240 et s. ; S. Meloné, Obs. sous CA de Garoua arrêt du 5 mai 1973, op. cit., p. 135 ; M. Kamto et P. G. Pougoué, « Commentaire de la loi n° 89/018 du 28 juillet 1989 portant modification de la loi n° 75/16 du 8 décembre 1975

fermeté dans l'option de ne pas contrôler la constitutionnalité des lois, le juge administratif n'hésite pas à écarter une loi en invoquant la violation d'un principe général du droit[458]. Quant au juge judiciaire, il n'hésite pas à admettre l'exception d'inconstitutionnalité s'agissant des coutumes. À vrai dire, on ne compte plus les décisions qui écartent telle ou telle coutume parce qu'elle est contraire à la Constitution[459].

Cette dernière attitude démontre que la jurisprudence manque de cohérence. À moins de vouloir faire admettre que la loi, au sens strict, est à un rang supérieur à celui de la coutume, les juges ne peuvent constamment recevoir l'exception d'inconstitutionnalité des coutumes et refuser cette tâche lorsqu'il s'agit des lois. Or, quelles que soient ses tribulations, le principe selon lequel l'option de juridiction emporte option de législation, posé par la jurisprudence elle-même, postule qu'il y a une égalité formelle entre la coutume et la loi[460]. Le juge qui contrôle la constitutionnalité de la coutume peut donc, sans éprouver le moindre sentiment d'outrecuidance, contrôler la constitutionnalité de la loi. Que le contrôle de la constitutionnalité de la loi par voie d'action ait été attribué au Conseil constitutionnel s'explique simplement par le fait que matériellement la loi est la source la plus formalisée, la plus identifiable. La coutume aurait sans doute pu être soumise au même contrôle si elle n'était pas une source informelle, de formation lente et même invisible. Tirer prétexte de cette différence de présentation et de constitution pour répartir la coutume et la loi respectivement dans le contrôle par voie d'exception et le contrôle par voie d'action, semble une analyse discutable. Il semble au contraire qu'il faille se féliciter de ce que le

---

fixant la procédure et le fonctionnement de la Cour suprême », *Juridis-Info* n° 1 (1990), p. 5 ; L. Donfack Sokeng, « Cameroun : le contrôle de la constitutionnalité des lois, hier et aujourd'hui. Réflexions sur certains aspects de la réception du constitutionnalisme moderne en droit camerounais », *in La réforme constitutionnelle du 18 janvier* 1996 op. cit., p. 363.

[458] A. Minkoa She, *Droits de l'homme et droit pénal au Cameroun* op. cit, p. 79 (Illustration avec CS-CA n° 7 du 29 novembre 1979 ; n° 34 du 24 avril 1980 ; n° 40 du 29 mai 1980 ; n° 20 du 30 septembre 1993, inédits).

[459] Pour ne citer que quelques exemples, CS-Cor, n° 65 du 19 mai 1964, Bull. CS, p. 804 ; CS, n° 45/L du 22 février 1973, RCD n° 9, p. 82 ; CS-Cor, n° 42 du 9 mai 1978, Bull. Cor. p. 5603 ; CS, n° 14/L du 14 février 1993, *Juridis-Périodique* n° 21 (1995), p. 29, note Ewang.

[460] Le fait, pour la coutume, de s'effacer devant toutes les lois prises par le législateur national ne s'explique pas par une raison de hiérarchie formelle, mais par le souci d'unification législative. Une telle solution s'appliquerait même dans les rapports entre la coutume et le plus modeste des Arrêtés.

processus d'élaboration de la loi ainsi que sa présentation formelle offrent une possibilité supplémentaire à la garantie du respect de la Constitution. C'est une possibilité qui ne se substitue pas à une autre, car si c'est le cas, on prive le respect de la Constitution de toute garantie réelle. Même si les juges avaient dans leur subconscient l'idée que la loi a un prestige plus grand que celui de la coutume, ce qui la mettrait hors de leur portée, ils doivent se rendre compte que ce raisonnement n'a d'autre conséquence que de fragiliser la Constitution, la norme fondamentale, en l'abandonnant aux attaques de la loi.

La Constitution, elle-même, ouvre un important champ au juge, lorsqu'elle dispose que « La législation résultant des lois et règlements applicables dans l'État fédéral du Cameroun et dans les États fédérés à la date de prise d'effet de la présente Constitution reste en vigueur dans ses dispositions qui ne sont pas contraires aux stipulations de celle-ci, tant qu'elle n'aura pas été modifiée par voie législative ou réglementaire »[461]. Ces dispositions sont extrêmement importantes sur le terrain du contentieux, notamment lorsqu'il s'agit, pour le juge, de trouver les règles pertinentes à appliquer aux espèces qui lui sont soumises. Concrètement, le juge a à identifier les dispositions de la législation applicable dans l'État fédéral du Cameroun et dans les États fédérés qui ne sont plus en vigueur, parce que contraires à la Constitution[462]. Pour ce faire, il doit forcément procéder à une confrontation entre les textes de toutes natures -ce sera parfois la loi- et la Constitution[463].

Il ne fait pas de doute que le juge peut procéder à cette analyse de sa propre initiative. Lui refuser de le faire à la demande d'un plaideur invoquant l'abrogation implicite du texte ne semble pas justifié. Si on accueille la demande du plaideur, la démarche ressemblerait, à s'y méprendre, à un contrôle de la constitutionnalité par voie d'exception[464].

433. Quelques remarques semblent nécessaires à la fin de cette partie sur l'organisation judiciaire. La mutation introduite par la réforme constitutionnelle du 18 janvier 1996 appelait forcément des changements

461 V. Article 68 de la Constitution.

462 Le juge aboutit au même résultat en identifiant les dispositions qui sont restées en vigueur, parce que non contraires à la Constitution.

463 Idée à suivre dans la thèse de M. Zambo Zambo sur le Droit applicable au Cameroun (en cours).

464 Certes, si le plaideur triomphe, le texte jugé contraire à la Constitution demeurera à jamais hors de l'ordre juridique, car il en est sorti depuis la date de prise d'effet de celle-ci.

dans l'ordonnancement juridique. C'est au moins pour répondre à cette exigence que le législateur a adopté la dernière vague de textes touchant l'organisation judiciaire. Il en a profité pour faire certains ajustements qui n'étaient pas liés à la nouvelle donne constitutionnelle ; ainsi en est-il de l'éclatement du contentieux de l'exécution des décisions de justice.

Mais sous l'angle de la technique législative, on pourrait formuler au moins deux réserves et un regret. La première réserve tient à l'option de multiplier les textes. Sur bien des points, ceux-ci se répètent sans forcément se recouper. Il y a parfois, et malheureusement, des décalages dans la formulation de la même solution dans deux textes. Il semble qu'il y a là le signe de l'urgence à évoluer vers un Code de l'organisation judiciaire.

434. La seconde réserve est relative à la méthode d'énonciation des compétences des juridictions. En la matière, le législateur procède partout, et presque exclusivement, à une énumération des compétences des juridictions. Cette technique ne peut être satisfaisante que si l'on n'oublie rien. Or, on ne peut pas dire que le législateur a une mémoire à toute épreuve. Trois éléments peuvent suffire pour montrer que le législateur a surestimé sa mémoire.

Tout d'abord, on peut se rendre compte que les dispositions de la loi n° 75/16 du 8 décembre 1975 fixant la procédure et le fonctionnement de la Cour suprême, qui traitaient de la prise à partie contre les magistrats de cette Cour, n'ont pas été reprises par le nouveau texte, qui garde le silence sur la question. Il ne semble pas judicieux de penser que le législateur a ainsi octroyé une immunité aux magistrats de la Cour suprême. En effet, la loi du 8 décembre 1975, aujourd'hui abrogée, se contentait de fixer la procédure de la prise à partie, le principe de la responsabilité étant posé par un autre texte, l'article 1382 du Code civil. Le Code de procédure civile et commerciale fixe les modalités de la prise à partie en ce qui concerne les magistrats autres que ceux de la Cour suprême ; la loi de 1975 était intervenue pour compléter les dispositions du Code de procédure civile. Que cette loi disparaisse, laissant le vide sur la question, ne semble pas suffisant pour affirmer que les magistrats de la Cour suprême bénéficient désormais d'une immunité. Mais si c'est la solution voulue par le législateur, elle mérite d'être explicitement affirmée.

435. Ensuite, on s'était bien rendu compte que dans la loi portant organisation judiciaire, le législateur avait oublié d'attribuer le contentieux de l'exécution des arrêts de la Cour suprême. Il a corrigé l'omission dans le cadre de la loi du 19 avril 2007 instituant le juge du contentieux de l'exécution. Mais la formule utilisée a généré d'autres oublis. L'article 3 de cette loi instituant le juge du contentieux de l'exécution dispose, dans son alinéa premier, que « Le juge du contentieux de l'exécution des décisions judiciaires nationales est le Président de la juridiction dont émane la décision contestée ». Si le législateur s'en était tenu à ces dispositions, on pouvait soutenir que les décisions de toutes les juridictions camerounaises sont envisagées. Or, lorsqu'il traite des voies de recours contre les décisions du juge du contentieux de l'exécution, il laisse voir qu'il n'avait nullement pensé aux décisions des juridictions de droit traditionnel, du tribunal administratif et du tribunal régional des comptes[465]. La formule de l'article 3 de la loi du 19 avril 2007 précitée permettra, bien entendu, de régler le contentieux de l'exécution des décisions de ces juridictions, à l'exception sans doute des décisions des juridictions de droit traditionnel du Cameroun oriental pour lesquelles l'article 23 du décret n° 69/DF-544 du 19 décembre 1969 fixant l'organisation et la procédure devant les juridictions traditionnelles du Cameroun oriental désigne le Président du tribunal de première instance[466]. La question des voies de recours contre

[465] Une analyse superficielle permettrait de dire que ces décisions ne peuvent pas poser des difficultés d'exécution. La décision du juge administratif condamnant l'Administration ne peut certes être ramenée à exécution forcée, ce qui éloignerait la perspective de l'intervention du juge de l'exécution si on limite le champ d'intervention de celui-ci aux difficultés d'exécution. Mais c'est justement pour cette raison d'impossibilité de l'exécution forcée que cette décision peut nécessiter l'intervention du juge de l'exécution, dans l'optique d'avoir une expression monétaire de la décision afin de profiter de la possibilité d'une compensation telle que prévue par l'article 30 de l'Acte uniforme portant organisation des procédures simplifiées de recouvrement et des voies d'exécution. Il a en effet été jugé que constitue une difficulté d'exécution la demande visant à permettre au créancier de procéder lui-même à l'exécution des travaux ordonnés par une décision antérieure aux frais du débiteur récalcitrant (Civ. 1ère, 18 janvier 1956, *Bull. civ.* I, n° 34). Le bénéficiaire d'une décision du juge administratif qui appelle une remise en état pourrait bien chercher à en obtenir une expression monétaire en l'exécutant lui-même aux frais de l'Administration. De plus, une difficulté d'exécution peut subvenir lors de la tentative d'exécution d'une décision du juge administratif à l'initiative de l'Administration qui en serait bénéficiaire. Cette analyse peut être étendue aux décisions du juge des comptes.

[466] Cet article prévoit que si l'huissier agissant en vertu de l'expédition revêtue de la formule exécutoire rencontre des difficultés dans sa mission, il en dresse procès-verbal et saisit le Président du Tribunal de première instance qui statue par ordonnance de

les décisions rendues par ces juridictions ne pourra malheureusement se résoudre par le recours à cet article 3 de la loi du 19 avril 2007. Elle reste donc posée.

436. Reste aussi posée la question du juge compétent pour l'exécution des arrêts de la CCJA et de la Cour de justice de la CEMAC. L'article 20 du traité OHADA dispose que les arrêts de la CCJA ont force exécutoire et reçoivent, sur le territoire de chacun des États parties, une exécution forcée dans les mêmes conditions que les décisions des juridictions nationales. Il faut comprendre que ces arrêts n'ont pas besoin d'*exequatur* dans les États parties au traité OHADA ; ils y sont assimilés aux décisions nationales. Or, on ne peut raisonnablement penser qu'il faudrait appliquer à ces arrêts l'article 3 de la loi instituant le juge du contentieux de l'exécution, qui prévoit que le juge compétent est le président de la juridiction dont émane la décision contestée. Il n'appartient pas en effet au législateur national de fixer la compétence de la CCJA ou de son président. Autrement dit, le juge du contentieux d'exécution des arrêts de la CCJA n'est pas le président de la CCJA comme on l'aurait dit à partir de la loi camerounaise. L'arrêt de la CCJA est-il une décision étrangère au sens de la loi du 19 avril 2007 ? On répondra par l'affirmative, juste pour sortir de l'embarras.

Ce qui est dit de la CCJA vaut pour la Cour de justice de la CEMAC.

437. Le législateur aurait dû penser également à la question de la compétence pour l'*exequatur* des procès-verbaux de conciliation dressés par l'Inspecteur du travail dans le cadre du règlement amiable des différends de travail. L'article 139 du Code du travail dispose que le procès-verbal devient « applicable » dès qu'il a été vérifié par le président du tribunal compétent et revêtu de la formule exécutoire. En dépit de l'utilisation du terme « applicable » qui est ici inapproprié, on comprend que le procès-verbal a besoin d'un *exequatur* pour devenir exécutoire. Si un juge de droit commun de l'*exequatur* était identifiable, on aurait pu dire qu'il faudrait le saisir. Dans les conditions actuelles, il faudrait craindre qu'un Président de juridiction ne soit saisi en fonction du montant en cause dans le procès-verbal. Ce serait bien une confusion entre la demande d'*exequatur* et une demande de condamnation au fond.

---

référé. Il faudrait sans doute admettre que cette voie n'est pas ouverte au seul l'huissier, mais plus largement à tous ceux qui sont confrontés aux difficultés d'exécution.

438. Enfin, le législateur a oublié d'attribuer compétence à une chambre ou formation de la Cour suprême pour, aux termes de la loi n° 75/18 du 8 décembre 1975, « reconnaître, par arrêt, les sentences rendues par les organes arbitraux de la convention de Washington en date du 18 mars 1965 pour le règlement des différends entre États et ressortissants d'autres États ». Cette loi désigne en effet la Cour suprême pour cette « reconnaissance ». En d'autres occasions[467], on a démontré que les sentences de ce mécanisme d'arbitrage n'avaient pas besoin d'un *exequatur*[468]. C'est pourquoi il faudrait éviter de penser que la loi de 1975 est implicitement abrogée, compétence étant désormais reconnue au juge de l'*exequatur* des sentences arbitrales.

Dans ces conditions, il faudrait attribuer la compétence pour la « reconnaissance » des sentences du CIRDI à une Chambre ou formation de la Cour. L'ennui c'est que la technique d'énumération utilisée à chaque fois rend difficile le choix de la Chambre ou de la formation à saisir. À moins de considérer que l'ordre judiciaire est l'ordre de droit commun et attribuer la question à la Chambre judiciaire, ou de saisir carrément la formation des Chambres réunies qui connaît « de toute autre affaire prévue par un texte particulier »[469].

À vrai dire, ces solutions ne sont que des tentatives un peu hasardeuses dont on aurait fait l'économie si le législateur avait mis dans la compétence d'une chambre ou d'une formation toute procédure non expressément attribuée.

439. Le regret à exprimer va au-delà des textes sur l'organisation judiciaire et concerne presque tous nos textes. Il s'agit, de la part du législateur, du recours trop modéré aux définitions. Certes, on ne peut espérer ni souhaiter que celui-ci définisse tous les termes qu'il utilise. Une définition est cependant toujours utile lorsqu'il y a un risque de méprise. La loi instituant le juge du contentieux de l'exécution illustre à souhait ce besoin de définition. En effet, bien malin qui pourra dire avec certitude ce que recouvre la notion d'exécution contenue dans ladite loi ; s'il y a une différence entre « juge de l'exécution » et « juge du contentieux de l'exécution ». Les intérêts de la question sont

---

[467] J. M. Tchakoua, *Le contrôle de la régularité des jugements étrangers et sentences arbitrale en droit camerounais*, thèse op cit, p.19 et s.

[468] Les sentences du CIRDI ne peuvent être soumises qu'à un contrôle d'authenticité.

[469] Article 41 alinéa 1 *in fine* de la loi portant organisation et fonctionnement de la Cour suprême.

naturellement importants. Il suffira ici de relever que sans fantaisie, beaucoup s'interrogent sur ce qu'est devenu le contentieux des défenses à exécution. Parce que définir c'est délimiter, il est sûr qu'une bonne définition des notions aurait fourni réponse à cette question et à bien d'autres.

440. Un souhait pour refermer cet ouvrage : que nous passions d'un droit virtuel à un droit effectif. Les innovations apportées par la réforme de l'organisation judiciaire ne seront que chimère si les structures qui sont prévues ne sont pas mises en place. Or, l'expérience montre clairement qu'en matière institutionnelle le passage du virtuel à l'effectif est trop lent chez nous. Les tribunaux administratifs ont été mis en place ; il faudrait qu'il en soit de même des tribunaux régionaux des comptes, et que l'ordre des juridictions judiciaires soit densifié par la création des nombreux tribunaux dans les arrondissements et départements.

INDICATIONS BIBLIOGRAPHIQUES SUR LE DROIT CAMEROUNAIS

Droit administratif

Aba'a Oyono (Jean-Calvin) :

-« La mélopée de la précaution dans la sécrétion du droit public interne du Cameroun », *Juridis-Périodique* n° 66 (2006), p. 67

-« Chronique du grain de sable dans la fluidité jurisprudentielle à la chambre administrative du Cameroun », *Juridis-Périodique* n° 78 (2009), p. 62

Aliyou (Sali), « Un cas d'extension d'immunité juridictionnelle : les actes administratifs relatifs au règlement des litiges portant sur les limites des circonscriptions administratives et des unités de commandement traditionnel », *Rev. droit adm.* n° 2 (2013), p.99

Atemengue (Jean de Noël) :

-"Le pouvoir de police administrative du Président de la République », *Annales de la FSJP de l'Université de Dschang,* 1999, p.125 ;

-« Les actes de gouvernement sont-ils une catégorie juridique ? Discussion autour de leur origine française et de leur réception camerounaise », *Juridis-Périodique* n° 42 (2000), p. 102.

Begni Bagagna, « Le principe de la libre administration des collectivités territoriales décentralisées au Cameroun : contribution à l'étude de leurs rapports avec l'État », *Juridis-Périodique* n° 98 (2014), p. 80

Biakan (Jacques), « La délégation de services publics en droit camerounais », *RASJ*, vol.7 n° 1(2010), p. 219

Bilong (Salomon) :

- "L'insaisissable responsabilité sans faute de la puissance publique en droit camerounais", *Annales de la FSJP de l'Université de Dschang,* tome 1, 1997, p.87

-*Mémento de la jurisprudence administrative camerounaise*, Presses universitaires de Dschang, 2014

Binyoum (Joseph), Bilan de 20 ans de jurisprudence administrative de la Cour suprême du Cameroun, 1ère partie 1957-1965, *RCD* n° 15 et 16 (1978), p. 23

Bipele Kemfouedio, « Le contentieux de la voie de fait administrative et de l'emprise irrégulière au Cameroun : contribution à la répartition des compétences entre le juge judiciaire et le juge administratif », *Juridis-Périodique* n°93 (2013), p. 64

Bipoun Woum (Joseph-Marie) :

-« Recherches sur les aspects actuels de la réception du droit administratif dans les États d'Afrique noire d'expression française », *RJP* n° 3, 1972, p.297 ;

-La représentation de l'État en justice au Cameroun » *RCD* n° 28, 1984, p. 17.

Djame (Francois-Narcisse) :

-« L'usage, fondement de la sentence rendue par le juge administratif camerounais », *Juridis-Périodique* n° 61 (2005), p. 41.

-« La *suspension de fonctions. Nouveau regard sur une figure complexe du droit administratif camerounais », Juridis-Périodique* n° 80 (2009), p. 91

Djeya Kamdom (Yves Gabriel), « L'influence du droit communautaire sur le système de contrôle des finances publiques au Cameroun : À propos de la Directive CEMAC du 19 décembre 2011 », Juridis-Périodique n° 104 (2015), p. 115

Ebang Mve (Urbain Noël), *Le titre foncier au Cameroun. Recherche sur la spécificité d'un acte administratif unilatéral*, L'Harmattan Cameroun, 2011

Effa (Joseph Pierre), « Le principe du contradictoire dans la procédure administrative contentieuse au Cameroun », *Rev. dr. adm* n° 3 (2013), p. 237

Guimdo (Bernard Raymond) :

-« Libres propos sur « A propos de la légalité du décret n° 93/322… », *Lex Lata* n° 6, 1994, p. 18 ;

-« L'emprise de l'État sur l'exécutif communal au Cameroun (Regard sur la dynamique des rapports entre l'Administration d'État et l'Administration communale au Cameroun », *Lex Lata* n° 21, 1995, p. 8 ;

-« Le déroulement de la carrière des agents communaux au Cameroun (premières réflexions) » *Juridis-Périodique*, n° 25 (1996), p. 90 ;

-Le juge administratif et l'urgence : recherche sur la place de l'urgence dans le contentieux administratif camerounais, thèse de doctorat d'Etat, Université de Yaoundé II, 2004 ;

-«Le droit d'accès à la justice administrative au Cameroun : contribution à l'étude d'un droit fondamental », *RASJ* vol. 4, n°1 p. 169

-« La corruption dans le droit de la fonction publique : le cas du Cameroun », *Juridis-Périodique* n° 75 (2008), p. 59

-Recherches sur la place de l'urgence dans le contentieux administratif camerounais, Thèse de Doctorat d'État en Droit Public, Université de Yaoundé II, Faculté des Sciences Juridiques et Politiques, 2004, 610p.

Gnimpieba Tonnang (Édouard) et Mballa Emotho (B-C), « La qualification des contrats administratifs au Cameroun : leçons d'une apparente évolution jurisprudentielle », *Rev. droit adm*. n° 2 (2013), p. 59

Issa Abiabag, « De la compensation en droit fiscal camerounais », *Juridis-Périodique* n°76 (2008), p. 91

Kamdem (Jean-Claude), « L'intérêt et la qualité dans la procédure administrative contentieuse », RCD n° 28, 1984, p. 59.

Kamto (Maurice) :

-« Regard sur le nouveau Statut Général de la Fonction Publique », *Lex Lata* n° 002, 1994, p.8 ;

-« La chose publique », *RASJ*, 2001, vol2, n° 1, p. 9.

Kamto (Maurice) et Guimdo (Bernard Raymond),

-« Le silence de l'administration en droit administratif camerounais », *Lex Lata* n° 5, 1994, p.10 ;

-« Quels systèmes électoraux pour quelles élections ? », *Lex Lata* n° 19 (1995), p. 10 ;

-« Le contentieux électoral au Cameroun », *Lex Lata* n° 20, 1995, p. 3.

Kankeu (Joseph), « L'autonomie des collectivités territoriales décentralisées : quelle autonomie ? », *Juridis-Périodique* n°85 (2011), p. 90

Keudjeu de Keudjeu (John Richard), « Réflexions sur une ambiguïté institutionnelle locale camerounaise : la communauté urbaine », *Juridis-Périodique* n° 98 (2014), p. 64

Keutcha Tchapnga(Célestin) :

-« Quelques précisions sur la concurrence de compétences dans le contentieux des élections législatives au Cameroun, depuis la révision constitutionnelle du 18 janvier 1996 », *Annales de la FSJP de l'Université de Dschang*, tome 1, vol. 2, 1997, p.39 ;

-« L'autorisation tacite, cinq ans après sa consécration en droit positif camerounais », *Juridis-Périodique* n° 29 (1996), p. 73 ;

-« L'obligation de motiver certaines décisions administratives au Cameroun », *Juridis-Périodique* n° 31 (1997), p.60 ;

-« Les mutations récentes du droit administratif camerounais », *Juridis-Périodique* n° 41 (2000), p. 75 ;

-« Le régime juridique du sursis à exécution dans la jurisprudence administrative camerounaise », *Juridis-Périodique* n° 38 (1999), p. 83 ;

-« La réforme attendue du contentieux administratif au Cameroun », *Juridis-Périodique* n° 70 (2007), p. 24.

-« La sanction jurisprudentielle du non-respect par l'administration d'une ordonnance accordant le sursis à exécution en matière foncière », *Rev. droit adm.*, n° 2 (2013), p. 47

-*Précis du contentieux administratif camerounais. Aspects de l'évolution récente,* Harmattan Cameroun, Yaoundé, 2014

Lekene Donfack (Etienne) :

-« Réflexions sur le nouveau statut général de la fonction publique (A propos du décret n° 94/199 du 07 octobre 1994), *Juridis-Info* n° 20 (1994), p. 22.

Limbouye Yem (Christian) :

« Débat sur la légalité du décret n° 93/322 du 25 novembre 1993 sur les communes soumises au régime spécial », *Lex Lata* n° 6, 1994, p. 17 ;

-« Le problème de la détermination de l'autorité habilitée à recevoir le recours gracieux préalable lorsque collectivités et établissements publics sont en cause », *Lex Lata* n° 14 (1995), p. 3.

Manga Zambo (Eleuthère J) « Les transformations de la gestion hospitalière dans leurs modernes expressions juridiques et administratives au Cameroun », *RASJ* 2000, vol.1, n° 2, p. 163.

Mbarga Nyatte (Daniel) :

-« La fonction publique camerounaise face à la crise économique : l'aggravation des difficultés de l'administration dans un pays en voie de développement », *Juridis-Périodique* n° 37 (1999) p. 53 ;

-« Le déclin de la chefferie traditionnelle dans le Sud Cameroun », *Juridis-Périodique* n° 49 (2002) p. 85 ;

-« Sociologie du contentieux relatif aux élections municipales du 21 janvier 1996 au Cameroun », *Juridis-Périodique* n° 45 (2001), p. 78.

Mbouendeu (Jean-de-Dieu) :

-« Commentaire de la loi n° 92/002 du 14 août 1992 fixant les conditions d'élection des conseillers municipaux », *Juridis-Périodique,* n° 12 (1991), p. 49 ;

-« Commentaire de la loi n° 92/003 du 14 août 1992 modifiant certaines dispositions de la loi n° 74/23 du 5 décembre 1974 portant organisation communale », *Juridis-Info* n° 12 (1992), p. 101 ;

-« Propos sur le nouveau statut de la Fonction publique », *Juridis-Info*, n° 21 (1995), p. 50 ;

-« A propos des décrets n° 93/574/ PM et 93/576/PM du 15 juillet 1993 fixant respectivement la forme des syndicats professionnels admis à la procédure d'enregistrement et la forme du certificat d'enregistrement », *Juridis-Info*, n° 16 (1993), p. 72.

Mbouyom (François-Xavier) : *Recueil des grands arrêts de la jurisprudence administrative*, Sopécam, Yaoundé, 1971.

Meshériakoff (A-S) :

-« Le régime juridique du recours gracieux préalable dans la jurisprudence administrative camerounaise », *RCD* n° 15 et 16 (1978), p. 42 ;

-« Le déclin de la fonction administrative contentieuse au Cameroun », *RJP* n° 3, 1980, p. 833.

Metenbou (Mathias), « Le sursis de paiement et le sursis à exécution dans le contentieux de l'imposition au Cameroun », *Annales de la FSJP de l'Université de Dschang*, tome 1, vol. 2, 1997, p. 51.

Momo (Claude) :

-« La réforme de l'entreprise publique au Cameroun », *Juridis-Périodique* n°74 (2008), p. 21

-« L'évolution du droit de la fonction publique au Cameroun », *Juridis-Périodique* n° 86 (2011), p. 83

Momo (Bernard) : « Le problème des délais dans le contentieux administratif camerounais », *Annales de la FSJP de l'Université de Dschang*, tome 1, 1997, p. 136.

Moukete Ekoume (Philippe), « La notion de quasi-contrat, du droit civil au droit administratif », *Rev. droit adm.*, n° 2 (2013), p. 111

Moye Bongyu (Godwing), « Administrative reforms in Cameroon : from anarchical recruitment to redeployment", *Annales de la FSJP de l'Université de Dschang*, tome 5, 2001, p. 147.

Mpessa (Aloys) :

-« Le titre foncier devant le juge administratif camerounais », *Juridis-Périodique* n° 59 (2004), p. 77

-« Le conseil de discipline budgétaire et financière à l'épreuve de la protection de la fortune publique », *Juridis-Périodique* n° 92 (2012), p.77

-« Les litiges intéressant le domaine public : titre de compétence des tribunaux administratifs au Cameroun », *Rev. dr. adm* n° 3 (2013), p.151

Mungu (Elvis), « Regulations governing the mining of gold and other precious metals and stones in Cameroon », *Juridis-Périodique* n° 47 (2002), p. 78.

Ngang (Joseph Magloire), « Les aspects juridiques du contrôle interne de l'administration au Cameroun », *Rev. droit adm.*, n° 2 (2013), p. 137

Ndue Ntungwe (Paul), « Enhancing the African public administration through the new information and communication technologies », *Repertaoire Juridis périodique* no 78 (2009) p 103

Ngole (Philip) Ngwese et Binyoum (Joseph), *Éléments de contentieux administratif camerounais*, L'Harmattan Cameroun, 2010

Ngwa Nforbin (E.H.), « Can keeping long fingernails disrupt public order ?" *Rev. droit adm.*, n° 2 (2013), p. 123

Njocke (Henri-Claude), "Juridictions administratives : une réforme inachevée" *Juridis-Périodique* n°74 (2008), p 49

Nkongho (Elias) :

-"The francophone "recours gracieux" and the common law "fiat justicia" of the former Federal Republic of Cameroon", *Juridis-Info* n° 22 (1995), p. 87 ;

-"The concept of grievious administrative decisions in Cameroonian "Droit administratif"", *Juridis-Périodique*, n° 40 (1999), p. 73.

Nlep (Roger-Gabriel), *L'administration publique camerounaise : contribution à l'étude des systèmes africains d'administration publique*, LGDJ, 1986.

Ntonga Mbomba (Serge Vincent), « La protection de la fortune publique camerounaise : une efficacité relative ? », *RASJ*, vol.7 n° 1 (2010), p. 237.

Owona (Joseph) :

-*Droit administratif spécial de la République du Cameroun*, Paris, EDICEF, 1985

-*Le contentieux administratif de la République du Cameroun*, Paris, L'Harmattan, 2011

Pekassa Ndam (Gérard) :

-« Les établissements publics indépendants : une innovation fondamentale du droit administratif camerounais », *RASJ* 2001, vol.2, n° 1, p. 153.

-«La classification des communes au Cameroun », *RASJ* 2009, vol. 6 n° 1, p. 229

Prouzet (Michel), « L'expropriation pour cause d'utilité publique au Cameroun oriental », *RCD* n° 1 (1972), p. 27.

Roje Tadjie, « Le stagiaire dans le droit camerounais de la fonction publique », *Juridis-Périodique* n° 40 (1999), p. 81.

Siétchoua Djuitchoko (Célestin) :

- « L'autonomie du recours en cassation en contentieux administratif au Cameroun (A propos de la réforme récente du contentieux administratif), *Juridis-Périodique* n° 82 et 83 (2010) p 77 et p. 65

-« L'appropriation des formalités substantielles par le juge des comptes au Cameroun », *Juridis-Périodique* n° 94 (2013), p. 56

Wafeu Toko, « Le droit administratif, les franchises et les libertés universitaires » *Rev. dr. adm* n° 3 (2013), p. 207

Droit bancaire

Gatsi (Jean), « Le recouvrement des créances bancaires en droit OHADA », *in l'Effectivité du Droit de l'OHADA,* Yaoundé, PUA, 2006, pp.129-162.

Kenmogne Simo (Alain) :

-*La prévention des difficultés des établissements bancaires dans les pays africains de la zone franc*, thèse, Université de Yaoundé II, 2005 ;

-« La spécificité de la prévention des difficultés en matière bancaire », *Revue des procédures collectives* n° 4, 2005, p. 334 ;

-« L'ouverture de la liquidation des banques en zone CEMAC », *Revue des procédures collectives* n° 3 (2007), p. 118 ;

-« Libres propos sur la prévention de la défaillance bancaire dans les pays africains de la zone franc », *Revue trimestrielle de droit financier* n° 2 (2007).

Kontchop (Hilarion), « La prise des garanties par les établissements de microfinance dans la zone CEMAC », *Juridis-Périodique*, n° 101 (2015), p. 109

Mbah (Emmanuel), « The bankers's documentary credit ; A reconciliation of Common law with the credit system », *Juridis-Périodique*, n° 41 (2000), p. 67.

Mouafo Tambo (B.), *La prévention et le traitement des difficultés des banques – Étude comparée de droit français et de droit des pays africains de la zone franc,* Aix-en-Provence, Presses universitaires d'Aix-Marseille, 2012, 334p.

Nah Fuashi (Thomas), « The banking profession in Cameroon at the crossroads : a search for a better control mechanism", *Annales de la FSJP de l'Université de Dschang*, tome 5, 2001, p. 105.

Nemedeu (Robert) :

-« L'obligation de vérification du banquier lors de l'ouverture d'un compte à un nouveau client à l'épreuve de la jurisprudence », *Revue de jurisprudence commerciale*, 2001, p.304

-« Et si au départ était la crise des 'surprimes' ! Une tentative d'analyse de la crise financière internationale de 2008, *Juridis-Périodique* n° 83 (2010) p.123

-« L'administrateur provisoire dans les établissements de microfinance (FMI) en 10 questions », *Juridis-Périodique* n° 91 (2013), p.113.

Nyama (Jean-Marie) :

-*Droit bancaire et de la microfinance, vol.1 : la profession,* Yaoundé, éd. CERFOD, 2006 ;

-*Droit bancaire et de la microfinance, vol. 2 : les instruments bancaires*, Yaoundé, éd. CERFOD, 2006.

Onana Etoundi (Felix), « La protection des intérêts des parties dans la saisie attribution des comptes bancaires en droit OHADA », *Actualités Juridiques,* n° 51, 2005, p. 117.

Souop (Sylvain) :

-"La saisie-arrêt des comptes bancaires", *Juridis-Info* n° 13 (1993), p. 62 ;

-« La clôture du compte courant », *Lex Lata* n° 11/12, 1995, p. 7 ;

-« Le relevé de compte : son approbation et le silence du client », *Juridis-Périodique* n° 29 (1996), p. 72 ;

-« Le secret bancaire : de la confidentialité à la délation (Commentaire de la loi n° 2003/004 du 21 avril 2003 relative au secret bancaire », *Juridis-Périodique* n° 56 (2003), p. 91 ;

-« La responsabilité du banquier dispensateur de crédit », *Lex Lata* n° 001, 1994, p. 8

-« Incidences de l’existence de la Caisse des dépôts et consignations sur l’activité bancaire : observations à la suite de la loi n°2008/003 du 14 avril 2008 régissant les dépôts et consignations et du décret n° 2011/105 du 15 avril 2011 portant organisation et fonctionnement de la Caisse des dépôts et consignations (CDC), *Juridis-Périodique* n° 95 (2013), p. 130

Sunkam Kamdem (Achille), « Réflexion sur le système de régulation institutionnelle de l’activité bancaire dans la CEMAC », *Juridis-Périodique* n° 103 (2015), p. 111 ;

Tchabo Sotang (Hervé Martial), « Le régime juridique du secret bancaire en droit positif camerounais », *Juridis-Périodique* n° 81 (2010), p. 47

Thientcheu Njiako (A), « De la pratique du secret bancaire », *Penant*, n° 853, 2001, p.430.

Wouemetah (Hervé), « Réflexion sur la politique de sélection des garanties immobilières bancaires et les obstacles qui diffèrent ou entachent leur réalisation », *Juridis-Périodique* n° 94 (2013), p. 123.

Zouatcham (H.-P.), *La saisie des avoirs bancaires OHADA*, Sarrebruck, Ed. Universitaires Européennes, 2010, 92p.

Droit commercial

Achu Acquaye (Florence), « A theory of corporate governance and its application to public corporate in Cameroon”, *Juridis-Périodique* n° 36 (1998) p. 78.

Akam Akam (A.),

-« Soliloque sur l’exemple d’incohérence en droit OHADA : la cessation des fonctions des dirigeants sociaux”, *in Les mutations juridiques dans le système OHADA*, 2009, pp. 101-132.

-« La responsabilité civile des dirigeants sociaux en droit OHADA », *Revue Internationale de Droit Economique,* vol2, 2007, pp. 211-243.

Anoukaha (François) : « L’incompatibilité d’exercice d’une activité commerciale dans l’espace OHADA : le cas du Cameroun », *Annales de la Faculté des Sciences Juridiques et Polutique de l’Université de Dschang*, 2001, p. 5.

Apinjoy Ubarinek (Pancacius), *The protectio, of Literary Works in the Digital Environnent : the case of Cameroon,* a dissertation submitted in partial fulfillment for the award of a First Year Doctorate in Law, Faculty of Law and Political Science, he University of Yaoundé II ; Cameroon Post Graduate Diploma in Busness Law, University of Yaoundé II, 2007.

Assiga Ateba (Étienne modeste), « Les entreprises publiques au Cameroun : bilan économique et renouveau du débat », *Juridis-Périodique* n° 81 (2010), p. 60.

Atangana – Malongue (M-T), « Le cautionnement dans l'acte uniforme OHADA », *in Recueil d'Études sur l'OHADA et l'UEMOA,* Université Paul Cezanne Aix-Marseilles III, PAUM, 2010, vol I, coll. Horizons Juridiques Africains, p. 323.

Atangcho Nji Akonumbo :

-"Beyond getting noticed : branding, trademark and business strategy in small and medium-size enterprises", *Juridis-Périodique* n° 66 (2006) p. 92.

-*Foreign direct investment and legal policy options in Cameroon,* thèse de Doctorat University of Yaoundé II, 2009

Ayawa Amehia Tsakadi, « Réflexion sur les pouvoirs de l'assuré unique » ; *Juridis-Périodique* n° 81 (2010), p. 82

Batouan Bouyom (Joseph Alain), « La protection du commissionnaire de transport contre l'inexécution dans l'espace Ohada », *Juridis-Périodique* n°85 (2011), p. 111.

Bisong Tanyi (Gerald), « Directors' duty to act in the best interest of the company : changing attitudes », *Juridis-Info*, n°2, (1990) p. 59.

Djieufack (Roland), "The concept and importance of usages and practices established between the parties under the Ohada Uniform Act on General Commercial law", *Juridis-Périodique* n° 95 (2013), p. 114

Diffo Tchunkam (J.), *Droit des activités économiques et du commerce électronique : l'esprit du droit commercial général issu de la réforme du 15 décembre 2010,* Paris, L'Harmattan, 2011, coll. Études africaines, 372p.

Djieufack (Roland), "*The seller's duty to cure a non-conforming delivery of goods as governed by the Uniform Act on general commercial law*", *Rev. dr. aff. Ohada* n° 3 (2013), p/ 212

Ekome (Emmanuel) :

-« Promoters and pre-incorporation transactions at Common law under the uniform Act", *Juridis-Périodique* n° 49 (2002) p. 110 ;

-"Public issue of shares under the companies ordinance and under the Uniform Act of the Ohada treaty", *Juridis-Périodique* n° 50 (2002), p. 95.

Essama (Josephine A.), *Le consommateur du credit au Cameroun*, Thèse de Doctorat Université de Yaoundé II, 2003.

Ethy Nyake (Patrice) « La notion de faute de gestion en matière de comblement de passif (contribution à l'appropriation de l'article 183 de l'Acte uniforme OHADA portant organisation des procédures collectives d'apurement du passif) », *Juridis-Périodique* n° 71 (2007), p. 43.

Foko (Athanase) :

-« Radioscopie des organes de gestion des sociétés anonymes depuis l'Acte uniforme de l'OHADA relatif au droit des sociétés commerciales et du groupement d'intérêt économique », *Verfassung und Recht in übersee (Law and Politics in Africa, Asia, and Latin America)*, n° III/1999, p.346 ;

- *Le devenir du statut du commerçant à la lumière du droit Ohada*, Thèse de doctorat d'Etat, Université de Yaoundé II, 2005 ;

Fone (Anne-Marie) :

-« La loi n° 98/012 du 14 juillet 1998 relative au dumping et à la commercialisation des produits d'importation subventionnés : une loi entre protectionnisme et libre échange », *Juridis-Périodique* n° 43 (2000), p. 97 ;

-« Le secteur informel camerounais au regard du droit commercial », *Annales de la FSJP de l'Université de Dschang*, tome 2 (1998), p. 119.

Gatsi (Jean) :

-*Code des sociétés commerciales et du groupement d'intérêt économique*, Douala, PUL, 2011, 216p.

-“Problèmes juridiques du commerce électronique”, Annales de la FSJP de l’Université de Douala, 2002, n° 1, p.371.

-« L’avis à tiers détenteur et le nouveau droit des affaires de l’OHADA », *in l’Effectivité du droit OHADA*, Yaoundé, PUA, 2006, pp. 79-128.

Gatsi (Jean), Kane Ebanga (P.), *Droit commercial général, droit des sociétés commerciales,* Douala, PUL, 2006, coll. Droit des Affaires, 208p.

Kalieu Elongo (Yvette Rachel), « Le rôle du Registre du Commerce et du Crédit Mobilier OHADA dans l’amélioration de l’accès au crédit », *in Les Mutations dans le Système OHADA,* 2009, pp. 133-140.

Kanchop (Thierry Noël), « Libres propos sur l’entreprenant : essai de normalisation du secteur informel par le législateur Ohada », *Rev. dr. aff. Ohada* n° 3 (2013), p. 168

Kem Chekem (bruno Marcelin), « La réforme de la prescription commerciale dans l’Acte uniforme portant sur le droit commercial général », *Juridis-Périodique* n° 96 (2013), p. 144

Kenguep (Ebenezer), « Le commissionnaire de transport est il le mandataire de son commettant ? Une occasion manquée pour le législateur OHADA », *Juridis-Périodique* n° 90 (2012), p. 104.

Kere Kere (Gilbert), « Essai d’une présentation synthétique des mesures conservatoires d’après le nouveau droit des affaires Ohada », *RASJ* vol 5 (2008), n° 1, p. 33.

Keugong Watcho (Rolande), « La juridiction compétente pour la résiliation du bail professionnel après la réforme de l’Acte uniforme OHADA relatif au Droit Commercial Général », *Juridis-Périodique* n° 93 (2013), p. 88.

Kom Kamsu (M.), « Les États parties à l’OHADA et la sécurisation des entreprises commerciales », *Revue de la Faculté des Sciences Juridiques et Politiques de l’Université de Ngaoundéré,* 2009, pp. 95-124.

Kuaté Tameghe (Sylvain Sorel) :

-« Sortie de la cour du roi Pétaud : à propos de l’interdiction d’exercer la profession commerciale dans l’Acte uniforme OHADA relatif au droit commercial général », *Revue de droit international et de droit comparé*, 2006-2, p. 108

-« Interrogations sur l'abus de minorité dans l'Acte uniforme relatif au droit des sociétés commerciales et du groupement d'intérêt économique », *Juridis-Périodique* n°76 (2008), p. 75

-*L'entreprenant-Ohada*, Yaoundé PUA, 2013

Mafo Diffo (R.), *La protection de la caution par le législateur OHADA*, Sarrebruck, Éditions universitaires européennes, 2012, 115p.

Mayifulia (N.), Dickerson (C.M.), Simo Tumnde (M.), Baba Idris (M.), Penda Matipé (J.A), Ademola Yakubu (J.), *Unified business laws for Africa : common law perspectives on OHADA,* 2e Ed., London, IEDP, 2012, 208p.

Mba-Owono (Charles), "Non-conformité et vices cachés dans la vente commerciale en droit uniforme africain", *Juridis-Périodique* n° 41 (2000), p. 107.

Mbock Biumla (J.M.), Piih (D.), Pym (B.), Babagna (B.), *Recueil de textes relatifs aux établissements de crédit, aux établissements de microfinance et jurisprudence annotée de la Cour de Justice Communautaire de la CEMAC,* Paris, Juriafrica, 2012, 888p.

Meuke (B.Y),

-« De l'expertise en droit des sociétés », *Juridis Info*, n° 4, juillet-août 2009, p. 10.

-« Dix questions pratiques sur le fonctionnement des sociétés commerciales de l'OHADA », *Juridis Info*, n° 4, juillet-août 2009, p. 29.

« Observations sur le démembrement des droits sociaux dans l'espace OHADA », *Penant,* n° 858, 2007, p. 97.

-« De l'intérêt social dans l'AUSCGIE de l'OHADA », *Penant,* n° 859, juillet-septembre 2007, p. 338.

Mevoungou Nsana (Roger) : « Les obligations du vendeur de marchandise dans l'Acte uniforme Ohada », *RASJ* 2000, vol. 1, n° 2, p. 6.

Milingo Ellong (Jean Joss), « Le protêt et la protection du porteur d'un effet de commerce dans la zone CEMAC », *Rev. dr. aff. Ohada* n° 3 (2013), p. 148

Mouthieu Njandeu (M.A.),

- *L'intérêt social en droit des sociétés,* Paris, l'Harmattan, 2008, coll. Etudes Africaines, 419p.

-« Quelques mécanismes juridiques concourant à la protection de la société, entité économique dans l'Acte uniforme relatif aux sociétés commerciales et du groupement d'intérêt économique », *Revue Africaine des Sciences Juridiques et Politiques*, Faculté des Sciences Juridiques et Politiques, Université de Yaoundé II, v.5 n° 1, 2008.

-« L'intuitus personae au regard de l'Acte Uniforme relatif au Droit des sociétés commerciales et du groupement d'intérêt économique, *Revue Juridis Périodique*, n° 41, janvier – février – mars 2000.

Nah (Thomas) et Kwei Hilary Nyingchia, « An overview of shareholding in commercial companies and economic interest group within de Ohada zone », *Juridis-Périodique* n° 81 (2010), p. 71

Nemedeu (Robert) :

-*Le contrôle des dirigeants de la société anonyme*, thèse de doctorat, Université Robert Schuman-Strasbourg III, 2000 ;

-« La distribution des dividendes dans les Sarl en liquidation », *Juridis-Périodique* n° 60 (2004), p. 111 ;

-« Une présentation critique de l'Acte uniforme Ohada du 24 mars 2000 portant organisation et harmonisation des comptabilités des entreprises par rapport au plan OCAM-CEMAC », *Juridis-Périodique* n° 58 (2004), p. 94.

-« L'administration provisoire dans les établissements de microfinance en 10 questions », *Juridis-Périodique* n° 91 (2012), p. 113

-« Les scandales d'Enron et Consort, ou le préalable à la compréhension du nouvel essor de la « Corporate Governance », *RASJ* vol 5 (2008) n° 1, p. 107

Ngamkan (Gaston), « Étude comparée du statut juridique de l'entrepreneur de manutention en droit français et en droit communautaire de l'Afrique centrale », *Juridis périodique* n° 78 (2009) p 98.

Ngo Ndjigui (R.-Y.), *Le secret des affaires dans le droit des pays de l'espace OHADA et en droit français,* Thèse de Doctorat, Université d'Evry-Val- d'Essonne, 2005.

Ngoue (W.J.), *OHADA, Pratique du droit des sociétés commerciales : la société à responsabilité limitée,* Douala, PUL, 2007, coll. Droit des affaires, 208p.

Ngomo (Angeline- Florence) : « Pour une redéfinition des pouvoirs des organes intervenant dans la gestion des sociétés anonymes (Réflexion à partir du projet de code des sociétés de l'UDEAC dans la perspective de l'harmonisation du droit des affaires de la zone franc », *Juridis-Info* n° 16 (1993), p. 74.

Ngue (R.E.), *Mon commissaire aux comptes dans l'espace OHADA*, Douala, Ed. AFECAC, 2009.

Nguebou Toukam (Josette) : *Le droit commercial général dans l'Acte uniforme Ohada*, Yaoundé, PUA, 1998.

Ngwanza (A.A.), *La favor contractus dans les princips Unidroit et l'avant – projet d'Acte uniforme sur le droit des contrats en OHADA*, Thèse de Doctorat, Université de Paris-Sud 11, 2011.

Ngwasiri (CN), "The principle of corporate personality in Cameroon", *RCD* n° 29, 1985, p. 5

Njandeu née Mouthieu (Monique Aimée) :

-*L'intérêt social en droit des sociétés,* L'Harmattan, Paris 2009

-"L'*intuitus personae* au regard de l'Acte uniforme relatif au droit des sociétés commerciales et du groupement d'intérêt économique », *Juridis-Périodique* n° 41 (2000), p.128

-« Quelques mécanismes juridiques concernant la protection de la société, entité économique, dans l'Acte uniforme relatif au droit des sociétés commerciales et du groupement d'intérêt économique », *RASJ* vol 5 (2008) n° 1, p. 127

-« L'esprit innovateur du législateur OHADA au ralenti dans l'acte uniforme relatif au droit des sociétés coopératives » in De l'esprit du droit africain, *Mélanges en l'honneur de P.-G. POUGOUE,* Wolters kluwer, CREDIJ, 2014, p 501

-« La responsabilité du dirigeant social à l'égard des tiers à la lumière des droits français et OHADA », Recueil d'études sur l'OHADA et les normes juridiques africaines, PUAM, 2013, p. 267

-« La figure polyvalente du « squeeze out » : Réflexion à partir du droit applicable dans l'espace OHADA », Revue juridique de l'Ouest, 2011/4, p. 495

-« La protection de la société commerciale en droit OHADA », in *Les mutations juridiques dans le système OHADA*, sous la direction de A. AKAM AKAM, L'Harmattan-Cameroun, 2009, p. 229

Njeufack Temgwa (René),

-« Les titres sociaux assortis de droits particuliers en droit Ohada », *Juridis-Périodique* n° 84 (2010), p. 83.

-« La règle de la majorité dans le droit des sociétés commerciales OHADA », *Annales de la Faculté des Sciences Juridiques et Politiques de l'Université de Dschang,* 2006, pp. 81-96.

Njoya Nkamga (B.),

-*Les dirigeants sociaux*, Thèse de Doctorat, Université de Dschang 2007.

-*L'administration provisoire des sociétés dans l'espace OHADA,* Quebec, Véritas, 2012, coll. Economia, 540p.

Nyama (Jean-Marie) :

-« Décret n° 93/720 du 22 novembre 1993 fixant les modalités d'application de la loi n° 90/031 du 10 août 1990 : de la raison à la démesure » *Juridis-Info* n° 18 (1998), p. 61 ;

-« Droit pénal de la vente et protection du consommateur », *Juridis-Info* n° 14 (1993), p.75 ;

-*Éléments du droit des affaires Cameroun-Ohada*, Yaoundé, Presses de l'UCAC, 2000.

Onana Etoundi (Felix), « Les principes d'Unidroit et la sécurité juridique des transactions commerciales dans l'avant-projet d'Acte uniforme Ohada sur le droit des contrats », *Revue de droit uniforme,* Unidroit, 2005-4, p.683.

Pougoué (Paul-Gérard), Anoukaha (François) et Nguebou (Josette), *Le droit des sociétés commerciales et du groupement d'intérêt économique-Ohada*, PUA, Yaoundé, 1998.

Pougoué (Paul-Gérard), Foko (A.), *Le statut du commerçant dans l'espace OHADA*, Yaoundé, PUA, 2005, 264p.

Sadjo Ousmanou, « L'action sociale *ut singuli* ou l'apport éthique de l'Acte uniforme relatif au droit des sociétés commerciales et du groupement d'intérêt économique », *Juridis*-*Périodique* n° 39 (1999), p. 93.

Sangue Fotso (R.), *L'efficacité des la structure de contrôle des entreprises camerounaises,* Thèse de Doctorat, Université Besançon, 2011.

Souop (Sylvain) : « La liquidation amiable d'une société », *Lex Lata* n° 25 (1996), p. 11.

Tabe Tabe (S.), *Compagny formation under OHADA uniform act on commercial and economic interest group : changes in the law higher to applicable in the west Cameroon,* Thèse de Doctorat, Université de Dschang, 2009.

Takafo Kenfack (Didier), « Faut-il supprimer l'alerte dans l'espace Ohada », *Juridis-Périodique* n° 81 (2010), p. 105

Waha (Jean-Pierre), « Système comptable Ohada : analyse critique de certaines dispositions légales », *Juridis-Périodique* n° 48 (2001), p. 97.

Droit communautaire

Abomo (Marie-Louise) : « Les particularismes et les zones d'ombre de la répression des pratiques anticoncurrentielles dans la zone Cemac », *Juridis-Périodique* n° 70 (2007), p. 110.

Akam-Akam (A),

-*Les mutations juridiques dans le système OHADA*, (Collectif) Paris, l'Harmattan, 2009, 264p.

-« L'OHADA et l'intégration juridique en Afrique », *in Les mutations juridiques dans le système OHADA*, Paris, l'Harmattan, 2009, pp. 21-36.

Amadou Monkaree :

-« The problems of application of the OHADA laws in the english-speaking Cameroon », *Revue trimestrielle de droit des activités économiques* 2006, n° 0, p. 15.

Anoukaha (François),

-« L'OHADA en marche, *Annales de la Faculté des Sciences Juridiques et Politiques de l'Université de Dschang*, tome 6, 2002 ;

-OHADA : Traité et Actes uniformes commentés et annotés, Éditions du Juriscope, Paris, 1999-2002 (en collaboration avec d'autres).

Anoukaha (F.), Cisse (A.), Diouf (N.), Nguebou Toukam (J.), Pougoue (P-G.), Samb (M.), *OHADA : Sociétés commerciales et GIE*, Bruxelles, Bruylant, 2002, coll. Droit Uniforme Africain, 589p.

Anoukaha (F.), Cisse-Niang (A.), Messanvi (F.), Issa-Sayegh (J.), Yankhoba Ndiaye (I.), Samb (M.), *OHADA/ Surêtés*, Bruxelles, Bruylant, 2002, coll. Droit Uniforme Africain, 280p.

Anoukaha (F.), Nguebou Toukam (J.), Pougoue (P-G.), *Le droit des sociétés commerciales et du groupement d'intérêt économique OHADA*, Yaoundé, PUA, 1998, 636p.

Atangcho Nji Akonumbo :

-"Cross examining the propriety of the Ohada reform in Cameroon : from great expectations to proceastinations", *Juridis-Périodique* n° 64 (2005) p. 96 ;

Atemengue (Jean de Noël) :

-« Le droit matériel de l'intégration dans la CEMAC : une lecture des textes fondamentaux », *Juridis-Périodique* n° 46 (2001), p. 106.

-« La procédure de décision dans la Communauté économique et monétaire de l'Afrique centrale », *Juridis-Périodique* n° 86 (2011), p. 115

Balock (Ruben), « La notion de partenariat en droit communautaire », *RASJ*, 2001, vol.2, n°2, p. 163.

Batouan Bouyom (Joseph Alain),

-« La protection du commissionnaire de transport contre l'inexécution du commettant dans l'espace OHADA », *Juridis périodique* n° 85 (2011) p. 111.

-*Le droit OHADA sur le transport des marchandises par route : approche critique, prospective et comparative*, Thèse de Doctorat, Université de Nantes, 2007.

Batouan Bouyom (Joseph Alain), Soupgui (Eloi), « Commentaire de CCJA, arrêt n° 030/2004, 4 novembre 2004 Société de Getion Ivoirienne de transport maritime et aérien dite GITMAc/ Société africaine de matières exportables dite SAMEX », *in Les grandes décisions de la Cour commune de justice et d'arbitrage de l'OHADA*, Paris, l'Harmattan, 2010, p. 331.

Bebohi Ebongo (S. I), « L'ordre public international des États parties à l'OHADA », *Revue Camerounaise de l'arbitrage,* n° 34, juillet- août-septembre 2006, p. 3.

Bipele Kemfouedio (Jacques), « La CEMAC à la recherche de son affermissement », *Jurisdis-Périodique* n° 87 (2011), p 110

Djeukou (Joseph), "La CEMAC, rétrospective et perspectives : réflexion sur l'évolution récente du droit communautaire de l'Afrique centrale", *Juridis-Périodique* n° 47 (2001), p. 106.

Djieufack (Roland), « The concept and importance of usages and practices Established between the Parties under the OHADA Uniform Act on General commercial Law », *Juridis-Périodique*, n° 95 (2013), p. 114.

Djila (Rose) et Mafo Diffo (Raymond), « L'ordre public international en droit Ohada », *Juridis-Périodique*, n° 98 (2014), p. 103.

Djofang (D.-A.), « Bilan et perspectives de la contribution des États membres à l'effectivité du droit OHADA », *Annales de la Faculté des Sciences Juridiques de l'Université de Dschang*, 2009, pp. 275-291.

Djossa Tchokote (I.), *La diffusion du système comptable OHADA : conception des principes et déclinaison des pratiques*, Thèse de Doctorat, Université Montesquieu-Bordeaux IV, 2009.

Ekome (Emmanuel) : "Reflections on the application of Ohada in Anglophone Cameroon", *Juridis-Périodique* n° 61 (2005), p. 75 ;

Enonchong (N.), « The harmonization of business laws in Africa : article 42 of the OHADA threaty a problem ? », Journal of African law, 2007, vol.51, pp.95-116.

Foche (R.), Ouafo Bepyassi (V.), « Le droit OHADA : Un capital vital pour le redressement de l'économie africaine », *in L'Effectivité du Droit de l'OHADA*, Yaoundé, PUA, 2006, pp. 49-62.

Fometeu (Joseph), « Le clair - obscur de la répartition des compétences entre la Cour commune de justice et d'arbitrage de l'OHADA et les juridictions nationales de cassation », *Juridis-Périodique* n° 73 (2008), p. 89-103.

Forneris (Xavier), « Harmonising commercial law in Africa : the OHADA », *Juridis-Périodique*, n° 47 (2001), p. 77.

Gatsi (Jean),

-*Le droit OHADA des sociétés coopératives*, Paris, L'Harmattan, 2011, 200p.

-« L'applicabilité du droit des affaires Ohada dans la partie anglophone du Cameroun », *Revue trimestrielle de droit des activités économiques* 2006, n° 0, p.3

-(Sous la dir.), *L'effectivité du droit de l'OHADA*, PUA, Yaoundé, 2006.

Gatsi (J.), Kamako (M.), *L'approche du fonds de commerce dans l'espace OHADA*, Douala, PUL, 2006, 208p.

Gnimpiéba Tonnang (Édouard),

-« La libre circulation des personnes et des services en Afrique centrale : entre considérations théoriques et hésitations politiques », *Juridis-Périodique* n° 71 (2007), p. 73.

-« Le nouveau régime juridique des exportations entre les États de l'AFRIQUE Centrale/ entre influences européennes et réformes laborieuses », *Juridis-Périodique* n° 66 (2006), p. 67.

Issa-Sayegh (J.), Pougoe (P-G), Sawadogo (F.M.), *OHADA-Traité et actes uniformes commentés et annotés : code vert actualisé*, 4e Ed., Paris, Juriscope, 2012, 1460p.

Kalieu Elongo (Yvette Rachel) et Watcho Keugong (Rolande Sorel), « La réforme de la procédure communautaire de la concurrence CEMAC », *Juridis périodique* n° 80 (2009) p 107.

Kamdem (D.), *Système Comptable OHADA (SYSCO) : Comptabilité générale*, Paris, L'Harmattan, 2011, 256p.

Kamdem (D.), *Système Comptable OHADA : Comptabilité générale*, PUF, 2004, coll. Ecologis, 250p.

Kenfack Douajni (Gaston) :

- « L'influence de l'internationalité dans l'élaboration du droit Ohada », *Penant* n° 851, 2005, p.174 ;

-« La portée abrogatoire de l'Acte uniforme relatif au droit de l'arbitrage » *Revue camerounaise de l'arbitrage* n° 14, 2001, p. 1 ;

-« L'abandon de souveraineté dans le traité Ohada », *Penant* 1999, p. 125.

Levoa Awona (serge-Patrick), « Réflexions sur l'article 10 du traité de l'Ohada », *Juridis-Périodique* n° 84 (2010), p. 151

Kitio (Édouard), « Le ministère public en droit Ohada : une institution controversée ? », *Juridis-Périodique* n° 97 (2014), p.111

Kodjo Gnintedem (Marie Duvale), *L'efficacité des sûretés maritimes*, thèse de doctorat, Université de Yaoundé II,

Kuate Temeghe (S.S.), *Jalons d'une habilitation à diriger des recherches : Une expérience à partir du droit issu du traité OHADA*, Paris, l'Harmattan, 2007, coll. Etudes Africaines, 289p.

Levoa Owona (S.P.), *Les compétences juridictionnelles dans l'espace OHADA et l'espace CEMAC,* Thèse de Doctorat, Université de Yaoundé II, 2009.

Mdontsa (Anne-Marie) ép. Foné, « Ohada : de quelques innovations juridiques » *RASJ*, 2001, vol. 2, n° 2, p. 65.

Modi Koko Bebey (H.D.), *Droit communautaire des affaires (OHADA - CEMAC) : Tome1, Droit commercial général et droit de la concurrence,* Paris, Dianoïa, PUF 2009, coll. Jus Data, 207 p.

Moubitang (Emmanuel), *Le régime juridique du marché commun de la CEMAC : étude d'une dynamique d'intégration entre mondialisation et régionalisation*, Thèse de Doctorat, Université de Yaoundé II, 2010.

Moye Bongyu (Godwin) : « Cemac : integration or coexistence ? » *Annales de la FSJP de l'Université de Dschang,* tome 8, 2004, p. 29.

Nandjip Moneyand (Sara), « Les concentrations d'entreprises en droit interne et en droit communautaire CEMAC », *Juridis-Périodique* n° 71 (2007), p. 65.

Ndam (Ibrahim) :

-*Le pourvoi devant la Cour Commune de justice et d'arbitrage*, Thèse Université de Yaoundé II 2009,

-« La nature juridique de la Cour commune de justice et d'arbitrage », *RASJ*, vol.7 n° 1(2010), p. 177

-L'indépendance de la Cour commune de justice et d'arbitrage : le nécessaire affermissement », *Juridis-Périodique* n° 94 (2013), p. 79

Nemedeu (Robert) : « Ohada : de l'harmonisation à l'unification du droit des affaires en Afrique », *Revue « Quatre saisons »,* Nancy, février 2005, p.10.

NGNINTEDEM (Jean-Claude), « Le juge OHADA et l'investissement international », *Juridis-Périodique* n° 104 (2015), p. 128.

Njampiep (J), *Maitriser le droit et la pratique du système comptable OHADA*, Paris, Publibook, 2008, 912p.

Njeufack Temgwa, « Le renouveau du cadre institutionnel-décisionnel au sein de la CEMAC : vers une communauté plus dynamique ? *Annales de la FSJP de l'Université de Dschang,* tome 8, 2004, p. 159.

Nkoa Atangana (Édouard), "La presse, un "quatrième pouvoir" entre ses droits et ses responsabilités", *Cahier africain des droits de l'homme* n° 5, 2000, p. 67.

Onana Etoundi (Felix), *Droit OHADA et exécution provisoire*, OHADA, 2006, coll. Pratique et contentieux de droit communautaire, 76p.

Onana Etoundi (Felix), Boubou (P.), *La problématique de l'unification de la jurisprudence par la cour Commune de Justice et d'Arbitrage*, Ed. Droit au service du Développement, 2008, coll. Pratique et contentieux de droit communautaire, 437p.

Onana Etoundi (Felix) et Mbock Biumla (Jean-Michel : *Cinq ans de jurisprudence commentée de la Cour commune de justice et*

d'arbitrage de l'Ohada (CCJA), Presses de l'IFS (Imprim. Flash Service), 2006.

Ondoa (M), *Le droit de la responsabilité publique dans les États en développement, Contribution à l'étude de l'originalité des droits africains*, Thèse de Doctorat, Université de Yaoundé II- Soa, 1999, 3 tomes.

Pougoué Paul-Gérard :

-*Présentation générale et procédure en Ohada,* Yaoundé, PUA, 1998 ;

-« Les sociétés d'État à l'épreuve du droit Ohada », *Juridis-Périodique* n° 65 (2006), p. 99

-*OHADA : Traité et Actes uniformes commentés et annotés*, Éditions Juriscope, Paris, 1999-2002 (en collaboration avec d'autres)

-« Ohada, instrument d'intégration juridique » *RASJ*, 2001, vol.2, n° 2, p.11.

-*Introduction critique à l'OHADA*, PUA, Yaoundé, 2008, 220p.

-(Sous la dir), *Encyclopédie du droit Ohada*, Paris, Lamy 2011

Pougoué (Paul-Gérard) et Kalieu (Yvette),

-*L'organisation des procédures collectives d'apurement du passif OHADA*, Yaoundé, PUA, 1999.

-*Introduction critique à l'Ohada*, PUA, Yaoundé, 2008, 225p.

Pougoué (Paul-Gérard), Kuate Temeghe (S.S.), *Les grandes décisions de la Cour Commune de Justice et d'Arbitrage de l'OHADA,* Paris, l'Harmattan, 2010, coll. Etudes Africaines, 692p.

Sossa (Dorothée), « La question de l'introduction du principe d'estoppel en droit communautaire Ohada », *RASJ*, vol.7 n° 1(2010), p.1

Souop (Sylvain) : « Organisation pour l'harmonisation en Afrique du droit des affaires (Ohada) : CCJA : à propos de l'arrêt du 11 octobre 2001, Etablissements Thiam Baboye c/ Compagnie française commerciale et financière», *Juridis-Périodique* n° 51 (2002), p. 106.

Tagne (Réné), « La Cour suprême du Cameroun en conflit avec la Cour commune de justice et d'arbitrage (CCJA) », *Juridis-Périodique* n° 62 (2005), p. 104.

Tchakoua (Jean-Marie), « Pouvoir normatif, régionalisation et mondialisation en Afrique », *L'Afrique politique*, Karthala, 2002.

Tchantchou (Henri), *La supranationalité judiciaire dans le cadre de l'Ohada*, L'Harmattan Cameroun, 2009

Tcheuwa (Jean-Claude), « Brèves réflexions sur la libre circulation des personnes et la citoyenneté dans la CEMAC », *Cahier africain des droits de l'homme* n° 6-7, 2002, p. 157.

Temngah Nyambo (Joseph) : :

-"Ohada : Organisation for harmonization of business law in Africa : prospects and challenges", *Juridis-Périodique* n° 44 (2000), p. 87 ;

-« The legal system on trial in Cameroon : implementing the Ohada treaty in Anglohone Cameroon », *Juridis-Périodique* n° 47 (2001), p. 100.

Teppi Kolloko, "La CCJA et l'article 32 de l'Acte uniforme portant organisation des procédures simplifiées de recouvrement et des voies d'exécution", *Juridis-Périodique* n° 58 (2004), p. 112.

Togolo (Odile) :

-« Le juge camerounais et le juge de la CEMAC : regard prospectif, *Juridis-Périodique* n° 63 (2005), p. 76 ;

- « Le juge camerounais et le juge de la CEMAC : un regard prospectif », *Juridis-Périodique* n° 63 (2005), p. 76.

Tonga (Dieudonné), « L'avis de la CCJA du 30 avril 2001 (sur la portée abrogatoire des Actes uniformes) : aspects généraux et fiscaux », *Juridis-Périodique* n° 62 (2005), p. 81

Tsapy (V.), *Les implications économiques, comptables et fiscales dans le système OHADA*, Paris, l'Harmattan, 2009, 250p.

Voudwe Bakreo, *L'exigence de transparence des sociétés commerciales dans l'espace OHADA*, Thèse de Doctorat, Université de Ngaoundéré, 2013.

Youmsi (Joseph),

-*A la découverte du droit OHADA*, Yaoundé, Cour Suprême, 1999, 20p.

-« L'organisation pour l'harmonisation en Afrique du droit des affaires (OHADA) : un instrument pour le développement des investissements dans un climat de sécurité juridique et judiciaire », *Juridis-Périodique*, n° 30 (1997), p. 98.

Zouatcham (Hubert), *Le droit applicable aux sociétés coopératives Ohada,* Thèse de doctorat, Université de Toulouse, 2014

Droit constitutionnel

Aba'a Oyono (Jean-Calvin), « Les mutations de la justice à la lumière du développement constitutionnel de 1996 », *Juridis-Périodique* n° 44 (2000), p. 74.

Abiabag (Issa) :

-« Réflexion sur la décentralisation de l'exécutif camerounais après les révisions constitutionnelles des 9 juin 1975 et 29 juin 1979 », *RCD* n° 17 et 18 (1979), p. 34 ;

-« Le droit d'amendement dans le droit parlementaire camerounais », *Annales de la FSJP de l'Université de Douala*, 2002, n° 1, p. 43

-« Le député et le droit pénal : contribution à la réflexion sur le statut pénal du député en droit camerounais », *Juridis-Périodique* n° 79, 2009, p. 71

Ameli Tabi (Valentine), « *The travails of constitutionalism in Cameroon* », *Annales de la FSJP de l'Université de Dschang*, tome 2, 1998, p. 5.

Belinga (Zacharie Gaudard), "Grandeur et servitude du sursaut de la loi de révision constitutionnelle de 1996 en matière de contrôle de constitutionnalité des lois au Cameroun : essai d'analyse prospective » *Annales de la FSJP de l'Université de Dschang,* tome 7, 2003, p. 107.

Bégoudé (Jean-Pierre), Le Président de la République et le droit pénal au regard de la Constitution camerounaise du 18 janvier 1996 », *Juridis-Périodique*, n° 33 (1998), p. 41.

Bigombe Logo (Patrice), « Émergence et consolidation des tendances constitutionnelles au Cameroun (1990-1995), *in La réforme constitutionnelle du 18 janvier 1996, Aspects juridiques et politiques,* Friedrich-Ebert, Yaoundé, 1996, p.2.

Bipoun Woum (Joseph-Marie), « Le nouveau Cameroun politique », *RJP* n° 3, 1983, p. 655.

Bishop (Stephen), « From a judicial authority to a judicial power : a comparison of the United States and Cameroon Judiciary », *Juridis-Périodique*, n° 33 (1998), p. 96

Belinga (Zacharie Gaudard), "La dynamique de la sanction des gouvernants dans les pays du tiers monde : des pas décisifs ou des pas de Sisyphe ?, *Juridis-Périodique* n° 55 (2003), p. 116.

Boehler. (Eric) « Réflexions sur la nature juridique des ordonnances de l'article 21 de la Constitution du 2 juin 1972, *RCD*, n° 5 (1974), p. 8

Boukongou (Jean Didier) :

-« Gouvernance présidentielle au Congo-Brazzaville : la constitution du 20 janvier 2002 », *Cahier africain des droits de l'homme* n° 9, 2003, p. 11 ;

Boyomo Assala (Laurent Charles) :

-« La constitutionnalisation de la liberté de communication sociale », *in La réforme constitutionnelle du 18 janvier 1996, Aspects juridiques et politiques,* Friedrich Ebert, Yaoundé, 1996, p. 248.

Donfack Sokeng (Léopold) :

-« Les ambiguïtés de la réforme constitutionnelle du 18 janvier 1996 », *in La réforme constitutionnelle du 18 janvier 1996,* Friedrich Ebert, Yaoundé, 1996, p. 34 ;

-« Cameroun : le contrôle de la constitutionnalité des lois, hier et aujourd'hui. Réflexions sur certains aspects de la réception du constitutionnalisme moderne en droit camerounais », *in La réforme constitutionnelle du 18 janvier* 1996 Friedrich Ebert, Yaoundé, 1996, p. 363.

Foumane Ze (Edmond Claude), « L'indépendance des juridictions constitutionnelles en Afrique noire francophone et à Madagascar », *Juridis-Périodique* n° 57 (2004), p. 93

Fossungu (Peter) :

-"Parliamentary, congressional and advanced governments in comparative perspectives : the unbridgeable gulfs", *Juridis-Périodique* n° 37 (1999), p. 74

-« Federalism as guarantee to judicial independance and fundamental human rights : reflecting on "political intellectualism"in Cameroon and laying the ghost of the "Federal" République du Cameroun to rest", *Juridis-Périodique* n° 33 (1998), p. 64.

Gicquel (J), « Le présidentialisme négro-africain. L'exemple camerounais », *in Mélanges Burdeau,* Paris, LGDJ, 1977, 701.

Guimdo (Bernard-Raymond) :

-"Reconnaissance des minorités et démocratie : duel ou duo ?", *Annales de la FSJP de l'Université de Dschang*, tome 1, 1997, p. 121 ;

-« La constitutionnalisation de la décentralisation au Cameroun », », *in La réforme constitutionnelle du 18 janvier 1996, Aspects juridiques et politiques,* Friedrich Ebert, Yaoundé, 1996, p. 292.

Hond (Jean-Tobie), « Discussion autour du principe de la séparation des pouvoirs au regard de la constitution camerounaise du 18 janvier 1996 », *in La réforme constitutionnelle du 18 janvier 1996, Aspects juridiques et politiques,* Friedrich Ebert, Yaoundé, 1996, p. 230.

Kamto (Maurice) :

-*Pouvoir et droit en Afrique noire. Essai sur les fondements du Constitutionnalisme dans les États d'Afrique noire francophone*, Paris, LGDJ, 1987 ;

-« L'énoncé des droits dans les constitutions des États africains », *RJA* 1991 n° 2 et 3, p.7 ;

-« Les mutations de la justice camerounaise à la lumière des développements constitutionnels de 1996, *RASJ* 2000, vol. 1, n°1, p. 9 ;

-« Le Bill of rights dans le constitutionnalisme : sa genèse et son destin africain », *RJA* 1992/1993, p. 7 ;

-« Dynamique constitutionnelle du Cameroun indépendant », *RJA* n° 1, 2, 3, 1995, p.45 ;

-« Sur une question en débat : nullité du mandat impératif et déchéance des élus au Cameroun », *Lex Lata* n° 32, 1996, p. 9 ;

-« Révision constitutionnelle ou écriture d'une nouvelle constitution ? », *Lex Lata* n° 23-24, p. 17.

Leckene D. (Étienne), « Les sources juridiques de la légalité d'exception en République fédérale du Cameroun », *RCD* n° 15 et 16, p. 13.

Manga Fomba (Charles), « Judicial power in Cameroon's amended constitution of 18 January 1996 », *Juridis-Périodique* n° 34 (1998), p. 65.

Mbah-Ndam (Joseph), « Le mandat impératif et la déchéance en droit parlementaire camerounais », *Juridis-Périodique* n° 50 (2002), p. 129.

Mbomé (François) :

-« Le droit parlementaire au Cameroun sous tutelle : l'exemple de l'Assemblée représentative du Cameroun », *Annales de la FSJP de l'Université de Douala* 2002, n° 1, p.6 ;

-« Réflexion sur la réforme constitutionnelle du 29 juin 1979 au Cameroun », *RCD* n° 17 et 18 (1979), p. 22 ;

-« Les expériences de révision constitutionnelle au Cameroun », *Penant* n° 808, 1992, p. 19

-« Le processus d'élaboration de la Constitution du 18 janvier 1996 », *Lex Lata* n° 30, 1996, p. 3 ;

-« Constitution du 2 juin 1972 révisée ou nouvelle constitution ? », *in La réforme constitutionnelle du 18 janvier 1996, Aspects juridiques et politiques,* Friedrich-Ebert, Yaoundé, 1996, p.16 ;

-« Le contrôle de la constitutionnalité des lois au Cameroun » *RCD*, n° 13 et 14, (1977), p. 30.

Melone (Stanislas) : Constitution et droit pénal : pistes de recherches après la loi n° 96/06 du 18 janvier 1996 », *in La réforme constitutionnelle du 18 janvier 1996, Aspects juridiques et politiques,* Friedrich Ebert, Yaoundé, 1996, p. 44.

Menthong (Helène-Laure), « La construction des enjeux locaux dans le débat constitutionnel », *in La réforme constitutionnelle du 18 janvier 1996, Aspects juridiques et politiques,* Friedrich Ebert, Yaoundé, 1996, p. 146.

Miafo Donfack (Valentin), « Le Président de la République et les constitutions du Cameroun », *in La réforme constitutionnelle du 18 janvier 1996, Aspects juridiques et politiques,* op. cit, p. 252

Minkoa She (Adolphe)

-« Quelques variations sur la portée de la réforme constitutionnelle du 18 janvier 1996 », *in La réforme constitutionnelle du 18 janvier 1996 au Cameroun, Aspects juridiques et politiques,* (Sous la dir). **Mélone S. Minkoa She A. et Sindjoun L,** Yaoundé Freidrich Ebert, 1996, p.70.

Momo (Claude) :

-« Quelques aspects constitutionnels du droit électoral rénové au Cameroun », *Annales de la FSJP de l'Université de Douala,* 2002, n° 1, p.139

-« Heurs et malheurs de la justice constitutionnelle au Cameroun », *Juridis-Périodique* n° 64 (2005), p. 49

Momo (Bernard) :

-« Réflexions sur le système communal camerounais : contribution à l'étude de la décentralisation territoriale au Cameroun », *Juridis-Info* n° 24 (1995), p. 81 ;

- « Fiabilité et fonctionnalité de l'organisation des élections au Cameroun », *Annales de la FSJP de l'Université de Dschang,* tome 8, 2004, p. 5.

Mouangue Kobila (James), « Peut-on parler d'un reflux du constitutionnalisme au Cameroun ? », *RASJ* 2009, vol. 6 n° 1, p. 267

Mouelle Kombi (Narcisse) :

-« La loi camerounaise du 18 janvier 1996 et le droit international », *in La réforme constitutionnelle du 18 janvier 1996, Aspects juridiques et politiques,* Friedrich Ebert, Yaoundé, p. 126 ;

- « La condition juridique de l'électeur au Cameroun », *RASJ* 2000, vol. 1, n° 2, p. 57.

Mouelle kombi (NarcisseNah Fuashi (Thomas), « The constitutionality of the Ohada treaty in Cameroon : lets discuss its application in the English speaking provinces", *RASJ,* 2000, vol. 1, n° 2, p. 141.

Ngoutane Mvogo (Pauline), *La constitution et le Droit Criminel dans le système juridique camerounais*, Thèse de Doctorat, Université de Yaoundé II, 2008.

Nguele Abada (Marcellin) : « La réforme du règlement intérieur de l'Assemblée nationale du Cameroun », *RASJ*, 2003, Vol.1, n° 3, p. 97 ; Cahier de l'UCAC n° 11, 2006, p. 199.

Nguemegne (Jacques Philibert), « Le Ministre camerounais de la IVè République, plus servant que seigneur », *Juridis-Périodique*, n° 36 (1998), p. 65

Ngwa Nfobin (Eric Herman), « The declaration of a state of emergency in Cameroon public law : myth and reality », *Annales de la FSJP de l'Université de Dschang*, tome 2, 1998, p. 61.

Njoya (Jean) :

« La constitutionnalisation des droits des minorités au Cameroun : usages politiques du droit et phobie du séparatisme », *Juridis-Périodique* n° 37 (1999), p. 37

-« Succession constitutionnelle en Afrique : idée républicaine et retour au dauphinat : parenté et politique en imbrication », *RASJ*, vol.7 n° 1(2010), p. 201

Ntamark (P.Y) : -"The constitution of the Federal Republic of Cameroon and the "Federal principles"", *RCD* n° 19/20 (1980), p. 5 ;

Ntonga Bomba (Serge Vincent), "La procédure législative devant l'Assemblée nationale du Cameroun", *Juridis-Périodique* n° 49 (2002), p. 57.

Olinga (Alain-Didier) :

-« L'exigence de la prise en compte des « composantes sociologiques de la circonscription » en droit électoral camerounais », *Juridis-Périodique* n° 28 (1996), p.67.

-« Contentieux électoral et état de droit au Cameroun » *Juridis-Périodique* n° 41 (2000), p. 35 ;

-Le nouvel environnement juridique et institutionnel des élections au Cameroun, Yaoundé, PUA, 2007 ;

-« Bilan des élections législatives et municipales du 30 juin 2002 au Cameroun et impact sur l'évolution démocratique du pays », Cahier africain des droits de l'homme n°, 2003, p. 69 ;

-« L'aménagement des droits et libertés dans la constitution camerounaise révisée », *RUDH* 1996, p. 116 ;

-« La « Naissance » du juge constitutionnel camerounais : la commission électorale nationale autonome devant la Cour suprême », *Juridis-Périodique* n°36 (1998), p. 71 ;

-« La régionalisation camerounaise en chantier : acquis constitutionnels et perspectives législatives », *Juridis-Périodique* n° 55 (2003), p. 91 ;

-*La Constitution de la République du Cameroun*, Presses de l'UCAC, Yaoundé, 2006

-« Vers une garantie constitutionnelle crédible des droits fondamentaux », *in La réforme constitutionnelle du 18 janvier 1996, Aspects juridiques et politiques*, Yaoundé, Friedrich Ebert, 1996, p. 320 ;

-« Considérations sur les traités dans l'ordre juridique camerounais », *RADIC*, 1996, p. 283 ;

-« L'aménagement des droits et libertés dans l'ordre juridique camerounais révisé », *RUDH*, 1996, 116 ;

-« L'article 67 de la Constitution », *Lex Lata* n° 33 (1997), p. 3.

Ondoa (Magloire) :

-« La constitution duale : recherches sur les dispositions constitutionnelles transitoires au Cameroun, *RASJ*, 2000, vol.1, n° 2, p. 20

-« Commentaire de la loi n° 6/06 du 18 janvier 1996 portant révision de la constitution du 02 juin 1972, *Juridis-Périodique*, n° 25 (1996), p.11.

-« La distinction entre constitution souple et constitution rigide en droit constitutionnel français », *Annales de la FSJP de l'Université de Douala*, 2002, n° 1, p. 66 ;

-« Une résurrection : le régime parlementaire camerounais », *Annales de la FSJP de l'Université de Douala* n° 2, 2002, p. 7.

Owona (Joseph) :

-« Le Premier ministre en République unie du Cameroun : l'affirmation constitutionnelle discrète d'une institution », *RCD* n° 17 et 18, p. 50 ;

-« L'essor du constitutionnalisme rédhibitoire en Afrique noire. Étude de quelques constitutions Janus », *in Mélanges Gonidec*, Paris, 1985, p.235

-« La nouvelle constitution camerounaise du 2 juin 1972 : de l'État fédéral à l'État unitaire », *RJPIC*, 1973, p.3

-« La réforme politique et constitutionnelle de la République unie du Cameroun », *RJPIC*, 1975, p. 486

-« L'institutionnalisation de la légalité d'exception dans le Droit public camerounais », *RCD*, n° 6 (1974) p. 104.

-Droits constitutionnels et institutions politiques du monde contemporain : étude comparative, Paris, L'Harmattan, 2010

Sindjoun (L.), *Construction et déconstruction locales de l'ordre politique au Cameroun. La sociogénèse de l'Etat*, Thèse de Doctorat d'Etat en science politique, Université de Yaoundé II, 1994.

Soh (Maurice), « Le visage inconstitutionnel du code pénal camerounais », *Lex Lata* n° 29, 1996, p. 3.

Tabe Tabe (Simon), « Reflections on judicial independance in Cameroon's public administration », *Annales de la FSJP de l'Université de Dschang*, tome 8, 2004, p. 215.

Tchantchou (H.), *La supranationalité judiciaire dans le cadre de l'OHADA : Étude à la lumière du système des Communautés européennes,* Paris, l'Harmattan, 2009, 367p.

Togolo (Odile), « Le Premier ministre, chef du gouvernement : les arguments d'une polémique autour de la fonction », *RASJ* 2009, vol. 6 n° 1, p. 341

Wandji K (Gérôme Francis)

-« Les différents aspects de la légitimité présidentielle au Cameroun hier et aujourd'hui », *Jurisdis-Périodique* n° 66 (2006) p. 55.

-« Les zones d'ombre du constitutionnalisme en Afrique », *Juridis-Périodique* n°74 (2008), p 84.

Yacouba Moluh : « L'introuvable nature du régime camerounais issu de la constitution du 18 janvier 1996 », *in La réforme constitutionnelle du 18 janvier 1996, Aspects juridiques et politiques,* Friedrich Ebert, Yaoundé, 1996, p. 242.

Droit de la communication

Boyomo Assala (Laurent Charles) : « La liberté de la presse, préalable à la liberté d'expression ? », *Cahier africain des droits de l'homme* n° 5, 2000, p. 219.

Ella Meye (Lydie Chantal), « Sources et analyse de l'information humanitaire », *Cahier africain des droits de l'homme* n° 5, 2000, p. 179.

Issowa Iyoni (Samuel), « Le cadre juridique camerounais des réseaux et services de télécommunication face à la société de l'information : de la fracture numérique à la fracture juridique ? », *Juridis-Périodique* n° 71 (2007), p. 103.

Mbida (Albert), « Évolution du cadre juridique des entreprises de presse au Cameroun », *Cahier africain des droits de l'homme* n° 5, 2000, p. 33.

Nkongho (Elias) and Gabsa Nyongbet, "Freedom of communication in a democratising Cameroon", *Annales de la FSJP de l'Université de Dschang*, tome 3 (1999), p. 171.

Pekassa Ndam (Gérard) : « La réforme du secteur des postes et télécommunications au Cameroun », *RASJ* 2000, vol.1, n° 1, p. 97.

Droit de la concurrence

Abomo (Marie – Louise), « Les particularismes et les zones d'ombre de la répression des pratiques anticoncurrentielles dans la zone Cemac », *Juridis-Périodique* n°70 (2007), p. 110.

Gnimpieba Tonnang (Édouard),

-« La prohibition des pratiques de domination des marchés par les entreprises en Afrique centrale : ombres et lumières d'une réforme », *Juridis-Périodique* n°76 (2008), p. 102.

-« Recherche sur le nouvel encadrement communautaire des ententes anticoncurrentielles des entreprises en Afrique Centrale », *Juridis périodique* n° 69 (2007), p. 92.

Jiogue (Grégoire) :

-*Introduction à l'étude du droit camerounais de la concurrence,* thèse de doctorat de 3e cycle, Université de Yaoundé II, 1997 ;

-« La clause de non-concurrence en droit du travail camerounais », *Annales de la FSJP de l'Université de Dschang*, 1997, tome 1, vol. 2, p. 137

Kalieu (Yvette) et Keugong Watcho,

-« Commentaire du règlement n° 4/99/UDEAC-CM-639 du 18 août 1999 portant réglementation des pratiques étatiques affectant le commerce entre les États membres », *Juridis-Périodique* n° 54 (2003), p. 5.

-« La réforme de la procédure communautaire de concurrence CEMAC », *Juridis-Périodique* n° 80 (2009), p. 107

Nyama (Jean-Marie) :

-« La liberté du commerce et de la concurrence dans le cadre de la loi camerounaise du 10 août 1990, *RJA* 1992/1993, p. 51 ;

-« Les groupements d'intérêt économique et le droit camerounais de la concurrence », *Juridis-Périodique* n° 26 (1996), p. 63.

Droit de la preuve

Ambassa (Léon Chantal), « La présomption d'innocence en matière pénale », *Juridis-Périodique* n° 58 (2004), p. 43.

Chi Asafor (Cornelus), « La valeur probante de la photocopie en droit positif », *Juridis-Périodique*, n° 35 (1998), p. 78.

Kamto (Maurice)

-« Le matériau cartographique dans les contentieux frontaliers et territoriaux internationaux », *Liber Amicarium Mohammed Bedjaoui*, Londres, ASICL, 1998 ;

-« Les moyens de preuve devant la Cour internationale de justice à la lumière de quelques affaires récentes portées devant elle », à paraître dans le *German Yearbook of International Law*.

Kitio (Édouard), « La valeur actuelle des actes médicaux à caractères judiciaire devant le juge répressif camerounais », *Juridis-Périodique* n° 27 (1996), p. 1.

Manga (Philippe), « Le régime de la preuve en matière fiscale », *Juridis-Info* n° 2 (1990), p. 65.

Mevoungou Nsana (Roger), « La présomption, ou la preuve méconnue », *RASJ* 2001, vol.2, n° 2, p. 53.

Ngono (Solange), « La présomption d'innocence », *RASJ* 2001, vol.2, n° 2, p. 151.

Nkolo née Mbengone (Pierrette), *La recherche et la production des preuves dans l'avant-projet de code de procédure pénale*, thèse de doctorat de 3e cycle, Université de Yaoundé, 1982.

Nyetam Tamga (André), « Les droits de la défense dans la jurisprudence de la Cour suprême statuant en matière administrative », *Juridis-Périodique* n° 52 (2002), p. 69 ; *Annales de la FSJP de l'Université de Douala* n° 2, 2002, p. 77.

Droit de la prévoyance sociale

Djuikouo (Joséphine) : *La responsabilité de l'employeur en matière d'accident de travail*, thèse de doctorat d'État, Université de Yaoundé II, 2007.

Fonja Achu (Julius) : « Social security Law : family allowance and maternity in Cameroon-A critical analysis and appraisal" *RASJ*, 2001, vol.2, n° 2, p. 135.

Mpesssa (Aloys), « Le contentieux de la Caisse nationale de la prévoyance sociale devant la chambre administrative », *Juridis-Périodique* n° 89 (2012), p. 71.

Tchou-Bayo (Jean-Paul) :

-*Le contentieux de la prévoyance sociale au Cameroun*, thèse de doctorat de 3e cycle, Université de Yaoundé II, 1995 ;

-« Le contentieux de la prévoyance sociale au Cameroun », *Juridis-Info* n° 23 (p.83) et 24 (p 95) (1995) ;

-« Droits fondamentaux et protection sociale », *Annales de la FSJP de l'Université de Dschang*, tome 1, 1997, p. 64.

Droit de la propriété intellectuelle

Ananfah Dongmo (Valérie Aimée), « La dépendance dans la loi n° 2000/ 011 du 1ç décembre 2000 relative au droit d'auteur et aux droits voisins », *Juridis-Périodique* n° 99 (2014), p. 78

Dashaco Tambutoh (John) :

-"Can the restructured legal framework on copyright and neighbouring rights in Cameroon be a catalyst of the sustainable development of the culture ?" RASJ vol. 4, n° 1 (2007), p. 55 ;

-« Intellectual property law aspects of the 1992 Convention on biological diversity-The case of traditional medicine » *RASJ*, 2001, vol.2, n° 1, p.247 ;

-"Do Cameroonian laws on counterfeiting conform to the prescriptions of international Conventions ?", *RASJ*, 2003, vol.1, n° 3, p. 37 ;

Ekome (Emmanuel) : "Landmark development in commercial law practice in Anglophone Cameroon : conflicts beyond belief", *Juridis-Périodique* n° 52 (2002), p. 81.

Fometeu (Joseph) :

-*Les sujets du droit d'auteur : essai sur la titularité des droits d'auteur*, Thèse de doctorat d'État, Université de Yaoundé II, 2006 ;

-*La copie et le droit d'auteur*, thèse de doctorat de 3e cycle en droit privé, Université de Yaoundé II, 1997 ;

-« La protection du patrimoine culturel par le droit de propriété intellectuelle », *Juridis-Périodique* n° 52 (2002), p. 49 ; *Verfassung und recht in übersee (Law and politics in Africa, Asia and Latin America)* n° 37, 2004

-« La notion juridique de titularité : un essai de conceptualisation », *Revue Lamy Droit de l'immatériel*, mai 2007.

Keutcheu (Joseph), « La gestion collective du droit d'auteur de l'art musical au Cameroun : entre crise de politique et consensus ambigu », *Juridis-Périodique* n° 102 (2015), p. 97

Nkou Mvondo (Prosper), "La protection des biens corporels du patrimoine culturel national », *Juridis-Périodique* n° 52 (2002), p. 55.

Seuna (Christophe) :

-*L'informatique et la nouvelle loi camerounaise sur le droit d'auteur et les droits voisins*, Thèse de doctorat d'Etat, Université de Yaoundé II, 2006 ;

-*La protection du logiciel par le droit d'auteur au Cameroun*, Thèse de doctorat de 3e cycle en droit privé, Université de Yaoundé, 1991 ;

-« L'auteur salarié après la promulgation de la loi du 14 août 1992 portant Code du travail », *RJA* 1994, p. 176.

Miendjiem (Isidore-Léopold) :

-« Réflexion sur la nature juridique de l'infogérance » *Annales de la FSJP de l'Université de Dschang,* tome 1, 1997, p. 206 ;

-« Le père Noël des créateurs et diffuseurs des œuvres de l'esprit au Cameroun : la loi n° 2000/011 du 19 décembre 2000 relative au droit d'auteur et aux droits voisins », *Revue générale de droit* 2002, p. 527.

Mvomo Ela (Paulette) : « Accès aux médicaments et droits sur les brevets : le cas du SIDA en Afrique subsaharienne », *RASJ* vol 4, n°1, p. 143.

Ondoua (M),

-*La protection des auteurs des œuvres de l'esprit*, Presses de l'Université Libre, Yaoundé, 2008, 192p.

-« Les contrats relatifs au droit d'auteur », Presses de l'Université Libre, Yaoundé, 2008.

Seuna (christophe),

-*La protection du logiciel par le droit d'auteur au Cameroun*, Thèse de Doctorat de 3e cycle en droit privé, Faculté des Sciences Juridiques et Politiques, Université de Yaoundé, 1991.

-« La nouvelle loi camerounaise relative au droit d'auteur et aux droits voisins », *Revue internationale du Droit d'auteur*, Yaoundé, Avril 2001.

Droit de la santé et des actes médicaux

Amadou Monkaree : Consent to medical professional treatment », *Annales de la FSJP de l'Université de Douala*, 2002, n° 1, p. 358.

Atangcho Nji Akonumbo, « HIV/AIDS Law and Policy in Cameroon : An overview'6 African Human Rights Law Journal" (2006), 85-22.

Cheka Cosmas Ngassah, « Le financement de la santé au niveau communal au Cameroun : Principes d'unicité de caisse et décentralisation », Éditions « Traverses » du groupe Initiatives, n° 20, Paris mai 2006.

Danpullo Rabiatu Ibrahim, « Women and the HIV/AIDS pandemic in Cameroon : the way forward », Annales de Facultés des Sciences Juridiques et Politiques, Université de Dschang, tome 10, 2006 pp.71- 79.

Daschako Tambutoh (J), « Traditionnal medecine and Intellectual Property Rights 6 A move Towards Prosecution in Developing Countries ?", WIPO Publication, Geneva, 2002.

Kuitche Kamgoui (Victorine), « La nature juridique de la relation entre le tradi-praticien et le patient », *Juridis-Périodique* n° 52 (2002), p.61.

Ngwafor (Ephraim) : « Medecine and law in Cameroon : the harbinger of an unsettled confrontation », *RASJ*, 2000, vol.1, n° 1, p. 53.

Nyem (Gabriel), « Typologie des responsabilités médicales », *Juridis-Périodique* n° 46 (2001), p. 82.

Simo Kouam (Ampère), « Le statut du médicament en droit pharmaceutique », *Juridis-Périodique* n° 99 (2014), p. 55

Temngah Nyambo (Joseph) : “Abortion in Cameroon : saving (the life of) the mother or decline in medical ethics ?”, *Annales de la FSJP de l’Université de Dschang,* tome 7, 2003, p. 193.

Tjouen (Alexandre Dieudonné) : « Le médecin et son patient : l’obligation de se taire », *Lex-Lata* n° 07, 1994, p. 3 et *RASJ*, 2000, vol.1, n° 1, p. 70.

Zama (Isaac), « The medical doctor, abortion and the law in Cameroon”, *Juridis-Info* n° 13 (1993), p. 59.

Droit de l’arbitrage

Abomo (Marie-Louise), « L’ordonnance du juge de l’exequatur en matière d’arbitrage au Cameroun », *Juridis-Périodique* n° 73 (2008), p. 105.

Amoussou-Guenou (Roland) :

-*Le droit et la pratique de l’arbitrage commercial international en Afrique Subsaharienne,* Thèse de doctorat, Paris II, 1995 ;

-« L’arbitrage dans le traité relatif à l’harmonisation du droit des affaires », *Revue de droit des affaires internationales,* 1996, n° 3, p. 321 ;

-« L’état du droit de l’arbitrage interne et international en Afrique avant l’adoption des instruments Ohada », *in L’Ohada et les perspectives de l’arbitrage en Afrique*, Bruxelles, Bruylant, 2000, p. 9 ;

-« L’Acte uniforme et son environnement juridique » *Revue camerounaise de l’arbitrage*, 2001, p. 11.

Dampullo (Rabiatou), « Alternative dispute resolution : which way Foward ? » *Juridis-Périodique* n° 91 (2012), p. 61

Kamto (Maurice) : « La participation des personnes morales africaines de droit public à l’arbitrage Ohada », *in L’Ohada et les perspectives de l’arbitrage en Afrique,* Bruylant, Bruxelles 2000, p. 89.

Kenfack Douajni (Gaston) :

-*L’arbitrage dans le système Ohada*, thèse de doctorat, Paris 1, 2005 ;

-« L’incidence du système Ohada sur le droit camerounais de l’arbitrage », *Revue camerounaise de l’arbitrage* 1998, n° 1, p. 3 ;

-« Les mesures provisoires et conservatoires dans l'arbitrage Ohada », *Penant* n° 833, p. 137 ;

-« Le juge étatique dans l'arbitrage Ohada », *Revue camerounaise de l'arbitrage*, 2001, n° 12, p. 3

-« L'acte uniforme Ohada relatif au droit de l'arbitrage dans le cadre du traité Ohada », *Revue camerounaise de l'arbitrage*, 1999, n° 5, p. 3 ;

-« Le cadre juridique de l'arbitrage au Cameroun », *Revue camerounaise de l'arbitrage,* 1999, n° 4, p.3 ;

-« L'arbitrage CCJA », *Revue camerounaise de l'arbitrage*, 1999, n° 6, p. 3 ;

Kenfack Douajni (Gaston) et Imhoos (C) :

-« L'Acte uniforme relatif au droit de l'arbitrage dans le cadre du traité OHADA », *Revue camerounaise de l'arbitrage,* 1999, n° 5, p. 3 ;

-« Le règlement d'arbitrage de la Cour commune de justice et d'arbitrage de l'OHADA », *Revue de droit des affaires internationales*, 1997, n°7, p. 825.

Kuimo Nkenni Mbeno (B.), *OHADA/Droit OHADA de l'arbitrage. Études des Missions de l'arbitre : Tableaui de bord de l'arbitrage commercial*, Sarrebruck, Éditions universitaires européennes, 2012, 148p.

Nemedeu (Robert), « La recherche du critère d'arbitrabilité des litiges concernant les personnes morales de droit public en droit Ohada », *Revue africaine des sciences juridiques* 2009 ; vol. 6, n° 1, p. 45.

Pougoué (Paul-Gérard), « Le système d'arbitrage de la Cour commune de justice et d'arbitrage », *in L'Ohada et les perspectives de l'arbitrage en Afrique,* Bruylant, Bruxelles 2000, p. 129.

Sockeng (Roger), « Les effets de la convention d'arbitrage en droit camerounais », Revue camerounaise de l'arbitrage, n° 4, 1999, p.10

Tamkam Silatchom (Armel), *La contribution de l'arbitrage à la promotion des investissements : étude comparée des systèmes d'arbitrage de la CCJA et du CIRDI*, thèse de doctorat d'État, Université de Yaoundé II, 2014

Tchakoua (Jean-Marie) :

-*Le contrôle de la régularité internationale des jugements et sentences arbitrales en droit camerounais*, Thèse de doctorat 3e cycle Université de Yaoundé, 1992 ;

-*Droit de l'arbitrage dans l'espace OHADA* (avec **P. G. Pougoué et A. Fénéon**), Yaoundé, PUA, 2000.506p.

-« L'arbitrabilité des différends dans l'espace » OHADA, *Penant* 2001, p. 5 ;

-« L'espace dans le système d'arbitrage de la CCJA », *Revue de recherche juridique-Droit prospectif,* 2003-3, p.2237 ; *Penant* n° 842, 2003, p. 59 ;

-« Le statut de la sentence arbitrale d'accord parties : les limites d'un déguisement bien utile, Revue de droit des affaires internationales 2002, n° 7, p.775 et *Juridis-Périodique* n° 51 (2003), p. 80 ;

-« L'arbitrage et les investissements internationaux en Afrique noire francophone : un mot sur la compétence de l'arbitre », *Juridis-Périodique* n° 31 (1997), p. 67.

-« Le système d'arbitrage de la CCJA en questions », *Juridis-Périodique n° 79 (2009), p. 118.*

-« L'exécution des sentences arbitrales dans l'espace Ohada » : regard sur une construction inachevée à partir du cadre camerounais », *Revue africaine des sciences juridiques* 2009, vol. 6, n° 1, p.1

-« La pratique de l'*exequatur* des sentences arbitrales au Cameroun », *Juridis-Périodique* n° 96 (2013), p. 143

Teppi Kolloko (Fidèle), « L'efficacité de la sentence arbitrale dans sa dynamique exécutoire : une lecture du droit Ohada », *Juridis-Périodique* n° 101 (2015), p. 65

Droit de l'environnement et des forêts

Chi Muam (Augustine) :

-"The 1994 Cameroon forestry law revisited : human-elephant conflicts", *Juridis-Périodique* n° 58 (2004), p. 43 ;

-"Understanding international environmental declaration : the 2003 afleg declaration and action plan", *Juridis-Périodique* n° 59 (2004), p. 107

-"COMIFAC Treaty-First African Regional "hard" law on conservation of Forest Ecosystems in Central Africa", *Juridis-Périodique* n° 78 (2009), p. 85

Ewang Sone (Andy) :

-"The role of the Cameroonian woman in the conservation of the environment", *Juridis-Périodique* n° 27 (1996) p. 87 ;

-« Role of local communities in the management of forest and sustainable development : the experience of CERUT in forest zone of Cameroon » *Annales de la FSJP, Université de Dschang*, tome 1, 1997, p. 176.

Kamto (Maurice) :

-*Droit de l'environnement en Afrique*, EDICEF, Paris, 1996 ;

-« Les conventions régionales sur la conservation de la nature et des ressources naturelles en Afrique et leur mise en œuvre », *Revue juridique de l'environnement,* 1991, n° 4, p. 417 ;

-« Fleuves et lacs internationaux africains et problèmes écologiques : aperçu des problèmes juridiques », in *Environment policy and Law*, Bonn, vol. 21, n° 5 et 6, p. 236 ;

-« Les nouveaux principes du droit international de l'environnement » *Revue juridique de l'environnement* n° 4, 1992, p.11 ;

-« La désertification : aperçu écologique et esquisse pour une convention sur les zones désertiques, arides, sémi-arides et sèches humides » *in Droit de l'environnement et du développement durable*, Limoges, Presses universitaires de Limoges, 1994 ;

-« Les forêts, « Patrimoine commun de l'humanité » et droit international » *in Droit, forêts et développement durable*, Bruylant, Bruxelles, 1996 ;

-« Singularités du droit international de l'environnement » *in Les hommes et l'environnement en hommage à Alexandre-Charles Kiss*, Paris, Frison-Roche, 1997, p. 315 ;

-« La mise en œuvre du droit international de l'environnement » *in La mise en œuvre du droit international de l'environnement*, Limoge, Presses universitaires de Limoges, 2003 ;

-« Les États africains riverains de l'Atlantique et la protection des tortues marines » *Revue roumaine du droit de l'environnement* n° 1, 2002 ;

-« L'espèce protégée en droit international de l'environnement » à paraître dans les *Mélanges Michel Prieur.*

Kam Yogo, « Les États africains face à la protection des éléphants d'Afrique par le droit international de l'environnement », *Juridis-Périodique* n° 57 (2004), p. 81.

Mbetiji Mbetiji (Michel) :

-"The place of forests in cameroon's lans law", *Juridis-Périodique* n° 79 (2009), p. 77

-"*An appraisal of law n° 94/01 of 20 January 1994to lay down foresty, wildlile and fisheriesd regulations : A case stuty for the conservation of birds in Cameroon*" *Juridis-Périodique* n° 89 (2012), p. 62

Nnanga (Sylvstre Honoré), « La protection juridique des forêts africaines : mythe ou réalité ? » *RASJ* vol. 4, n° 1, p. 217.

Ntonga-Bomba (Serge Vincent), « L'état actuel de la mise en œuvre des instruments juridiques en matière d'environnement au Cameroun », *Juridis-Périodique* n° 48 (2001), p. 121.

Tcheuwa (Jean-Claude) :

-« L'environnement en droit positif camerounais », *Juridis-Périodique* n° 63 (2005), p. 87.

Droit de l'investissement et du développement

Anoukaha (François) :

-« Les outils légaux de promotion des investissements directs en Afrique noire francophone », Communication au Congrès de l'Union internationale des Avocats, Yaoundé, 29 et 30 mai 1998.

Anoukaha (François), Pokam (Hilaire de Prince), Folefack (Ernest) et Nkenfack (Hilaire), « La lutte contre la pauvreté et les exclusions par les institutions et les pouvoirs publics en Afrique à travers le concept de « Gouvernance partagée » », *Annales de la FSJP de l'Université de Dschang,* tome 7, 2003, p. 5.

Atangcho Nji Akonumbo :

-*The legal framework for the protection of foreign direct investment in Cameroon,* thèse de doctorat de 3ème cycle, Université de Yaoundé II, 1999 ;

-"The legal aspects of privatisation in Cameroon : the experience and lessons" *RASJ*, 2001, vol.2, n° 1, p. 119.

Banyong Fonyam (J) :

-"The law and the creation of private radio and television stations in Cameroon : a critical appraisal", *Annales de la FSJP de l'Université de Dschang*, tome 7, 2003, p. 93.

Batoum-Ba-Ngoué (Samuel Théophile), "L'établissement scolaire public au regard du décret n° 2001/041 du 19 février 2001 portant organisation des établissements scolaires publics et fixant les attributions des responsables de l'administration scolaire : l'idée d'une collectivité éducative au Cameroun », *Juridis-Périodique* n° 49 (2002), p. 67.

Bile (Paule Christianne), « Le discours sur la suppression des frais de scolarité dans l'enseignement primaire au Cameroun : le cas de la province du Nord », *Cahier africain des droits de l'homme* n° 10, 2004, p. 199.

Diffo Tchunkam (Justine), "Le régime de zones franches à l'épreuve de l'intégration régionale", *RASJ* 2000, vol.1, n° 2, p. 192.

Foko (Athanase) :

-*Le régime juridique de la privatisation au Cameroun,* thèse de doctorat 3e cycle, Université de Yaoudé II, 1994.

Funwe Tamasanz (Christopher), « Sustainable development : some reflections with regard to the new constitutional dispensation in Cameroon", *RASJ* vol 5 (2008) n° 1, p. 145

Gatsi (Jean) : « Le marché financier au Cameroun », *Juridis-Périodique* n° 45 (2001), p. 63.

Kamto (Maurice) :

-« Transfert de technologie et perspectives internationales de développement en Afrique subsaharienne. Quelques réflexions », *Afrique et développement*, Addis Abeba, Vol. XII, n° 2, 1987, p. 101.

Kenfack Douajni (Gaston) :

-« Les conditions de la création dans l'espace Ohada d'un environnement favorable au développement », *Revue juridique et politique*, 1998.

Kwemo (S.), *L'OHADA et le secteur informel : l'exemple du Cameroun,* Bruxelles, Éditions Larcier, 21012, coll. Droit/Économie internationale, 432p.

Kwimo (Jacques), « Le contrôle des entreprises publiques en République populaire du Congo », *RCD* n° 31-32, 1986, p. 57.

Mbarga Nyatte (Daniel) : « Les droits décisifs à l'aide au développement à l'épreuve des faits en Afrique », *RASJ* vol. 4, n° 1, p. 281.

Mbifi (Richard), « Multinational corporations : a « necessary evil » in less developed economies" *Annales de la FSJP de l'Université de Dschang*, tome 5, 2001, p. 203.

Moye Bongyu (Godwin) : « Creating a positive administrative environment : a prerequisite for the development of Africa », *Juridis-Périodique* n° 57 (2004), p.101.

Nchimi Mebu (Jeanne-Claire) :

-« Réglementation du dispositif PPTE : Transparence, participation et équité » *in Stratégie de désendettement et politiques de développement au Cameroun : Rupture, permanence ou continuité ?* FFE/CEDDA, 2002 ;

-« L'analyse de l'initiative PPTE au regard du concept juridique de remise de dette » *in Cameroun : Enjeux et défis de l'initiative PPTE,* FFE/CERDDA, PUA, Yaoundé 2001.

Nguebou Toukam (Josette) : « Environnement juridique et développement du secteur privé : l'exemple de l'Ohada » *RASJ* 2001, vol. 2, n° 1, p.19.

Nguihe Kanté (Pascal) : « Les contraintes de la privatisation des entreprises publiques et parapubliques au Cameroun », *Juridis-Périodique* n° 48 (2001), p. 79.

Ntuda Ebode (Joseph-Vincent), « De la décolonisation fictive à l'hypercolonisation », *in La mondialisation : quel humanisme ?*, Cahier de l'UCAC n° 6, 2001, p. 358.

Pougoué Paul-Gérard :

-« L'impact de l'Acte uniforme de l'Ohada relatif au droit des sociétés commerciales et du GIE sur le contrôle et le développement des entreprises locales », *Juridis-Périodique* n° 66 (2006), p. 107.

Tchokomakoua (Venant) :

-« Commentaire de la loi n° 92/008 du 14 août 1992 relative aux sociétés coopératives et aux groupes d'initiative commune », *Juridis-Info* n° 12 (1992), p. 83 ;

-« La réforme du cadre juridique des entreprises du secteur public et parapublic (essai sur l'ordonnance n° 95/003 du 17 mai 1995 », *Juridis-Périodique* n° 26 (1996), p.97.

Wembé Nembot (C.), *Méthodes et techniques de gestion des risques : application aux pays en voie de développement,* Sarrebruck, Éditions universitaires européennes, 2012, 140p.

Droit des assurances

Anoukaha (François)

-*L'indemnisation des victimes d'accidents de la circulation à travers les mécanismes d'assurance de responsabilité et leurs substituts (Étude comparative des droits français et camerounais),* thèse de doctorat d'État, Université de Yaoundé II, 1991 ;

-« L'ordonnance n° 89/005 du 13 décembre 1989 et son décret d'application ou le petit noël des victimes d'accidents de la circulation au Cameroun », *Revue Afrique Assurance* n° spéc. 1992, p. 4

-« La réforme de l'assurance obligatoire des véhicules terrestres à moteur dans les États membres de la Cima » *Juridis-Périodique* n°30 (1997), p. 67.

Atanga Mbah-Mbole, « The insurance sector in Cameroon », *Juridis-Périodique* n° 51 (2002), p. 113.

Azu'u Fonkam, « Compulsory insurance and the availability of insurance cover : role played by the C.O.R.S.D », *RCD* n° 29, 1984, p. 43.

Bokalli (Victor-Emmanuel) :

-« Le nouveau droit du contrat d'assurance des États membres de la CIMA », *Lex Lata* n° 09, 1995, p. 11 ;

-« Le suicide dans le code CIMA », *Lex Lata* n° 22, 1996, p. 15 ;

-« Le nouveau droit du contrat d'assurance des États africains francophones », *RADIC* n° 3 (1998) p. 423.

-« L'indemnisation des victimes d'accidents de la circulation en droit camerounais », *Penant* n° 811 (1993), p. 27 ;

-« Les nouvelles législations africaines sur l'indemnisation des victimes d'accidents de la circulation : étude comparée des modèles organisés par le Cameroun, la Côte d'Ivoire, le Mali et le Togo », *Penant* n° 819, 1995, p.283 ;

Issa Sayegh (Joseph), « Code des assurances des États membres de la Cima : Livre III : Les entreprises d'assurance », *Juridis-Périodique* n° 32 (1997), p. 53.

Kitio (Édouard), « L'évolution de la criminalité en mer et la problématique de l'inassurabilité des risques exceptionnels par le Code communautaire de la marine marchande de la CEMAC », *Juridis-Périodique* n° 89 (2012), p. 110

Kouéneye Die (Hubert), « Le conducteur victime d'un accident de la circulation, victime malheureuse de la réforme CIMA », *Juridis-Périodique* n° 102 (2015), p. 117

Keugong Watcho (Rolande Saurelle), La réforme de l'article 13 du Code CIMA », *Juridis-Périodique* n° 102 (2015) p. 136

Kuaté (Innocent) :

-« L'indemnisation des victimes d'accidents de la circulation dans le Code CIMA », *Lex Lata* n° 10, 1995, p. 10 ;

-« La fraude à l'assurance au Cameroun : Identification-Sanctions-Prévention » *Lex Lata* n° 28, 1996, p. 3.

Mbeng Tataw Zoueu, « Libres propos sur le Sida, le secret médical et les assurances », *RASJ* vol 5 (2008) n° 1, p. 189

Mbock Biumla (J.M.), *Code des assurances de la Conférence interafricaine des marchés d'assurances,* Paris, Juriafrica, 2012, 508p.

Ngoubeyo (Sébastien), « Réflexion sur l'indemnisation des victimes d'accident de la circulation dans la zone CIMA : le cas du Cameroun, *Jurisdis-Périodique* n° 82 (2010), p. 104

Ngue (R.E.), *Comptabilité spéciale des entreprises d'assurance CIMA.* Tome1 : Comptabilité générale, Douala, éditions AFACAC, 700p.

Ngwafor (Ephraim) : "Wither the legal profession and the private insurance industry in Cameroon under a no-fault automobile insurance compensation scheme", *RCD* n° 29, 1985, p. 47.

Ohandja Eloundou (Achille), "Des épines dans la rose des accidents de la route ou la longue histoire d'une désillusion", *Juridis-Périodique* n° 75 (2008) ; p. 47

Simo Tumnde née Njikam, « Compensation of road accident victims under the CIMA code : the case of Cameroon », *Juridis-Périodique* n° 45 (2001), p. 87.

Tanga Mbah-Mbole, "The insurance sector in Cameroon", *Juridis-Périodique* n° 51 (2002), p. 113.

Tchou Bayo (Jean-Paul) et Fodong Sonfack (Valdès), « Le concours des assurances automobiles sur le marché CIMA », *Juridis-Périodique* n° 103 (2015), p. 101

Yigbedek (Zacharie), « Code des assurances des États membres de la Cima (Livre V : Agents généraux, courtiers et autres intermédiaires d'assurance et de capitalisation », *Juridis-Périodique* n° 33 (1998), p. 83.

Droit des biens

Anyangwe (Carlson). "Land Tenure and interests in land in cameroonian indigenous law", *RCD* n° 27, 1984, p. 29.

Biyiha (Joseph), "L'intangibilité du titre foncier dans la législation du 06 juillet 1974 et ses textes subséquents d'application », *Lex Lata* n° 13, 1995, p. 10.

Fonja Achu (Julius) : “The genesis of individual land ownership”, *Juridis-Périodique* n° 60 (2004), p. 41.

Koffi Nubukpo, « Le rôle de la volonté dans l’immobilisation par destination », *Annales de la FSJP de l’Université de Dschang*, tome 2, 1998, p. 135.

Miendjeim (Isidore-Léopold), *Le droit des occupants du domaine national*, thèse de doctorat en droit, Université de Yaoundé II, 2007

Ngwasiri (NC) :

-“The impact of the present land tenure reforms in Cameroon on the former West Cameroon”, *RCD* n° 19/20, p. 67, et n° 28, p. 73.

-« Jurisdiction over land dispute in Cameroon, *RCD*, n° 31/32 (1986), p. 25 ;

-“European legacy of land legislation in Cameroon”, *RASJ* 2000, vol.1, n° 2, p. 1.

Nyama (Jean-Marie) : *Régime foncier et domanialité publique au Cameroun*, Yaoundé, Presses de l’UCAC, 2001.

Pougoué (Paul-Gérard) : « Empiétement sur le terrain d’autrui (A propos de quelques décisions jurisprudentielles » *RCD* n° 13 et 14, 1977, p. 25.

Tientcheu Njiako (André) :

- *Droits fonciers urbains au Cameroun*, PUA Yaoundé, 2003.

- *Droits réels et domaine national au Cameroun*, Yaoundé, PUA, 2004.

Tjouen (Alexandre-Dieudonné), *Droits domaniaux et techniques foncières en droit camerounais (étude d’une réforme législative),* Economica, Paris, 1981.

Droit des entreprises en difficulté

Anoukaha (François) : « L’émergence d’un nouveau droit des procédures collectives d’apurement du passif dans les États africains membres de l’OHADA, *Afrique juridique et politique* 2002, p. 62.

Kane Ebanga (Paul), « La nature juridique du concordat du redressement judiciaire dans le droit des affaires Ohada », *Juridis-Périodique* n° 50 (2002), p. 109.

Kom (Jacqueline), *Droit des entreprises en difficulté-Ohada*, Yaoundé, PUA 3013

Kwati (Evelyn) Baninjoyoh, "*The treatment of the creditor in insolvency proceedings under Ohada*", *Juridis-Périodique* n° 99 (2014), p. 91

Makanda (Lise-Nadine), « La liquidation des entreprises publiques en droit camerounais », *Penant* 2001, p. 89.

Moho Fopa (E.A), « Les associés, parents pauvres de la prévention des difficultés des entreprises dans l'espace OHADA », *Annales de la Faculté des Sciences Juridiques et Politiques de l'Université de Dschang*, 2009, pp. 253-274.

Ngnintedem (Jean-Claude), « Le bail commercial à l'aune du droit OHADA des entreprises en difficulté », *Revue de Droit uniforme*, vol. XIV, 2009, p. 181.

Nguihe Kanté (Pascal) :

-« Réflexions sur la notion d'entreprise en difficulté dans l'Acte uniforme portant organisation des procédures collectives d'apurement du passif Ohada », *Annales de la FSJP de l'Université de Dschang,* tome 5, 2001, p. 87 ; *Penant* 2002, p. 5 ;

-« Réflexions sur le régime juridique de dissolution et de liquidation des entreprises publiques et para-pupubliques au Cameroun depuis la réforme des procédures collectives Ohada », *Penant* 2001, p. 245.

Nyama (Jean-Marie) : *Ohada : droit des entreprises en difficulté*, Yaoundé, éd. CERFOD, 2004.

Onana Etoundi (Felix), « Droit OHADA et protection des entreprises en difficulté », *Actualités juridiques,* n° 51, 2005, p. 285.

Pougoué (Paul-Gérard) et Kalieu (Yvette), *Les procédures collectives d'apurement du passif*, Yaoundé, PUA, 1998.

Droit des obligations

Amougui Galaoua (Pulchérie), Les obligations survivant au contrat, thèse, Strasbourg III, 2001

Boma (Alvine Longla), « Contemporary challenges in consumer protection discourse : identifying the consumer under Cameroonian law », *Jurisdis-Périodique* n° 87 (2011), p 68

Dion (N.J.), « Towards an expanded theory of contract : a historical and jurisprudential perspective", *RCD* n° 25, 1983, p. 34.

Diffo Tchunkam (Justine), « Le contrat selon la loi camerounaise du 21 décembre 2010 sur le commerce électronique », *Jurisdis-Périodique* n° 87 (2011), p. 76

Fometeu (Joseph), « Le spectacle et le droit (essai de systématisation des règles juridiques du spectacle) », *Juridis-Périodique* n° 34 (1998), p.69.

Fossungu (Peter), "Cameroonian sentencing law : let's talk "diminished responsibility »", *Juridis-Périodique,* n° 25 (1996), p. 84.

Gatsi (Jean), Monkaree (A.), « The draft OHADA uniform act on contracts and UNIDROIT principles of international commercial contracts », *in l'Effectivité du droit OHADA*, Yaoundé, PUA, 2006, pp. 207- 2013.

Jiogue (Grégoire) :

- *La responsabilité du fait d'autrui : réflexion à partir des droits français et camerounais*, Thèse de doctorat d'Etat, Université de Yaoundé II, 2005.

-« Le droit de rétention conventionnel. Étude de droit français et de droit OHADA », *Revue Africaine des Sciences juridiques*, vol 4, n° 1, 2007.

Kenmogne Simo (A.), « La sanction du dol ayant amené à contracter à des conditions différentes », *Lamy Droit civil*, Paris, n° 52, septembre 2008, pp. 54-59.

Keugong Ngueken Watcho (R.S.), *Le droit commun des contrats face à l'émergence des droits communautaires africains,* Thèse de Doctorat, Université de Dschang, 2009.

Kuaté Tameghe (Sylvain Sorel) :

-« Réflexions naïves sur la responsabilité de l'agent immobilier dans la loi n° 2001/020 du 18 décembre 2001 organisant la profession d'agent immobilier », *Revue de droit africain* n° 37 2006, p. 47.

Massamba Makela (Roger), « L'impossible et le contrat », *Juridis-Périodique* n° 102 (2015), p. 110

Mevoungou Nsana (Roger) :

-« La situation juridique de l'emprunteur immobilier en droit camerounais », *RJA*, 1992/1993, p. 49 ;

-« De la pratique à la loi : bref aperçu sur la loi n° 2009/009 du 10 juillet 2009 relative à la vente d'immeuble à construire », *Jurisdis-Périodique* n° 82 (2010), p. 86

-« La nature consensuelle et synallagmatique du contrat de prêt consenti par un professionnel : le sacre d'une contribution doctrinale », *Juridis-Périodique* n° 54 (2003), p. 65.

Nchimi Mebu (Jeanne-Claire) : -*La théorie générale du contrat à l'épreuve du droit de la consommation*, thèse de doctorat d'Etat, Université de Yaoundé II, 1999.

Nemedeu (Robert) :

-« La responsabilité du vétérinaire » *RASJ*, 2001, vol.2, n° 1, p. 213 ;

-« La délégation imparfaite dans son mécanisme de sûreté », *Revue Lamy Droit civil*, juin 2005, p.345.

Njandeu née Mouthieu (M. A.), « *La mutation fonctionnelle du lien contractuel*, Revue Togolaise des Sciences Juridiques, n° 0003, juil.-déc. 2012, p. 29.

Ngomo (Angeline- Florence) : « Les clauses contractuelles abusives (esquisse comparative des droits camerounais et français, RJA 1992/1993, p. 133.

Ngo Sik (Florence), « Le secret et les atteintes des tiers », *Annales de la FSJP de l'Université de Douala*, 2002, n° 1, p.422.

Nguebou Toukam (Josette), « Réflexions sur les applications contemporaines du principe de subsidiarité dans l'action en enrichissement sans cause », *Annales de la FSJP de l'Université de Dschang,* tome 1, vol.2, 1997, p. 163.

Ntono Tsimi (Germain), « L'anticipation en droit des obligations », *RRJ* n° 2 (2013), p. 686

Nzalie Ebi (Joseph), « Can a contract of sale of land be frustrated ? Assessment of dommages in such contracts" *Annales de la FSJP de l'Université de Dschang*, tome 5, 2001, p. 129.

Okani Abengue (Rachel-Claire), *L'adéquation de la réparation au dommage matériel dans la responsabilité civile délictuelle – Etude comparée des Droits français et camerounais*, Thèse de Doctorat 1987, 361p.

Pougoué (Paul-Gérard) : « Le droit et l'équité dans l'abus de fonction : à propos de l'évolution actuelle de la jurisprudence camerounaise, *RCD* n° 31/32 (1986), p. 41.

Samgena D. Galega, :

-« Compensation for victims of defective products in Anglophone Cameroon", *Juridis-Périodique* n° 38 (1999), p.80 ;

-"A conspectus of modern tort law : some reflections on its nature and relevance", RASJ vol 4, n°1, (2007), p. 95.

-"*Insidious disease, product injury and the causal nexus in tort law*" *Juridis-Périodique* n° 75 (2008), p. 65.

Tagum Fombeno (H.J.), *Négocier et rédiger au mieux ses contrats dans l'espace OHADA*, Paris, l'Harmattan, 2010, 186p.

Temngah Nyambo (Joseph) : « Recent developments in the law of negligence : *watson Vs British Boxing Board of control and another* », *Annales de la FSJP de l'Université de Douala* 2002, n° 1, p. 336.

Droit des personnes et de la famille

Abomo (Marie-Louise)

-« Le droit à l'image de la personne : quelle protection au Cameroun ? », *Juridis-Périodique* n° 64 (2005), p. 80.

Akomndja Avom (Vincelline) :

-*Les incidences du mariage et du divorce en droit camerounais de la famille à la lumière du droit français*, Thèse de doctorat en droit, Université Jean Moulin Lyon III, 1998

-« La mobilisation du droit international du droit de la famille par le juge camerounais » *Juridis-Périodique*, n° 63, 2005, p. 46.

Anoukaha (François) :

-« L'apport de la jurisprudence à la construction du droit de la famille au Cameroun », *in La création du droit en Afrique*, sous la dir. D. Darbon, et J. du Bois De Gaudusson, Karthala, 1997, p. 409 ;

-« Une nouvelle étape dans l'évolution de la jurisprudence camerounaise en matière de régime matrimonial (A propos des affaires Kemajou et Koum), *in «Tendances jurisprudentielles et doctrinales du droit des personnes et de la famille de l'ex-Cameroun oriental,* Polycopié, Université de Yaoundé, 1990, p. 110 ;

-« La détermination du régime matrimonial légal dans lc droit positif camerounais (A propos des affaires Koum et Kemajou), *Pénant* 1995, p.71

-« La filiation naturelle au Cameroun après l'ordonnance n°81-02 du 29 juin 1981, *RCD* n° 30 (1985), p. 25 ; *Penant* (1987), p. 7.

Anoukaha (François), Elomo Ntonga (Lisette), Ombiono (Siméon), *Tendances jurisprudentielles et doctrinales du droit des personnes et de la famille de l'ex-Cameroun oriental*, Polycopié, Université de Yaoundé, 1990.

Atangana-Malongue (Thérèse), « Le principe d'égalité en droit camerounais de la famille », *RASJ*, 2003, vol. 1, n° 3, p.163.

Banamba (B.), *Les conflits de droits et de lois dans le système juridique camerounais (droit des personnes et de la famille)*, Thèse de Doctorat en Droit Privé, Université Panthéon- Assas Paris II, 1993.

Banyong Fonyam (J) : « Legal adoption in former West Cameroon", *RJA*, 1991, n° 1, p. 65.

Bessomo ép. Olomo Bélinga (Thérèse) :

-« Le juge successoral en droit camerounais », *RASJ*, vol 1, n° 3, 2003, p. 193 ;

-Le droit des successions au Cameroun : entre tradition et modernité, thèse de doctorat en droit, Université de Yaoundé II, 2003.

Djoutsop (Phaustin Roger) :

-« Négation du droit à la vie de l'enfant à naître », *RASJ*, 2001, vol. 2, n° 1, p. 229 ;

-« L'enfant conçu par procréation médicalement assistée et ses origines », *Annales de la FSJP de l'Université de Douala* n° 2, 2002, p. 171.

Djuidje Chatue (Brigitte) : *La rupture des fiançailles*, Yaoundé, PUA, 2010 ;

Djuidje Chatue (Brigitte) et Teche Ndeno (Stéhane J), « Les conflits de nationalités au Cameroun : une impasse ? Réflexion à la lumière de l'Avant-projet de Code camerounais des personnes et de la famille » *Juridis-Périodique* n° 103 (2015), p. 79

Djuikouo (Joséphine), « La question du cumul des nationalités en droit camerounais », *Juridis-Périodique* n° 98 (2014), p. 53

Dzeukou (Guy Blaise), « Le droit coutumier de la femme mariée : le droit de retraite » *Juridis-Périodique* n° 64 (2005), p. 60.

Ella (thierry), *Le règlement des successions au Cameroun*, thèse, Paris III, 1994.

Elomo Ntonga (Lisette),

-L'enfant naturel en droit camerounais (étude de jurisprudence des tribunaux de l'ex-Cameroun oriental), Mémoire de Master's degree, Université de Yaoundé, 1979.

-La filiation naturelle au Cameroun, Thèse de Doctorat, Université de Yaoundé, 1979

-« Les conditions de forme du mariage », *in Encyclopédie Juridique de l'Afrique*, Tome IV.

Enguté Amadong (Matthew), « The Promotion and Protection of Women's Fundamental Human Rights », Being an Article in the maiden Edition of Benue Women Academics (BEWACS) Journal, vol. 1, November 2002, pp. 77-90.

Ewang Sone (Andy) :

-*Marital violence and the law : the case of Cameroon,* thèse de doctorat de 3ème cycle, Université de Yaoundé II, 1993 ;

-"Legal protection of Cameroonian woman against violence", *Annales de la FSJP de l'Université de Dschang,* tome 5, 2001, p. 75 ;

Foko (Athanase) :

-« La sexualité et le couple en droit camerounais », *Juridis-Périodique* n° 38 (1999), p. 57 ;

-« Plaidoyer pour la consécration de la mutabilité du régime matrimonial au Cameroun », *Juridis-Périodique* n° 44 (2000), p. 53 ;

Fokum Sama-Lang (Irène) et Longla (Alvine), « The sociolegal consequences of Human Assisted Reproduction (HAR) on the Cameroonian woman and child", *Juridis-Périodique* n° 55 (2003), p. 104.

Fonja Achu (Julius), "Family allowances and Maternity benefits", *Revue Africaine des Sciences Juridiques et Politiques*, 2001, v.5 n° 2.

Foveng (Claude), *Le droit patrimonial de la famille en questions,* PUA, Yaoundé, 2005.

Ghogomu née Acha-Morfaw,

-« Terminating a valid marriage under S.1(2) an b of the matrimonial causes Act (MCA) 1973 in Anglophone Cameroon-The case of Niba George Amancho V Niba Ndango » *Annales de la FSJP de l'Université de Dschang*, tome 8, 2004, p.175

-"The law making power of superior court judges in Anglophone Cameroon : an examination of the legal texts governing adoption" *Juridis-Périodique* n° 83 (2010) p. 76

Jiogue (Grégoire) : « Les droits successoraux des enfants naturels », *Lex Lata* n° 3 (1994), p. 6.

Kameni (G.M.), *La vie privée en droit camerounais*, Thèse de Doctorat, Université de Toulouse1, 2013.

Kom (Jacqueline), « Les droits de la personnalité et la liberté de communication au Cameroun » *Juridis-Périodique* n° 50 (2002), p. 55.

Longla Boma (Alvine), « The age of majority in Cameroon : a critical review », *Annales de la FSJP de l'Université de Dschang*, tome 7, 2003, p. 155.

Malongue-Atangana (Thérèse), *La protection de la personne de l'enfant : étude du droit positif camerounais à la lumière de la Convention relative aux droits de l'enfant*, thèse de doctorat, Université Jean Moulin Lyon, 2001.

Méloné (Stanislas) :

-*La parenté et la terre dans la stratégie du développement*, éd. Kleincksieck, 1972 ;

-« Le Code civil contre la coutume : la fin d'une suprématie (à propos des effets patrimoniaux du mariage) », *RCD*, n° 1 (1972), p. 12 ;

-« Le droit successoral camerounais : étude de jurisprudence, premières tendances », *RCD*, n° 17/18 (1979), p. 55.

Menye Ondo (Marc), *Les causes de divorce en droit comparé français et camerounais*, Thèse de Doctorat publiée aux éd. du Septentrion, Lille 1998.

Mevoungou Nsana (R.), « L'enfant dans un État de droit », *Revue juridique et politique, indépendance et coopération,* n° 3, septembre-décembre 1998, p. 335 et suiv.

Monkam (Cyrille), « Recent innovations on Civil Stattus in Cameroon : An approsial of Law n° 2001/011 of 29 june 2011 modifying and complementing provisions of Ordinance n° 81-02 of june 1981 applaying to the organization of Civil Status", *Juridis-Périodique* n° 103 (2015), p. 92 ;

Ndoko (Nicole-Claire) : *L'idée d'égalité dans le droit successoral camerounais, dernières tendances de la jurisprudence en matière de succession ab intestat*, Yaoundé, 1988.

Ndjocke née Ndo Diki (Régine Marlyse) :

-« Règlement du divorce : étude socio-judiciaire de droit camerounais », *Annales de la FSJP de l'Université de Douala*, 2002, n° 1, p. 380 ;

-« Le régime matrimonial des camerounais : l'immutabilité des conventions matrimoniales en cause », *Annales de la FSJP de l'Université de Douala* n° 2, 2002, p. 171.

Nga Beyeme (Crescence), *Le droit international de la femme et son application dans le contexte africain : le cas des mutilations génitales féminines,* Presses Universitaires Européennes, Peter Lang GMbH, Frankfurt am Main, 2009.

Ngai (Clément), « Le contentieux sépulcral : recherche de la règle du conflit opposant la parenté à l'alliance », *Juridis-Périodique* n°74 (2008), p 107

Ngogang Ouandji (André), « La dévolution successorale au Cameroun » *RJPIC*, 1972, p.639.

Ngoluma Malongue (T.) épse Atangana Amougou,

-« Le principe d'égalité dans le droit camerounais de la famille », *Revue Internationale de Droit Comparé* (RIDC), n° 3, 2006, pp. 833-858.

-« Mutilations sexuelles et droit à l'intégrité physique de l'enfant en Afrique noire : le cas du Cameroun », *Centre de Recherche sur les Droits Fondamentaux* (CRDF), n° 4, Université de Caen, décembre 2005, pp. 183-197.

Nguebou Toukam (Josette) : « Notion et originalité du partage rémunération dans la construction du droit camerounais des régimes matrimoniaux », *Juridis-Périodique,* 1997, p. 37.

Ngum Asanga (Irene), « The choice of type of marriage and matrimonial property system in Cameroun. À comparative study", *Annales de la FSJP de l'Université de Dschang*, tome 8, 2004, p. 139.

Nkolo (Pierrette) : « L'option de régime matrimonial au Cameroun », *RCD*, n° 31/32 (1986), p.69.

Nkouendjin Yotnda (Maurice) :

-*Le Cameroun à la recherche de son droit de la famille*, *LGDJ*, Paris,1975 ;

-« Le rôle de la jurisprudence dans les nouveaux États d'Afrique Francophone », *Penant,* 1973, p. 11.

Nkou Mvondo (Prosper) Ngaleu (Émile), « Les rapports juridiques entre époux dans un mariage monogamique », *Revue de droit africain* n° 13, 2000, p. 3.

Ngwafor (Ephraim) :

-"Cameroon : Property Rights for women-A bold step in the wrong direction, *Journal of Family Law*" in the University of Louisville, vol. 29, n° 2 (1991), p. 297 ;

-*Family Law in Anglophone Cameroon*, The University of Regina Press, Saskachewan-Canada (1993).

Ntamark (P.Y) : -"Ownership of matrimonial property", *RCD* n° 23-24,1982, p. 11.

Ombiono (Siméon) :

-« Le mariage coutumier dans le droit camerounais », *Penant* 1989, p. 42 ;

-*Quelques aspects du droit des personnes et de la famille dans l'ex-Cameroun oriental*, Polycopié, Université de Yaoundé, 1987.

Pannier (Jean), « Réflexions sur le Code camerounais de la nationalité », *RCD* n° 1 (1972), p. 21

Petsoka (Maturin), « L'intérêt de l'enfant : un intérêt forcément supérieur ? Réflexion sur la place de l'intérêt de l'enfant dans le jeu des intérêts en présence au regard de la Convention de New York de 1989 », Juridis-Périodique n° 104 (2015), p. 145

Pougoué (Paul-Gérard) :

-*La famille et la terre : essai de contribution à la systématisation du droit privé au Cameroun,* Thèse de doctorat d'État en droit, Université de Bordeaux, 1977 ;

-« Les effets du mariage dans l'ordre des rapports personnels » i*n Encyclopédie juridique de l'Afrique, Droit des personnes et de la famille*, vol. 2, Nouvelles Éditions Africaines, 1982, p. 207.

Tabe Tabe (Simon) :

-"Property adjustment after divorce in cameroonian statutory law : a rapprochement of the civil and common law systems ?", *Annales de la FSJP de l'Université de Dschang*, tome 3, 1999, p.31

-*"Custody of children on breakdown of marriage by divorce in a bi-jural state : a comparative study of the application of the French and English legal concepts in Cameroon"*, *Juridis-Périodique* n° 84 (2010), p. 117

Takam (Dieudonné), "Regard sur le droit successoral au Cameroun", *Juridis-Périodique* n° 97 (2014), p. 123.

Tchou-Bayo (Jean-Paul) :« Réflexion sur la sanction civile de la bigamie en droit positif camerounais », *Annales de la FSJP, Université de Dschang*, 1999, tome 3, p.105.

Tiakouang Meli (Hippolyte), « Les pouvoirs du mari en régime de communauté des biens : quelques réflexions au sujet des articles 1421 et 1428 du Code civil », *Lex Lata* n° 15 (1995), p. 14.

Timtchueng (Moïse) :

-« Le délai de viduité en droit camerounais », *Annales de la FSJP de l'Université de Dschang*, tome 1, vol.2, 1997, p. 207 ;

-"Réflexions sur le droit aux rapports sexuels pendant le relâchement du lien de mariage », *Annales de la FSJP de l'Université de Dschang*, tome 7, 2003, p. 145.

Titandji Duga (Ernest),

-*Justiciability of the Rights of Ingenous Peoples in Municipal and International Law* (October 2010), University of Yaoundé II, Ph.D. Thesis, Faculty of Law and Political Science.

-« The Right of Indigenous Peoples to Self –Determination versus succession : One coin Two Faces ? (2009), *in African Human Rights Law Joirnal,* pp. 52-75.

Youégo (Christine) :

-« La situation juridique du conjoint survivant au Cameroun », *RJA*, 1990 n° 2, p. 17

-*Sources et évolution du droit des successions au Cameroun*, thèse, Paris II, 1994

Droit des sûretés

Anoukaha (François) : *Le droit des sûretés dans l'Acte uniforme Ohada*, PUA, Yaoundé, 1998.

Gatsi (Jean), *Droit des biens et des sûretés dans l'espace Ohada*, Douala, Presses Universitaires Libres, 2012.

Jiogue (Grégoire) : « Le droit de rétention conventionnel : étude de droit français et de droit OHADA », *RASJ* vol. 4, n° 1, (2007), p. 109

Kalieu Elongo (Yvette) :

- *Les sûretés personnelles dans l'espace* OHADA, PUA, Yaoundé, 2006.

-*Droit et pratique des sûretés réelles OHADA*, Yaoundé, PUA, 2010, coll. Droit Uniforme, 236p.

-« Réflexion sur les nouveaux attributs du droit de propriété : à propos de la propriété utilisée aux fins de garantie de crédits », *Annales de la FSJP de l'Université de Dschang*, tome 1, 1997, p. 193 ;

-« La mention manuscrite dans le cautionnement Ohada », *Juridis-Périodique* n° 55 (2003), p. 109.

Kelese Nshom, « Reflections on the collateral trustee in the Ohada law of securities », *Juridis-Périodique* n° 90 (2012), p. 92

Kuaté Tameghe (Sylvain Sorel) :

-« L'efficacité des sûretés judiciaires dans le droit uniforme issu de l'Ohada » *Revue de droit africain,* n° 38, 2006

Minkoa She (Adolphe),

-*Droit des sûretés et des garanties du crédit dans l'espace Ohada ;* Paris Dianoïa, 2010 ; Tome1 : Les garanties personnelles, Paris, Dianoia, 2010, 398 p.

-*Droit des sûretés et des garanties du crédit dans l'espace Ohada ;* Paris Dianoïa, 2010 ; Tome2 : Les garanties réelles, Paris, Dianoia, 2010, 267 p.

Moguem Fotsi (J.B.), *Sûretés réelles et procédures de redressement judiciaire OHADA : le sort des créanciers munis de sûretés réelles*, Sarrebruck, Éditions universitaires européennes, 2012, 168p.

Nah (Thomas) et Kelese (george), « The innovation of Ohada on the law of mortgages in Anglophone Cameroon », *Juridis-Périodique* n° 78 (2009), p. 51

Njeufack Temgwa, "Réflexion sur les procédés alternatifs de réalisation des sûretés réelles conventionnelles en droit Ohada », *Juridis-Périodique* n° 92 (2012), p. 107

Samkia Asongwe (Patricia), « The matrix of responsability surrounding a selling mortgagee vis-a-vis a drowning mortgagor", *Annales de la FSJP de l'Université de Douala* n° 2, 2002, p. 207.

Souop (Sylvain) : « La lettre d'intention : valeur et régime juridiques », *Lex Lata* n° 20 (1995), p. 14.

Soupgui (Eloi), *Les sûretés conventionnelles à l'épreuve des procédures collectives dans l'espace juridique Ohada*, thèse de doctorat, Université de Yaoundé, 2008

Sunkam Kamdem, « Le nantissement de compte de titres financiers dans l'espace Ohada : regard sur une sûreté nouvelle dans un contexte d'émergence des marchés financiers », *Rev. dr. aff. Ohada* n° 3 (2013), p. 193

Tchantchou (Henri) : « L'exercice du privilège du bailleur d'immeuble », *Juridis-Périodique* n° 25 (1996), p. 103.

Voudwe Bakreo, « La contribution de l'exigence de transparence des sociétés commerciales et sécurisation du crédit en droit Ohada », *Rev. dr. aff. Ohada* n° 3 (2013), p. 213

Wouemetah (Hervé), « Réflexion sur la politique de sélection des garanties immobilières bancaires et les obstacles qui diffèrent ou entachent leur réalisation », *Juridis-Périodique* n° 95 (2013), p.123

Droit des transports et Droit maritime

Akam Akam (André) :

-Les réserves à la livraison, étude des diligences des réceptionnistes dans les transports maritimes, terrestres et aériens, thèse de doctorat, Aix-Marseille, 1991 ;

-«La conservation de l'action en réparation contre les transporteurs terrestres de marchandises (Les exigences de l'article 105 du Code de commerce) », *Lex Lata* n° 18, 1995, p. 10 et n° 19, 1995, p. 8.

Alima (Suzanne), "Nécessité d'une division de la loi n° 2001/015 du 23 juillet 2001 régissant les professions de transporteur routier et auxiliaire des transports routiers », *Juridis-Périodique* n° 57 (2004), p. 111.

Akomnja (Vincelline), "La réforme du secteur portuaire au Cameroun", *RASJ*, 2000, vol.1, n° 1, p. 105.

Biamo (Jean),

-« La mise en évidence d'une responsabilité internationale du transporteur des marchandises par mer : réflexion sur une épreuve parsemée d'embûches », *Jurisdis-Périodique* n° 93 (2013), p, 88.

-« La ratification par le Cameroun de la Convention de Montréal de 1999 sur le transport aérien international : autopsie d'une démarche favorable à une déréglementation de l'ordre juridique communautaire en zone CEMAc », *Jurisdis-Périodique* n° 100 (2014), p, 123.

Bokalli (Victor-Emmanuel) :

-*Conteneurisation et transport multimodal des marchandises*, thèse de doctorat, Université d'Aix-Marseille, 1989 ;

-« L'avarie commune : réflexion critique sur une institution traditionnelle de droit maritime », *Revue de Droit maritime français*, n° 559 (1996), p.355 ;

-« La protection des chargeurs à travers les règles de Hambourg », *Revue de Droit maritime français* n° 569 (1997), p. 37 ;

-« Le nouveau droit des contrats de transport maritimes internationaux des marchandises : les Règles de Hambourg », *RADIC*, n° 4 (1997) p. 836 ;

-« Crise et avenir du connaissement », *Revue de Droit maritime français*, n° 579 (1998), p. 115 ;

-« Le droit du transport multimodal des marchandises des pays de l'Afrique centrale », *RASJ*, 2003, vol. 1, n° 3, p. 1.

Bokalli (Victor Emmanuel) et Sossa C. (Dorothé), *Droit des contrats de transport des marchandises par route,* Bruxelles, Bruylant, 2002, 169p.

DJAMPA (Patrick-Juvet), *Le traitement juridique des accidents maritimes*, thèse de doctorat, Université de Yaoundé, 2014

Kitio (Édouard),

-« La responsabilité du transporteur aérien en zone CEMAC : étude d'une malheureuse politique d'intégration juridique sous-régionale », *Jurisdis-Périodique* n° 88 (2011), p, 111

-« Les réserves dans le transport international des marchandises », *Juridis-Périodique* n°93 (2013), p

Kenguep (Ebenezer)

-*Droit des transports OHADA et CEMAC, édition CRAF, Douala 2012*

-« L'impact de l'entrée en vigueur de la première mise en œuvre de l'article 24 de la Convention de Montréal sur le droit des transports aériens », *Juridis-Périodique* n°93 (2013), p. 73

-« Le commissionnaire de transport est-il le mandataire de son commettant ? », *Juridis-Périodique* n° 90 (2012), p. 104

-« Les règles de Rotterdam : dérive et servitude du législateur maritime de la CEMAC », *Juridis-Périodique* n° 97 (2014), p. 99

-« Le recours subrogatoire de l'assureur maritime des facultés à l'importation en droit camerounais et communautaire des transports : juges, soyez vigilants ! », *Juridis-Périodique* n° 95 (2013), p. 103

Mazigui Ngoue (Eulalie), *Le transport multimodal es marchandises dans l'espace CEMAC*, Faculté de Droit, Université de Nantes, France, 2011.

Nemedeu (Robert), « Qu'en est-il après l'entrée en vigueur de le 5 novembre 2003 de la Convention pour l'unification de certaines règles relatives au transport aérien international, signé à Montréal le 28 mai 1999 ? », *Juridis-Périodique* n° 77 (2009), p. 96

Ngamkan (Gaston) :

-« Quelques conseils juridiques et pratiques aux chargeurs et réceptionnaires africains afin de leur permettre de tirer le meilleur parti de leurs activités commerciales », *Juridis-périodique* n° 28 (1996), p. 83 ;

-« Un mimétisme fâcheux en droit maritime de l'Afrique centrale : l'article 382 du Code de la marine marchande de l'UDEAC : plaidoyer pour un carénage du statut juridique de l'entrepreneur de manutention en Afrique centrale », *Juridis-Périodique* n° 37 (1999), p.63 ;

-« Saisie conservatoire de navire en Afrique centrale : l'avis de l'autorité maritime compétente : une exigence superflue ? » *Juridis-Périodique* n° 42 (2000), p. 111 ;

-« L'intégration des règles de Hambourg dans les législations maritimes africaines : l'exemple des pays d'Afrique centrale », *Juridis-Périodique* n° 43 (2000), p. 109.

-« Clause d'élection de for des connaissements maritimes : mais où est donc passé le protectionnisme juridictionnel au Cameroun ?... » *Juridis-Périodique* n° 47 (2001) p. 47

-« Le cadre juridique du transport multimodal international des marchandises en Afrique centrale », *Juridis-Périodique* n° 84 (2010), p. 137

-« Étude comparée du statut juridique de l'entrepreneur de manutention en droit français et en droit communautaire de l'Afrique centrale », *Juridis-Périodique* n° 78 (2009), p. 98

-« La nouvelle convention des Nations-Unies sur le contrat de transport des marchandises effectué entièrement ou partiellement par mer, dites 3Règles de Rotterdam3 2008 :le point de vue de l'avocat maritime africain », *Juridis-Périodique* n° 96 (2013), p. 129

Ngnintedem (Jean-Claude) :

-*La responsabilité du transporteur maritime de marchandises en droit camerounais*, éd. ANRT, Lille, 2005 ;

-« Le nouvel ordre maritime et les pays en voie de développement : bilan d'une participation à l'œuvre normative internationale », *Annuaire de Droit Maritime et Océanique*, T. XXII, 2005 ;

-« La pratique de l'exécution à terre dans le transport maritime au Cameroun », *Revue Congolaise des Transports et des Affaires Maritimes* n° 4, 2005 ;

-« La convention des Nations unies sur la responsabilité des exploitants des terminaux de transport ou la pièce manquante à l'édification complète du droit de transport maritime de marchandises en Zone CEMAC », *Juridis-Périodique* n° 67, 2006 ;

-« Les sociétés de classification et la sécurité maritime dans le Code de la marine marchande CEMAC », *Revue Congolaise des Transports et des Affaires Maritimes* n° 5, 2006 ;

-« La réglementation des transports en zone CEMAC : un modèle d'intégration sous-régionale », *Revue de Droit Commercial, Maritime, Aérien et des Transports* n° 2, 2006 ;

-« Le juge camerounais à la recherche de la loi applicable en matière de transport maritime des marchandises », *Juridis-Périodique* n° 62 (2005), p.31 ;

-« La sécurité maritime dans le Code de la marine marchande de la CEMAC », *Revue Congolaise des Transports et des Affaires Maritimes* n° 7, 2007.

Soh Fogno (Denis Roger), « Gouvernance métropolitaine et politique des transports en Afrique : quelle place pour le développement durable ? », *Juridis-Périodique* n° 75 (2008), p.102.

Droit du travail

Anazetpouo (Zakari) :

-« Le droit camerounais du travail en chiffres », *Annales de la FSJP de l'Université de Dschang*, tome 1, vol.2, 1997, p. 99

-« La recherche d'un salariat décent ou la revalorisation du SMIG par le décret n° 2115/PM du 24 juin 2008 », *Juridis-Périodique* n° 77 (2009), p. 115 ;

-« Le procès pénal et le sort du contrat de travail dans la jurisprudence camerounaise », *Juridis-Périodique* n° 104 (2015), p. 77

Anyangwe (Carlson) :

-« Wrongful dismissal, *The Cameroon Development Corporation V/ D.N. Embola, RCD* n° 26, 1983, p. 22 ;

Boubou (Pierre) : *Le Code du travail*, Editions Avenir, Douala, 2006.

Djuikouo (Joséphine) :

-« La protection de la santé et de la sécurité du travailleur en droit camerounais », *RJA*, 1992/1993, p. 101.

-« La protection du travailleur victime d'accident du travail en droit camerounais », *Revue Penant* 3e trimestre 2010.

-*Les obligations de l'employeur en matière d'accidents du travail en droits camerounais et français,* Thèse de Doctorat d'État Université de Yaoundé II janvier 2005.

Foko (Athanase) :

-« La négociation collective en droit du travail : contribution à l'analyse prospective des normes applicables à la veille de l'adoption d'un nouvel Acte uniforme OHADA », *Penant* n° 858 (2007), p. 5 ;

Fomchigbou Mbanchout (Jean Jules), *La mobilité de la main-d'œuvre en droit camerounais*, thèse de doctorat de 3e cycle, Université de Yaoundé II, 1999.

Kaptué (Léon), « Droit et syndicalisme au Cameroun », *RJA* 1994, p. 63.

Keita Fatoumata, « Le règlement des questions d'emplois et des droits des salariés dans le processus de privatisation de la REGIFERCAM au Cameroun », *Cahier africain des droits de l'homme* n° 10, 2004, p. 89.

Kenfack (Pierre-Etienne) :

-*La mobilité du capital de l'entreprise et le droit social au Cameroun,* Thèse de 3e cycle, Université de Yaoundé II, 1994 ;

-« Mondialisation et droit du travail en Afrique au sud du Sahara », *Revue camerounaise de relations internationales,* 2000 ;

-« Un enjeu inattendu dans le Code du travail camerounais : la protection de l'employeur », Bulletin de droit comparé du travail et de la sécurité sociale, 2006, p. 3.

-« La modification du contrat de travail au Cameroun », *RJA* 1994, p. 1999 ;

-« Droits fondamentaux, corps et vie privée du salarié », *Annales de la FSJP de l'Université de Dschang*, tome 1, 1997, p. 12 ;

-« L'entreprise et la liberté contractuelle du salarié », Cahier africain des droits de l'homme n° 2, 1999, p. 137.

- *Essai sur la contribution du droit du travail à la théorie générale de la personne humaine,* Thèse, Paris 1, 2003.

Kom (Jacqueline) :

-« Droit du travail et maladie non professionnelle », *RJA* 1994, p. 213 ;

-« Les appréciations jurisprudentielles de la faute lourde et ses répercussions sur les droits des travailleurs licenciés », *RASJ*, 2001, vol.2, n° 2, p. 201.

-« La protection de l'emploi des salariés victimes de maladies ou d'inaptitude : une approche jurisprudentielle et comparée des droits camerounais et français », *Juridis périodique* n° 73 (2008) p. 80.

Loumingou Sambou (Régis Vénacio) :

-« Le travail de nuit des femmes », *Cahier africain des droits de l'homme* n° 2, 1999, p. 115.

Mbendang Ebongue (Job) :

-« Les droits fondamentaux des travailleurs dans le nouveau Code du travail du 14 août 1992 », *RJA* 1994, p. 41 ;

-**Mbendang Ebongue (Job)**, « La constitution du 18 janvier 1996 et le droit du travail », *in La réforme constitutionnelle du 18 janvier 1996, Aspects juridiques et politiques,* Friedrich Ebert, Yaoundé, 1996, p. 104.

-Le Code camerounais du travail du 14 août 1992 (Analyse critique), Friedrich Ebert Stiftung, Yaoundé 1997.

Mbifi (Richard) et Kwei Hilary Nyingchia, « Corporate social responsibility : the case of Mtn Cameroon", *Juridis-Périodique* n° 86 (2011), p 104.

Mbono (Marcel), *Le pouvoir disciplinaire de l'employeur en Droit privé Camerounais du Travail,* Thèse de Doctorat Université de Yaoundé Cameroun, 1985.

Mfor Divine Afuba, "Reflections on the UN migrant workers convention and its relevance to the African regional human right system", *Juridis-Périodique* n° 94 (2013), p. 97

Mike a Yanou et Foyam (Jonie), "Trade unions, labor contracts and industrial peace : the case of Tole Tea Etstate », *RASJ*, vol.5 n° 1(2008), p. 25

Nchimi Mebu (Jeanne-Claire) : « La négociation en droit du travail camerounais », *RJA* 1994, p. 113.

Ngassam (Victorine)

-*Les situations atypiques de travail*, thèse de doctorat, Université de Yaoundé, 2006

-« Pouvoir de direction de l'employeur et droits fondamentaux des travailleurs au Cameroun », *RASJ* vol 5 (2008) n° 1, p. 167

Nguebou Toukam (Josette) :

-« L'entreprise familiale : étude de droit camerounais », *Juridis-Info* n° 21 (1995), p. 59 et n° 22 (1995), p. 91 ;

-« Les conditions d'existence du salariat entre époux en droit camerounais », *RJA* 1994, p. 149.

Nguihe Kanté (Pascal) : « Dignité humaine et formes d'embauche en droit camerounais du travail », *Juridis-Périodique* n° 53 (2003), p. 83.

Noah Manga (Léon) ; Le délégué du personnel : mission délicate, Imprimerie Saint Paul, Yaoundé, 2002.

Nyama (Jean-Marie) : « Diversification de l'emploi et flexibilité », *RJA* 1994, p. 129.

Pougoué (Paul-Gérard) :

-*Droit du travail et de la prévoyance sociale au Cameroun*, Yaoundé, PUC, 1988 ;

-« Une relecture des articles 37, 39, 40 et 41 du Code du travail camerounais relatifs à la rupture des relations de travail pour motif économique. Chronique d'humeur à partir de certaines décisions », *Penant* 1990, p. 157 ;

-« Idéaux de la Révolution française et droit du travail en Afrique noire francophone », *in Liberté, égalité et fraternité*, Centre de droit comparé du travail et de la sécurité sociale, Université Bordeaux 1, Éditions LCF Lycofac, 1990, p. 213 ;

-« Les enjeux du droit du travail en Afrique », *Bulletin de droit comparé du travail et de la sécurité sociale*, 1987 ;

-« La contractualisation des relations de travail ; quel débat...pour quel résultat ? », *Juridis-Info*, n° 2 (1990), p. 65 ;

-« Commentaire de la loi du 14 août 1992 portant Code du travail », *Juridis-Info* n° 12 (1992), p.7 ;

-« Réflexion sur la protection des délégués du personnel contre le licenciement en droit du travail camerounais », *RCD* n° 27, 1984, p. 1.

-« Le petit séisme du 14 août 1992 », *RJA* 1994, p. 7 ;

-« Codicille du travail, de l'emploi et de la solidarité africaine », *RJA* 1994, p. 255 ;

-« La perte de confiance consécutive à des poursuites répressives dans la jurisprudence sociale camerounaise », *RCD* n° 26, 1983, p. 13

-« Droits fondamentaux et corps du travailleur : esquisse d'une réflexion sur l'apport des droits fondamentaux à l'évolution du droit du travail », *Annales de la FSJP de l'Université de Dschang*, tome 1, 1997, p.5 ;

-« Droits fondamentaux de l'homme au travail dans les traités africains », *in Mondialisation, travail et droits fondamentaux*, Bruxelles (Bruylant), Paris (LGDJ) 2005, p.121.

Pougoué (Paul-Gérard) et Tchokomakoua (Venant), Jurisprudence sociale annotée (3 tomes dont le dernier avec la collaboration de J. Djuikouo), Yaoundé, 1989.

Sim (Remy), *Le délégué du personnel : une institution démocratique en droit du travail*, Yaoundé, Presses de l'UCAC, 2007.

Tabe Tabe (Simon) : « Enchancing the protection of female workers under the 1992 cameroonian labor code », *Annales de la FSJP de l'Université de Dschang*, tome 5, 2001, p167.

Tchakoua (Jean-Marie) :

-« La grève et le lock-out dans le nouveau Code du travail », *RJA* 1994, p.83 ;

-« Droits fondamentaux, corps et intégrité physique du salarié », *Annales de la FSJP, Université de Dschang,* 1997, tome 1, vol. 1, p.30 ;

-« Libres propos sur les licenciements en droit camerounais », *Juridis-Périodique*, n° 25 (1996), p. 67 ;

-*Dignité et droits fondamentaux des salariés : réflexion à partir des droits camerounais et français*, thèse de doctorat d'État, Université de Yaoundé II, 1999 ;

-« La tentative de conciliation dans le règlement des différends de travail en droit camerounais », *Annales de la FSJP de l'Université de Douala* 2002, n° 1, p. 279

-« Le licenciement pour motif économique en droit camerounais, *RASJ* 2001, vol.2, n° 1, p.189 ;

-« Le droit des travailleurs à l'information : le nécessaire infléchissement des droits du propriétaire-employeur, *RASJ* 2003, vol 1, n° 3, p.19 ;

-« Le droit au travail au Cameroun », *in Dignité humaine en Afrique, Mélanges De Decker*, Presses de l'UCAC, 1996 ;

-« Sources d'inspiration et logique du droit camerounais des conflits collectifs de travail », Bulletin de droit comparé du travail et de la sécurité sociale 2005, p. 177 ;

-« L'harmonisation du droit du travail dans le cadre de l'OHADA : la mesure d'un changement en perspective », *Cahiers juridiques et politiques*, 2008, p.31

-« La démission et le licenciement : une histoire de vrais faux jumeaux », *Juridis-Périodique* n° 70 (2007).

-« De l'insertion des clauses sociales dans le système de commerce international : sortir de l'impasse », *Annales de la FSJP de l'Université de Dschang* tome 3 (1999), p. 87 ;

-« Le législateur se fout-il de la Constitution ? À propos de la loi relative au contentieux lié à l'emploi temporaire dans la fonction publique et de la loi portant dissolution du Fonds de garantie automobile », *Jurisdis-Périodique* n° 82 (2010), p. 121

-(avec **P. G. Pougoué**), « Le difficile enracinement de la négociation en droit du travail camerounais, *Bulletin de droit comparé du travail et de la sécurité sociale* 1999, p.198.

Tchantchou (Henri), « L'arbitrage en droit du travail (rétrospectives et perspectives à la veille de l'Acte uniforme OHADA sur le droit du travail », *Juridis périodique* n° 67 (2006) p. 111.

Tchokomakoua (Venant) :

-« Réflexions sur la démission en droit du travail camerounais », *Juridis-Info* n° 24 (1995), p. 93 ;

-« Essai sur la flexibilité consacrée par les nouveaux codes africains du travail », *Annales de la FSJP de l'Université de Douala* 2002, n° 1, p.311 ;

Tchokomakoua (Venant) et Kenfack (Pierre-Etienne), *Droit du travail camerounais*, Yaoundé, PUA, 2000.

Tjouen (Alexandre Dieudonné) :

-« De la participation du personnel à la gestion des entreprises en droit camerounais : la problématique des comités d'entreprise », *Lex Lata* n° 6 (1994), p. 10 ;

-« Les institutions professionnelles », *RJA* 1994, p. 231.

Wambo Totchoum (Jeremie), « Compression d'effectif : procédures et sanctions », *Lex Lata* n° 17 (1995), p. 10.

Droit fiscal et douanier

Ireh Assim, *La TVA en Afrique centrale*, L'Harmattan, Paris 2012

Mbono (Marcel), « Les sources comptables de la fiscalité des concessions de services publics marchands au Cameroun », *RASJ* 2009, vol. 6 n° 1, p. 415

NjoyaNkamga (Beauclair) « La procédure contentieuse douanière camerounaise : un nouveau Janus ? », *Juridis-Périodique* n°85 (2011), p. 81

Nyama (Jean-Marie) :

-*Douane et commerce international dans la CEMAC*, Yaoundé, éd. CERFOD, 2006.

-*Droit douanier de la CEMAC*, Yaoundé, éd.CERFOD, 2003.

Petengoue Tassi (J.A.), *Le traitement fiscal du financement des sociétés dans les relations intergroupes : une étude comparée au regard du droit français, du droit allemand et dans l'espace OHADA,* Berlin Ed. Peter Lang, 2011, 548p.

Tchatat Nya (R.), *Les droits du contribuable en matière de contentieux fiscal,* Thèse de Doctorat, Université de Bangui, 2012.

Droit international privé

Djuidje (Brigitte)

-« Les régimes matrimoniaux en droit international privé camerounais », *Annales de la FSJP de l'Université de Dschang,* tome 5, 2001, p.179

-« Les conflits de lois en matière de fiançailles », *Juridis-Périodique* n° 78 (2009), p.75

Manga Fombad (Charles), « *Equity in current international practice*" *RJA*, 1991, n° 2et 3, p. 111.

Ntamark (P.Y) : "Interim measures of protection – The practices of International Court of Justice", *RCD* n° 1 (1972), p. 18.

Omgba Mbarga (Augustin Berceau), "La problématique du contenu du statut personnel en droit international privé", *Juridis-Périodique* n° 96 (2013), p. 87

Tchakoua (Jean-Marie) : *Le contrôle de la régularité internationale des jugements et sentences arbitrales en droit camerounais*, thèse de doctorat 3e cycle Université de Yaoundé, 1992.

Droit international public

Atangana Amougou (Jean-Louis) -« Les accords de paix dans l'ordre juridique interne en Afrique », *RASJ* vol. 4, n° 1, p. 233.

Eban S. Eba, « The concept of domestic jurisdiction at law and in modern practice of international law », *Juridis-Périodique* n° 47 (2001), p. 101.

Kamgueu Ekeuh (Robert), « Les eaux intérieures en droit public maritime du Cameroun », *Annales de la FSJP de l'Université de Douala* n° 2, 2002, p. 43.

Eyiké-Vieux : « Le droit international devant le juge camerounais : regards d'un magistrat », *Juridis-Périodique* n° 63 (2005), p. 100

Fouda (Guillaume Joseph), « Les aménagements conventionnels et institutionnels du droit d'accès à la mer des États sans littoral en Afrique centrale », *RASJ*, vol.7 n° 1(2010), p. 271

Kamto (Maurice) :

-« L'affaire PINOCHET : chronique d'un précédent révolutionnaire et problème de l'immunité juridictionnelle du chef de l'État en droit international », *RASJ* 2000, n° 2, vol. 1, p. 261 ;

-*L'OUA : rétrospectives et perspectives africaines* (en collaboration) Paris, Economica, 1990 ;

-La Communauté Economique des États de l'Afrique Centrale (CEEAC), une communauté de plus ?, *Annuaire Français de Droit international*, Paris, Vol. XXXI, n° 2, 1987, p. 839 ;

-« L'accession de la Namibie à l'indépendance », *Revue générale de droit international public*, Paris, 1990, p. 577 ;

-« Le territoire du Cameroun et le Droit international », *Travaux de l'Association Henri Capitant*, Economica, Paris, 1991 ;

-« Les tentatives de règlement non juridictionnel du différend territorial Tchado-Lybien à propos de la bande d'Aouzou », *Revue juridique et politique, indépendance et coopération*, 1991 ;

-« Le droit international des ressources en eaux continentales africaines », *Annuaire français de droit international*, Paris, 1991, p.841 ;

-« Les Communautés Européennes et les sanctions internationales », *Revue africaine de droit international et comparé*, Londres, Tome 7, n°3, p. 511 ;

-« Le mécanisme de l'OUA pour la prévention, la gestion et le règlement des conflits : l'esquisse d'un nouvel instrument régional pour la paix et la sécurité en Afrique, *ARES*, vol. XV, n° 2, 1996, p. 61 ;

-« L'ONU et l'assistance électorale », *Revue africaine de droit international et comparé*, Londres, 1996 ;

-« Pauvreté et souveraineté dans l'ordre international contemporain », *Mélanges Paul Isoart*, Paris, Pedone, 1996, p. 284 ;

-« Les actes de l'Organisation », *in* Actes du colloque organisé du 23 au 25 novembre 1994 par l'Academie de Droit international de la Haye, Éditions Martinus Nijhoff, Dordrech/Boston/London, 1995, p. 343 ;

-« Le contentieux de la frontière maritime entre la Guinée-Bisau et le Sénégal », *Revue générale de droit international public*, 1997, n° 3 ;

-« Droit au développement des États ? Retour sur le droit au développement au plan international », *Revue universelle des droits de l'homme* ;

-« Le colloque des Nations Unies sur la codification et le développement progressif du droit international », *Annuaire français de droit international*, 1997 ;

-« L'intitulé d'une affaire portée devant la CIJ », *RBDI*, 2002 ;

-« L'application des contre-mesures dans le temps » *in Droit et responsabilité de l'État*, Editions Pedone ;

-« Mondialisation et droit », *Revue hellénique du droit international*, 2002 ;

-« Commentaire de l'article 9 de la Convention de Vienne de 1969 sur le droit des traités » *in la Convention de Vienne de 1969 sur le droit des traités, Commentaire article par article*, Bruylant, Bruxelles ;

-« La nationalité du navire en droit international », *in Mélanges Jean-Pierre Queneudec et Laurent Lucchini*, Paris, A. Pedone, 2004 ;

-« Une troublante « immunité totale » du Ministre des affaires étrangères », *RBDI,* janvier 2003 ;

-« Les interactions de la jurisprudence internationale et des jurisprudences nationales, *in La juridicisation du droit international,* Paris, A. Pedone, 2003 ;

-« Regard sur la jurisprudence du tribunal international du droit de la mer », *Revue générale de droit international public*, 2005, n° 4,

-« Valeur humaine et construction d'un ordre public international » à paraître dans *Mélanges Abdelfatah Amor ;*

-« Le droit des peuples à disposer d'eux-mêmes : entre fétichisme idéologique et glissements juridiques » à paraître dans *Mélanges Edmond Jouve ;*

-« Le statut juridique des traités signés entre représentants des puissances coloniales et les monarques indigènes africains en droit international » à paraître dans *Mélanges Jean Salmon*, Bruxelles, Bruylant ;

-« Le rôle des « accords et arrangements régionaux » en matière de maintien de la paix et de la sécurité internationales à la lumière de la Charte des Nations Unies et de la pratique internationale », *Revue générale de droit international public,* 2006.

Kenfack (Jean), « Le juge camerounais à l'épreuve du droit communautaire de l'intégration économique », *Juridis-Périodique* n° 63 (2005), p. 64.

Mensah (Julius), « *Rethinking conventional approaches of conflict prevention and resolution* », *Annales de la FSJP de l'Université de Dschang,* tome 5, 2001, p. 197.

Metou (Brusil Miranda), « Le moyen de droit international devant les juridictions internes en Afrique », *RASJ* 2009, vol. 6 n° 1, p. 381

Ngono Solange : « L'application des règles internationales du procès équitable par le juge judiciaire », *Juridis-Périodique*, n° 63, 2005, p. 46.

Nguefack (Maurice Roger), « Le droit international, instrument pour la défense devant le juge camerounais : regard d'un avocat », *Juridis-Périodique*, n° 63, 2005, p. 107

Nguele Abada (Marcellin), « La réception des règles du procès équitable dans le contentieux du droit public » *Juridis-Périodique* n° 63 (2005), p. 19.

Ntonga Bomba (Serge-Vincent), « La souveraineté des États et le droit d'ingérence humanitaire sont-ils deux concepts incompatibles », *RASJ* 2009, vol. 6 n° 1, p. 363

Nzalie Ebi (Joseph)

-« The law on registration of instruments under common law and civil law jurisdictions : the case of Cameroon », *Juridis-Périodique* n° 48 (2001), p. 71

-"Intrusion into interstate succession in francophone Cameroon", *Juridis-Périodique* n° 91 (2012), n° 87

Olinga (Alain-Didier) :

-« Réflexions sur le droit international, la hiérarchie des normes et l'office du juge au Cameroun », *Juridis-Périodique*, n° 63 (2005), p.3 ;

-« Considérations sur l'effectivité du droit international humanitaire aujourd'hui », *Juridis-Périodique*, n° 79 (2009), p. 101

-« La condition de recevabilité relative à l'interdiction des termes outrageants et insultants dans la jurisprudence de la Commission africaine des droits de l'homme et des peuples », *Juridis-Périodique* n° 92 (2012), p. 99

Tcheuwa (Jean-Claude) :

-*Le siège des organisations internationales : contribution à l'étude de son statut juridique au regard de la pratique contemporaine*, thèse de doctorat, Université Robert Shuman-Stransbourg III, 1997 ;

-« La 34e Conférence des Chefs d'État et de gouvernement de l'OUA ou le réveil de la « grande muette » : une analyse prospective du système de l'OUA », *RJPIC* n° 3 (1999), p. 269 ;

-« Communauté internationale, guerre et responsabilité : réflexion autour de la responsabilité internationale », *RASJ* vol. 4, n°1, 2007, p. 257.

-« Remarques prospectives sur l'interaction entre la Cour africaine des droits de l'homme et des peuples et les juridictions des communautés régionales dans la garantie des droits de l'homme en Afrique », *Juridis-Périodique* n° 96 (2013), p. 115

Tonye (Jeanne de Chantal) :

- « L'application du droit international humanitaire aux nouveaux conflits », *Juridis-Périodique* n° 58 (2004), p. 100

-« La viscosité des statuts dans les conflits armés déstructurés », *Juridis-Périodique* n° 98 (2014), p. 91

Droit pénal

Ade Akwo (Catherine Mbone), A bird's eye view of the new Criminal procedure code, *Revue trimestrielle de droit des activités économiques* 2006, n° 0, p. 31.

Ajanoh Sone (Zachary), « The sentence imprisonment and prison work in Cameroon : judicial and administrative misconceptions of principles or violations of the law ? », *Juridis-Info*, n° 18 (1994), p.51.

Akoa (Yvonne-Léopoldine), « Les délits de presse », *Cahier africain des droits de l'homme* n° 5, 2000, p. 77.

Ambassa (Léon Chantal) :

-*Droit pénal général*, Yaoundé, Éditions Saint Augustin, 2014

-« La théorie des preuves pénales », *RASJ*, vol.7 n° 1(2010), p. 85

-« La prescription de l'action publique », *Revue Africaine des Sciences Juridiques*, vol. 6, n° 1, 2009, pp. 165-178.

Anazetpouo (Zakari), « Le silence au procès en droit camerounais », *Juridis-Périodique* n° 91 (2012), n° 75

Anoukaha (François) :

-*Le magistrat instructeur*, thèse de doctorat de 3e cycle, Université de Yaoundé, 1982 ;

-« Le procureur de la République, *Janus* de la magistrature camerounaise », *Penant*, 1985, p. 111 ;

-« Droit pénal et démocratie en Afrique noire francophone : l'expérience camerounaise », *Juridis-Info*, n° 23 (p.71) et 24 (p.67) ; *Archives de politique criminelle*, 1995, p. 115.

Anyangwe (Carlson) : "The law of rape : Appraisal and proposals for reform", *RCD* n° 25, 1983, p. 11.

Assontsa (Robert), « Les liens de famille en matière pénale au Cameroun », *Juridis-Périodique* n°85 (2011), p. 100

Atangcho Nji Akonumbo :

-"Cameroon Criminal Procedure Code and international criminal law : Nexus and complementarity", *in Les tendances de la nouvelle procédure pénale,* Yaoundé, PUA, 2007.

Beti Etoa (Christophe), *Le fonctionnaire et le droit pénal*, Mémoire de Maîtrise, Yaoundé, 1990.

Biboum (Landry Désiré), « La répression des atteintes à l'intégrité corporelle en l'absence de pièces médicales », *Juridis-Périodique* n° 65 (2006), p. 57.

Bokalli (Victor-Emmanuel), « La protection du suspect dans le Code de procédure pénale », *RASJ* vol. 4, n°1 (2007), p. 9.

Dashaco Tambutoh (John) :

-"The power to prosecute under the harminized Criminal Procédure Code in Cameroon"*, in Les tendances de la nouvelle procédure pénale* PUA, Yaoundé, 2007, p. 271.

-"The public prosecutors's power to prosecute in Cameroon : a clash of two legal systems ? *Annales de la FSJP de l'Université de Dschang,* tome 2, 1998, p. 103 ;

-"The exercise of the private person's statutory power to prosecute in Anglophone Cameroon", *RASJ*, 2000, vol.1, n° 1, p. 86.

Djila (Rose) :

- Libres propos sur la répression des infractions portant atteinte à la moralité de la famille", *RASJ*, 2003, vol.1, n° 3, p. 133 ;

-« Le droit d'être jugé sans retard excessif en procédure pénale camerounaise », *Annales de la FSJP de l'Université de Dschang,* tome 2, 1998, p. 49

-« Répression pénale de la détention d'intérêts incompatibles avec l'exercice du service public », *Juridis-Périodique* n° 97 (2014), p. 65 ;

-« *L'habeas corpus* devant le juge de la liberté au Cameroun », *Juridis-Périodique*, n° 104 (2015), p. 104.

Djoutsop (Phaustin Roger) :

-« La flagrance des crimes et des délits dans le code camerounais de procédure pénale », *in Les tendances de la nouvelle procédure pénale*, p. 27.

Duga Titanji (E.), « The right to defence under the criminal procedure code of Cameroon : the consecration of international human rights norms under Cameroonian Law ?", *Juridis-Périodique* n° 75 (2008), p. 90.

Egute Matthew Amandong, « Corporate Criminal responsibility for defective product and Poor quality of services under de Cameroonian Law : A critical appraisal" Juridis-Périodique n° 104 (2015), p. 90

Ekam (Antoinette), "Considérations sur la détention préventive", *Cahier africain des droits de l'homme* n° 1, 2001, p. 89.

Ewang Sone (Andy) :

(sous la dir.) *Readings in the Cameroon Criminal Procedure Code*, Yaoundé, PUA, 2007 ;

-"Criminal procedure in Cameroon : from dualism to a common Code", in *Readings in the Cameroon Criminal Procedure Code*, PUA, 2007, p.15 ;

-„Examination of witnesses and joint trial under the Cameroon criminal procedure Code", in *Readings in the Cameroon Criminal Procedure Code*, PUA, 2007, p.113 ;

"The inconsistencies of the offence of aggravated theft in Cameroonian criminal law", *Juridis-Info*, n° 16 (1993), p. 67 ;

-"The rationale for capital punishment- an appraisal", *Juridis-Info*, n° 17 (1994), p. 67 ;

-"The offence of sexual assault (rape) in Cameroonian criminal law – a need for reform ?" *Juridis-Périodique*, n° 26 (1996), p. 74 ;

-« The conduct of the Trial under the Criminal Procedure Code in Cameroon », *in Les tendances de la nouvelle procédure pénale* PUA, Yaoundé, 2007, p. 339

-"Speedy proceedings under the Special Criminal Court", *Juridis-Périodique* n° 92 (2012), p. 92

Eyiké-Vieux :

-« Le sort de l'action civile portée en même temps que l'action publique devant le juge répressif en cas de relaxe du prévenu », *Juridis-Info* n° 23 (1995) p.98 ;

-"La portée de l'article 47 alinéa 4 (rédaction de la loi n° 58/203 du 26 décembre 1958) du décret n° 47/2300 du 27 novembre 1947, *Juridis-Info* n° 24 (1995), p.105 ;

-« La loi pénale des mineurs au Cameroun », *RASJ* 2000, vol. 1, n° 2, p. 210

-*L'audience en procédure pénale camerounaise*, Yaoundé, PUA, 2007

Ebele Dikor (Michel), « Contribution à la protection du mineur délinquant dans la législation pénale camerounaise », *Juridis-Périodique* n° 60 (2004), p. 67.

Foko (Athanase) :

-« Analyse critique de quelques aspects du droit pénal OHADA », *Penant* n° 859 (2007), p. 195.

Fometeu (Joseph) : « La répression comme moyen de lutte contre la corruption des agents publics au Cameroun », *Verfassung und recht in übersee (Law and politics in Africa, Asia and Latin America)* n° 34, 2001.

Mdontsa (Anne – Marie) épse Fone, « A propos de la compétence pénale de l'OHADA », *Revue Africaine des Sciences Juridiques et Politiques*, 2008, v.5 n° 1, pp.77- 91.

Fossungu (Peter) : "Sentencing criminals in Cameroon : tying judges's hands and expecting them to do gymnastics ?" *Juridis-Périodique* n° 29 (1997) p. 84.

Fouda (Guillaume Joseph), « Le crime contre la paix et les conflits en Afrique : essai de qualification juridique d'un crime international en mal d'imputabilité », *Juridis-Périodique* n° 99 (2014), p. 115 ;

Galega (Samgena D.), "The right of challenge to extradition and allied irregular procedures", *in Les tendances de la nouvelle procédure pénale*, PUA, Yaoundé, 2007, p. 305.

Guimdo (Bernard Raymond) :

-« Les alternatives à l'emprisonnement dans le contexte de surpeuplement carcéral : le cas du Cameroun », *Juridis-Périodique* n° 60 (2004), p. 77 ;

Henry Robert (Jacques), « Les éléments constitutifs du délit d'abus de fonction (A propos d'un arrêt de la Cour suprême », *RCD* n° 13 et 14, 1977, p. 16.

Kengne :

-« Regard sur les incidents d'audience », *Juridis-Périodique* n° 31 (1997), p. 57 ;

-« Regard sur la fixation des amendes forfaitaires par les unités de police », *Juridis-Périodique* n° 37 (1999), p. 49.

Kenguep (Ebénezer), « La systématisation du régime répressif camerounais des infractions boursières », *Juridis-Périodique* n° 71 (2007), p. 72.

Keubou (Philippe) :

-*L'extradition au Cameroun*, Thèse de doctorat de 3e cycle, Université de Yaoundé II, 1998 ;

-« L'adultère en droit positif camerounais », *Annales de la FSJP de l'Université de Dschang*, tome 1, vol.2, 1997, p. 153 ;

-« L'évolution de la pratique de l'extradition au Cameroun : de l'arbitraire au timide respect de la réglementation », *Juridis-Périodique* n° 39 (1999), p. 69 ;

-« La répression de l'usage et du trafic illicite de la drogue au Cameroun », *Juridis-Périodique* n° 65 (2006), p. 73.

-*Précis de procédure pénale camerounaise,* PUA, Yaoundé, 2010

Lobe Lobas (Madeleine), « Gestion de la commune et risque pénal », *Juridis-Périodique* n° 91 (2012), p. 101

-« La réforme de la procédure d'extradition passive au Cameroun ou le « faux pas en avant » du législateur », *Juridis-Périodique* n° 84 (2010), p. 130

-Kitio (Édouard),

-« Le contentieux du droit pénal des affaires devant les hautes juridictions nationales et devant la CCJA », *Juridis-Périodique* n° 94 (2013), p. 67.

-« L'évolution de la criminalité en mer et la problématique de l'inassurabilité des risques exceptionnels par le Code communautaire de la marine marchande de la CEMAC », *Juridis-Périodique* n°89 (2012), p 110.

Mbida (Albert), « Les interdictions des preuves de la vérité en matière de diffamation par voie de presse au Cameroun », *Juridis-Périodique* n°74 (2008), p 39

Mbouyom (François-Xavier) : *La répression des atteintes à la fortune publique au Cameroun*, Sopécam, Yaoundé, 1970 ;

Mbunja (Yohanes) « Le contentieux répressif de la carte nationale d'identité », *Juridis-Périodique* n° 50 (2002), p. 65.

Mdontsa Fone (A.-M), « A propos de l'extension de la compétence pénale de l'OHADA », *Revue Africaine des Sciences Juridiques*, 2008, vol. 5, n° 1, pp. 77-91.

Méloné (Stanislas), « L'article 228 du Code pénal camerounais et la répression des activités dangereuses », *RCD,* n° 2 (1972) p. 125.

Minkoa She (Adolphe) :

-*Essai sur l'évolution de la politique criminelle au Cameroun depuis l'indépendance*, Thèse, Strasbourg III, 1987 ;

-« Rupture et permanence de l'identité de subversif au Cameroun : le droit pénal au secours de la science politique ? », *Polis, Revue camerounaise de science politique*, vol.1, n° spécial 1996, p.4.

Moneboulou Minkada (Herve-Magloire), « Le tribunal criminel spécial au Cameroun et les grands principes de la justice criminelle : étude comparative des lois de 1961 et 2011 », *Juridis-Périodique* n°93 (2013), p. 49

Mounyol A Mboussi, *La sorcellerie en justice au Cameroun*, Yaoundé, Presses de l'UCAC, 2004.

Moussa (Emmanuel), « Pratique de sorcellerie et homicide », *Juridis-Péridique* n° 64 (2005), p. 109.

Munzu (Simon), « Individual protection under Cameroon criminal law : a study of the provisions of the Cameroon penal code relating to offences against the person », *RCD* n°23-24, 1982, p. 5.

Nana (Raphael Le Doux), "L'avocat face au blanchiment des capitaux", *Jurisdis-Périodique* n° 83(2010), p. 129.

Nchimi Mebu (Jeanne-Claire)

-« La recherche de l'intention dans le recel des choses », *RJA*, 1992/1993, p. 62 ;

-« Le Procureur de la République « décoiffé » de sa casquette de magistrat instructeur (A propos de la séparation des fonctions de justice répressive dans le Code de procédure pénale camerounais », *in Les tendances de la nouvelle procédure pénale* PUA, Yaoundé, 2007, p. 241 ;

-*Le juge pénal camerounais et le droit pénal étranger*, thèse de doctorat 3e cycle, Université de Yaoundé, 1985 ;

-« La problématique répression de la corruption en droit camerounais », *RASJ* vol 4, n°1, 2007, p. 79.

Ngai (Clément), « La loi n° 2005/007 du 27 juillet 2005 portant code de procédure pénale : excursion autour de la garde à vue », *Juridis-Périodique* n° 71 (2007), p. 110.

Ngassa Ngebdjo (Salomon Colonnel), *L'égalité des armes dans le procès pénal*, thèse de doctorat, Université de Yaoundé II, 2013

Ngoba (Joseph), « Dix ans d'application de la loi de 1997 sur la drogue au Cameroun : le bilan d'une jurisprudence », *Jurisdis-Périodique* n° 73 (2008), p. 109.

Ngono (Fidèle Solange),

-*Le procès pénal camerounais au regard des exigences de la Charte africaine des droits de l'homme,* thèse de Doctorat reproduite sous le label « Thèse à la carte », Presses Universitaires de Septentrion, Lille, 2002, 551p.

-« La présomption d'innocence », *Revue Africaine des Sciences Juridiques,* Yaoundé, vol. 2, n° 2, 2001, pp. 151-162.

Nguihe Kanté (Pascal), « Où en est-on de la responsabilité pénale des entreprises en droit camerounais ? » ; *Jurisdis-Périodique* n° 87 (2011), p. 53

Nguebou Toukam (Josette) : *-La détention provisoire dans l'avant-projet camerounais du code de procédure pénale*, Thèse de doctorat de 3e cycle, Université de Yaoundé, 1982.

Nguele Abada (M.), « Le crime d'agression ou l'Arlésienne du droit international », *RRJ Droit Prospectif*, n° 1, 2006.

Ngwa Nfobin (E. H),

-"Combating examination fraud in Cameroon universities and ensuring the freedom of the students from oppressive laws : a case study of the University of Dschang", *Juridis-Périodique* n° 71 (2007), p. 62

-« Retour sur la question de la garde à vue administrative instituée par la loi n° 90/54 du 19 décembre 1990 relative au maintien de l'ordre », *Juridis-Périodique* n° 90 (2012), p. 72

Nkengue (Jean-Paul Sylvain), « L'OPJ, l'enquête de police et la torture », *in Les tendances de la nouvelle procédure pénale*, PUA, Yaoundé, 2007, p. 223.

Ntono Tsimi (Germain) :

-Le paradigme du crime contre l'humanité et la renaissance du pluralisme juridique dans les droits pénaux africains, Thèse de doctorat, Université de Yaoundé II, 2012

-« Le devenir de la responsabilité pénale des personnes morales en droit camerounais. Des dispositions spéciales vers un énoncé général ? », *Juridis-Périodique* n° 89 (2012), p. 82

-« Les principes généraux de l'extradition et la réforme camerounaise de l'extradition passive », *Revue de sciences criminelles et de droit pénal comparé* n° 3 (2013) p. 527

Onana Etoundi (Felix) :

-« La responsabilité des membres de la police judiciaire depuis le nouvel article 132 (bis) du Code pénal sur la torture », *in Cahier africain des droits de l'homme* 2002, n° 1, p. 133 ;

Pougoué (Paul-Gérard) : « La répression des infractions au droit international humanitaire », *Juridis-Périodique* n° 64 (2005), p. 89.

Samgena Galega (D) :

-« Contemporary challenges to the Cameroonian justice and penitentiary systems : what responses ?”, *RASJ* 2003, Vol.1, n° 3, p. 71 ;

-“*Extradition as a mechanism to combat transnational criminality : a Cameroonian perspective*”, *Juridis-Périodique* n° 61 (2005), p. 93.

Seuna (Christophe), “La protection pénale des secrets des entreprises informatisées”, *Juridis-Info* n° 19 (1994), p.51.

Simo (André) : *La justice pénale du mineur au Cameroun*, thèse de doctorat de 3e cycle, Université de Yaoundé, 1998.

Sockeng (Roger), *Droit pénal des affaires Ohada*, Douala, Éditions MINTSI Le Competing, 2007.coll. Lebord, 242p.

Tabe Tabe (Simon), -« An appraisal of the punishment of conspiracy under cameroonian criminal law- the illogicalities of logic in punishment”, *Juridis-Périodique* n° 46 (2001), p. 57.

Tamfuh Y.N (Wilson), “The special court for Sierra Leone and the prosecution of child soldiers in international law”, *Juridis périodique* n° 82 (2010) p. 97.

Tankoua (Emmanuel) :

-« L’ordonnance de soit informé : pourquoi faire ? », *Juridis-Périodique* n° 48 (2001), p. 115 ;

-« De la représentation du prévenu devant la juridiction statuant en matière pénale », *Juridis-Périodique* n° 53 (2003), p. 109 ;

-« La mise en liberté provisoire en cas d’ouverture de l’information judiciaire au regard du Code d’instruction criminelle et de l’Ordonnance n° 72/04 du 26 août 1972 portant organisation judiciaire : deux perspectives antagonistes ? », *Juridis-Périodique* n° 51 (2002), p. 111.

-« La libération immédiate : Un jeu de Ping – Pong dans certaines juridictions », *Juridis-Périodique*, n° 47 (2001) p. 113. (2014), p. 113

Tchabo Sontang (Martial) et Nguiffeu Tajouo, « L’influence des droits communautaires sur le droit pénal camerounais », *Juridis-Périodique*, n° 98 (2014), p. 113

Tchakoua (Jean-Marie) :

-(Sous la dir.), *Les tendances de la nouvelle procédure pénale*, Yaoundé, PUA, 2007 ;

-« Des acteurs et procédés dans la nouvelle procédure pénale », *in Les tendances de la nouvelle procédure pénale,* PUA, Yaoundé, 2007, p. 7 ;

-« La considération de l'intérêt social et de la paix publique en matière de poursuite : conjectures autour de l'article 64 du Code de procédure pénale », *in Les tendances de la nouvelle procédure pénale,* PUA, Yaoundé, 2007, p. 81.

Tchantchou (Henri) :

-« Les difficultés d'application de la procédure de flagrant délit en droit camerounais depuis 1972 : à propos de la saisine du tribunal par voie de flagrant délit », *Juridis-Périodique* n° 54 (2003), p. 119.

Tchaya Tchatat (Cunégonde), A propos de l'extension de compétence de la Cour pénale internationale », *RASJ*, vol.7 n° 1(2010), p. 111

Tchokomakoua (Venant) :

-« Les particularités de la procédure de flagrant délit en droit camerounais », *RCD* n° 30 (1985), p. 5 ;

-« Chronique d'une longue gestation : du Code d'instruction criminelle au Code de procédure pénale », *in Les tendances de la nouvelle procédure pénale* PUA, Yaoundé, 2007, p. 21.

Titandji Duga (Ernest), « The Right to Defense under the Criminal Procedure Code of Cameroon : The Consecration of International Norms Under Cameroonian Law ?" *in Juridis Periodique* n° 70 (2008), pp. 90-101.

Yawaga (Spener) :

-« Le régime juridique des contraventions en droit camerounais : une appropriation sans véritable fondement juridique du droit français », *Juridis-Périodique* n° 41 (2000), p. 100 ;

-*L'information judiciaire dans le Code camerounais de procédure pénale*, PUA, Yaoundé, 2007 ;

-*L'OPJ dans le Code camerounais de procédure pénale*, PUA, Yaoundé, 2007 ;

-« La garde à vue », *in Les tendances de la nouvelle procédure pénale* PUA, Yaoundé, 2007, p. 55.

-« Avancées et reculades dans la répression des infractions de détournement de deniers publics au Cameroun : regard critique sur la loi n° 2011/028 du 11 décembre 2011 portant création du Tribunal criminel spécial », *Juridis-Périodique* n° 90 (2012), p. 41 ;

Yikam (Jérémie), « La lutte contre le détournement de biens publics à la lumière de la loi n° 2001/028 du 14 décembre 2011 portant création du tribunal criminel spécial modifiée par la loi n° 2012/011 du 16 juillet 2012 et ses décrets d'application », *Juridis-Périodique* n° 101 (2015) p. 77

Épistémologie

Akam Akam (André), « Libres propos sur l'adage 'nul n'est censé ignorer la loi' », *RASJ* vol. 4, n°1, 2007, p. 31

Ewang Sone (Andrew), « Codification and the New electoral Code », *Juridis-Périodique* n° 90 (2012), p. 65

Kamto (Maurice), « L'utilité des savoirs scientifiques », *RASJ* vol.4, n° 1 (2007), p. *i*

Kenfack (Pierre-Etienne) : « Doctrine et création du droit privé au Cameroun », *Revue de Recherche juridique*, 2005-4, p. 25.

Kuaté Tameghe (Sylvain Sorel) :

-*Jalons d'une habilitation à diriger des recherches : une expérience à partir du droit issu du traité OHADA*, L'Harmattan, 2007.

Lukong Alban Bongwon, « Corporate social responsibility : a favor or an obligation ? », *RASJ*, vol.7 n° 1(2010), p. 133

Menye Ondo (Marc), « Pour une justice plus efficace : regard nouveau sur la conciliation dans le droit processuel », *Annales de la FSJP de l'Université de Dschang*, tome 8, 2004, p 231.

Mbonda (Ernest-Marie) : « La finalité de la politique et du droit en question », *Cahier de l'UCAC* n° 11, 2006, p. 65.

Ondoa (Magloire), *Introduction historique au droit camerounais : la formation initiale. Éléments pour une théorie de l'autonomie des droits africains*, Yaoundé, Éditions du Kilimandjaro, 1013

Taguiam (Gaspard), « L'informatique juridique et les transformations du droit : d'une automatique du droit à un renouvellement de la réflexion sur les processus décisionnels en droit », *Annales de la FSJP de l'Université de Dschang,* tome 2, 1998, p. 167

État de droit, droits de l'homme et libertés publiques

Akoa (Philippe-Camille), « Société civile et amélioration des conditions carcérales », *Cahier africain des droits de l'homme* n° 4, 2000, p. 143.

Anoukaha (François)

-« Le droit à l'environnement dans le système africain de protection des droits de l'Homme, *Revue juridique et politique des pays africains d'expression française* n° 3, 2003, p. 267.

Assontsa (Robert), « Un virus en pleine expansion contre le droit d'accès à la justice civile au Cameroun : la consignation », *Juridis-Périodique* n° 81 (2010), p. 105.

Atangana Amougou (Jean-Louis) : *L'état des libertés publiques au Cameroun (essai sur l'évolution des libertés publiques en droit camerounais*), thèse, Université Jean Moulin, Lyon 3, 1999.

Atemengue (Edmond), « La torture en milieu carcéral : le cas de la prison centrale de Kondengui-Yaoundé (09 octobre 1985-06 octobre 1995) », *Cahier africain des droits de l'homme* n° 1, 2001, p. 53.

Bedjoko Mbassi, "Le vote au Cameroun depuis 1992 : exigences normatives et pratiques sociales", *Cahier africain des droits de l'homme* n° 9, 2003, p. 133.

Bégoudé (Jean-Pierre), "La loi du 10 janvier 1997 contre la torture, un pas en avant dans la protection des Droits de l'Homme au Cameroun", *Juridis-Périodique* n° 39 (1999), p. 77.

Belinga (Zacharie Gaudard), « Vers une nouvelle balkanisation de l'Afrique, entre L'Uti possedetis juris et le droit des peuples à disposer d'eux même ; les rythmes et les risques d'un processus politique complexe », *Juridis-Périodique* n° 99 (2014), p. 104.

Bilong (Solomon), « Le déclin de l'état de droit au Cameroun : à propos du développement des immunités juridictionnelles, *Juridis-Périodique* n° 62 (2005), p. 52.

Boukongou (Jean Didier) :

-« Le droit international des droits de l'homme : mirage ou protection juridique ? », *Annales de la FSJP de l'Université de Dschang,* tome 1, 1997, p.102 ;

-« L'espoir raisonnable d'une société de droit », *in Vers une société de droit en Afrique centrale* Presses de l'UCAC, Yaoundé, 2001, p. 391 ;

-« La grande vadrouille des formes contemporaines d'esclavage au sein des organisations internationales », *Cahier africain des droits de l'homme* n° 2, 1999, p. 29 ;

-« La « famille humaine » et l'abolition de la torture », *Cahier africain des droits de l'homme* n° 1, 2001, p. 7 ;

-« Rapports entre la presse et les défenseurs des droits de l'homme », *Cahier africain des droits de l'homme* n° 5, 2000, p. 53 ;

-« Enjeux humanitaires contemporains », *Cahier africain des droits de l'homme* n° 5, 2000, p. 145.

-« Aperçu du nouveau cadre juridique des activités non gouvernementales au Cameroun », *Cahier africain des droits de l'homme* n° 4, 2000, p. 247.

-« Prolégomènes sur la contribution de la société civile à la promotion de la dignité humaine au Cameroun », *Cahier africain des droits de l'homme* n° 8, 2002, p. 15 ;

-« Le marchand et le citoyen : le Janus de la mondialisation », *Cahier de l'UCAC,* n° 6, 2001, p. 141.

Boumakani (Benjamin), « L'état de droit en Afrique centrale », *in Vers une société de droit en Afrique centrale (1990-2000*), Sous la dir. Denis Maugenest et Jean-Didier Boukongou, Yaoundé, Presses de l'UCAC, 2001, p. 87.

Dampullo (Rabiatou Ibrahim), « *Human rights, women and the Islamic veil (HIJAB°: the case of Cameroon*", *RASJ* vol 5 (2008) n° 1, p. 93

Dassé (Paul), « Méditations à l'occasion d'un anniversaire : les obstacles à l'application de la Déclaration universelle des droits de l'homme au Cameroun », Annales de la FSJP de l'Université de Dschang 2000, tome 4, p. 161.

De Decker (Henry), « Diagnostic d'une émancipation coloniale (1960) », *Cahier de l'UCAC* n° 1, 1996, p. 19.

Dipanda Mouelle (Alexis), *La torture, cette barbarie de l'humanité*, Yaoundé, Saint-Paul, 1998.

Djessi Ndine Mpessa, « La société civile et la promotion des droits de la femme », *Cahier africain des droits de l'homme* n° 4, 2000, p. 157.

Djila (Rose) :

-« Contribution à l'étude de la protection de la liberté individuelle au Cameroun depuis 1990 », *Juridis-Périodique* n° 26 (1996), p. 84 ;

-L'enquête de police à l'épreuve des droits de l'homme », *Annales de la FSJP de l'Université de Dschang*, tome 1, vol.2, 1997, p. 123.

Donfack Sokeng (Léopold) : « Les incertitudes de la notion de « libertés publiques », *Annales de la FSJP, de l'Université de Dschang*, tome 1 vol.2, 1997, p. 23.

Dounkeng Zele (Champlain), « L'État de droit face aux défis de son effectivité en Afrique », *Annales de la FSJP de l'Université de Dschang*, tome 8, 2004, p.189.

Etongue Mayer (Eva Jacqueline), « Le Comité national des droits de l'homme et des libertés du Cameroun », *Cahier africain des droits de l'homme* n° 9, 2003, p. 229.

Eyiké-Vieux :

-« Les droits du prisonnier », Cahier africain des droits de l'homme n° 1, 2001, p. 65 ;

-« Les droits de l'enfant », Cahier de l'UCAC n° 1, 1996, p. 215.

Fogue Tedom (Alain), « L'Union Africaine face au défi titanesque de la prévention, du règlement et de la gestion des conflits », *Juridis-Périodique* n°74, (2008), p. 77

Folefack (Ernest), « Protection of women in armed conflicts under article 11 of the protocol to the African Charter on Human Rights Law,

International Humanitarian Law, Refugees Law and Law applicable to internally displaced persons", *Juridis périodique* n° 69 (2007) p. 79.

Guimdo (Bernard Raymond) :

-« Le droit au logement », *Cahier de l'UCAC* n° 1, 1996, p. 187.

-« Le droit à l'éducation au Cameroun (Expressions juridiques et pratiques d'un droit fondamental », *Juridis-Périodique* n°71, (2007), p. 54.

Kamdem (Jean-Claude) :

-« Mise en œuvre de mécanismes juridiques garants des droits de l'homme en Afrique : le cas du Cameroun », *in Droits de l'homme en Afrique centrale* op. cit., p. 137.

-« Existe-t-il une conception africaine des droits de la personne humaine ? », *Cahier africain des droits de l'homme* n° 4, 2000, p.41.

Kamto (Maurice) :

-« Actes de gouvernement et droits de l'homme au Cameroun », *Lex Lata* n° 26, 1996, p. 9 ; *Cahier africain des droits de l'homme* n° 4, 2000, p. 121.

-« Charte africaine, instruments internationaux de protection des droits de l'homme, Constitutions nationales : articulations respectives » *in Instruments internationaux et protection des droits de l'homme et droits nationaux,* Bruxelles, Bruylant, 2004.

Kenfack (Pierre-Etienne) : « L'accès à la justice », *Cahier de l'UCAC* n° 1, 1996, p. 201.

Kitio (Edouard) :

-« La garde à vue administrative pour grand banditisme et le respect des droits de l'homme au Cameroun (Application de la loi n° 90/054 du 19 décembre 1990 sur le maintien de l'ordre », *Juridis-Périodique* n°30 (1997) p. 47 ;

-« Observations sur le nouvel article 132 (bis) du Code pénal relatif à la torture (Loi n° 97/9 du 10 janvier 1997), *Juridis-Périodique* n° 32 (1997), p. 47 ; *Cahier africain des droits de l'homme* n° 1, 2001, p. 35 ;

-« Rapport sur l'impunité dans le contexte local du département du Dja et Lobo », *Cahier africain des droits de l'homme* n° 3, 2000, p. 35.

Kuaté Tameghe (Sylvain Sorel) :

-« A la recherche des causes de l'exploitation des enfants par le travail », *Cahier africain des droits de l'homme,* n° 2,1999, p. 100 ;

-« L'État et l'internationalisation des activités non gouvernementales », *Cahier africain des droits de l'homme*, n° 4, 2000, p.205 ;

-« La contribution du juge à la protection des droits de l'homme en Afrique centrale » i*n Vers une société de droit en Afrique centrale*, dir. D. Maugenest et J.D. Boukongou, PUCAC/Karthala Yaoundé, 2002, p. 229.

Lekene Donfack (Etienne) :

-« La candidature indépendante et la liberté de suffrage en droit camerounais », *RASJ,* 2000, vol.1, n° 1, p.21.

Mahouve (Michel) :

-« L'interdiction de la torture à l'épreuve des circonstances exceptionnelles », *Juridis-Périodique* n° 40 (1999), p. 88.

-« La répression des violations du droit international humanitaire au niveau national et international », *Juridis-Périodique* n° 62 (2005), p. 63 ;

-« Les juridictions pénales internationales », *Juridis-Périodique* n° 44 (2000), p. 90.

Mbonda (Ernest-Marie) : « Les droits de l'homme à l'épreuve du droit à la différence », *Cahier de l'UCAC* n° 2, 1997, p. 33.

Mbunja (Yohanes), « D'un son de cloche à un autre, ou retour sur PTPI/Abong-Mbang, ordonnance no 01/civ du 11 janvier 2008 », *Juridis-Périodique* n° 82 (2010), p. 125.

Minkoa She (Adolphe) : *Droits de l'homme et droit pénal au Cameroun*, Economica, Paris, 1999.

Momo (Bernard) : « L'État de droit au Cameroun : bilan et perspectives », *Cahier africain des droits de l'homme* n° 4, 2000, p. 79.

Moto Zeh (Catherine), « Société civile et promotion des droits de l'enfant : l'importance de l'éducation », *Cahier africain des droits de l'homme* n° 4, 2000, p. 165.

Mousseni Batela (Guillaume) : « Les droits de l'homme dans la société Bamoun », *Cahier africain des droits de l'homme* n° 6-7, 2002, p. 259.

Mufor Atanga (Lucien), « An overview of the civil liberties situation in the English-speaking province of Cameroon since 1990 », *Cahier africain des droits de l'homme* n° 3, 2000, p. 57.

Mutoy Mubiala :

-« La problématique de l'inculturation des droits de l'homme en Afrique centrale », *in Vers une société de droit en Afrique centrale* Presses de l'UCAC, Yaoundé, 2001, p. 417 ;

-« Intégrer les droits de l'homme aux activités et programmes des mécanismes régionaux et sous régionaux de prévention, de gestion et de règlement des conflits en Afrique », *Cahier africain des droits de l'homme* n° 2, 1999, p. 179.

-« La contribution des Nations Unies à la promotion des droits de l'homme en Afrique centrale », *Cahier africain des droits de l'homme* n° 4, 2000, p.15.

Nach Mback (Charles), « La chefferie traditionnelle au Cameroun : ambiguïté et obstacles à la démocratie », *Cahier africain des droits de l'homme* n° 6-7, 2002, p. 211.

Nchimi Mebu (Jeanne-Claire) : « Intégrité physique et droit de disposer de son corps », *RASJ* 2000, vol.1, n° 2, p. 80.

Ndi Onana (Georges), « Droits de l'homme et tradition Béti », *Cahier africain des droits de l'homme* n° 6-7, 2002, p. 287.

Ndinga (Gabriel), « De la dignité individuelle en Afrique », *Cahier de l'UCAC* n° 1, 1996, p. 73.

Nghogomu née Acha Morfaw (Dorothy Lekeaka), « Female genital mutilation in Cameroon : a violation of women's inalienable rights", *Annales de la FSJP de l'Université de Dschang*, tome 7, 2003, p. 51.

Ngongo (Louis-Paul), « Les principes généraux fondamentaux des droits de l'homme », *in Cahier africain des droits de l'homme* 2000, n° 4.

Ngono Solange : *Le procès pénal camerounais au regard des exigences de la Charte africaine des droits de l'homme et des peuples, Paris*, L'harmattan 2002 ;

Nguele Abada (Marcelin) :

-« Le cycle identitaire dans le droit : réflexions sur le fondement et l'expression des droits de l'homme dans les États africains au Sud du Sahara », *Cahier africain des droits de l'homme* n° 6-7, 2002, p. 73 ;

-« Le procès de l'État de droit : avancée réelle ou poudre aux yeux ?, *in Vers une société de droit en Afrique centrale,* PUCAC/ Harthala, Yaoundé, 2001 p. 129.

-« État de droit et liberté au Cameroun », *RJPIC*, 1995, n° 3.

Nguemengne (Jacques Philibert), « Réflexion sur l'usage et le respect des droits de l'homme au Cameroun : le droit de vote depuis 1990 », *in Vers une société de droit en Afrique centrale*, PUCAC/ Karthala, Yaoundé, 2001, p. 151.

Ngum Kwe (Francis), « Self-determination : the case of Anglophone Cameroon, *RASJ*, 2001, vol., n° 2, p. 121.

Njandeu née Mouthieu (Monique Aimée) :

-« Le problème de la discrimination à l'égard de la femme », *Juridis-Périodique* n° 44 (2000), p. 96.

-« *La discrimination à l'égard de la femme : une atteinte à l'égalité des sexes »*, Verfassung und Recht in Übersee, Law and Politics in Africa, Asia and Latin America, 35 jahrgang – 1 Quartal 2002, p. 54
Noah (Henry-Marcel), « L'assistance d'humanité », *Annales de la FSJP de l'Université de Douala n*° 2, 2002, p. 111.

Ntonga Bomba (Serge Vincent), "L'état actuel de la mise en œuvre des instruments juridiques en matière d'environnement au Cameroun", *Juridis-Périodique* n° 50 (2002), p. 121

Ntungwe Ndue (Paul), "*Human rights commissions : Lessons for Cameroon in the development of economic, social and cultural right*", *Juridis-Périodique* n°74 (2008), p 65

Olinga (Alain-Didier) :

-« Protéger les droits de la personne en milieu carcéral : éléments d'une problématique générale », *Cahier de l'UCAC* n° 11, 2007, p. 247 ;

-« La notion de dignité en droit international », *Cahier de l'UCAC* n° 1, 1996, p. 233 ;

-« Les défis de l'émergence d'une culture des droits de l'homme dans les sociétés d'Afrique centrale-Considérations liminaires », *in Vers une société de droit en Afrique centrale,* Yaoundé, Presses de l'UCAC, 2001, p. 289 ;

-« Droit à l'égalité et réalisation des droits économiques, sociaux et culturels dans le cadre de la charte africaine des droits de l'homme et des peuples », *Cahier africain des droits de l'homme* n° 10, 2004, p. 13 ;

-« Le contentieux camerounais devant le comité des droits de l'homme et la commission africaine de Banjul », *in Cahier africain des droits de l'homme* 2001, n° 1, p. 116 ;

-« La communauté internationale et l'esclavage », Cahier africain des droits de l'homme n° 2, 1999, p. 9 ;

-« La problématique humanitaire à l'ère de la mondialisation », *Cahier de l'UCAC* n° 6, 2001, p.159.

-« La condition de recevabilité relative à l'interdiction des termes outrageants et insultants dans la jurisprudence de la Commission africaine des droits de l'homme et des peuples », *Juridis périodique* n° 91 (2012) p.99.

« Remarques prospectives sur l'interaction entre la Cour africaine des droits de l'homme et des peuples et les juridictions des Communautés économiques régionales dans la garantie des droits de l'homme en Afrique », *Juridis périodique* n° 96 (2013) p.115.

Onana Etoundi (Felix) :

-« Le respect du droit par les juridictions camerounaises », *in Vers une société de droit en Afrique centrale* Presses de l'UCAC, Yaoundé, 2001, p. 207 ;

-« Crimes de guerre, crimes contre l'humanité et crime de génocide à l'épreuve des juridictions pénales internationales », Cahier africain des droits de l'homme n° 2, 1999, p. 213 ;

-« L'impunité dans le ressort judiciaire du Grand Mbam », *Cahier africain des droits de l'homme* n° 3, 2000, p. 45 ;

-« Analyse des décisions de justice et du fonctionnement de l'institution carcérale », *Cahier africain des droits de l'homme n°* 5, 2000, p. 119 ;

-« La pratique de la loi n° 90/053 du 1 décembre 1990 portant liberté d'association au Cameroun », Cahier africain des droits de l'homme n° 4, 2000, p. 223.

Onguene Onana (Dieudonné Édouard), « Dysfonctionnement du système public et effets sur le droit à la santé au Cameroun », *Cahier africain des droits de l'homme* n° 10, 2004, p. 37.

Pougoué (Paul-Gérard) :

-« La problématique des droits de l'homme », *Cahier africain des droits de l'homme* n° 5, 2000, p. 193 ;

-« Les figures de la sécurité juridique », *RASJ* vol. 4, n° 1, p. 1 ;

-« La législation camerounaise et la protection des droits de l'homme », *Cahier africain des droits de l'homme* n° 4, 2000, p. 101 ;

-« Lecture de la Charte africaine des droits de l'homme et des peuples », *in Droits de l'homme en Afrique centrale,* Yaoundé, UCAC-KARTHALA, 1995, p. 31.

Saad Adoum et Mbala (Firmin), « La contribution de la « société civile » à la promotion des droits de l'homme en Afrique centrale : essai d'analyse » Cahier africain des droits de l'homme n° 8, 2002, p. 1999

Samkia Asongwe (Patricia), « Does the African Charter on Human and People's Rights provide any hope Woman in their right to acquire and manage land ? » *RASJ*, 2001, vol.2, n° 2, p.81.

Rossatangana-Rignault (Guy), « Transition démocratique et impunité par le « bas » au Gabon » *Cahier africain des droits de l'homme* n° 3, 2000, p. 9.

Siétchoua Djuitchoko (Celestin), « Introduction au contentieux des élections législatives camerounaises devant la Cour suprême statuant comme Conseil constitutionnel », *Juridis-Périodique* n° 50 (2002), p. 81.

Siewe (Colette Joséphine), « L'impunité dans le contexte local du Littoral et de l'Ouest du Cameroun », *Cahier africain des droits de l'homme* n° 3, 2000, p.23.

Sindjoun (Luc) : « Brèves réflexions sur une question sans fin », *in Droits de l'homme en Afrique centrale*, Presses de l'UCAC, Yaoundé, 2001, p. 91.

Tchakoua (Jean-Marie), « Le législateur se fout-il de la constitution ? À propos de la loi relative au contentieux lié à l'emploi temporaire dans la fonction publique et de la loi portant dissolution du Fonds de garantie automobile », *Juridis périodique* n° 82 (2010) p. 121.

Tchindji (Pierre-Paul), « Le sort de la liberté dans la législation camerounaise sur la liberté de la communication sociale », *Annales de la FSJP de l'Université de Dschang,* tome 2 (1998), p. 77.

Tite Amougui (Apollinaire) :

-« L'influence de le société internationale dans la promotion et la protection des droits de l'homme », *in Vers une société de droit en Afrique centrale* op. cit., p. 327 ;

-« Réflexions sur la loi n° 99/014 du 22 décembre 1999 régissant les organisations non gouvernementales », *Cahier africain des droits de l'homme* n° 4, 2000, p. 235.

Titi Nwel (Pierre) :

-« L'idée de « droit de l'Homme » en Afrique noire », *in Droits de l'homme en Afrique centrale* op. cit., p. 49.

-« Société civile et promotion de la démocratie », *Cahier africain des droits de l'homme* n° 4, 2000, p. 189.

Tjouen (Alex-François), « Le droit de vivre et celui de mourir dans la dignité : étude comparative du droit français et des droits africains sub-sahariens », *RASJ*, vol.7 n° 1(2010), p. 149

Tobith Nzengue (Christiane), « Le droit à l'alimentation au Cameroun », *Cahier africain des droits de l'homme n°* 10, 2004, p. 241.

Tonye (Jeanne De Chantal) epse Ond, « La viscosité des statuts dans les conflits armés déstructurés », *Juridis périodique* n° 97 (2014) p. 91.

Toukam, « Pauvreté et droit au logement au Cameroun », *Cahier africain des droits de l'homme* n° 10, 2004, p. 161.

Yimga (André-Marie), « L'impunité à l'Ouest du Cameroun », *Cahier africain des droits de l'homme* n° 3, 2000, p. 69.

Études générales

Boubou (Pierre) :

-*Le droit à la portée de tous* (2 tomes), Editions Sopécam, 1999 et 2001 ;

-*Code civil,* Éditions Avenir, Douala, 2006.

Anoukaha (François) (Sous la dir). Les grandes décisions de la jurisprudence civile camerounaise, Yaoundé, 2008.

Djuidje Chatué (Brigitte), *Les réformes de droit privé en Afrique*, Yaoundé, Presses Universitaires d'Afrique, 2016

Njampiep (J.), *Excercices et études de cas pratiques.* Volume1 : Comptabilité générale, Douala, Experts Comptables et Conseils, 2012, 730p.

Njampiep (J.), Solutions aux *exercices et études de cas pratiques.* Volume2 : Comptabilité générale, Douala, Experts Comptables et Conseils, 2012.

Ntuda Ebode (J V.), « Les enfants soldats dans les crises africaines : entre logique militaire et stratégie politique », *in Guerres mondiales et conflits contemporains*, n° 222 Paris, PUF, juin 2006.

Tonye (A.), *Pratique juridique des financements structurés en Afrique*, Paris, l'Harmattan, 2010, coll. Africaines, 303p.

Finances publiques

Alaka Alaka (Pierre), « La distinction entre redevance et taxe », *Annales de la FSJP de l'Université de Douala* n° 2, 2002, p. 105.

Dolivet (Maurice), « La fiscalité des entreprises au Cameroun oriental », *RCD*, n° 2 (1972), p. 110.

Electa, « Le contrôle *a posteriori* des dépenses publiques au Cameroun : inspection générale de l'État », *RCD*, n° 2 (1972), p. 118.

Lekene Donfack (Etienne) : *Les finances publiques camerounaises*, Berger-Levrault, Paris 1987.

Mbarga Nyatte (Daniel), « Vers une maîtrise des finances publiques au Cameroun », *RASJ* 2009, vol. 6 n° 1, p. 307

Mouliom (Ibrahim) : « La réquisition de paiement en droit camerounais », *RASJ*, 2003, vol.1, n° 3, p. 221.

Nnanga 5sylvestre honoré), « la protection juridictionnelle des finances publiques africaines », *RASJ* 2009, vol. 6 n° 1, p.211.

Sintat Mpouma (Luc), « La taxe sur la distribution du crédit : application au Cameroun », *RCD* n° 21-22, 1981, p. 5.

Telep Likong, "Le droit de recette", *Lex Lata* n° 11/12 (1995), p. 3.

Tientcheu Hako (Marie Solange), "Plaidoyer pour le maintien des charges relatives à la famille dans le cadre de l'impôt sur le revenu des personnes physiques », *Juridis-périodique* n° 57 (2004), p. 69.

Togolo (Odile), « Le contrôle politique des finances publiques au Cameroun » *RASJ*, 2003, vol.1, n° 3, p117.

Histoire des institutions

Mbarga (Émile), *Cours d'histoire des institutions du Cameroun*, Presses du Centre d'Édition et de Production des Manuels et d'Auxiliaires de l'Enseignement, Yaoundé, 1976.

Mbomé (François), *Histoire des institutions et des faits sociaux*, Yaoundé, FASST Editions, 2000.

Boubou (Pierre) : *Les procédures fiscales et de la prévoyance sociale*, Editions Avenir, Douala, 2007.

Mveng (Engelbert), *Histoire du Cameroun*, tomes 1 et 2, CEPER Yaoundé, 1984.

Ngongo (Louis-Paul), *Histoire des institutions et des faits sociaux du Cameroun*, Tome 1 (1884-1945), Mondes en devenir-XVI.

Organisation judiciaire

Aba'a Oyono (J-C), *La compétence de la juridiction administrative en droit camerounais,* Thèse de Doctorat, Université de Nantes, 1994.

Anana Mbo (A), « La nouvelle juridiction présidentielle dans l'espace Ohada : l'endroit et l'envers d'une réforme » *Revue camerounaise de droit des affaires*, n° 3, 2000, p.9.

Anoukaha (François) :

-« La délimitation de la compétence entre la Cour commune de justice et d'arbitrage et les Cours suprêmes nationales en matière de recouvrement des créances (à propos de l'arrêt Pamol), *Juridis-Périodique* n° 59 (2004), p. 118 ;

-« La réforme de l'organisation judiciaire au Cameroun », *Juridis-Périodique* n° 68 (2006), p. 45 ;

-« Le juge du contentieux de l'exécution des titres exécutoires : le législateur camerounais persiste et signe…l'erreur », *Juridis-Périodique* n° 70 (2007), p. 33.

Anyangwe (Carlson) :

-*The administration of justice in* a *bijural country : the united republic of Cameroon*, Ph D. Thesis, University of London, 1979 ;

-*The Cameroonian judicial system*, CEPER, Yaoundé, 1987.

Banamba (Boniface) :

-« Regard nouveau sur un texte déjà trentenaire : le cas du décret du 19 décembre 1969 portant organisation et fonctionnement des juridictions traditionnelles de l'ex-Cameroun oriental », *RASJ*, 2000, p. 102.

Batoum (M) : « Plaidoyer pour la réhabilitation de la règle l'option de juridiction emporte option de législation » *Juridis-Périodique* (2000), p. 73.

Djuidje (Brigitte), « Le statut du juge judiciaire camerounais : un tableau contrasté, *Annales de la FSJP de l'Université de Dschang*, 1999, tome 3, p. 45.

Dzeukou (Guy Blaise), « Réflexions sur l'évolution de la compétence des juridictions traditionnelles » *Annales de la FSJP de l'Université de Dschang*, tome 8, 2004, p 271.

Enoti (Henri Fils), « Règles de compétence territoriale des juridictions et création des nouvelles juridictions : réflexion à partir des tribunaux de Bafoussam et de Bandjoun », *Juridis-Périodique* n° 94 (2013), p. 107

Ewang Sone (Andy), « The Cameroon Supreme Court : a court of judicial review or a "cour de cassation" ?, *Juridis-Périodique* n° 25 (1996), p.31.

Fipa (Jacques), "Le référé devant les juridictions camerounaises", *Juridis-Périodique* n° 38 (1999), p.7.

Fometeu (Joseph) :

-« Le juge de l'exécution au pluriel ou la parturition au Cameroun de l'article 49 de l'Acte uniforme portant voie d'exécution », *Juridis-Périodique* n° 70 (2007), p. 97

-« Les compétences juridictionnelles dérogatoires en matière civile et commerciale », *Juridis-Périodique* n° 99 (2014), p. 68

Fouegoum (Adeline), « Les institutions judiciaires et carcérales », *Cahier africain des droits de l'homme* n° 5, 2000, p. 111.

Goudem (Jules), *L'organisation juridictionnelle du Cameroun*, Thèse de doctorat de 3e cycle, Université de Yaoundé, 1983.

« La Cour de sûreté de l'État du Cameroun (Étude critique de la loi n° 90/060 du 19 décembre 1990 », *Juridis-Info* n° 19 (1994), p. 54.

Guermann (Michel), « L'organisation judiciaire de la République unie du Cameroun, *RCD*, n° 5, (1974), 10.

Kamto (Maurice) :

-« Les cours de justice des organisations africaines d'intégration économique, Revue africaine de droit international et comparé ;

-« La fonction administrative contentieuse de la Cour suprême du Cameroun », *in Les Cours suprêmes en Afrique,* tome 3, Paris, Economica 1988, p. 31.

Kamto (Maurice) et Pougoué (Paul-Gérard), « Commentaire de la loi n° 89/018 du 28 juillet 1989 portant modification de la loi n° 75/16 du 8 décembre 1975 fixant la procédure et le fonctionnement de la Cour suprême », *Juridis-Info*, n° 1 (1990), p. 5.

Keugong Watcho, « La juridiction compétente pour la résiliation du bail professionnel après la réforme de l'Acte uniforme relatif au droit commercial général », *Juridis-Périodique* n°93 (2013), p *Juridis-Périodique* n°93 (2013), p. 98

Marticou-Riou, « L'organisation judiciaire du Cameroun », *Penant*1969, 33.

Nkouendjin Yotnda (Maurice) : « Soliloque sur certains problèmes soulevés par l'organisation judiciaire de la République du Cameroun », *Penant* 1976, p. 5.

Mbunja (Yohanes), « Injonction de payer : juridiction compétente », *Juridis-Périodique* n° 39 (1999), p. 89.

Minou (Sterling), « La juridiction prévue à l'article 49 de l'Acte uniforme Ohada n° 6 portant organisation des procédures simplifiées de recouvrement et des voies d'exécution est-elle le juge des référés au Cameroun ? », *Juridis-Périodique* n° 62 (2005), p. 97.

Ndjere (Emmanuel), Du juge d'instruction au juge d'instruction : quel changement pour quel résultat ?, Presses de l'UCAC, Yaoundé, 2006.

Nguini (Marcel) « La Cour fédérale de justice au Cameroun », *RCD,* n° 3 (1973), p.35.

Nnanga (Sylvestre-Honoré), « Le juge des comptes au Cameroun : institution nouvelle pour une nouvelle mission ? », *Penant* 2003, p. 21.

Ohandja Eloundou (Achille), « Un revenant : le juge d'instruction », *Juridis-Périodique* n° 65 (2006), p.91.

Siétchoua Djuitchoko (Celestin) :

-« Perspectives ouvertes à la juridiction administrative du Cameroun par la loi n° 96/06 du 18 janvier 1996 portant révision de la constitution du 2 juin 1972 », *Annales de la FSJP de l'Université de Dschang,* tome 1, 1997, p. 162 ;

-« La réforme inachevée du contrôle juridictionnel des comptes au Cameroun (Commentaire de la loi n° 2003 /005 du 21 avril 2003 fixant les attributions, l'organisation et le fonctionnement de la Chambre des comptes de la Cour suprême », *Juridis-Périodique* n° 56 (2003), p. 73 ;

-« La difficile gestation des juridictions inférieures des comptes au Cameroun », *Juridis-Périodique* n° 68 (2006), p. 101.

Sintat Mpouma (Luc), « La compétence de la Cour suprême depuis la loi du 17 septembre 1992 (A propos de la proclamation des résultats de l'élection présidentielle) », *Juridis-Info* n° 15 (1993), p. 58.

Tagne (René) :

- « La Cour suprême du Cameroun en conflit avec la Cour commune de justice et d'arbitrage (CCJA) », *Juridis-Périodique* n° 62 (2005), p.104

-« La loi n° 2009/ 004 du 14 avril 2009 portant organisation de l'assistance judiciaire : le Cameroun vers l'affirmation du droit d'accès pour tous à la justice ? », *Juridis-Périodique* n° 80 (2009), p. 115

Tankoua (Emmanuel) : « La libération immédiate : un jeu de ping-pong dans certaines juridictions », *Juridis-Périodique* n° 48 (2001), p. 113.

Tjouen (Alex-François), Les rapports entre les juridictions suprêmes nationales et la Cour commune de justice et d'arbitrage de l'Organisation pour l'Harmonisation en Afrique du Droit des Affaires, Thèse de Doctorat, Université de Panthéon – Assas, 2006.

Procédures et voies d'exécution

Achu Fonja, « The settlement of labour disputes in Cameroon », *Juridis-Périodique* n° 61 (2005), p. 51.

Anoukaha (François),

-« Le juge du contentieux de l'exécution des titres exécutoires : le législateur camerounais persiste et signe … l'erreur », *Juridis Périodique,* n° 70, Avril-Mai-Juin 2007, pp. 33-38.

-« La délimitation de la compétence entre la Cour Commune de Justice et d'Arbitrage OHADA et les Cours suprêmes nationales en matière de recouvrement des créances (à propos de l'arrêt Pamol », *Juridis Périodique,* n° 59, Juillet-Décembre 2004, pp. 118.

-« L'émergence d'in nouveau droit des procédures collectives d'apurement du passif dans les États africains membres de l'OHADA », *Revue du CERDIP*, vol. 1, n° 1, Janvier-Juin 2002, p. 62.

Anoukaha (François) et Tjouen (Alexandre Dieudonné), Les procédures simplifiées de recouvrement et les voies d'exécution en Ohada, PUA, Yaoundé, 1999.

Assogbavi Komlan, « La nouvelle procédure d'injonction de payer dans l'Acte uniforme portant organisation des procédures simplifiées de recouvrement et des voies d'exécution », *Juridis-Périodique* n° 40 (1999), p. 95.

Assontsa (Robert) :

-« Un virus en pleine expansion contre le droit d'accès à la justice civile au Cameroun : la compensation », *Juridis-Périodique* n° 81 (2010), p. 111.

-*Le juge et les voies d'exécutiondepuis la réforme de l'OHADA*, Thèse de Doctorat, Université de Strasbourg, 2009.

Atangana - Malongue (M.T.), « Le cautionnement réel dans l'Acte uniforme OHADA », *in Recueil d'études sur l'OHADA et l'UEMOA,* Université Paul Cezanne Aix-Marseille III, PUAM, 2010- vol I, coll. Horizons Juridiques Africains, p.323.

Batoum (Frédéric Placide Michel), « La saisie-vente dans la législation Ohada ou le sacre de l'insolvabilité ? » *Juridis-Périodique* n°74 (2008), p 71

Djonga (Pierre), *Le contrôle juridictionnel des procédures civiles d'exécution*, thèse de doctorat, Université de Ngaoundéré, 2014

Fometeu (Joseph), « Le juge de l'exécution au pluriel ou la parturition au Cameroun de l'article 49 de l'Acte uniforme OHADA portant voies d'exécution », *Juridis-Périodique* n°69 (2007), p. 97.

Gamaleu Kameni, *L'implication du créancier dans les procédures collectives, Étude comparée du droit français et du droit de l'OHADA*, Thèse de Doctorat, Université d'Aix - Marseille, 2013.

Gouambe (Simplice), *La juridiction présidentielle au Cameroun*, thèse de doctorat, Université de Yaoundé II, 2014

Ipanda (P),

-« L'interdiction de préjudicier au principal existe-t-elle encore en matière de saisie mobilière ? », Revue camerounaise de droit des affaires, n° 3, 2000, p.63.

-« Nullité de la mainlevée des saisies de créances donnée par huissier », observations sous tribunal de première instance de Yaoundé, ordonnance de référé no 301 du 20 janvier 2000, *Revue Camerounaise de Droit des Affaires*, n° 3, Avril-Juin 2000, p. 65.

Jiogue (Grégoire) et Tchantchou (Henri), « Observations sur la loi n° 96/10 du 05 août 1996 modifiant et complétant la loi n° 89/021 du 29 décembre 1989 fixant une procédure simplifiée de recouvrement des créances civiles et commerciales », *Lex Lata* n°31, 1996, p. 3.

Kere Kere (Gilbert),

-« Le droit commun de l'exécution forcée dans l'espace Ohada », *RASJ*, vol.7 n° 1(2010), p. 65.

-« La saisie immobilière d'après le droit OHADA », *in Revue Africaine des Sciences Juridiques de l'Université de Yaoundé II*, 2009, vol. 6, n° 1, pp. 141-164.

Kuaté Tameghe (Sylvain Sorel) :

-La protection du débiteur dans les procédures individuelles d'exécution, Paris, L'harmattan, 2004 ;

-La protection du débiteur dans le système des voies d'exécution Ohada, thèse de doctorat en Droit, Université Montesquieu-Bordeaux IV, 2003 ;

-« La situation des créanciers des personnes publiques dans le système des voies d'exécution de l'OHADA », *Cahier africain des droits de l'homme*, n° 6-7, 2002, p. 175 ;

-« Les images floues de la vérification des biens saisis dans le système OHADA des voies d'exécution », *Juridis-Périodique* n° 61, 2005, p. 87 ;

-« Délicatesse, convivialité, humanité…et voies d'exécution », *Juridis-Périodique* n° 62, 2005, p.41.

-« Les mystères des articles 50 alinéa 1 et 51 de l'Acte uniforme OHADA portant organisation des procédures simplifiées de recouvrement et des voies d'exécution », *Afrilex* n° 5, 2006, p 177 ;

-« Les paradoxes du recouvrement impliquant l'administration », *Ruptures-Solidarités* n° 6, Paris, Karthala, 2006 ;

-« Le recouvrement forcé des créances », *Gérer et décider* n° 2, 2006 ;

-« Les pouvoirs du débiteur sur les biens saisis : une lecture à partir du système Ohada des voies d'exécution », Cahier de l'UCAC n° 11, 2007, p. 227.

-« La stratégie de protection du logement dans le système Ohada des voies d'exécution », *RIDA-EDJA* n° 68, 2006-1, p. 7.

Kwati Baninjoyoh (Evelyn), « The treatment of the creditor in insolvency proceedings under OHADA », *Juridis-Périodique* n° 98 (2014), p. 103.

Mbah Ndam : *Practice and procedure in civil and commercial litigations*, Yaoundé, PUA, 2003.

Mbonji Bille (G.C), "Les créances nées de la poursuite de l'activité", *in L'Effectivité du droit de l'OHADA*, Yaoundé, PUA, 2006, pp. 163-169.

Mbunja (Yoanes), « La représentation du délinquant devant les juridictions répressives », *Juridis-Périodique* n° 44 (2000), p. 61.

Minou (Sterling), « La juridiction prévue à l'article 49 de l'Acte uniforme OHADA no 6 portant organisation des procédures simplifiées de recouvrement et des voies d'exécution est- elle le juge des référés au Cameroun ? », *Juridis-Périodique* n° 62 (2005), p. 97.

Nemedeu (Robert), Le juge camerounais du contentieux de l'exécution ou le clair-obscur entre l'esprit et la lettre de l'article 49 de l'Acte uniforme portant organisation des procédures simplifiées de recouvrement et des voies d'exécution », *Juridis-Périodique* n° 83 (2010) p. 91

Ngwa Nforbin, « Le problème d'inexécution des décisions du juge administratif au Cameroun », *RASJ*, vol.7 n° 1(2010), p. 297

Nkou Mvondo (P.),

-« Le tiers dans le droit OHADA de l'exécution forcée », *Annales de la Faculté des Sciences Juridiques et Politiques de l'Université de Dschang,* 2009, pp. 43-65.

-« L'information de la caution dans le nouveau droit des sûretés des États africains », *African Journal of International and Comparative Law*, vol. 11, n° 2, 1999, pp. 262-284.

Nzuenkeu (Alexis), « L'Ohada et la réforme des procédures civiles d'exécution en droit africain : l'exemple du Cameroun », *Juridis-Périodique* n° 50 (2002), p. 113.

Onana Etoundi (Felix) :

-*L'incidence du nouveau droit communautaire Ohada sur le droit interne de l'exécution des décisions de justice en matière non répressive*, thèse de doctorat d'Etat, Université de Yaoundé II, 2004 ;

-*La pratique de la saisie-attribution des créances à la lumière de la jurisprudence de la CCJA de l'OHADA*, 2006.

-« Recouvrement des créances et voies d'exécution : pratique de la législation et de la jurisprudence : les limites des actes uniformes de l'OHADA », *Le Magazine de l'Entreprise*, n° 49, 2006, pp. 45-51.

Podio ép. Tchatchoua (Monique.D) et Fandjip (Olivier) « Les voies d'exécution en droit Ohada à l'épreuve des droits de l'homme : cas du débiteur » *Juridis-Périodique* n° 83 (2010) p.102.

Pougoué (Paul-Gérard) et Kalieu (Yvette), *L'organisation des procédures collectives d'apurement du passif OHADA*, Yaoundé, PUA, 1999.

Pougoué (Paul-Gérard) et Teppi Kolloko (Fidèle) :

-*La saisie attribution des créances OHADA*, PUA, Yaoundé, 2010 ; 117p.

-*La saisie immobilière dans l'espace OHADA,* Yaoundé, PUA, 2010, 160p.

Sadjo Ousmanou, *Les conventions relatives au procès, contribution à la contractualisation de la justice*, thèse Rennes, 1996.

Simo Tumnde (M.), Melong (J.), Monteh Tumnde (P.), *The Execution of Court Jugdments under the OHADA Uniform Act on sSimplified Recovery Procedures and Measures of Execution,* Yaoundé, Presses Universitaires d'Afrique, 2013, 256p.

Soh (Maurice) :

-« La situation des créanciers du salarié dans les procédures d'exécution Ohada ou le difficile équilibre entre les intérêts en présence », *Juridis-Périodique* n° 49 (2002), p. 101 ;

-« Insaisissabilité et immunité d'exécution dans la législation Ohada ou le passe-droit de ne pas payer ses dettes », *Juridis-Périodique* n° 51 (2002), p. 89.

Soh Fogno (D.R), *Le débiteur à l'épreuve des procédures collectives d'apurement du passif de l'OHADA,* Thèse de Doctorat, Université de Dschang, 2012.

Soupgui (Eloi), *Les sûretés conventionnelles à l'épreuve des procédures collectives dans l'espace OHADA*, Thèse de Doctorat, Université de Yaoundé II 2008.

Souop (Sylvain) :

-« Pour qui sonne le glas de l'exécution provisoire ? » *Juridis-Périodique* n° 54 (2003), p. 102 ;

-« L'exécution provisoire encadrée, leurres et lueurs d'un revirement jurisprudentiel », *Juridis-Périodique* n° 58 (2004), p. 116.

Tabe Tabe (Simon) : "Can a lawyer be charged for contempt of Court when conducting a case ?" *Annales de la FSJP de l'Université de Dschang,* tome 7, 2003, p. 25.

Tagne (René),

-« Droit processuel : les ordonnances sur requête en question », *Juridis-Périodique* n°74 (2008), p 113.

Tankoua (Emmanuel) :

-« Réflexions sur l'applicabilité de la loi n° 92/008 du 14 août 1992 sur l'exécution des décisions de justice telle que modifiée par rapport à l'Acte uniforme Ohada sur les procédures de recouvrement simplifié et les voies d'exécution », *Juridis-Périodique* n° 50 (2002), p. 128.

Tchakoteu Messabiem (L.), *La protection des créanciers dans les procédures collectives d'apurement du passif de l'OHADA par comparaison avec le droit français,* Thèse de Doctorat, Université de Perpignan, 2013.

Tchantchou (Henri) :

-« Sursis ou défenses à exécution… ? L'exécution provisoire revient… » *Juridis-Périodique* n° 27 (1996), p. 87 ;

-« Le contentieux de l'exécution et des saisies dans le nouveau droit Ohada », *Juridis-Périodique* n° 46 (2001) p. 98.

Tchantchou (Henri) et Nzuenkeu (Alexis), "L'exécution provisoire à l'ère de l'Ohada", *Juridis-Périodique* n° 60 (2004), p. 109.

Twengembo :

-« Commentaire de la loi n° 92/008 du 14 août 1992 fixant certaines dispositions relatives à l'exécution des décisions de justice », *Juridis-Info* n° 12 (1992), p. 76 ;

-Formulaire d'actes usuels de procédure et des voies d'exécution Ohada, Yaoundé, PUA, 1999 ;

-Formulaire d'actes de procédure OHADA, 2e Ed., Yaoundé PUA, coll. Droit Uniforme, 2007, 493p.

-« Procédure simplifiée de recouvrement », *Juridis-Périodique* n° 58 (2004), p. 87.

Wambo (J.), *La saisine de la Cour Commune de Justice et d'Arbitrage d l'OHADA e matière contentieuse : guid pratique à la lumière de la jurisprudence*, s.l., s.n., 2012, 236p.

Wandji Kamga (Alain Douglas), *Le droit à l'exécution forcée. Réflexion à partir des systèmes juridiques camerounais et français,* Sarrebruck, Éditions universitaires européennes, 2011, 624p.

Professions

Mbah Ndam : « La profession d'avocat dans la tradition anglo-saxonne », *Juridis-Info* n° 15 (1993), p. 63.

Jogo (Pascal), « Ombres et lumières du stage d'avocat », *Juridis-Info* n° 17 (1994), p. 76.

Kuate Tameghe (Sylvain), « La réforme du statut de la magistrature au Cameroun », *Juridis-Périodique* n° 90 (2012), p. 115

Manga Zambo (Eleuthère), « Contribution à l'étude du droit des activités physiques et sportives de compétition », *RASJ*, vol.7 n° 1(2010), p. 271

Nana (Raphaël Le Doux), « L'avocat face au blanchiment des capitaux », *Juridis-Périodique* n° 83 (2010) p.129

Tientcheu Njiako (André), « Les *ordonnances de taxe à l'épreuve des honoraires des avocats du Cameroun et de France », Annales de la FSJP de l'université de Dschang*, tome 8, 2004, p.99.

Société politique (construction)

Abolo Mbita (Christian), « Les médias et la construction de l'opinion publique », *Cahier africain des droits de l'homme* n° 5, 2000, p. 23.

Augstburger (Daniel), "Rapports entre la presse et les organisations humanitaires", *Cahier africain des droits de l'homme* n° 5, 2000, p. 153.

Banyong Fonyam (J) : « Cameroonians of the 11th province in Cameroon : a socio-legal approach », *RASJ,* 2003, vol.1, n° 3, p. 59 ;

Belinga (Zacharie Gaudard), "Vers une nouvelle balkanisation de l'Afrique ? Entre l'*uti possidetis juris* et le droit des peuples à disposer d'eux-mêmes : les rythmes et les risques d'un processus politique complexe », *Juridis-Périodique* n° 99 (2014), p. 104

Danpullo Hamisu (Rabiatu) : « The role of the family in the promotion of peace and security », *Juridis-Périodique* n° 66 (2006), p. 99.

DIFFOUO Guy (Innocent), « Le principe d'égal accès aux emplois et fonctions publics à l'épreuve de la tribalité positive au Cameroun » *Juridis-Périodique*, n° 79 (2009), p. 88

Dounkeng Zele (Champlain), « Quelques réflexions sur la loi relative au financement des partis politiques et des campagnes électorales au Cameroun », *Juridis-Périodique* n° 58 (2004), p. 57.

Egbe Egbe (Samuel), «The legal perspectives of local community participation in wildlife management in Cameroon », *RASJ* 2000, vol.1, n° 2, p. 1777.

Enganeben (Danièle), « Pauvreté et accès à la justice au Cameroun : l'aide judiciaire », *Cahier africain des droits de l'homme* n° 10, 2004, p. 127.

Enoti (Henri Fils), « Règles de compétence territoriale ds juridictions et création des nouvelles juridictions : réflexion à partir des tribunaux de Bafoussam et de Bandjoun », *Juridis-Périodique* n° 94 (2013), p. 107.

Issowa Iyoni (Clément), « Le cadre juridique camerounais des réseaux et services de télécommunications face à la société de l'information : de la fracture numérique à la fracture juridique », *Juridis-Périodique* n°64 (2005), p. 109.

Itsouhou Mbadinga Moussounga, « Le rôle des médiateurs internationaux dans l'émergence et la consolidation de l'État de droit en Afrique centrale », *in Vers une société de droit en Afrique centrale,* Presses de l'UCAC, Yaoundé, 2001. p. 433.

Kiamba (Claude-Ernest) :

-« Les enjeux de l'éducation dans la construction d'une identité citoyenne au Congo-Brazzaville », *Cahier africain des droits de l'homme* n° 6-7, 2002, p. 119.

-« La société civile : l'histoire d'une émergence », *in Vers une société de droit en Afrique centrale,* Presses de l'UCAC, Yaoundé, 2001, p. 401.

Loumingou Sambou (Régis Vénacio) :

-« Le droit par la nation et la communauté des nations », *in Vers une société de droit en Afrique centrale,* Presses de l'UCAC, Yaoundé, 2001, p. 357 ;

-« Le principe du respect de l'identité nationale des États membres de la CEMAC », *Cahier africain des droits de l'homme* n° 6-7, 2002, p. 157.

Koudjou (Joseph), « Water geopolitics in the middle east », *Annales de la FSJP de l'Université de Douala* n° 2, 2002, p. 189.

Mandjack (Albert), « La notion de famille régnante dans le droit positif camerounais ou la tentation du contrôle total de la périphérie dans la désignation du chef traditionnel », *Juridis-Périodique* n° 83 (2010) p.82

Manga Fombad (Charles) et Awang Done (Andrew), "Election management bodies and peace-bulding in Africa : Cameroon's more from national Elections Observatory" *RASJ*, vol.5 n° 1(2008), p. 1

Mbala Owono (Firmin), "Vers la routinisation d'une pratique ? Remarques empiriques consécutives au scrutin du 30 juin 2002 au Cameroun », *Cahier africain des droits de l'homme* n° 9, 2003, p. 115.

Mbonda (Ernest-Marie) :

-« Mondialisation et solidarité internationale : l'idée d'une justice distributive à l'échelle mondiale », Cahier de l'UCAC n° 6, 2001, p. 101 ;

-« Penser l'ethnicité pour définir la citoyenneté », *Cahier africain des droits de l'homme* n°6-7, p.19.

Menguele Menyengue (Aristide M), « Essai sur la problématique du découpage spécial des circonscriptions électorales au Cameroun », *Juridis-Périodique* n° 101 (2015), p. 95

Moluh (Yacouba), « Strates dirigeantes, gouvernance et dévoiement de l'intérêt général au Cameroun », *Juridis-Périodique* n° 92 (2012), p. 72

Momo (Bernard) : « L'inaccessibilité des chefferies traditionnelle camerounaises à la rationalisation juridique », *Lex Lata* n°22, 1996, p. 9.

Ngando Ndedi (Blaise Alfred), *La présence française au Cameroun 1916-1959 : Colonialisme ou Mission civilisatrice ?* Thèse de Doctorat en Droit, Presses Universitaires d'Aix-Marseille, Décembre 2008.

Njoya (Jean) "Les élections pluralistes au Cameroun : essai sur une régulation conservatrice du système", *Annales de la FSJP de l'Université de Dschang*, tome 7, 2003, p.65.

Nkoum-Me-Ntseny (Louis-Marie M), "Les Anglophones et le processus d'élaboration de la constitution du 18 janvier 1996", *in La réforme constitutionnelle du 18 janvier 1996, Aspects juridiques et politiques*, Friedrich Ebert, Yaoundé, 1996, p. 200.

Onana (Janvier) :

-« Désenchantement du politique et modes d'objectivation savants de l'histoire : éléments de discussion de quelques points de vue habituels sur le changement politique au Cameroun », *Annales de la FSJP de l'Université de Douala,* 2002, n° 1, p. 174 ;

-« La déviance politique comme catégorie discursive de construction de la réalité politique en Afrique », *Cahier africain des droits de l'homme* n° 9, 2003, p. 85.

Sindjoun (Luc) :

-« La réforme constitutionnelle du 18 janvier 1996 en question », *in La réforme constitutionnelle du 18 janvier 1996, Aspects juridiques et politiques,* Friedrich Ebert, Yaoundé, 1996, p. III ;

-« L'imagination constitutionnelle de la nation », *in La réforme constitutionnelle du 18 janvier 1996, Aspects juridiques et politiques,* Friedrich Ebert, Yaoundé, 1996, p.78.

Tagne (René), « Affaire ENS de Maroua : entre discrimination positive et surenchère politique », *Juridis-Périodique* n° 77 (2009), p. 113

Tatah Mentah :

-« Constitutionalism, press and factional politics : coverage of sawa minority agitations in Cameroun », *in La réforme constitutionnelle du 18 janvier 1996, Aspects juridiques et politiques,* Friedrich Ebert, Yaoundé, 1996, p.182 ;

-« The 1996 Cameroon constitution and political accountability : a political analysis", *in La réforme constitutionnelle du 18 janvier 1996, Aspects juridiques et politiques,* Friedrich Ebert, Yaoundé, 1996, p.282 ;

-« Sources and analysis of information on human rights », *Cahier africain des droits de l'homme* n° 5, 2000, p. 213.

Tatah Nsanweh Ndi :

-"Money laundering and the law in Cameroon", *Africana Publications,* Yaoundé, 2010.

-"The negative phenomenon of money laundering in Cameroon", *Faculté des Sciences Juidiques et Politiques*, Université de Yaoundé II, 2007.

Toulou (Lucien Fidèle), « L'ethnicité comme ressource politique : l'hypothèse de la politique au bord du gouffre », *Cahier africain des droits de l'homme* n° 6-7, 2002, p. 47.

Sources du droit, systèmes de droit

Akomndja Avom (Vincelline) : « L'énonciation de la coutume en droit camerounais de la famille : leurre ou réalité », *RASJ*, 2001, vol. 2, n° 2, p. 106.

Aletum (Micheal) : « The use of legitimate force in traditional political institutions", *RJA*, 1990, n° 2, p. 57.

Aletum (Micheal) et Goudem (Jules), « Le droit traditionnel et le Code pénal camerounais », *RJA*, 1992/1993, p 25.

Anyangwe (Carlson) :

-*Introduction to law and legal systems*, Cours polycopié, Université de Yaoundé, 1983.

Atangcho Akonumbo, « Uncertainty of law in Cameroon : a diagnostic of the problem and prospects », *Juridis-Périodique* n° 47 (2001) p. 62.

Banamba (Boniface) :

-*Les conflits de droits et de lois dans le système juridique camerounais- Droit de la famille et des personnes*, thèse, Paris II, 1993 ;

Banyong Fonyam (J) :"The reception, application and future of equity in Anglophone Cameroon", *Juridis-Périodique,* n° 41(2000), p. 63.

Bilong (Salomon) :

-« Le droit des fédérations sportives au Cameroun : le cas de la Fédération Camerounaise de Football (Fécafoot) : à propos des sources juridiques récentes », *Juridis-Périodique* n° 35 (1998), p. 73

-« La structure du pouvoir de l'État au Cameroun : à propos de la circulaire présidentielle n° 002/CAB/PR du 27 avril 2001 relative au devoir de solidarité gouvernementale (une analyse socio-juridique) » *Juridis-Périodique* n° 48 (2001), p. 90.

Bokalli (Victor-Emmanuel), « La coutume, source de droit au Cameroun », *Revue générale de droit de la Faculté de Droit de l'Université d'Ottawa*, n° 1 (1997), p. 37.

Danpullo Hamisu (Rabiatou), « Interaction, conflict and concord between Islamic Dower and customary bride-price : the case of Cameroon », *Juridis-Périodique* n° 43 (2000), p. 105.

Doumbé Moulongo, *Les coutumes et le droit au Cameroun*, Clé, Yaoundé, 1972.

Dzeukou (Guy-Blaise), *Le juge entre la coutume et la loi dans le droit de la famille : essai sur le pluralisme juridique au Cameroun*, thèse, Université Paris I Panthéon-Sorbonne, 2002.

Feyou de Happi, *Code civil et Code commercial Grassfields,* (édité par l'auteur).

Fometeu (Joseph), « Nul n'est censé ignorer la ...coutume », *Lex Lata* n° 17, 1995, p. 12

Kanga (Victor Jean-Claude), *Le droit coutumier Bamiléké au contact des droits européens*, thèse de doctorat en droit, Université de Paris, 1956.

Mbah (Emmanuel) :

-« Cheque and the law in a bi-jural State ; cheques drawn on accounts with inadequate credit ; a comparative study of the application of the English and French legal concepts in Cameroon", *Annales de la FSJP de l'Université de Dschang,* tome 2, 1998, p. 151

-« The conflict of laws dilemma : divorce in the conflict of laws in Cameroon », *Juridis-Périodique*, n° 44 (2000), p. 65.

Méloné (Stanislas) :

-« Le poids de la tradition dans le droit africain contemporain (à propos du phénomène polygamique au Cameroun », *Penant*, 1971, 734, p. 435 ;

-« Du bon usage du pluralisme judiciaire en Afrique, *RCD* n° 30 (1985), p. 5.

Ndjocke (R.N), *L'option de juridiction en droit privé camerounais*, thèse de doctorat de 3e cycle, Université de Yaoundé, 1990.

Nguini (Marcel) : « Le divorce en droit coutumier », *Penant* 1979, n° 763, p.5.

Ombiono (Simeon), « Étude générale des sources du droit des personnes et de la famille » *in «Tendances jurisprudentielles et doctrinales du droit des personnes et de la famille de l'ex-Cameroun oriental,* Polycopié, Université de Yaoundé, 1990 p. 7 ;

Ondoa (Magloire), « Ajustement structurel et réforme du fondement théorique des droits africains post-coloniaux : l'exemple du Cameroun » *RASJ* 2001, vol. 2, n° 1, p.75.

Pougoué (Paul-Gérard) : « Considérations sur le droit traditionnel devant la Cour suprême du Cameroun », *in Les Cours suprêmes d'Afrique*, Economica, 1989, p. 26.

Tabe Tabe (Simon) : "The abiding influence of French and English laws in a bi-jural State : some remarks with respect to harmonisation of divorce laws in Cameroon", *RASJ* 2000, vol.1, n° 2, p. 151.

Tamko (Victor Arthur Max) : *Une analyse comparative de systèmes des droits au Cameroun (droits coutumiers, droits romanistes et common law*), Editions Max Njika, Dschang, 2005.

Tépi (Samuel) : *La place du droit traditionnel dans le droit positif camerounais*, thèse de doctorat de 3e cycle, Université de Yaoundé II, 1996.

Zambo Zambo (Dominique Junior), *Le droit applicable au Cameroun : essai sur les conflits de lois dans le temps et dans l'espace*, Thèse de Doctorat, Université de Yaoundé II, Faculté des Sciences Juridiques et Politiques, 2009.

Études dédiées

-*Droit et politique de l'immobilier en Afrique, Mélanges en l'honneur de André Tientcheu NJiako*, PUA, Yaoundé 2015 ;

-L'esprit du droit africain, *Mélanges en l'honneur de P.-G. POUGOUE,* Wolters kluwer, CREDIJ, 2014

-L*'obligation, Études offertes au Professeur Paul-Gérard Pougoué,* L'Harmattan Cameroun, Yaoundé, 2015.

INDEX ALPHABÉTIQUE

(Les chiffres renvoient aux numéros de paragraphes)

À

B

C

R

S

T

U

V

TABLE DES MATIÈRES

Questions juridiques aux éditions L'Harmattan

Dernières parutions

CONCILIATION ET MÉDIATION DEVANT LA JURIDICTION ADMINISTRATIVE
Actes du colloque du Conseil d'État du 17 juin 2015
Sous la direction de Jacques Biancarelli et Béatrice Blohorn-Brenneur
Voici près de 25 ans que le Conseil d'État, confronté à une judiciarisation croissante de la société, réfléchit aux modes alternatifs de règlement des différends afin de les pacifier et de rendre les justiciables davantage confiants en la justice administrative. Après avoir rappelé le contexte juridique et les enjeux d'une telle impulsion, un bilan comparatif des pratiques du juge administratif et du juge judiciaire a permis de mesurer combien il est nécessaire et urgent de compléter la boîte à outils dont dispose le premier. Voici une réflexion, les références et les outils nécessaires à la juridiction administrative.
(Coédition GEMME, 24.00 euros, 246 p.)
ISBN : 978-2-343-07270-8, ISBN EBOOK : 978-2-336-39774-0

L'ERREUR JUDICIAIRE
Apprendre à douter pour lutter contre les erreurs judiciaires
Sous la direction de Xavier Pin
L'erreur judiciaire hante autant qu'elle jalonne l'histoire de notre justice pénale. Nous avons tous en mémoire de retentissants procès ayant vu des individus accusés ou condamnés, avant d'être disculpés, graciés ou réhabilités. Le législateur y est sensible au point de réformer régulièrement la procédure pénale pour tenter d'éviter, de corriger ou de réparer, autant que possible, de telles erreurs. Une loi du 20 juin 2014 réforme les procédures de révision et de réexamen des condamnations pénales définitives : elle est l'occasion d'essayer de comprendre ces fiascos judiciaires.
(Coll. Droit privé et sciences criminelles, 15.00 euros, 126 p.)
ISBN : 978-2-343-07284-5, ISBN EBOOK : 978-2-336-39807-5

LE DROIT CONSTITUTIONNEL DE LA Ve RÉPUBLIQUE
(Treizième édition)
Lascombe Michel, Toulemonde Gilles
Cet ouvrage s'adresse aux étudiants en droit, aux élèves des instituts d'études politiques et aux candidats aux concours administratifs. Il couvre l'essentiel du programme de droit constitutionnel, c'est-à-dire aussi bien les constitutions françaises depuis 1789 que l'actuel texte constitutionnel. Cette nouvelle édition tient compte des derniers développements induits par les changements politiques, des dernières réformes des règlements des assemblées et de la jurisprudence la plus récente.
(Coll. Logiques Juridiques, 42.00 euros, 506 p.)
ISBN : 978-2-343-07916-5, ISBN EBOOK : 978-2-336-39877-8

LA PROXIMITÉ EN DROIT INTERNATIONAL PRIVÉ DE LA FAMILLE
Bouyahia Sabrine Maya - Préface de Lotfi Chedly et Marie Goré
Parmi les méthodes proposées pour trancher les litiges présentant un élément d'extranéité, figure celle reposant sur le principe de proximité. L'étude porte sur deux systèmes de droit international privé de la famille différents (droit français et droit tunisien) pour mettre en exergue d'une

part l'adaptation de cette méthode aux spécificités de chaque ordre étatique et d'autre part son adéquation avec tous les différents systèmes de droit.
(Coll. Logiques Juridiques, 54.00 euros, 618 p.)
ISBN : 978-2-343-05464-3, ISBN EBOOK : 978-2-336-39866-2

QUARTIER-FEMMES ÉCROU 10970
Boh-Petit Dominique
Cellule 24 : une femme dit toute sa souffrance d'être enfermée. Elle a tué. Son histoire est à la rubrique des faits divers. La Cour d'assises la jugera. Bien des années plus tard, elle est libérée. La vie doit reprendre. Ce récit est parfaitement conforme à la réalité. Tout a existé et existe encore.
(Coll. La justice au quotidien, 15.00 euros, 130 p.)
ISBN : 978-2-343-07436-8, ISBN EBOOK : 978-2-336-39812-9

GABELOUS ET CONTREBANDIERS
Histoire des fermiers généraux de Dijon (1760-1780)
Evrard Sébastien - Préface de Marc Fradet
En exhumant un registre du personnel de la direction des fermes de Dijon, l'auteur retrace, entre 1760 et 1780, la vie méconnue de centaines d'agents au service du doit et de l'impôt. Ces derniers servaient un système protecteur (la retraite fait son apparition dès 1768), parfois très rémunérateur, mais qui s'avère aussi, sous certains aspects, une machine à broyer les hommes : le régime des sanctions que met en place la Ferme est d'une efficacité redoutable. En définitive, la Ferme présente un aspect mitigé.
(Coll. Mémoires des Douanes, 28.50 euros, 278 p.)
ISBN : 978-2-343-06683-7, ISBN EBOOK : 978-2-336-39845-7

DICTIONNAIRE OHADA
(3e édition)
Bitsamana Hilarion Alain
Ce dictionnaire spécial du droit des affaires OHADA propose une définition claire et précise, avec tous les compléments nécessaires, des principaux termes utilisés tous les jours se rapportant à l'OHADA. Un ouvrage de référence permettant de décoder l'OHADA, accessible à toute personne s'intéressant au monde des affaires en Afrique comme à l'étranger.
(39.00 euros, 398 p.)
ISBN : 978-2-343-07656-0, ISBN EBOOK : 978-2-336-39786-3

LA DÉJUDICIARISATION ET LES PROCÉDURES NON CONTENTIEUSES EN AFRIQUE
Amboulou Hygin Didace
La déjudiciarisation comprend l'ensemble des mécanismes de gestion des différends en rationalisant les moyens matériels et humains de la justice, afin de pallier les déficiences du système judiciaire et de limiter les surcharges des juridictions. Les institutions de nombreux pays sont analysées et les déjudiciarisations en droit public et en droit privé sont abordées.
(Coll. Études africaines, 17.50 euros, 156 p.)
ISBN : 978-2-343-06928-9, ISBN EBOOK : 978-2-336-39805-1

COMMENT RENFORCER L'INDÉPENDANCE DE LA MAGISTRATURE AU SÉNÉGAL ?
Ngom Babacar
Préface de Amadou Mahtar Mbow
L'ouvrage présente dans une première partie les garanties légales d'indépendance de la justice, notamment la règle de la séparation des pouvoirs, le principe de la soumission des juges à l'autorité de la loi et celui de l'inamovibilité du magistrat du siège. Après une analyse critique de ces dispositions, l'auteur formule des propositions de renforcement de l'indépendance de la magistrature.
(13.50 euros, 124 p.)
ISBN : 978-2-343-05158-1, ISBN EBOOK : 978-2-336-39837-2

LE DROIT PÉNAL DES AFFAIRES AU CAMEROUN
Djila Kouayi Kemajou Rose
Préface de Victor-Emmanuel Bokalli
Dans le domaine des affaires, la liberté d'entreprendre et d'investir comporte de nombreux risques, au rang desquels le risque pénal. La délinquance en col blanc n'étant plus réservée aux grandes sociétés commerciales, les moyens de lutte et de sécurisation des investisseurs nécessitent un droit pénal des affaires dont l'objectif est la recherche d'une éthique dans ce domaine.
(Coll. Études africaines, 35.50 euros, 350 p.)
ISBN : 978-2-343-07840-3, ISBN EBOOK : 978-2-336-39777-1

50 ANS DE MARIAGE
Réflexions d'un notaire sur l'évolution du couple ces cinquante dernières années
Dauptain Pierre
De la pilule contraceptive jusqu'au mariage pour tous, l'auteur nous propose une réflexion sur les lois qui ont accompagné l'évolution du couple au cours des cinquante dernières années. Il analyse cette évolution pour aborder les problématiques juridiques et morales qui font tant débat de nos jours. Il s'appuie sur des travaux de juristes ou de sociologues, des articles de presse, mais aussi sur les chansons et les films qui ont marqué ces années et qui témoignent de façon si éclairante des changements de mentalités.
(Éditions Pepper, 16.50 euros, 148 p.)
ISBN : 978-2-343-07677-5, ISBN EBOOK : 978-2-336-39690-3

MÉTHODOLOGIE ET ASPECTS FORMELS DE LA RECHERCHE
Petit manuel à l'usage des juristes
Marain Gaëtan
L'ouvrage propose un véritable apprentissage du formalisme qui doit permettre aux étudiants et aux professionnels confrontés à la rédaction d'une thèse ou d'un mémoire juridique d'aborder ce travail avec sérénité. L'auteur donne une méthode de recherche pour définir le sujet, trouver et compulser les références utiles, échafauder un plan. Il aborde également les thèmes des citations d'auteur, notes de bas de page, mise en page. Il traite enfin du travail de relecture et de l'épreuve de soutenance.
(19.00 euros, 178 p.)
ISBN : 978-2-343-07638-6, ISBN EBOOK : 978-2-336-39556-2

RISQUES, ACCIDENTS ET CATASTROPHES
Liber amicorum
En l'honneur de Madame le professeur Marie-France Steinlé-Feuerbach
Sous la direction Hervé Arbousset, Caroline Lacroix et Benoît Steinmetz
L'étude et l'analyse des risques sont au cœur des réflexions du Professeur Steinlé-Feuerbach. Ses nombreux écrits de doctrine sur la thématique des accidents et des catastrophes ont amené à ce que ses collègues et amis lui dédient cet ouvrage. Ces mélanges donnent une vue d'ensemble d'une matière devenue une véritable discipline transcendant le clivage droit public-droit privé.
(Coll. Sciences criminelles, 34.00 euros, 334 p.)
ISBN : 978-2-343-07169-5, ISBN EBOOK : 978-2-336-39677-4

ÉTAT, COLLECTIVITÉS TERRITORIALES ET DROITS SOCIAUX
Étude du droit comparé
Sous la direction d'Olivier Lecucq
Comment, selon leur organisation territoriale respective, La France, l'Espagne et l'Italie œuvrent à la satisfaction des droits sociaux. Quels sont les rôles de l'État en ce domaine ? Quelles sont les actions qui en découlent et comment se coordonnent-elles ? Quelles en sont les implications en termes d'égalité des citoyens et des territoires ? L'ouvrage tente de répondre à ces questions en interpellant la réalisation de l'État social dans un contexte de crise, de réduction des déficits et de maîtrise des dépenses.
(Coll. Bibliothèques de droit, 22.50 euros, 221 p.)
ISBN : 978-2-343-07585-3, ISBN EBOOK : 978-2-336-39683-5

LE PRINCIPE DE PRÉCAUTION
Au carrefour de la philosophie, du droit et des sciences
Calderaro Norbert
La notion de principe de précaution, qui donne lieu à beaucoup de controverses, nécessite de la part d'un juriste une analyse objective pour écarter ce qu'elle n'est pas et définir son contenu véritable. Après un aperçu des sources philosophiques, l'auteur réalise une synthèse du principe de précaution en droit international, européen, en droit comparé et en droit interne. Il intègre notamment les tout derniers développements de la jurisprudence du Conseil d'État.
(18.50 euros, 180 p.)
ISBN : 978-2-343-05457-5, ISBN EBOOK : 978-2-336-39452-7

LES COLLECTIVITÉS TERRITORIALES ET LA SPÉCULATION
Goasdoué Mélissa - Avant-propos de Michel Verpeaux
Préface de Julien Martin
L'ancien dispositif empêchant la conclusion d'opérations financières spéculatives par les collectivités locales ayant échoué, un nouveau dispositif fonctionnant au cas par cas a été mis en place. Après une étude des imperfections de la notion de spéculation puis des liens unissant ces imperfections à l'échec du précédent dispositif dans la protection des collectivités contre les risques spéculatifs, le présent ouvrage s'attache à démontrer comment et dans quelle mesure cette protection est désormais rendue possible.
(Coll. Droit des collectivités territoriales, série Travaux, 15.00 euros, 140 p.)
ISBN : 978-2-343-07619-5, ISBN EBOOK : 978-2-336-39520-3

LE DROIT DE LA GUERRE
Traité sur l'emploi de la force armée en droit international (3 volumes)
Cumin David
Aussi ancien que la guerre et que le droit international dont il constitue le cœur historique, le droit de la guerre existe. Croisant droit et polémologie, portant sur les conflits armés internationaux et internes, ce traité expose, explique et reconstruit l'ensemble du droit international contemporain relatif à l'emploi de la force armée - auteurs et acteurs de la belligérance, ses buts, moyens, théâtres, régimes - et propose une analyse critique de la responsabilité réparatrice et punitive.
Volume 1 (Coll. Droit comparé, 46.00 euros, 458 p.)
ISBN : 978-2-343-06498-7, ISBN EBOOK : 978-2-336-39588-3
Volume 2 (Coll. Droit comparé, 60.00 euros, 760 p.)
ISBN : 978-2-343-07707-9, ISBN EBOOK : 978-2-336-39589-0
Volume 3 (Coll. Droit comparé, 48.00 euros, 468 p.)
ISBN : 978-2-343-07708-6, ISBN EBOOK : 978-2-336-39590-6

LA RESPONSABILITÉ DE PROTÉGER
Nouvelle approche du droit international
Gandou D'Isseret Crépin Gyscard
Le droit d'ingérence humanitaire se comprend comme une éthique de détresse, une obligation de protéger les personnes en danger de mort. La responsabilité de protéger traduit en acte la nécessité impérative de prendre soin de l'homme, ou de la collectivité humaine en général, quand les conditions de son existence connaissent une détérioration significative ou quand elles sont sur le point de le devenir.
(Coll. Harmattan Congo, 16.50 euros, 152 p.)
ISBN : 978-2-343-06724-7, ISBN EBOOK : 978-2-336-39575-3

L'HARMATTAN ITALIA
Via Degli Artisti 15; 10124 Torino
harmattan.italia@gmail.com

L'HARMATTAN HONGRIE
Könyvesbolt ; Kossuth L. u. 14-16
1053 Budapest

L'HARMATTAN KINSHASA
185, avenue Nyangwe
Commune de Lingwala
Kinshasa, R.D. Congo
(00243) 998697603 ou (00243) 999229662

L'HARMATTAN CONGO
67, av. E. P. Lumumba
Bât. – Congo Pharmacie (Bib. Nat.)
BP2874 Brazzaville
harmattan.congo@yahoo.fr

L'HARMATTAN GUINÉE
Almamya Rue KA 028, en face
du restaurant Le Cèdre
OKB agency BP 3470 Conakry
(00224) 657 20 85 08 / 664 28 91 96
harmattanguinee@yahoo.fr

L'HARMATTAN MALI
Rue 73, Porte 536, Niamakoro,
Cité Unicef, Bamako
Tél. 00 (223) 20205724 / +(223) 76378082
poudiougopaul@yahoo.fr
pp.harmattan@gmail.com

L'HARMATTAN CAMEROUN
TSINGA/FECAFOOT
BP 11486 Yaoundé
699198028/675441949
harmattancam@yahoo.com

L'HARMATTAN CÔTE D'IVOIRE
Résidence Karl / cité des arts
Abidjan-Cocody 03 BP 1588 Abidjan 03
(00225) 05 77 87 31
etien_nda@yahoo.fr

L'HARMATTAN BURKINA
Penou Achille Some
Ouagadougou
(+226) 70 26 88 27

L'HARMATTAN SÉNÉGAL
10 VDN en face Mermoz, après le pont de Fann
BP 45034 Dakar Fann
33 825 98 58 / 33 860 9858
senharmattan@gmail.com / senlibraire@gmail.com
www.harmattansenegal.com

www.ingramcontent.com/pod-product-compliance
Lightning Source LLC
LaVergne TN
LVHW021148061026
849535LV00002B/388